中国旅游业普通高等教育"十三五"精品教材

Tourism
PLANNING AND DEVELOPMENT

旅游规划与开发

王德刚 ◎ 编著

中国旅游出版社

项目统筹：段向民
责任编辑：张芸艳
责任印制：谢　雨
封面设计：何　杰

图书在版编目（CIP）数据

旅游规划与开发 / 王德刚编著． -- 北京 ：中国旅游出版社，2017.8（2025.2重印）
中国旅游业普通高等教育"十三五"精品教材
ISBN 978-7-5032-5829-9

Ⅰ．①旅… Ⅱ．①王… Ⅲ．①旅游规划－高等学校－教材②旅游资源开发－高等学校－教材 Ⅳ．① F590

中国版本图书馆CIP数据核字（2017）第123563号

书　　名：	旅游规划与开发
作　　者：	王德刚
出版发行：	中国旅游出版社
	（北京静安东里6号　邮编：100028）
	http://www.cttp.net.cn　E-mail:cttp@mct.gov.cn
	营销中心电话：010-57377103，010-57377106
	读者服务部电话：010-57377107
排　　版：	北京旅教文化传播有限公司
经　　销：	全国各地新华书店
印　　刷：	北京工商事务印刷有限公司
版　　次：	2017年8月第1版　2025年2月第3次印刷
开　　本：	787毫米×1092毫米　1/16
印　　张：	25.5
字　　数：	450千
定　　价：	49.80元
ＩＳＢＮ	978-7-5032-5829-9

版权所有　翻印必究
如发现质量问题，请直接与营销中心联系调换

前　言

　　距1998年我出版国内第一本《旅游开发学》（2007年修订出版第二版）已经整整20年了。当时国家旅游局刘毅局长给我的书作序时盛赞那本书是"填补空白之作"，可见当时的旅游学术研究成果是多么的贫乏。但现在不同了，过去的20年正是中国旅游业发展最快的时期，也是中国旅游学术研究最繁荣的时期。特别是近年来，国家和各地政府高度重视旅游业的发展。2016年，李克强总理一年三论旅游：全国两会上提出迎接"大众旅游时代"的到来，5月19日世界旅游发展大会上提出"一业兴百业旺"（"一业"即旅游业），夏季天津达沃斯论坛上提出旅游业是幸福产业。每一次都给旅游业以高规格定位。同时，国家旅游发展理念也不断创新，从"515"战略、"厕所革命"、"全域旅游"到"三步走战略"，建设集约型世界旅游强国等，都一次次刷新了旅游规划、开发和旅游产业的发展理念，为旅游业的发展开辟了新路径，提出了新思路，指导了新方向，也为旅游学理论的创新发展提供了新素材、新观念。

　　旅游业发展的大好形势，也给旅游研究者提供了很多参与实践的机会。20年来，我有幸主持和参与了省、市、县三级旅游业发展规划和旅游区（点）开发规划一百多项，积累了丰富的实践经验。特别是在2000年期间，受山东省政府指派以中方首席专家的身份与世界旅游组织专家组合作编制《山东省旅游发展总体规划》，从外国同行那里学习到了很多先进的发展理念和规划方法。当时外国专家首次在中国的旅游发展规划中使用了SWOT分析法，首次提出乡村旅游将在中国呈规模发展之势，最早预见中国旅游业将面临由观光旅游向休闲度假旅游转变、区域旅游发展将向旅游目的地转变等。之后又应世界旅游组织邀请赴西班牙马德里访问世界旅游组织总部，受山东省旅游局委派考察了巴西里约热内卢、墨西哥坎昆、美国夏威夷等世界著名的旅游度假地，以及南非的黄金旅游、欧洲的城市旅游和乡村旅游开发等，对国际旅游发展现状及模式积累了一定的认识。之后，结合学术上的探索，形成了一些值得归纳、提炼的理论观点。在2015年、2016年我分别担任了山东省旅游行业协会会长和中国旅游协会副会长，依借协会的相关工作，获得了与企业密切联系的机会，对各类旅游投资商、旅游开发企业的经营行为、经营理念、经营困惑和发展诉求等了解得更加全面，也使我个人对旅游规划、开发在企

业经营和投入产出等应用层面的问题认识得更加透彻。

结合20年来自己从事旅游规划理论研究和实践经验，编著了这本《旅游规划与开发》。

在编著的过程中，通过对资料的收集、整理和比较，也使自己感觉到，旅游规划作为一个学术领域，它的概念、基本理论体系、原则和框架是相对稳定的，虽然旅游产业发展和旅游开发实践日新月异，实践中也不断出现一些新理念、新模式，现代科学技术的应用也在旅游产业发展中起到了新的支撑作用，如移动互联网、云计算、大数据等现代信息技术，改变了一些传统产业的业态和商业模式，也直接影响了产品创新的路径，但旅游学基本理论、旅游规划和开发的基本原理等，在总体上则是稳中有变，变中渐进。我想，这实际上也是旅游学科趋于成熟的一个重要标志。

本书的编著，是按照旅游规划服务于旅游产业发展和旅游开发实践的逻辑线索确定体例框架的。规划者必须首先对旅游产业的概念、构成、特点及旅游开发的内涵、程序等有科学、深刻的认识，才能够做好规划工作。因此本书的内容是先从认识旅游产业和旅游开发开始，然后介绍旅游规划的基本理论，最后逐步深入、细化到各类规划对象的一般规划要求，为学习者提供从理论到实践认知的技术路径。另外，以二维码的形式增加了附件——七个旅游规划案例，案例类别包含了旅游发展总体规划、旅游区规划、旅游业态策划、乡村旅游规划、生态旅游规划、旅游节庆活动策划等不同类型。但受篇幅所限，案例采用概要描述方式，删减了很多内容和全部的图纸，因此，这些案例的描述有些地方看起来并不完全符合国家标准《旅游规划通则》的体例要求，主要表达的是作者的规划思想和创意内容。

编著工作虽然花费了很多时间和精力，但总觉得还是不能够全面地反映当前旅游规划理论界的全部研究成果和产业领域的实践创新经验，这确是一人能力所限，敬请各位学界、业界同人不吝赐教，或共同切磋，互有增益。

我的 E-mail：degangwang@sdu.edu.cn。

王德刚

2017年5月18日

于山东大学中心校区知新楼

目 录
CONTENTS

第一章　旅游产业 1
　　第一节　旅游产业的概念与特点 1
　　第二节　旅游产业结构 6
　　第三节　旅游产业政策 17

第二章　旅游资源 23
　　第一节　旅游资源及其分类 23
　　第二节　旅游资源与旅游景观 41

第三章　旅游开发 58
　　第一节　旅游开发的含义和内容 58
　　第二节　旅游开发的层次结构 66
　　第三节　旅游开发程序 70

第四章　旅游规划相关理论 76
　　第一节　旅游规划与区域理论 76
　　第二节　旅游规划与可持续发展理论 82
　　第三节　旅游规划与产业融合理论 96
　　第四节　旅游规划与体验经济理论 104
　　第五节　旅游规划与城市规划理论 110
　　第六节　旅游规划与利益相关者理论 112

第五章　旅游规划内容体系与技术路线 120
　　第一节　旅游规划的概念与种类 120
　　第二节　旅游规划的技术路线与程序 128

第六章　规划调查与基础研究 139
　　第一节　旅游资源调查 139

第二节　自然地理与历史文化调查 …………………………………… 144
　　第三节　经济基础调查 …………………………………………………… 147
　　第四节　客源市场调查 …………………………………………………… 148
　　第五节　行业竞争调查 …………………………………………………… 155
　　第六节　规划基础研究 …………………………………………………… 157

第七章　旅游产业发展目标与战略选择 ……………………………………… 171
　　第一节　旅游产业发展目标 ……………………………………………… 171
　　第二节　旅游发展战略 …………………………………………………… 177

第八章　旅游产业发展总体规划 ……………………………………………… 185
　　第一节　旅游产业发展总体规划的任务 ………………………………… 185
　　第二节　旅游空间规划 …………………………………………………… 189
　　第三节　旅游产品规划 …………………………………………………… 194
　　第四节　客源市场选择与营销规划 ……………………………………… 198
　　第五节　旅游公共服务体系规划 ………………………………………… 200

第九章　旅游区总体规划 ……………………………………………………… 210
　　第一节　旅游区的内部结构 ……………………………………………… 210
　　第二节　旅游区总体规划 ………………………………………………… 219
　　第三节　旅游区游览组织 ………………………………………………… 227

第十章　人文构景原理 ………………………………………………………… 233
　　第一节　人文构景的本质与原则 ………………………………………… 233
　　第二节　人文构景方法 …………………………………………………… 236

第十一章　城市旅游规划 ……………………………………………………… 244
　　第一节　城市的旅游功能与城市旅游 …………………………………… 244
　　第二节　城市旅游规划 …………………………………………………… 251
　　第三节　中央游憩区旅游开发 …………………………………………… 256
　　第四节　环城游憩带旅游开发 …………………………………………… 271
　　第五节　城市景观体系建设 ……………………………………………… 279

第十二章　乡村旅游规划 ……………………………………………………… 285
　　第一节　乡村旅游 ………………………………………………………… 285

第二节 乡村旅游发展条件与规划原则 …… 296
第三节 乡村旅游产品 …… 303
第四节 乡村旅游经营模式 …… 327

第十三章 工业旅游规划 …… 341
第一节 工业旅游的概念与特点 …… 341
第二节 工业旅游规划 …… 346

第十四章 旅游度假区规划 …… 364
第一节 度假区的产生与发展 …… 364
第二节 旅游度假区的特征与产品 …… 367
第三节 旅游度假区开发 …… 377

附录 旅游规划案例 …… 402

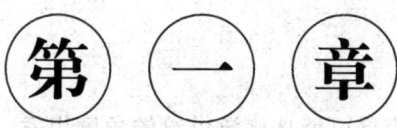

旅游产业

旅游规划是为政府、企业推进旅游产业发展或进行旅游开发建设服务的政策性、技术性方案。从规划内容上来说，就是要对旅游产业的要素结构进行合理构建、调整和完善，并确定其未来的发展方向和发展目标。因此，要认识、掌握旅游规划的理论和方法，首先应从认识旅游产业的概念、特点、构成等基本问题入手。

第一节 旅游产业的概念与特点

从世界经济发展历程和国民经济产业结构体系来看，旅游产业属于新兴产业。在世界范围内，如果从19世纪中叶人类现代旅游产生算起，至今尚不满两个世纪；而中国的现代旅游业则起源于20世纪70年代末的改革开放，至今40余年。因此，在中国及世界绝大多数国家的国民经济统计账户中，至今还未将旅游产业列入产业统计体系。这既在社会上弱化了人们对旅游产业地位、贡献等的认识，也在学术研究领域制约了人们对旅游产业相关问题的研究，使旅游产业的概念、构成等至今未有定论。虽然从要素的角度分析，人们能够清楚地理解旅游产业要素主要包括了旅游景区、旅游交通设施、旅游住宿设施、旅行社、旅游餐饮设施、旅游商品、旅游娱乐设施等[1]，也能够对旅游产业的"吃、住、行、游、购、娱"六大要素构成产生基本一致的认识。但是，学术界关于"旅游产业"的概念一直还没有形成统一的认识，加之在国民经济统计中没有单列旅游产业，致使旅游产业在社会经济体系中一直被边缘化。[2]因此，对于旅游产业的概念界定将使旅游产业的内容和统计更明晰。

---

[1] 王春利，窦群：《旅游规划与开发》，北京，首都经济贸易大学出版社，2008，123~138页。
[2] 占佳：旅游产业范围界定应从基本概念入手，载《旅游学刊》，2007（12）。

一、旅游产业的概念

（一）对旅游产业概念的相关研究

有学者认为，在对旅游产业的概念进行研究时，应尽可能从旅游供给的角度出发，这样既有利于与其他产业概念界定相衔接，也有利于与国民经济统计体系对接。① 从旅游经济运行实践来看，从供给角度形成了六个方面的供给体系，即旅游交通、旅游区（点）和旅行社、旅游住宿、旅游饮食、旅游购物和旅游娱乐。这六个方面共同构成了综合性特点非常突出的旅游产业。② 与此相同，对旅游产业范围的界定，则应以直接为旅游活动、旅游者提供服务的产业组织或行业部门为标准，而将间接提供旅游服务的产业组织或行业部门排除。以此为标准，围绕旅游产业的六要素来界定旅游产业的范围，就包括了游览娱乐经营部门、住宿接待部门、旅游购物企业、餐饮行业、交通运输行业。③ 可见，围绕旅游产业要素，以旅游产业的分类为切入点是进行旅游产业概念界定的一般方法。

对从旅游产业的发展实践来看，旅游产业涉及第一产业、第二产业和第三产业的众多行业。这些行业主要有：第一，旅游业本身所包含的行业；第二为旅游业提供物质支撑的属于第一产业的农业、林业、畜牧业和渔业的相关部分；第三，为旅游业提供物质支撑的属于第二产业的轻工业、重工业和建筑业等部门和行业中的相关部分；第四，属于第三产业中的通信业、金融业、保险业、公共服务业、卫生体育业、文化艺术业、教育事业、信息咨询服务业等行业中的相关部分，以及国家机关中与旅游相关的部门，如旅游行政管理部门、海关边检等。④ 与此相类似的划分方法还指出，旅游产业包括：（1）交通运输、仓储及邮电通信业；（2）批发零售贸易业、餐饮业；（3）金融、保险业；（4）社会服务业；（5）卫生、体育和社会福利业；（6）教育、文化艺术及广播、电影电视业中为旅游者提供服务的部分或活动，另外还包括仅为旅游者服务或仅开展旅游活动，但组织形式依附于第一产业和第二产业的企业的活动，如旅游者参观、访问、休闲、娱乐、购物等的农场、果园、林场、畜牧场、渔场，以及为旅游者提供各类服务的农、林、牧、渔服务业、旅游商品的制造和销售等。⑤

同时，按照直接面向旅游者和间接面向旅游者范围的区别，可将旅游产业划分为三类：第一类是直接面向旅游者服务并为其提供各种物质产品和服务的行业，包括饭店、餐馆、旅行社、航空公司、地面交通企业、零售商店等；第二类是间接面向旅游者并为旅游者提供服务的行业，包括食品供应商、金融业、洗衣业、旅游出版业、旅游商品制造业等；第三类是间接影响旅游者并直接对前两类企业产生影响的行业，包括政府机

---

① 占佳：旅游产业范围界定应从基本概念入手，载《旅游学刊》，2007（12）。
② 魏小安，韩健民：《旅游强国之路：中国旅游产业政策体系研究》，北京，中国旅游出版社，2003，153页。
③ 胡抚生：基于旅游六要素的旅游产业范围探讨，载《旅游学刊》，2007（11）。
④ 张陆，徐刚等：旅游产业内部的行业层次结构问题研究，载《重庆工学院学报》，2001（6）。
⑤ 旅游产业统计研究课题组：旅游产业统计研究，载《浙江统计》，2002（3）。

构、规划设计单位、教育与培训机构、房地产开发商等。[①]

但是，也有学者指出，旅游产业范围不等于旅游产业要素，产业范围不等于国民经济核算体系中的旅游概念，产业范围不等于老百姓的旅游概念，并指出确立旅游产业范围应重点着眼于以下角度：一是从构建旅游产业体系方面去探讨；二是从促进旅游产业化发展的角度去研究；三是从旅游卫星账户覆盖的范围去把握。[②]这使旅游产业的范围更广，但相对来说，却更有针对性和精确性。

（二）旅游产业的概念

从对上述研究成果的梳理来看，对于旅游产业的认识有三方面的观点：一是"行、游、购、住、食、娱"六要素组合论，认为旅游业是由相关产业组合而成的产业群；二是从服务业的角度界定旅游产业，把旅游业归于第三产业门类；三是系统论，认为旅游产业是一个复合的产业系统。[③]因此，对于旅游产业的概念也会形成以下提法：

（1）从产业供给出发，旅游产业的内涵应该是，以旅游业生产六要素：吃（旅游餐饮业）、住（旅游宾馆业）、行（旅游交通业）、游（旅游景观业）、购（旅游商品业）、娱（旅游娱乐业）为核心，以旅行社为产业龙头，由一系列行业部门组成的社会、经济、文化、环境的整合产业，是一个开放的复杂系统。[④]

（2）旅游业是指直接为旅游者在旅游活动中的食、住、行、游、购、娱等活动提供产品和服务的行业的总称。旅游产业是指旅游业和为旅游业直接提供物质、文化、信息、人力、智力、管理等服务和支持的行业的总称。旅游业包括的行业有：旅游饭店业、旅游交通运输业、旅行社业、旅游娱乐业（旅游资源开发经营业）、旅游购品经营业（旅游商业）5个行业。[⑤]

（3）旅游业是指以住宿业、餐饮业、旅行社以及以人工建造的游乐园为主的接待诸行业的复合体；事实上，旅游业并不是一个行业实体，只是在游客需要时为需要者提供不同服务的业务群体。旅游产业，既包括了营利的旅游业，也包括了许多发展旅游所必需的社会非营利因素，如博物馆、古迹遗址、风景名胜、教育和培训设施等大多数人文资源因素。[⑥]

（4）狭义的旅游产业是指那些提供核心旅游产品以满足旅游者旅游需求的旅游企业的集合，广义的旅游产业还包括提供各种追加价值的相关产业。若旅游产业在某个地理空间发展，还必须依赖当地的其他公共设施和服务机构。[⑦]可见，旅游产业有狭义和广义之分。狭义的观点认为：旅游资源业、景观业和旅行社业构成了完整的旅游产业。至

[①] 赵书虹：试论旅游产业的形态、结构、集群特征和比较优势，载《思想战线》，2010（2）。
[②] 高舜礼：对旅游产业范围与地位问题的思考，载《旅游学刊》，2007（11）。
[③] 王慧敏：旅游产业的新发展观：5C模式，载《中国工业经济》，2007（6）。
[④] 杨振之、陈谨：论我国旅游业产业结构的优化调整，载《云南民族学院学报（哲学社会科学版）》，2002（5）。
[⑤] 张陆、徐刚等：旅游产业内部的行业层次结构问题研究，载《重庆工学院学报》，2001（6）。
[⑥] 申葆嘉：从"旅游产业的范围和地位"想起的，载《旅游学刊》，2007（11）。
[⑦] 赵书虹：试论旅游产业的形态、结构、集群特征和比较优势，载《思想战线》，2010（2）。

于交通运输业等，尽管对旅游活动非常重要，但不能成为旅游业的组成。①广义的观点指出，旅游产业表现为一个产业群，是旅游吸引物及相关要素在一定的地理空间上集中的趋向和过程。②也就是说，旅游产业是指在国民经济体系中，按照一定的社会分工，采取商品形式提供各种旅游产品，以满足旅游者消费需求的各类企业的集合。③

综合以上分析，我们可以给旅游产业的概念做如下定义：

旅游产业是以满足旅游者在旅行活动中的食、住、行、游、购、娱等需要为宗旨，向旅游者提供全方位旅游服务的综合性产业。其范围涵盖了与旅游活动相关的国民经济的许多产业、部门，其中既包括支撑旅游业生存和发展的基本行业，如旅游景区、旅游饭店、旅行社、旅游交通等，也涉及诸多与之相关的产业、部门、机构和团体。

二、旅游产业的特点

旅游产业包含的行业众多，涉及的门类广泛，加之旅游产品的多样性和旅游消费对象的不确定性，使旅游产业具有明显的、不同于其他产业的特殊性。

有学者认为，旅游产业的特殊性包括：不可流动的旅游产品，复合型的产业，产业结构的不确定性，即不仅提供旅游产品为旅游者服务，还提供非旅游产品为旅游者服务。④也有研究者认为，一方面旅游并非仅指传统意义上观光、休闲活动，还包括了商务、会议等各类出访活动，旅游产业有着更丰富的内涵和广泛的外延，只要是为旅游者外出活动提供服务的行业均可归于旅游产业，即旅游产业是一个区别于传统产业的"泛产业"；另一方面旅游产业具有动态性，即组成旅游产业的相关产业是动态变化的，是一个典型的与时俱进的产业。⑤还有学者在旅游消费特征——空间的转换性、链条的复合性、消费的持续性、人群的多样性、追求的多元性、生活的必需性——分析的基础上，指出旅游产业的特征包括：资本的包容性、就业的大众性、要素的综合性、服务的文化性、设施的公共性、地域的广泛性。⑥

综合分析，旅游产业的特点主要体现在以下几个方面：

（1）高度综合性。过去旅游产业基本是以资源为决定因素，只要有资源优势，就基本能实现经济收益。而在目前的经济环境下，必须将资源通过加工变成社会产品或服务，使产品和服务顺利进入市场并且为消费者所购买，才能实现其资源的经济化过程。其中资源以外的因素所起的作用已经大幅增长。⑦因此，旅游产业的发展必须是多因素、多指标、多部门综合作用的结果，这使得旅游产业的综合性特征更为突出，涵盖了一、二、三产业的所有领域和部门，而且既没有边界，也没有市场变动，是一个围绕旅游需

---

① 师守祥：旅游产业范围的界定应符合经济学规范，载《旅游学刊》，2007（11）。
② 王言峰，牛泽东，马瑜：城市化与环境耦合关系的实证分析，载《工业技术经济》，2008（5）。
③ 周振东：《旅游经济学》，沈阳，东北财经大学出版社，1999，16页。
④ 许韶立：关于拉长我国旅游产业链的几点思考，载《中州学刊》，2005（4）。
⑤ 王慧敏：旅游产业的新发展观：5C模式，载《中国工业经济》，2007（6）。
⑥ 魏小安：《新时期中国旅游发展战略研究》，北京，中国旅游出版社，2010，128页。
⑦ 王德刚，宋文旭：《旅游强省战略：山东省旅游产业竞争力提升研究》，济南，山东大学出版社，2009，35页。

求的供给而形成的多业态的"产业群"。

（2）较强关联性。旅游产业涉及第一、第二产业的内容，同时涵盖第三产业的大部分领域，包括几乎所有的产业部门。旅游产业的迅速发展，将有效提高服务业在三次产业中的比重；通过产业融合，还可以提升一、二产业的旅游附加值；同样，发展旅游业也已经成为工业企业实现多元经营、促进企业升级、拓宽企业知名度范围的新的途径。

（3）区域垄断性。由于旅游活动具有空间位移的特征，旅游产业的发展必然与一定的空间结构相联系。旅游产业最重要的资源——旅游吸引物不能在区域间自由流动，这意味着旅游吸引力一旦生成将永久地固定在该区域内，旅游投资的空间流动也相对受到制约。同时，旅游者要购买和消费某区域的旅游产品，必须亲自到目的地。因此而发生的除进入目的地的运输以外的一切消费都将作为一种外界对该经济区域的注入。这种特性客观上助长了地方利益的膨胀，各区域经济主体都试图利用本区域内旅游资源的垄断性吸引投资，带动消费，扩大本区域经济规模，这便形成了旅游产业的区域垄断性。[①]

（4）就业带动性。旅游产业的较强关联性决定了其对于就业的带动作用。同时，旅游产品生产和服务过程中，绝大多数领域具有劳动密集型特征，因此，旅游产业具有很强的吸纳就业能力，旅游业属于高就业产业。旅游产业通过与其他产业的融合，可以大幅提高旅游就业贡献率。例如依托农村、农业资源，发展生态农业、休闲农业、观光农业、农家乐等，可以大大提高农业附加值，实现农村就地转型、农业就地升级、农民就地致富、农产就地增值、农民就地转业。同时，旅游业的劳动就业成本相对较低。

（5）经济与文化的统一性。旅游产业作为一种产业形态，对经济发展具有明显的促进作用，而且与其他产业的融合也已经成为新的经济增长点。同时，旅游产业也是文化性很强的产业类型，文化是旅游的灵魂，旅游是文化的载体，特别是作为文化传播、交流的重要渠道。旅游产业的发展对于整个社会精神家园的塑造、高尚价值观的形成等都具有重要意义。

（6）公共性和公益性。旅游产业虽然是一种经济类型，经济属性是其主要特征，但实际上旅游的经济功能与社会功能同等重要，世界旅游组织1980年颁布的旅游业发展的纲领性文件——《马尼拉世界旅游宣言》中把旅游定义为人的基本权利，就是要强调旅游在人类个体成长过程中的重要作用。因此，无论是企业还是政府，发展旅游产业的目的决不能仅仅局限于经济诉求，规划、开发的旅游产品也决不能只是为了盈利。从旅游产品体系构建的角度，一定要有公共性产品，旅游企业的经营行为，也要在一定程度上体现公益。

---

① 王德刚，宋文旭：《旅游强省战略：山东省旅游产业竞争力提升研究》，济南，山东大学出版社，2009，34~35页。

第二节 旅游产业结构

一、旅游产业结构的概念

目前,学术界对于旅游产业结构概念的认识主要有:

(1)旅游产业结构是指在社会供求关系及旅游经济运行中形成的旅游经济的构成要素相互联系、相互作用的关系和方式。从横向看旅游产业结构是由旅游产业部门结构、空间结构、技术结构,就业结构、组织结构及市场结构、投资结构、产业结构等众多结构组成的网络系统。[①] 旅游产业结构是指旅游产业各部门、各地区以及各种经济成分和经济活动各环节的构成及其相互比例关系。[②] 对于旅游产业结构的认识具有基本一致性。

(2)旅游产业结构,是指以食、住、行、游、购、娱为核心的旅游业内部各大行业间的经济技术联系与比例关系,也就是旅游业的部门结构。由于旅游经济具有综合性的特点,从而决定了旅游产业结构具有多元化的性质。一般来讲,旅游产业中旅游景区、旅游交通、旅游饭店和旅行社,它们被誉为旅游业的四大核心门类。但是,从旅游业的六大要素看,旅游产业还应包括旅游娱乐业、旅游购物品的生产与经营部门、旅游资源开发与经营管理部门等。从更广泛的角度看,旅游产业还应包括旅游教育培训部门、旅游研究和设计规划部门等。只有从大旅游观的角度来认识旅游产业结构,才能提高对旅游经济重要性的认识,从而确立旅游业在国民经济中应有的地位。

因此,从旅游经济综合性角度研究旅游产业结构,主要应从以下三个方面考虑:一是应着重分析旅游业内部各部门结构的发展规模、水平及相互之间的联系和比例关系,考察旅游产业结构的综合能力及协调性等。二是从市场结构出发,研究旅游产业结构的合理化,分析影响旅游产业结构合理化的各种因素,以及可能采取的对策及措施。三是从旅游经济发展的角度,研究和探讨旅游产业结构高度化的趋势和可能性,探讨旅游产业结构高度化的途径、对策及措施等。

旅游产业结构是旅游经济运行中所形成的各种相关联产业之间的比例关系。国际上也存在着几种旅游产业分类标准。

二、联合国《国际产业分类标准》

根据联合国《国际产业分类标准》,旅游业主要包括旅行社业、旅游饭店、餐馆为主的接待业,旅游交通业,游览娱乐业,旅游用品和纪念品销售行业。

旅游产业构成如下图所示:

---

① 王淼:旅游业的产业结构研究——以江苏省为例,载《上海大学学报(社会科学版)》,1998(1)。
② 杨振之,陈谨:论我国旅游业产业结构的优化调整,载《云南民族学院学报(哲学社会科学版)》,2002(5)。

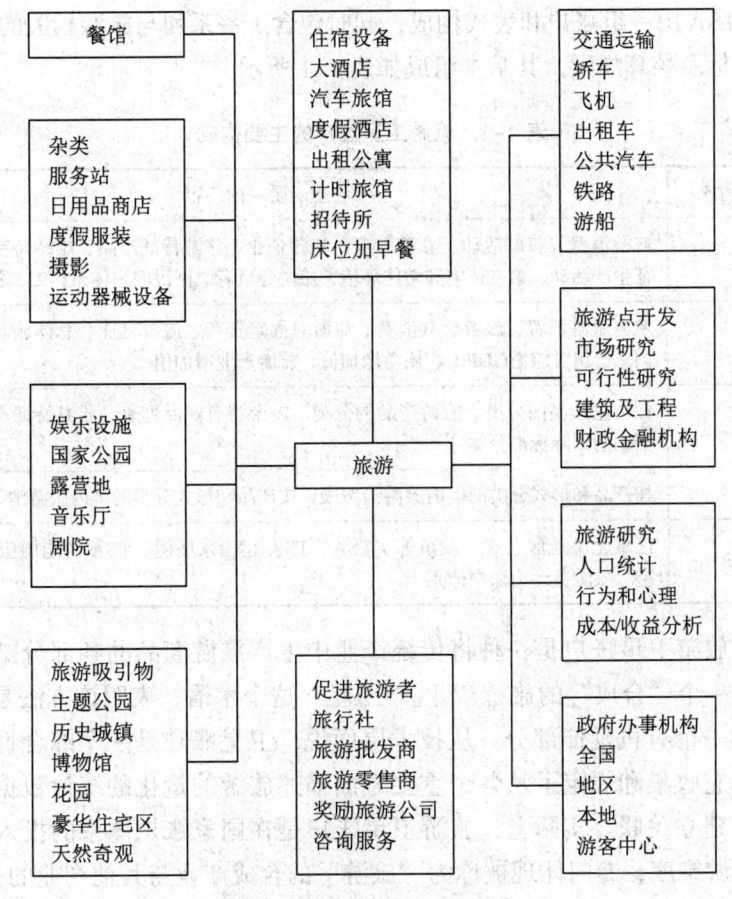

图 1-1 旅游行业结构图[①]

结合我国旅游业发展的实际情况，可以从中找出现阶段我国旅游产业的主导要素，即旅游产业构成中与旅游者直接发生联系并为之服务的行业，包括旅游区（点）业、旅行社业、以旅游饭店为代表的住宿业和餐饮业、交通运输业、游览娱乐业、旅游商品销售行业，它们共同构成了我国旅游产业中的基本行业。

三、旅游卫星账户

旅游卫星账户（Tourism Satellite Accounts，TSA），又称为旅游附属账户，是国民经济核算账户"体外循环"的分账户，是一种对旅游业进行测度的新方法，也是当前联合国和世界旅游组织等国际机构所积极推广的一种测度旅游业经济影响的方法体系。旅游卫星账户是在国民账户之外，按照国际统一的国民账户的概念和分类要求单独设立出来的一个虚拟账户，它通过把所有与旅游消费相关的（包括直接和间接）部门中由于旅游消费而引致的产出部分分离出来，单列入这一虚拟账户，以准确地测度评价旅游业对

---

① 王大悟，魏小安：《新编旅游经济学》，上海，上海人民出版社，1998，第165页。

经济的影响。TSA 由一组账户和表式构成，同时包含了一系列与旅游相关的概念、定义、分类、总量指标及核算规则。其基本组成如表 1-1 所示。①

表 1-1 旅游卫星账户的主要构成

旅游卫星账户构成	主要内容
TSA 概念	旅游消费、旅游活动、旅游需求、旅游企业、旅游特征产品、旅游特有产品、旅游特征生产活动、第二住宅和常住环境、旅游经营者、国民账户体系1993、旅游形式
TSA 总量	境内旅游消费、旅游公共消费、旅游总固定资产、旅游就业、总体旅游需求、旅游国内总产出（旅游GDP）、旅游增加值、旅游产业增加值
TSA 分类	社会总产品的分类、旅游产品的分类、旅游特有产品列表、旅游特征产品列表、旅游活动的国际标准分类
TSA 表式	按产品和形式分类的境内旅游消费表、按产品和形式分类的国内旅游消费表
TSA 延伸内容	区域化（地区、省、城市等）TSA、TSA 超国家展望、TSA 功能展望、TSA 机构展望、旅游劳动力账户体系

简言之，旅游卫星账户是一种将传统产业中生产旅游商品的各部分结合起来的方法，进而形成一个"合成"的旅游产业。"卫星"这个术语，表明该方法是国民经济核算体系框架的一个有机延伸部分。从技术层面说，卫星账户是一个综合性的、多层面的信息系统，它收集和规定了从各个重要方面描述旅游的量化的统计数据，并在这些统计数据之间建立关联。实际上，旅游卫星账户是在国家账户体系的投入产出框架中创建了一个旅游维度，专门体现被称为"旅游"的合成产业与其他产业的关联情况。②更确切地说，是创建了一个"具有统计意义"的旅游产业，这个产业可以使用与其他严格意义上的产业具有可比性的方法加以测量，也就是说，运用国家账户体系的方法进行测量。③

对 TSA 的研究始于 20 世纪 70 年代，法国开始创建基于国民账户体系（System of National Account，SNA）基本原则，但更强调旅游活动特殊性的子系统：旅游卫星账户系统。20 世纪 80 年代以来，世界旅游组织等国际组织和更多的国家逐渐意识到在国民核算体系内测量旅游活动的重要性，并相继开始进行研究。1991 年在渥太华召开了"旅游统计国际会议"，其间形成了一套系统的关于旅游统计的建议，会议还推荐了有关旅游的标准定义和分类。④

一般认为，旅游卫星账户的基本特点包括：（1）TSA 科学地统一了"旅游"相关的概念体系。（2）TSA 从需求和供给两个角度对旅游活动进行了全面刻画。（3）TSA 对包价旅游产品的"净估价"核算。在旅游卫星账户中，对包价旅游和旅行社的服务采用

---

① 常莉，康蓉，匡林：对旅游卫星账户含义和特点的深层思考，载《旅游科学》，2005（4）。
② 史蒂夫·史密斯：旅游产业及旅游卫星账户，载《中国统计》，2003（7）。
③ 史蒂夫·史密斯，赵丽霞：探析旅游卫星账户（TSA）的基本思想，载《旅游学刊》，2004（2）。
④ Smith S. L. J.：Broadening the Viewpoints of Tourism Measurement. Beijing：China Statistics Press，2004，12-19.

"净估价"的原则进行计量，这与传统的计量原理不同。传统核算中，我们将"包价旅游"视为一种独立的产品，而在 TSA 中，要求将包价旅游的所有构成部分都视为由旅游者直接购买。① 也就是说，它意味着旅游规模（产出）的评估结果第一次具有了可靠性并且能够与传统产业的规模进行具有一致性的比较。同时，实现了投入产出矩阵的平衡。即在这个合成的旅游产业中，一个关键的因素是旅游比例的评估。旅游比例是指从事旅游的个人（游客）所消费的每一种旅游商品的百分比。这些比例以详细的家居和家庭支出的消费调查以及旅行支出调查为基础进行评估，商业调查中收集的有关各种商业类型的运营成本可以作为补充。②

我国从 1993 年开始逐步建立旅游卫星账户（TSA）体系、使用抽样调查等联合国推荐的方法，并将这一旅游统计制度纳入国家统计制度的范畴。我国首先在江苏省进行了旅游卫星账户编制试点工作，2002 年 9 月完成了《江苏旅游卫星账户体系构建》，系统提出了江苏区域旅游卫星账户的构想，填补了我国在省级旅游卫星账户研究和应用方面的空白。2006 年国家旅游局和国家统计局联合组成工作组，正式启动国家级旅游卫星账户研究编制工作。2007 年"中国国家级旅游卫星账户"的部分账户表初步编制完成，这是我国首次按国际统一的标准与框架对旅游经济进行的全面测量，对我国今后开展其他产业的账户核算起到了积极的示范作用。旅游卫星账户不仅仅是一种统计制度，更是一种分析方法。③

四、我国旅游及相关产业分类

2015 年 7 月 21 日，国家统计局发布了《国家旅游及相关产业统计分类（2015）》。这是一部以《国民经济行业分类》（GB/T 4754—2011）为基础、以旅游产业自身特点为依据编制的旅游业分类、统计标准，该标准的颁布，迈出了旅游产业纳入国民经济统计体系的关键一步。

建立科学准确的旅游产业统计体系，一直是世界各国旅游和统计部门长期追求的一个理想。1993 年联合国统计委员会核准并发布世界上第一部旅游统计文件——《1993 年旅游统计建议》；2000 年世界旅游组织联合世界经合组织、欧洲统计局秘书处等机构，完成了《2000 年旅游卫星账户》，包括我国江苏、浙江、山东等省在内世界上 70 多个处于不同发展阶段的国家和地区参与到了旅游卫星账户的实验测算工作；在前期进行实验性统计测算的基础上，联合国统计司于 2008 年修订完善并核准发布了《2008 年国际旅游统计建议》（IRTS2008）和《2008 年旅游卫星账户》（TSA2008）。我国则于 2010 年由国家统计局、国家旅游局进一步完成了国家层面的旅游卫星账户编制，并最终于 2015 年 7 月 21 日，由国家统计局正式发布《国家旅游及相关产业分类（2015）》，奠定了我国在国家层面上对旅游产业进行标准化界定的里程碑。

---

① 常莉，康蓉，匡林：对旅游卫星账户含义和特点的深层思考，载《旅游科学》，2005（4）。
② 史蒂夫·史密斯：旅游产业及旅游卫星账户，载《中国统计》，2003（7）。
③ 郭丽：中国旅游卫星账户的建立，载《辽宁经济》，2008（7）。

《国家旅游及相关产业分类（2015）》，既对《2008年国际旅游统计建议》中关于旅游产业的定义和分类进行了继承，保持了与国际旅游统计口径的可比性，又在总体架构和分类表述上，与我国《国民经济行业分类》保持了高度一致，主要表现为下特点：

首先，核心概念和分类角度沿用国际标准。核心概念上采用了联合国 IRTS2008 中对游客和旅游定义，确定"游客"是指"以游览观光、休闲娱乐、探亲访友、文化体育、健康医疗、短期教育（培训）、宗教朝拜，或因公务、商务等为目的，前往惯常环境以外，出行持续时间不足一年的出行者"；而"旅游"则是指"游客的出行、住宿、餐饮、游览、购物、娱乐等活动"。同时，按照联合国 TSA2008 建议的方法框架，从供给方角度对相关服务机构所提供的旅游及相关经济活动进行了分类。

其次，大类的划分主脉络清晰，创新点突出。先将"旅游及相关产业"划分为"旅游业"和"旅游相关产业"；再将"旅游业"用"行住食游购娱"经典六要素和旅游综合服务，划分为7个大类；将"旅游相关产业"划分为旅游辅助服务和政府管理服务两个大类。不仅脉络十分清晰，而且将旅游购物列入"旅游业"，将四类客运辅助活动转入"旅游相关产业"，在分类体系上进行了创新。

再次，首次赋予旅游及相关产业分层代码。该标准采用了线分类法和分层次编码方法，将旅游及相关产业划分为四个层次、两个门类、9个大类、27个中类和67个小类，并且逐层到每个小类均给了专属代码，增强了分类标准的体系性。

最后，反映了经济发展和社会进步的动态变化。《国家旅游及相关产业分类》中的67个小类，对应《国民经济行业分类》（GB/T 4754—2011）中129个国民经济行业小类，比之前增加16个，包括保健旅游服务、旅游安保、翻译、日用品租赁、广告等行业，特别是明确将旅游金融、农业观光休闲纳入旅游及相关产业，体现了分类标准的与时俱进。

之所以说《国家旅游及相关产业统计分类（2015）》在我国旅游业发展史上具有里程碑意义，是因为该标准的颁布实施将真正使旅游业在国民经济体系中具有应有的"名分"，旅游业对国民经济的实际贡献将用具有法律地位的科学方法进行统计测算，并在国民经济统计体系中得到充分的体现，以往只能用"相当于"来自说自话的尴尬局面将从此终结。最关键的是，社会也会因此对旅游、旅游业在社会经济发展中的作用形成共识。

当然，从该标准的内容来看，仍有需要进一步完善的地方，如仍有较多的与旅游密切相关的设施如飞机场、铁路、道路、客运码头的建设，旅游景区和主题公园的建设，文物保护设施的维护等尚未纳入统计范畴；在工业旅游、旅游地产等方面考虑仍有不足；邮轮游艇、大型游船、旅游房车、旅游小飞机、景区索道、大型游乐及配套设施，旅游装备制造业和垂钓、登山、滑雪、潜水、骑行、露营、探险等各类户外用品的设计与制造等，仍有待于补充。希望在经过一段时间的实践和验证之后，能够得到进一步的完善，使关于旅游业分类和统计的标准更加全面、科学（见表1-2）。

表1-2 国家旅游及相关产业统计分类表

代码			名称	说明	行业分类代码
大类	中类	小类			
10			旅游业		
11			旅游出行		
	111		旅游铁路运输		
		1111	铁路旅客运输		5310
		1112	客运火车站		5331
	112		旅游道路运输		
		1121	城市旅游公共交通服务	仅包括为游客提供的公共电汽车客运、城市轨道交通、出租车客运、摩托车客运、三轮车、人力车客运等服务	541*
		1122	公路旅客运输		5420
	113		旅游水上运输		
		1131	水上旅客运输		551
		1132	客运港口		5531
	114		旅游空中运输		
		1141	航空旅客运输		5611
		1142	通用航空旅游服务	仅包括公共航空运输以外的空中旅游观光、游览飞行等航空服务	5620*
		1143	机场		5631
		1144	空中交通管理		5632
	115		其他旅游出行服务		
		1151	旅客票务代理		5822
		1152	旅游交通设备租赁	仅包括各类轿车、旅游客车、旅行车、活动住房车等旅游用车的租赁,以及旅游船舶、飞行器的租赁	7111* 7119*
12			旅游住宿		
	121		一般旅游住宿服务		
		1211	旅游饭店		6110
		1212	一般旅馆		6120
		1213	其他旅游住宿服务	仅包括家庭旅馆(农家旅舍)、车船住宿、露营地、房车场地、旅居全挂车营地等住宿服务	6190*

续表

代码			名称	说明	行业分类代码
大类	中类	小类			
	122	1220	休养旅游住宿服务	仅包括各类休养所为游客提供的住宿服务	8411*
13			旅游餐饮		
	131	1310	旅游正餐服务	仅包括在一定场所为游客提供以中餐、晚餐为主的餐饮服务	6210*
	132	1320	旅游快餐服务	仅包括在一定场所为游客提供的快捷、便利的就餐服务	6220*
	133	1330	旅游饮料服务	仅包括在一定场所为游客提供的饮料和冷饮为主的服务，以及茶馆服务、咖啡馆服务、酒吧服务、冰淇淋店、冷饮店服务等	623*
	134	1340	旅游小吃服务	仅包括为游客提供的一般饭馆、农家饭馆、流动餐饮、单一小吃、特色餐饮等服务	6291*
	135	1350	旅游餐饮配送服务	仅包括为民航、铁路及旅游机构（团）提供的餐饮配送服务	6292*
14			旅游游览		
	141		公园景区游览		
		1411	公园管理	各类主题公园、国家公园等管理服务，以及与公园相关的门票服务，文明旅游宣传引导服务，高风险旅游项目风险提示和培训管理，交通疏散体系管理，突发事件、高峰期大客流应对处置和安全预警管理服务等包含在此类	7851
		1412	游览景区管理	各类游览景区的管理服务，以及与游览景区相关的门票服务，文明旅游宣传引导服务，高风险旅游项目风险提示和培训管理，交通疏散体系管理，突发事件、高峰期大客流应对处置和安全预警管理服务等包含在此类	7852
		1413	生态旅游游览	仅包括对游客开放的自然保护区，以及动物园、野生动物园、海洋馆、植物园、树木园等管理服务	771*
		1414	游乐园		8920
	142		其他旅游游览		
		1421	文物及非物质文化遗产保护	受文物保护的古村镇，以及具有地方民族特色的传统节目展示，手工艺展示，民俗活动展示等包含在此类	8740
		1422	博物馆		8750

续表

代码			名 称	说 明	行业分类代码
大类	中类	小类			
		1423	宗教场所旅游	仅包括寺庙，教堂等宗教场所为游客提供的服务	9440*
		1424	烈士陵园、纪念馆	烈士陵园、烈士纪念馆、爱国主义教育基地等为游客提供的服务包含在此类	8760
		1425	旅游会展服务	仅包括为旅游提供的会议、展览、博览等服务	7292*
15		1426	农业观光休闲旅游	仅包括以蔬果、鲜花等植物的种植和养殖为核心的农业观光休闲旅游服务	0141* 0143* 0149* 015* 0412*
			旅游购物		
	151	1510	旅游出行工具及燃料购物	仅包括为游客购买用于旅游活动的自驾车、摩托车、自驾游用燃料、零配件等提供的零售服务	526*
	152	1520	旅游商品购物	仅包括为游客购买旅游纪念品、老字号纪念品、免税店商品、旅游用品（不含出行工具、燃料等）、旅游食品等提供的零售服务	521* 522* 523* 524*
16			旅游娱乐		
	161		旅游文化娱乐		
		1611	文艺表演旅游服务	仅包括与旅游相关的表演艺术（旅游专场剧目表演）和艺术创造等活动	8710*
		1612	表演场所旅游服务	仅包括音乐厅、歌舞剧院、戏剧场等为游客提供的服务	8720*
		1613	旅游室内娱乐服务	仅包括为游客提供的歌舞厅、KTV歌厅、演艺吧等娱乐服务，以及电子游艺厅娱乐活动、儿童室内游戏、手工制作等娱乐服务	8911* 8912* 8919*
		1614	旅游摄影扩印服务	仅包括与旅游相关的摄影、扩印等服务	7492*
	162		旅游健身娱乐		
		1621	体育场馆旅游服务	仅包括可供游客观赏体育赛事的室内、室外体育场所，以及室外天然体育场地的管理服务	8820*
		1622	旅游健身服务	仅包括休闲健身场所为旅游提供的健身器械、保龄球、台球、棋牌等服务	8830*
	163		旅游休闲娱乐		
		1631	洗浴旅游服务	仅包括为游客提供的洗浴、温泉、桑拿、水疗等服务	7950*

13

续表

代码			名称	说明	行业分类代码
大类	中类	小类			
		1632	保健旅游服务	仅包括为游客提供的保健按摩、足疗等服务，以及特色医疗、疗养康复、美容保健等医疗旅游服务	7960* 8312* 8313* 8314* 8315* 8316*
		1633	其他旅游休闲娱乐服务	仅包括公园、海滩和旅游景点内的小型设施服务等	8990*
17			旅游综合服务		
	171		旅行社及相关服务		
		1711	旅行社服务		7271
		1712	旅游管理服务		7272
		1713	其他旅行社相关服务		7279
	172		其他旅游综合服务		
		1721	旅游活动策划服务	仅包括与旅游相关的活动策划、演出策划、体育赛事策划等服务	7299*
		1722	旅游电子平台服务	仅包括一揽子旅游电子商务平台的运营维护服务	6540*
		1723	旅游企业管理服务	仅包括旅游饭店、旅游景区、旅行社等单位的管理机构服务，以及与旅游相关的行业管理协会、联合会等行业管理服务	7219* 9422*
20			旅游相关产业		
21	211		旅游辅助服务 游客出行辅助服务		
		2111	游客铁路出行辅助服务	仅包括为铁路游客运输提供的铁路运输调度、信号、设备管理和养护等服务	5339*
		2112	游客道路出行辅助服务	仅包括为公路游客运输提供服务的客运汽车站、公路管理与养护、公路收费站、专业停车场等服务	544*
		2113	游客水上出行辅助服务	仅包括为水上游客运输提供的船舶调度、水上救助等服务	5539*
		2114	游客航空出行辅助服务	仅包括为航空游客运输提供的机场电力管理、飞机供给、飞机维护和安全、飞机跑道管理等服务	5639*
		2115	旅游搬运服务	仅包括独立为游客提供的货物装卸搬运服务	5810*

续表

代码			名称	说明	行业分类代码
大类	中类	小类			
	212		旅游金融服务		
		2121	旅游相关银行服务	仅包括支持旅游活动的贷款、消费信贷等服务	6620* 6639*
		2122	旅游人身保险服务	仅包括与旅游相关的人身保险服务	6812*
		2123	旅游财产保险服务	仅包括与旅游相关的财产保险服务	6820*
		2124	其他旅游金融服务	仅包括与旅游相关的外汇服务等	6990*
	213		旅游教育服务		
		2131	旅游中等职业教育	仅包括旅游、导游、酒店等中等职业学校教育	8236*
		2132	旅游高等教育	仅包括旅游、酒店、翻译等高等教育	824*
		2133	旅游培训	仅包括导游、外语、厨师、酒店服务、客车驾驶、飞行驾驶等与旅游相关的培训	8291*
	214		其他旅游辅助服务		
		2141	旅游安保服务	仅包括为铁路、民航、港口、酒店、旅游景区等提供的安保服务	7281* 7282*
		2142	旅游翻译服务	仅包括为旅游提供的翻译服务等	7294*
		2143	旅游娱乐体育设备出租	仅包括用于旅游的自行车、照相器材、娱乐设备、运动器材等出租	7121*
		2144	旅游日用品出租	仅包括用于旅游的纺织品、服装、鞋帽等出租	7129*
		2145	旅游广告服务	仅包括与旅游相关的广告制作、发布、代理等服务	7240*
22	221	2210	政府旅游管理服务 政府旅游事务管理	仅包括各级政府部门从事的与旅游相关的综合行政事务管理服务	9121*
	222	2220	涉外旅游事务管理	仅包括各级政府部门从事的旅游签证、护照等涉外事务管理服务	9122*

注：符号"*"表示该行业类别仅有部分内容属于旅游及相关产业。

五、旅游产业结构的合理化

从规划的角度，在很多情况下，需要对地方旅游产业结构进行科学调整，即使其趋于合理化。这经常是旅游规划的主要任务之一。

旅游产业结构合理化是使旅游产业与其他产业之间、旅游产业内部保持符合产业发展规律和内在联系的比例关系，确保旅游产业持续、稳定、协调发展，同时促进旅游产业在国民经济中的比重不断加大，保证旅游产业与其他产业协调发展的过程。优化旅游产业结构，即通过各个生产要素的优化组合实现产业结构的合理化。旅游产业结构合理化的基本目标是，使我国的旅游资源得到较为合理的开发利用，旅游供给体系趋于完善，形成产业结构新格局，使旅游产业外部和内部各种重要的比例关系不断趋于协调，并向效率化、高级化方向发展，从而充分、有效地发挥旅游业的产业功能和经济优势，全面提高旅游产业的社会经济效益和企业经济效益。

旅游产业结构合理化是一个动态的、相对的概念，旅游产业结构要随着旅游产业的不断发展而不断变化，旅游产业结构合理化是在一定历史条件和旅游产业经济发展到一定阶段上的合理化，并随着旅游产业经济的发展将旅游产业结构不断推向更高阶段的合理化。

旅游产业结构合理化包括以下几个层次：

（1）宏观结构的合理化

即旅游产业的发展必须与国民经济整体发展相适应，与第一、第二产业发展的要求相协调，能够促进我国经济结构的调整，带动相关产业的发展与结构升级。

（2）游产业内部结构的合理化

即旅游产业经济运行各要素之间必须协调配套发展并与旅游产业经济发展的规模相适应，以平衡旅游市场供需矛盾，提高旅游产业的经济效益。

（3）旅游产业发展的区域合作与协调

旅游产业发展不仅要符合经济合理布局的要求，而且要促进区域合作。尽管各地区发展旅游产业主要依托本地区独特的旅游资源，互相之间不能替代，但邻近区域的旅游资源分布往往又有共同点，不同地区之间通过区域合作，共同开发，彼此带动，互相促进，能够快速形成旅游产业经济带或经济圈，从而树立起良好的区域旅游形象，促进旅游市场的开发。

（4）旅游产业动态结构的合理化

即旅游产业结构合理化应该是一个长期、协调发展，并不断向高级化演变的过程。旅游产业结构高级化是指在旅游产业内部协调发展条件下，新兴旅游景点和服务设施迅速发展，占有越来越重要的地位，传统旅游产业的技术水平不断提高，旅游产业产值在国民生产总值中所占的比重不断提高的过程。科技进步是旅游产业结构演进、转换的动力，结构的高级化是科技不断进步的结果。旅游产业的进一步发展，必须大力推进旅游产业中的先进技术的应用，促进旅游产业向质量型和效益型方向发展。

旅游产业结构合理化与高级化的主要特征，可以归纳为以下几方面：

首先，旅游产业在国民经济中的地位和比重不断上升，旅游产业逐渐发展成为国民经济的支柱产业和推动经济增长的重要动力，促使国民经济逐步走向协调发展。

其次，旅游产业在组织结构上逐步趋向合理化，主要表现为旅游产业企业规模结构出现大型化、综合化发展势头；集团化经营集中度提高，为旅游产业获得规模效益奠定基础。

最后，旅游产业在技术结构上逐步趋向高级化。旅游产业技术结构的高级化，就是现代化技术、自动化技术、机械化技术等先进技术在旅游产业中逐步得到广泛应用，并占有较大比重的过程，是现代科技成果广泛应用于旅游产业的过程。

第三节　旅游产业政策

无论是国家层面，还是从地方政府层面，旅游产业政策的调整往往也是旅游规划编制的主要内容之一。

产业政策是政府根据产业发展状况、发展趋势、市场形势和发展目标等，研究制定的规划、干预、促进、保障产业发展的政策体系。一般而言，产业政策有狭义和广义之分。狭义的产业政策是政府专业经济部门和产业政策职能部门制定的，以特有程序和方式发布的专门性政策措施；广义的产业政策是党委、政府和行业部门出台的促进产业发展的单项的方针、政策、法规、规范性文件等。简言之，就是一个国家或政府对一个产业发展的整体态度和主要意见。我国现行的旅游产业政策，主要是广义上的产业政策。[①]可见，产业政策是政府为了扶持某一产业的发展而制定的各个方面的促进政策和保障政策，也就是说，产业政策制定和操作的主体是政府，针对的对象是某一产业的发展，产业政策的概念主要是从日本、韩国产生的。[②]

一、旅游产业政策的含义

（一）旅游产业政策的概念

一般认为，旅游产业政策是指政府根据经济发展的目标要求和一定时期内产业的现状和变动趋势，以市场配置为基础，规划、干预和引导旅游产业发展的相关政策行为。

20世纪中后期，产业政策作为一种新的宏观经济调控方式在世界范围内获得广泛认可。日本、韩国等国通过产业政策引导实现经济腾飞的事实加速了这一趋势的推广。于是这一热潮进入旅游业，通过制定有针对性的旅游发展产业规划、政策，不仅可以促进旅游不发达地区旅游业的整体提高，对旅游发达国家的影响也日渐受到重视。

旅游产业政策应解决的问题包括：产业定位问题、导向政策问题、市场战略问题、产品导向问题、产业布局问题、产业配套问题、投入政策问题、组织政策问题、技术政策问题以及产业保障问题等。[③]

---

① 高舜礼：《中国旅游产业政策研究》，北京，中国旅游出版社，2006，1~4页。
② 魏小安，韩健民：《旅游强国之路：中国旅游产业政策体系研究》，北京，中国旅游出版社，2003，313页。
③ 高舜礼：《中国旅游产业政策研究》，北京，中国旅游出版社，2006，117~120.页。

（二）旅游产业政策的特征

旅游产业政策的形成与旅游经济的发展程度直接相关，后者影响着前者的具体内容构成和作用路径。一般来说，旅游产业政策具有系统性、动态性、国际性、稳定性和连续性等特征。[①] 虽然不同国家旅游产业政策的内涵和表现形式不尽一致，但就其本质而言，旅游产业政策具有以下几个特征：

1. 诱导性和间接性

旅游产业政策既包括了产业的发展环境支持、发展战略等问题，又有一系列的发展政策。该政策一旦形成，国家宏观干预和调节手段如金融、财政、贸易等政策的制定和实施都要在产业政策指导或约束下发挥作用。旅游产业政策的诱导性是指政策制定的逻辑基准是促进社会生产力的提高和旅游产业素质的全面提升，在诱导经济向提高社会经济效益和促进技术进步的方向发展方面具有一定的意义和作用。旅游产业政策主要是针对旅游产业的弱质性、关联度高等特性而出台的，是直接为旅游产业发展服务的，即为其提供必要的宏观指导和多层次的环境支持。同时，旅游产业政策与其他产业政策一样，是一种规范性的政策，它以其自身一定的规范性具有引导经济结构，包括旅游产业中的行业结构、地区结构、产品结构、组织结构和所有制结构等，起到使企业行为趋于合理化的作用。旅游产业政策与市场机制作用的方式不同，具有很强的间接性，即一般不具有指令性，不是通过直接干涉企业的经营活动来贯彻国家的意图，而是借助企业活力的激发，政策的间接引导来实现国家的既定目标。

2. 系统性

旅游产业政策的设计与实践牵涉到许多相关领域或群体，这是由旅游产业的"综合性"特征引起的。不可避免地，旅游产业政策必须与其他产业政策相融合、相协调，必须正确处理好各产业之间的各种投入产出联系。同时，旅游产业政策也有若干项子政策，即产业内各行业部门的特定政策。这就产生了子政策之间的协调问题和子政策与各产业政策之间的配合问题，使它们形成一个运作高效的系统。此外，国家的经济政策不仅有产业政策，还有财政政策、金融政策、收入政策等，产业政策和其他经济政策之间也有一个协调一致、相互促进、相辅相成的关系。

3. 序列性和动态性

产业政策要确定一国的生产要素和资源在各产业之间的分配，分配的差异是由各产业在该国经济发展中的不同地位决定的。同样，不同的产业在同一时期的发展速度是不同的。这两者决定了各产业在同一时期的发展中呈现序列性。而旅游产业在各国经济体系中所处的地位和所起的作用也不尽相同，所以旅游产业政策在该国经济政策体系中的构成也不一样，有轻重缓急之别。另外，不同的发展阶段，由于收入水平随着经济增长呈现出由低到高的变化，需求结构、生产结构和就业结构也都有相应的变化。从旅游

---

① 钟冲：中国旅游产业政策的演变趋势与展望，载《长沙铁道学院学报（社会科学版）》，2009（1）。

产业政策自身来说，其具体内容和形式都会随着收入水平的提高和经济环境的变化而变化。例如由于我国地域辽阔，旅游资源的地区分布很不均衡，导致各地区旅游业起步和发展的程度不一，相应的，政策体系就会呈现出动态性。

4. 稳定性

旅游产业政策具有极强的针对性，它的制定需要经过科学预测与决策。为克服政策的时滞性，保持政策的预见性显得十分重要。旅游产业政策一般会影响经济运行的短期平衡，甚至会对短期收益构成较大的损害。但政策旨在中长期内促进旅游产业的健康运行，因而必须具有长期的稳定性和连续性。一旦旅游产业形成，某种内部结构一经确立，在短期内则难以改变，体现出一定的结构刚性。只有经过长期努力，通过现有产业的重组与改造以及新兴产业部门的创立和发展，才能根本改变原有结构。因此，旅游产业政策的影响和作用主要表现为影响经济的中长期发展。只要中长期的收益大于政策引致的短期损失，这种产业政策就是符合社会经济原理的，应着力贯彻落实。所以，旅游产业政策具有一定的稳定性既是必要的，也是必然的。

5. 国际性

旅游产业的发展不可避免地要参与国际交流和合作。而且各国的常规或非常规旅游经济发展模式均涉及入境旅游（国际旅游）、出境旅游及国内旅游，意味着封闭的旅游运作模式即排除国际旅游是极为狭隘的思想，是与现代市场经济的本质要求不一致的。另外，世界范围新技术的发展动向、发达国家和国际分工与合作的新格局、新趋势，都要求各国旅游产业政策的研究和制定，要充分考虑国际产业结构的演进动向，努力寻求和确立旅游产业应有的地位及其与其他产业的关系。旅游产业从某种意义上是各种文化、知识、资源的交汇与组织，而现代科学技术和经济贸易已把整个世界组织成一个紧密的大系统，任何一个国家都不能脱离这个大系统而在封闭、自足、孤立的环境中发展本国经济，因而当代开放型经济社会中的旅游产业政策也必须具有国际性。

6. 针对性

与其他经济政策一样，旅游产业政策是基于旅游产业的发展现状和发展目标而制定的。具体而言，政策推行的主要目的在于克服旅游产业自身固有的弱势，通过必要的宏观指导与制度支持来提升产业素质，增强旅游产业的国际竞争力，适时地改变旅游经济增长方式。而且，旅游产业政策在旅游产业发展的不同阶段会体现出不同的侧重性。如在旅游产业起步阶段，政策的导向主要集中于鼓励与支持各方参与旅游基础设施的建设；而在旅游产业发展阶段，如何规范旅游企业、部门的运作，采取切实可行的措施促使旅游产业发展等是产业政策的重要内容；在旅游产业进入成熟阶段之后，对旅游产业进行必要的扶持和保障必不可少。旅游产业政策无疑是针对旅游产业的成长而制定的，同时也顾及了相关产业、行业、部门的现状和发展倾向，因而这种意义的针对性不能做片面地认识与理解。

（三）旅游产业政策的作用

旅游产业政策的设计与实施是为了最大限度地发挥其功能，而全面认识政策的作用极为必要。因为各类政策均存在积极作用和消极影响，如何扬长避短是问题的关键所在。就积极方面而言，旅游产业政策意味着引入或协调政府活动从更高层次纵向深入到市场机制里面，促进市场机制和市场结构的完善和优化，提高旅游产业的劳动生产率和竞争能力。具体来说，可以将政策的积极作用概括为以下几方面：

1. 改善资源在部门之间的分配，促进社会资源的有效配置

有效的产业政策可以调整需求的总量和结构而使供给与需求在总量及结构上达到平衡，也可以通过调整供给的总量和结构而使供给与需求在总量及结构上实现平衡，从而保证社会资源的有效配置。对于赶超型经济的后进国家而言，还可以充分利用发达国家产业结构演变的经验，发挥后发优势，通过国家干预，较快地实现资源配置的优化过程，加速产业结构演进。而不是仅仅通过市场机制通过竞争来实现。旅游产业在许多国家属于后发产业，且旅游产业的弱质性特征十分显著。唯有经过一定时期的发展后，旅游产业方可较独立地立足于国民经济中。而这一成长阶段离开了产业政策的支持便无法实现旅游产业的快速发展。

2. 推动结构效益的提高

影响经济效益高低的因素很多，通常衡量经济效益的指标也很多，但从大的方面看，离不开对投入产出的分析，离不开对生产要素的利用程度，又无不与产业结构的状况密切相关。一定的产业结构，是社会劳动在各产业之间分配的结果，合理的产业结构意味着资源的优化配置和充分利用，这就为实现最高和最合理产出提供了条件。合理的产业结构，不仅能够保证宏观经济效率的提高，而且也能为提高微观经济效益创造一个良好的外部环境。科学正确的产业政策，有利于社会资源的合理配置和产业组织结构的优化，有利于实现产业之间相互协调和配合，在夕阳产业、主导产业和朝阳产业之间形成合理的推进序列，从而能够针对市场机制的功能性缺陷，依据产业结构的变动趋势及时推动产业结构的升级换代，从推动产业结构合乎规律的变化中实现社会经济效益和促进经济增长。

3. 促进市场结构和市场机制的完善

在市场经济条件下，产业政策一般并不能对市场主体的资源配置行为产生直接影响，而是通过影响市场机制、改变相对价格来实现对市场主体资源配置行为的调节。因此，产业政策不仅具有纠正市场缺陷、弥补市场失灵的作用，而且在产业组织问题上，能够通过旨在鼓励有效竞争、反对垄断、保护适当集中、发挥规模经济、完善市场秩序等政策的制定与实施，以适度竞争的市场结构起到优化市场机制的作用。旅游需求属于层次较高的非基本需求，旅游产品的需求弹性较大，受市场波动的影响较大。而在市场机制存在缺陷的情况下，旅游产业很可能受市场虚假或滞后信号的误导而偏离正常的发展轨道，不利于旅游产业的规模扩张和整体素质的提高。

4. 保护、加速和促进旅游产业的发展

世界各国旅游产业的发展水平相差较大，且旅游产业在本国经济体系中的地位和作用也不尽相同，但参与国际大市场的竞争已经不可避免。然而，对于旅游产业后发国家而言，欲在竞争日趋激烈的市场中站稳脚跟并谋求进一步的发展，必要的政策支持不容忽视。制定正确的旅游产业政策在一段时间内对国内旅游产业提供融资、税收等方面的优惠，可以促进国内旅游产业的迅速成长。同时，有效的产业政策能够提高本国旅游产业的国际竞争力，优化各国产业结构间的关系，更好地发挥本国比较优势。历史经验表明，世界各国旅游产业的发展无不受益于政策的保护。

5. 促进产业技术水平的提高

旅游产业政策能够通过保护和促进企业技术进步的动力，扶持中小旅游企业的发展和加速产业间的技术转移，有重点地适应世界新技术发展的趋势，达到结构技术水平不断提高的目的。因此，应该对旅游产业给予资金、人才、技术等方面的支持，鼓励其联合各科研机构、高等院校、旅游产品开发设计部门，进行新产品的研究与开发。同时，旅游企业受其行业特征的影响，规模一般较小，单独进行研发的能力较弱，因而必须得到相应的政策支持。

可见，旅游产业政策的积极作用主要体现在促进经济增长、提高劳动生产率、优化产业结构、提高经济效益等。但是，旅游产业政策的作用发挥需要经过一定的传导渠道，需要花费一定的传导时间，只有在较长时期内才能真正显示政策的作用。对于短期的供求调节来讲，市场机制是重要的和有效的。但必须承认，作为对有关新技术的投资决策、产品决策、中长期生产规模决策的指导，市场价格则并不适宜，而国家最重要的职能是促进经济发展和提高公共福利，这也是政策制定的核心追求。

二、旅游产业政策体系

旅游产业包含的门类众多，综合性较强，关联度较高，因此旅游产业政策的内容相对也较为广泛。旅游产业政策的主要内容应包括：旅游产品政策、旅游区域布局政策、旅游资源开发与资源保护政策、旅游市场促销政策、旅游消费政策、旅游投资政策等。[①]本质上来讲，旅游产业政策，与其他产业政策一样，是一个包含多种政策类型的、复杂的政策体系。一般包含以下内容：

（一）产业结构政策

旅游产业结构政策是指通过有意识地影响或改变现有旅游产业格局，旨在提高旅游产业发展水平的经济政策。重点关注两个方面：

一是相关各产业之间的协调问题；

二是产业结构的升级或高级化问题。

---

① 魏小安，韩健民：《旅游强国之路：中国旅游产业政策体系研究》，北京，中国旅游出版社，2003，323~326页。

各国旅游业的产业定位也是一个重要环节，按照世界旅游业的发展趋势，越来越多的国家把旅游业定位为本国国民经济的支柱产业。

（二）产业组织政策

旅游产业组织政策是政府在一定时期为调节产业组织而制定的各种政策的总和，其直接目标是调节产业组织以获取最好的市场绩效。

（三）产业布局政策

旅游产业布局政策是指根据一个地区社会经济技术条件的差异性，合理选择发展目标，有效配置和开发旅游资源，形成旅游产业的区位优势，不追求旅游业的均衡发展的行为。按照比较优势理论，一个国家的旅游产业布局政策主要是通过政策优惠、资金、人才、技术等支持，促进本地具有比较优势的旅游资源的开发，以实现集中力量带动整个旅游产业素质的提高和提升其国际竞争力的目的。

（四）产业技术政策

旅游产业技术政策是指导旅游产业在一定时期内技术进步，借以提高旅游业发展水平的政策，旨在通过技术利用、技术进步和技术革新，以高技术成果推进旅游产业的更新换代。

（五）产业国际化政策

旅游产业国际化政策具体研究和规定本国旅游产业与国际产业的相互关系以及发展政策问题。

总之，我们必须首先对旅游产业的概念、特点、构成及产业政策等有清楚的认识，才能够在旅游规划中科学安排旅游产业的发展方向和发展目标。

第二章 旅游资源

旅游资源是旅游产业发展的基础，也是旅游规划的重要对象。特别是旅游区规划和旅游景点、景观建设规划，实际就是直接以旅游资源为对象进行的。

无论是在旅游学理论中，还是在旅游规划实践中，旅游资源的内容、种类都是十分丰富的，其形成机理和表现形式也多种多样，而且，旅游资源的范畴和类型也会因旅游市场需求的变化而具有动态性。为此，我们有必要从理论上厘清旅游资源的一般概念、范畴、类型及发展变化的特点，并根据各种旅游资源不同的性质和特点，来探讨对其开发的特点和规律，以便能够在规划中准确把握旅游资源的特性和转化成旅游产品的可能性与可行性。

第一节 旅游资源及其分类

"旅游资源"一词，并非自古有之，它与旅游活动一样，是随着人类社会经济的发展和人类文化水平的提高而产生的，也就是说，自人类开始有意识地关注旅游活动和旅游业开始，旅游资源才成为人们研究和探索的对象，特别是现代旅游业的飞速发展，更促进了人们对它的重视，以至于成为现代旅游学理论界的热门课题之一。多少年来，人们从不同的出发点对旅游资源的概念、特点、分类和评价等问题进行了不同角度的分析和研究，从传统的资源观、到全域旅游视角下的新资源观等，产生了许多具有开创和建设意义的认识，也从而奠定了我们今天对旅游资源认识的基础。

一、旅游资源的含义与特点

（一）旅游资源的含义

旅游资源作为旅游开发和旅游活动的对象，在今天人类旅游活动的空间极度开阔、旅游活动的内容极度深化的情况下，它的内容和范围也成为一个十分复杂的问题。总的来说，人们已经确定了一个对旅游资源的基本认识，即旅游资源是动态的，是随着人类旅游需求的变化而变化和发展的；今天应该用"新资源观"的理念来认识旅游资源的种类，评价旅游资源的价值。

以往，人们对旅游资源的认识，着重强调其对旅游者的吸引力或作为景观要素这一属性，即多是把旅游资源作为游览、观赏、度假、娱乐等直接旅游活动的对象来认识的。但随着社会的进步和旅游业的发展，旅游作为一种人类的社会活动，其内容也在不断深化，其范围也在逐步扩大。特别是在现代旅游学研究和旅游业实践中，旅游活动所包含的范围已十分宽泛，人们已经摆脱或超越了传统的把旅游仅仅看作是"旅行游览"或"游览观光"的狭窄认识，而把它看作一种普遍的社会生活和文化现象。目前，人们认为："旅游，是人们离开自己的常住地，到异地作暂时停留或访问所经历的特殊生活过程"。① 这种认识告诉我们，只要是在和平的前提下，人们离开自己的常居地而到异国、他乡进行的就业和定居以外的任何活动都是旅游，亦即除了游览、观光、度假等消遣性的旅游活动外，其他诸如科学考察、公务访问和差遣、讲学和修学、医疗保健与健康养生、商务洽谈、走亲访友、探险、参加议会会展等，也都属于旅游活动的范围，是现代旅游的内容，也是现代旅游业的经营范畴。而在这些内容中，有许多并非游览、观光的项目，它们的吸引物或对象物也不是一般意义上的游览设施，虽然这些旅游者也会与游览设施发生一定的关系，但这种联系并不是主要的。因此，我们到底应从哪个角度来认识旅游资源，或如何来界定旅游资源的范围便成为一个实际而关键的问题。

应该说，作为旅游的对象，旅游资源必须首先适应旅游活动的需要，在理论上就要以旅游的概念和内容为前提来进行探讨。但由于人们总是从不同的角度、不同的出发点来认识和研究旅游资源，致使直到今天在理论界仍没有一个被普遍认同的定义，关于旅游资源概念的争论至今也没有停止，但旅游产业发展的实践领域在技术层面不允许不确定的概念继续存在下去。为了对实践领域进行规范，2003年2月24日国家标准部门颁布了中华人民共和国国家标准GB/T 18972—2003《旅游资源分类、调查与评价》，在该标准中对旅游资源等概念进行了技术界定，统一了在旅游产业发展的实践领域对这一概念的使用。

《旅游资源分类、调查与评价》中对旅游资源的概念定义为："自然界和人类社会凡能对旅游者产生吸引力，可以为旅游业开发利用，并可产生经济效益、社会效益和环境效益的各种事物和因素"。

这一定义包含有下面几层含义：

第一，旅游资源对旅游者产生吸引力。任何产品对其消费者都有本身特定的吸引力，旅游产品也不例外。作为旅游产品的来源和基础，旅游资源的吸引力作用指向的是旅游者。只有对旅游者产生某种吸引力，能够激发其旅游动机，才有可能成为旅游资

---

① 王德刚：《旅游学概论》，3版，北京，清华大学出版社，2012，26页。

源，不具有这种吸引力的任何资源因素都不会成为旅游资源，而当这一吸引力足够强大，形成异地吸引力，就可以促使旅游者实现异地迁移，从而促成了一段异地特殊生活经历。

第二，旅游资源是旅游业的开发对象，是旅游产品的来源和基础。一方面，旅游业是生产、组织、销售旅游产品的经济产业，其通过必要的辅助因素和手段对旅游资源进行开发利用，将资源转化为产品，推向市场，实现旅游业的良性运转，其中辅助因素和手段不能算作旅游资源。另一方面，能够被旅游业开发利用是旅游资源存在的价值，只有通过旅游业的开发利用，成为旅游产品，旅游资源才能和旅游者发生联系，为旅游者提供独特的经历，从而实现自己的价值。此外，由于旅游资源的开发是多层次的，旅游产品也是多级别的，所以旅游资源既包括尚未被开发但有开发价值的部分，也包括已经被开发，可以被组合成不同旅游产品的部分。

第三，经济效益、社会效益和环境效益是现今社会环境对旅游资源是否可以为旅游业开发利用的限制条件。对某项旅游资源的开发利用形成的旅游产品既要能满足市场需求，为旅游业带来经济利润，又要符合社会规范，有利于社会的发展和进步，还要遵循生态原则，有益于环境的建设和保护，这是现代社会对资源利用的要求，也是资源能否开发的条件。

第四，旅游资源包含多种因素。由于现代旅游形式和目的的多样性，也使旅游资源的范畴随之扩大了，一切能够具有吸引力的因素都可成为旅游资源，即不仅那些直接成为人们观赏对象的山川景物可以成为旅游资源——自然旅游资源；而且人类社会中，从具有艺术价值的各种古今建筑物、工艺品、文学艺术、风味佳肴到并不具备一定物质形态的民风民俗和具备抽象意义的经济建设成就等，也都可以成为吸引旅游者的旅游资源——人文旅游资源；而且，许多人类生活中的常态因素、社区生活景象——街区公园里的晨练、街头老年人的"故事会"、田间的老牛拉犁等，都能够成为吸引旅游者的资源和景观。显然，那种认为旅游资源仅仅是"供多数人游览观赏"的"山川景物"的认识是狭窄的，因为这种认识忽略了"游览观赏"之外的其他旅游目的和形式，而把旅游仅仅局限在游览、观光和娱乐的范围内，这是对现代旅游认识的不足。

第五，旅游资源并不一定都具有物化形式或物质形态，它可以是无形的，这对于我们全面地认识人文旅游资源尤为重要。在旅游资源的概念中，强调有"吸引力"的"各种事物和因素"。显然，具有物质形态的山川景物具有现实的吸引力，可以成为旅游者直接欣赏的对象物。而在人文旅游资源中，有许多因素并不具备物质形态，如发达的经济水平和建设成就，是一个总体的抽象概念，虽然在具体的方面，它也有具体的外在表现，但它以总体的形象对旅游者产生吸引力或形成一种总体的旅游环境，因而也成为重要的旅游资源。

第六，旅游资源是一个广义的概念，它既包括已被人类开发、利用了的现实的旅游资源，即已经形成现实吸引力的旅游对象物，也包括了尚未被人类开发、利用的潜在的旅游资源，即具有开发潜力和可能性，但还没有形成现实吸引力的自然和社会事物。因

为这些事物虽然由于客观条件的限制，尚没有形成现实的吸引力，暂时不具备接纳旅游者的功能，但随着社会的进步和人类旅游足迹的不断延伸，其潜在的吸引力终究会被变为现实，发挥出其接纳旅游者的功能。因此，无论是现实的旅游资源，还是潜在的旅游资源，都是旅游资源的组成部分，属于旅游资源的范畴。

总之，旅游资源作为与旅游者对应的客体，是人类旅游活动的对象物，是一个自然与社会、有形与无形、现实的与潜在的相结合的综合现象。

（二）旅游资源的特点

任何一个概念都是共性与个性的统一。旅游资源除了从属于资源这一行列，拥有资源的共性以外，还有着自身的个性特点。认识这些特点，对于发展旅游业，对于旅游资源开发利用、旅游市场营销以及旅游资源的保护等工作有着重要的意义。

结合旅游资源的本质属性，其基本特点主要包括六个方面：广泛多样性、地域差异性、组合性、文化性、开发利用的相对永续性和变化性。

1. 广泛多样性

旅游者的社会组成和心理特点的多样性，决定了作为旅游产品核心来源的旅游资源存在极为广泛。一般的资源，都有特定的物质内容和分布特征，而旅游资源则不然，它的品种和表现形式多种多样，物质内容纷繁复杂；它的存在范围无所不至，无边无界。甚至可以说，世界上任何一种客观存在都可能成为旅游资源，人类所能到达的任何地区都可能有旅游资源可供开发利用。

由于世界经济和社会的发展，一方面人们的旅游动机和需求在向高层次、多元化发展，另一方面人类的空间活动范围也在不断扩大，于是许多崭新的旅游形式和内容被不断地纳入到旅游资源的范畴中来，从而使旅游资源的分布更加广泛，内容更加丰富多彩。从传统的山水风光、名胜古迹，到一个国家和地区居民的文化、艺术、生活方式和民族风情，再到工业示范园、农业生产基地……旅游资源有涵盖世间万物的趋势。

2. 地域差异性

第一，尽管旅游资源品种繁多、类型复杂，但都分布在一定的空间范围内，都反映着各地地理环境的特点。

每个地区的地质、地貌、气候、水文、动植物以及人类在长期同自然界的斗争中所创造的物质文化和精神文化，如建筑艺术、宗教、民俗等均存在着明显的地域差异性，形成了具有不同特征的"地缘文化"。这种地域的差异性，使旅游资源具有了以地域为基础而形成的不同特色，使旅游资源具有了明显的地域特征。如世界上最吸引人的"3S"资源和景观，主要分布在中低纬度基质砂岩海岸；岩溶山水景观则主要分布在热带和亚热带石灰岩发育的地区；世界上的园林大致可分为东方园林、西方园林和西亚园林三大系统，而我国的园林有南方类型、北方类型和岭南类型，其中南方的明媚秀丽、北方的富丽堂皇和岭南的亚热带风光，三者明显不同。我国幅员辽阔，自然环境复杂多样，社会文化地域特征鲜明，形成的旅游资源自然也各具特色。

第二，旅游活动和旅游资源的本质属性决定了只有具有鲜明地域特色的事物和因素才能够成为旅游资源。

旅游活动是在异地吸引因素的作用下实现的异地特殊生活经历，旅游资源是旅游产品的核心来源，是有足够的力量吸引游客前来的异地吸引因素，而异地吸引因素的吸引性正来自于其与旅游者本身生活环境的差异。所以，一个地方的自然景物、人文风情和生产实践越具有独特的地方特色，对旅游者形成的吸引力就越强大。因此，在旅游开发实践中抛弃地方特色的盲目开发、重复建设，注定只能造成当地人力、物力和财力的极大浪费。地域特色逐渐消失，地区之间越来越走向趋同，这是前段时间旅游资源开发和利用中产生的重要问题，已经引起旅游学界的高度重视。

第三，由旅游资源的地域特征而决定的区域特色是划分旅游区的主要依据。旅游资源的地域性分布，形成了世界上各具特色的旅游区，从而影响了旅游者的空间流动，旅游区特色与旅游者需求的结合是旅游市场营销成功的关键所在。

3. 组合性

组合性是指孤立的景物要素很难形成具有吸引力的旅游资源，在特定的地域中，总是复杂多样、相互联系、相互依存的各个要素共同形成资源体。例如一条河流要形成一条风景走廊，离不开两岸的远山近木、水势峰状、民情风俗等。长江"黄金旅游线"的精妙不仅来自于波涛汹涌的江水，更来自于千姿百态的峡谷景观、满目沧桑的古代遗址遗迹、气势恢宏的现代水利工程及浓郁多彩的民俗风情。

旅游资源的组合形式可以多种多样，如山与其他旅游资源的组合形式就有山水组合、山树组合、山与人文景观组合三种。

旅游资源的组合性特征对于旅游开发实践具有重要的指导意义。对于比较孤立的资源单体需要通过组合其他吸引因素扩大其规模，增强其吸引力。不同的资源组合形式对旅游者具有不同的吸引力，因此可以据此开发不同的旅游产品。

4. 文化性

"旅游资源凝聚着人类的精神文化，是社会文化环境的集中体现"[1]。自然资源本身所具有的美学本质是其文化属性的表现，在开发利用过程中又凝结了人们的智慧和心血；人文资源更是蕴含着丰富的文化内容；其他一些新兴旅游资源，也都脱离不了社会文化的映射范围。

旅游资源的文化性来源于旅游者的精神需求。旅游是人类的一种精神活动，旅游需求是一种高层次的需求，旅游活动是一项高级消费活动。任何其他的资源都不如旅游资源这样具有显著的文化属性。无论是人文的，还是自然的资源，它们之所以能够成为旅游资源，成为人们旅游的对象，最根本的原因就在于它们为旅游者提供了特殊的经历，满足了人们高层次的精神需求，这便是旅游资源的文化属性的具体表现。例如，高山峻岭令人感到雄伟；江河湖海使人心情奔放；森林草场给人以浓郁幽静的感受；植物园、

---

[1] 赵长华：《旅游概论》，北京，旅游教育出版社，2003，5页。

动物园、科学馆给人们提供了探索了解自然奥秘的条件；博物馆、文物古迹都具有某种文化教育意义。

旅游资源的文化性对于不同旅游者而言，其内涵是不同的，这与旅游资源本身的文化底蕴以及旅游者的职业、受教育程度、生活阅历等因素有关。另外，不同的旅游者对于旅游资源文化性的需求也是不同的。

5. 开发利用的相对永续性

有些资源（如矿产资源）在利用过程中将被消耗掉或是需要自然繁殖、人工饲养、栽培和再生产来补充。但旅游资源则不然，旅游者只能在旅游活动中使用这些资源，以获得自身需要的美好感受，旅游者带走的仅仅是"印象"和"体验"，而不能带走旅游资源本身。从这一点来说，旅游资源具有使用上的永续性。

但这种永续性是相对的，是建立在对旅游资源合理利用的基础上的，如果利用不当则可能导致资源质量下降，甚至完全被破坏。自然资源的开发利用一旦超过其环境承载力，资源的质量就会大大降低，从而难以为旅游者提供高品质的审美体验，例如"天上人间"武陵源就因利用过度差点失去世界遗产的金字招牌。历史文化资源是历代文化的载体，其历经风雨沧桑，本身的存活都很艰难，我们护之尚且不及，如果一旦被破坏，即使进行人工修复，也不再具有原来的价值。试想当敦煌的壁画有一天消失，那么即使再先进的科学技术也将无力回天。另外需要特别指出的是，合理开发利用的程度越深，利用的时间越长，旅游资源的知名度就越高，价值就越大，就越能长久地被利用。因此，在开发旅游资源时，重视对旅游资源和旅游环境的保护尤为重要。

6. 变化性

所谓变化性是指旅游资源不是一成不变的，它会随时间、空间的改变而发生变化，特别是会随着人类旅游兴趣的变化而发生类别上的增量。

首先，旅游资源在时间上往往表现出较强的季节性，最明显的是气象气候旅游资源、生物旅游资源以及各种节日。例如，高纬、高山地区冬季长而严寒，观光旅游主要在夏季（雪上、冰上项目除外）；中纬地带夏热冬冷，春秋是旅游的良机；低纬地带常年可旅游，又是避寒胜地。再如观赏黄山云海和瀑布的最佳季节是多雨的夏季，观赏牡丹的最佳时机是每年的农历谷雨前后，等等。

其次，在不同的空间范围内旅游资源也会有很大的变化。泰山上的迎客松移到平地或离开泰山这一特殊的环境依托，其原有的观赏价值将大大降低，甚至会消失殆尽；北方的大雪观之平常，如果降落在南方，则将会成为奇观。

最后，在不同的时代，人们对自然和社会的存在是否可以构成旅游资源的价值判断，表现出极大的差异：一是旅游资源随时代的需求而产生、发展，品种数量正在成倍增加，许多原本不具有旅游价值的事物纷纷加入到旅游资源的行列中来，甚至有学者提出旅游地的居民或者某一区域的聚居群体也可以成为旅游资源。譬如在由世界旅游组织专家组编制的《山东省旅游发展总体规划》中提到"山东人民才是尚待开发的文化宝库，他们能够通过与旅游者分享其日常生活而使旅游者了解文化，增强山东人的地方自豪感"。二是随着时代的发展，古代部分旅游资源已开始淘汰、消失。三是旅游资源因时代的差异而评价不同。四是因时代不同，旅游资源的功能也不同，原本古人的生活用具现今成为博物馆中的观赏品，今天的建筑设施明天将会成为文物古迹。

（三）全域旅游与全域资源观

近年来，我国旅游业的发展进入了突飞猛进的快速阶段，旅游资源的社会化特征也越来越突出，特别是全域旅游发展理念和发展模式在实践中的推行，催生了人们旅游资源观的颠覆性变化，人们对旅游资源的认识已经扩展到了全空间、全产业、全时态的境界，也为我们学术领域提出了一个对旅游资源进行重新认知的新课题。

全域旅游是以旅游业为主导对区域经济社会资源、生态与人文环境、公共服务体系等进行全面整合、系统优化，而形成的一种全区域社会资源旅游化、全社会成员东道主化的新型旅游发展模式，也是社会经济发展水平达到一定程度、旅游市场发展到一定规模的情况下出现的一种旅游产业主导型的社会经济发展理念和发展模式。

"全域旅游作为一种旅游产业发展理念和发展模式，是从产业发展实践的角度在倒逼旅游资源的理论创新"。[①]首先，全域旅游是对区域社会、经济、文化、生态等资源全面的旅游化利用，同时也是以现代旅游市场的需求特征和发展趋势为依据，对区域旅游产品体系的系统性开发和对区域旅游产业结构体系的系统性优化，由此而推动区域旅游产业的转型升级和产业规模的全面扩大，由此而形成了由产业导向而引发的旅游资源的边界的外向延伸。其次，全域旅游发展理念和发展模式所引发的旅游资源观的变化不再局限于资源种类的增加或减少，而是更加关注旅游资源在空间、时间上的分布与聚类，以形成全空间、全时间的旅游产品和旅游产业体系。最后，全域旅游发展理念和发展模式引发的是开放的资源观和共享资源观，即产业不设边界，社会资源多元化利用、多功能开发、多方向发展，或不同的产业之间互为资源、互为产品、互为市场。

二、旅游资源分类

旅游资源普查、分类与评价是旅游资源开发利用之前的三部曲，通常情况下都是缺一不可的。旅游资源的概念以"旅游"定义为依托，旅游资源的普查、分类与评价都需要在确定旅游资源内涵与外延的基础上进行。分类系统是旅游资源普查的工作规范和技术导引，而分类的目的主要是为了评价，尤其是定量评价。而评价则是为了更好地开发旅游资源，最终是为了发展旅游业。在这一关系链中，分类处在中间环节，相比而言，它更具有工具意义，脱离了这一关系链分类就失去了意义，但没有分类关系链就难以形成。

---

① 王德刚：全域发展是产业升级之路，载《中国旅游报》，2016-6-10。

在旅游学发展初期便开始了对旅游和旅游资源概念、旅游资源分类评价等基础理论的研究。早期的旅游资源分类方法较为简单，后来随着旅游学研究的深入和旅游开发的蓬勃发展，从实践的需要和专业研究的角度出发，在旅游学研究领域出现了多种形式的分类方法。

综观形形色色的旅游资源分类方法，我们可以发现，旅游资源的分类方法首先因为所依据的分类标准的不同而不同；其次由于所依托的旅游资源概念的不同而相异；再次随着旅游资源外延的扩大而更新。但这些不同的分类方法对我们的旅游开发实践都有或多或少的指导意义。

（一）传统的理论分类

1. 按旅游资源的属性和成因分类

这是最传统、最基本，也是最普遍的分类方法。按旅游资源的属性和成因，人们将旅游资源分为自然旅游资源和人文旅游资源两大类。

（1）自然旅游资源

自然旅游资源，又称自然景观，主要由地表、气候气象、水文、生物、太空等自然地理要素构成，它是地球表层所有自然要素之间相互联系、相互制约以及有规律运动的结果，基本上属于天赋的或自然形成的，主要是在同类型中比较典型，具有美学观赏价值或科研、教学、探险、健身、休养、娱乐等功能的部分。

• 地表：典型地质构造、标准地层剖面、生物化石点、自然灾害遗迹、天然矿藏点、名山风光、观赏洞穴、火山熔岩景观、蚀余景观（包括水蚀、风蚀、沙蚀作用形成的奇特景观）、造型地貌、沙漠戈壁景观、水滨沙滩、黄土景观、小型岛礁等。

• 气候气象：避暑胜地、避寒胜地、冰雪风景与滑雪胜地、云雾景、树挂奇观、天象胜景（如海市蜃楼、宝光、极光等）、小气候与微气候等。

• 水文：风景河段、漂流河段、湖泊风光、瀑布、泉、冰川、浪潮景观、游览海域等。

• 生物：森林、草原、古树名木与奇花异草、野生动物及其栖息地、典型的自然生态景观等。

• 太空：宇宙星体、天文观测、陨石、太空遨游等。

（2）人文旅游资源

人文旅游资源，又称人文景观，是指古今人类所创造的，能够激发人们旅游动机的物质实体和精神财富。它受人类历史、政治、经济、文化、民族以及地域环境等多种人文地理因素的影响，较之自然旅游资源具有更加丰富多彩的形式和内容，主要包括历史遗迹、古建筑园林、文学艺术、民俗风情、休闲求知健身、购物、现代景观等。

• 历史遗迹：人类文化遗址、社会经济文化遗址、军事遗址、名人故居、历史纪念地等。

• 古建筑园林：古墓葬、水利工程、桥梁、宫殿建筑、宗教建筑与礼制建筑、中外园林、历史城镇、传统街区、古典院落等。
- 文学艺术：文学作品、神话传说、楹联题字、音乐、书法、绘画、戏曲等。
- 民俗风情：生养婚娶、饮食起居、节日活动、服饰等。
- 休闲求知健身：科学教育文化设施、动物园、植物园、公园、体育设施、游乐场所、节日活动、主题公园等。
- 购物：市场与购物中心、庙会、店铺、地方物产等。
- 现代景观：具有典型现代化特征或现代社会特征的景观，前者如磁悬浮铁路，后者如现代化大都市、现代化工厂、农场等。

2. 按旅游资源的再生性分类

从旅游资源的开发利用角度出发，按旅游资源的再生性分类，可将旅游资源分为可再生性旅游资源和不可再生性旅游资源。

（1）可再生性旅游资源

可再生性旅游资源是指在旅游过程中被消耗或部分消耗后，仍能够通过适当途径为人工再生产所补充的旅游资源，如旅游纪念品、土特产品、风味佳肴等。

（2）不可再生性旅游资源

不可再生性旅游资源是指那些自然生成或在长期历史发展过程中的遗存物，这些旅游资源一旦在旅游过程中遭到破坏则极难恢复，即使能部分复原，其原有的观赏价值也将大大降低，如古建筑、古文化等。

因此，在旅游资源的开发和利用过程中，对可再生性资源要充分利用，在兼顾环境效益的前提下，尽可能发挥其经济效益、社会效益；对不可再生性旅游资源则要坚持开发与保护并举的原则，掌握好开发和利用尺度，为子孙后代留下可持续发展的资源空间。

3. 按旅游资源的功用分类

按照旅游资源对于旅游者的不同功用，一般可以将旅游资源分为观赏型旅游资源、运动型旅游资源、休（疗）养型旅游资源、娱乐型旅游资源以及特殊型旅游资源（如具有科学考察价值的旅游资源）。如1974年科波克等对英国旅游资源的分类，即依据了旅游资源适宜的旅游活动，并考虑了海拔高度等因素。科波克等将英国的旅游资源分为：

（1）供陆上旅游活动的资源
- 露营、篷车旅行、野餐旅游资源：所有距乡间碎石小路400m以内的地方。
- 骑马旅游资源：已开辟有步行道、车行道和驰道的海拔300m以上高地地带。
- 散步及远足旅游资源：海拔450m以上的高地，已建有驰道、步行道、车行道的地方。
- 狩猎旅游资源：有狩猎价值的地方。
- 攀岩旅游资源：高差在30m以上的断崖。
- 滑雪旅游资源：有效高差在280m以上，且有3个月以上的持续雪期。

（2）以水体为基础的旅游活动资源

- 内陆钓鱼水域：宽度在 8m 以上，未遭污染的河流、溪谷及运河以及面积在 5hm² 以上的水域。
- 其他水上活动内陆水域：面积在 20hm² 以上，或宽度在 200m 以上，长度在 1km 以上未污染水域。
- 适于海上活动的海洋近岸水域：海岸边。
- 适于海岸活动的靠近乡间道路地带：有沙滩或岩石的海滩，位于乡间碎石道路 400m 范围以内。

（3）供欣赏风景的旅游资源

以绝对高差与相对高差分类。

- 低地：海拔高度在 152m 以下。
- 平缓的乡野：海拔高度在 152~457m 之间，相对高差在 122m 以下。
- 高原台地：海拔高度在 152~457m 之间，相对高差超过 122m 或海拔高度在 152~610m 之间，相对高差在 122~244m 之间。
- 俊秀的小山：海拔高度超过 610m，相对高差在 122~244m 之间，或海拔高度在 457~610m 之间，相对高差超过 183m。
- 高的山丘：海拔高度在 610m 以上，相对高差超过 244m。

4. 按旅游资源的市场特性和开发现状进行分类

按旅游资源的市场特性和开发现状，可以将旅游资源分为：

（1）潜在旅游资源

包括具有旅游价值但目前尚无力开发的旅游资源，对个别游客具有异地吸引力且这一吸引力具有继续蔓延的趋势的资源，甚至包括虽然目前对游客没有吸引力但根据市场情况可以预测其将来具备成为旅游资源可能性的资源。

（2）现有的和即将开发的旅游资源

这类旅游资源是指已经客观存在的资源，已经成为当地旅游业发展的主体；或者是指已经通过可行性论证、即将开发的资源。

（3）市场型旅游资源

这类资源是比较适合市场需求的资源，它可能原本质量不高，但由于某一社会事件使其影响力倍增而成为旅游资源，或者是由于市场需要而可以创造出来的新的旅游资源，如各类主题公园。

实现旅游业的可持续发展，需要有效利用现有旅游资源，适时适地创造市场型旅游资源，还要不断地探寻潜在旅游资源。

另外，还有其他的分类方法，如按旅游资源的吸引级别分为国家级景观旅游资源、省区级景观旅游资源、市县级景观旅游资源；按旅游资源的来历分为反映固有民族传统的旅游资源，历史上从外国传入，经本民族融化改造兼收并蓄的旅游资源，反映地方特色的旅游资源，由国外引进移植的旅游资源等。

（二）几种新型分类方法

很多学者另辟蹊径，提出了一些具有创新性的分类方法，这对于深入理解旅游资源的概念和意义，对于深化旅游学理论研究和推动旅游资源的开发利用，具有一定的作用。下面就介绍几种新型的分类方法。

1. 从资源的平面展布和主体配置关系角度对旅游资源进行分类

将旅游资源分为聚汇型、辐散型、单线型、环线型、方矩型、叠置型、凌空型等数种。

2. 按资源开发利用的变化特征分类

划分为原生性的旅游资源（包括山水、生物、气候、文物古迹、传统民族民俗、传统风味特产6小类）和萌生性旅游资源（包括现代建设风貌、现代体育科技吸引及去处、社会新貌与民族新风尚、博物馆展览馆、名优新产品及购物场所、自然力新作用遗迹、人工改造大自然景观7小类）。

3. 旅游资源的动态分类系统

（1）稳定类旅游资源

- 长久稳定型旅游资源：如城市、宗教圣地、会议中心、港口、古建、遗址、出土文物等；山岳、山谷、大江、大海、大湖、大型造型地貌、温泉、岩洞、回音山壁；民俗风情等。

- 相对稳定型旅游资源：如小型地貌、古树、野生动物、常年性溪流、瀑布、常绿树木、花卉、钟乳石、冰川、黄土造型地貌、游乐设施等。

（2）可变类旅游资源

- 稳定规律变化型：如季节性气候条件、季节性河流、瀑布、溪流、泉水等；山花、红叶、海光、鱼群、动物群、候鸟、鸟鸣、沙丘、海潮等；农业土特产品等。

- 不稳定规律变化型：如云海、云雾、树挂、沙鸣、山鸣等。

- 随机型旅游资源：如海市蜃楼、极光、佛光等。

（三）应用性分类系统

旅游业开发与规划的实践工作不仅要有满足于旅游资源分类理论研究的指导意义，更需要以普查为目的、面向评价与开发的、可供操作利用的规范化分类系统。由于在旅游业发展的短暂历史中，旅游资源一直处于丰富多样、不断更新和蔓延的状态，目前世界各国尚未形成统一的分类标准和方案。在多种分类系统之中最有影响的是西班牙国家旅游资源普查与分类系统，它按属性将旅游资源分为3个一级类型（自然景观、建筑人文景观和传统习俗）、7个二级类型和44个三级类型。[①]

在30年的旅游开发实践和学术研究中，我国主要形成了三大分类系统，作为旅游资源普查实践工作的规范化依据。

---

① 邹统钎：《旅游开发与规划》，广州，广东旅游出版社，1999，42~43页。

1. 1992版《中国旅游资源普查规范（试行稿）》的旅游资源分类系统

1992年，国家旅游局原资源开发司和中国科学院地理研究所联合制定了《中国旅游资源普查规范（试行）》，1993年国家科委和国家旅游局联合发文，向全国推荐，被学术界称为92版《规范》。《规范》中的资源定义、分类原则与分类体系等一直为学术界广为利用，还在一些地区进行了实验性应用，并且得到不断完善和发展。

92版《规范》依托传统的旅游资源概念"自然界和人类社会凡能对旅游者产生吸引力，可以为旅游业开发利用，并可产生经济效益、社会效益和环境效益的各种事物和因素"，将旅游资源划分为2大类（自然旅游资源与人文旅游资源）、6类（地文景观、水域风光、生物景观、古迹与建筑、休闲求知健身、购物）和74种基本类型。

虽然《规范》中的分类系统形成之后应用较广，发挥了重要作用，但随着实践和研究的发展，其中存在的问题也日益显现。据有些学者分析，此分类系统没有包括许多新的旅游资源形式；对资源单体和复合形式未加区分；有些基本类型包容太大。[①]

2. 1997版旅游资源分类系统

1997版旅游资源分类系统是吴必虎等学者根据自身工作实践和研究成果，在分析92版分类系统缺陷的基础上，对其进行修订和完善的成果。此版分类系统纯粹属于学术研究成果，虽然也曾被应用于实践，但未被国家有关行政部门颁布推荐。

此分类系统力求兼顾科学性和可操作性，依托当时较为新颖的旅游资源概念，把服务和有关设施也作为一种旅游资源纳入分类系统，分为三个层次：景系（Serial）、景类（Type）、景型（Pattern）。景系为第一层次，景类为第二层次，景型为第三层次。第三层次的景型是最基本的层次，称为基类。分类中共有3景系、10景类、98景型。其中景系分自然、人文、服务三大景系。分类系统中还以A、B、C分别代表景域、景段、景元来标识旅游资源的规模级别，以已开发态、待开发态和潜在势态标识旅游资源的三种状态，此分类系统是一种分类、分级、分态构成的时空资源系统。

1997版分类分级系统是旅游学理论研究的重要成果，具有较高的应用价值，为旅游资源分类的研究更能贴近于实践提供了一种实验和新思路，为开展资源普查奠定了规范化的科学基础，只是它所依托的旅游资源概念得不到多数学者的认可。

3. 国家标准分类系统

为了推动旅游产业实践的进步，规范实践领域的操作行为，2003年2月24日国家质量监督检验检疫局颁布了中华人民共和国国家标准GB/T 18972—2003《旅游资源分类、调查与评价》，该标准于2003年5月1日起实施，这是在总结92版《规范》实践经验的基础上，综合新的理论研究成果确定的一个新标准。

该标准所确定的分类方法和分类体系，将旅游资源的分类结构确定为"主类""亚类""基本类型"三个层次，共分为8个主类、31个亚类和155个基本类型，详见表2-1。

[①] 吴必虎：《区域旅游规划原理》，北京，中国旅游出版社，2001，157页。

表 2-1 旅游资源基本类型释义

主类	亚类	代码	基本类型	简要说明
A 地文景观	AA 综合自然旅游地	AAA	山丘型旅游地	山地丘陵区内可供观光游览的整体区域或个别区段。
		AAB	谷地型旅游地	河谷地区内可供观光游览的整体区域或个别区段。
		AAC	沙砾石地型旅游地	沙漠、戈壁、荒原内可供观光游览的整体区域或个别区段。
		AAD	滩地型旅游地	缓平滩地内可供观光游览的整体区域或个别区段。
		AAE	奇异自然现象	发生在地表面一般还没有合理解释的自然界奇特现象。
		AAF	自然标志地	标志特殊地理、自然区域的地点。
		AAG	垂直自然地带	山地自然景观及其自然要素（主要是地貌、气候、植被、土壤）随海拔呈递变规律的现象。
	AB 沉积与构造	ABA	断层景观	地层断裂在地表面形成的明显景观。
		ABB	褶曲景观	地层在各种内力作用下形成的扭曲变形。
		ABC	节理景观	基岩在自然条件下形成的裂隙。
		ABD	地层剖面	地层中具有科学意义的典型剖面。
		ABE	钙华与泉华	岩石中的钙质等化学元素溶解后沉淀形成的形态。
		ABF	矿点矿脉与矿石积聚地	矿床矿石地点和由成景矿物、石体组成的地面。
		ABG	生物化石点	保存在地层中的地质时期的生物遗体、遗骸及活动遗迹的发掘地点。
	AC 地质地貌过程形迹	ACA	凸峰	在山地或丘陵地区突出的山峰或丘峰。
		ACB	独峰	平地上突起的独立山丘或石体。
		ACC	峰丛	基底相连的成片山丘或石体。
		ACD	石（土）林	林立的石（土）质峰林。
		ACE	奇特与象形山石	形状奇异、拟人状物的山体或石体。
		ACF	岩壁与岩缝	坡度超过60°的高大岩面和岩石间的缝隙。
		ACG	峡谷段落	两坡陡峻、中间深峻的"V"形谷、嶂谷、幽谷等段落。
		ACH	沟壑地	由内营力塑造或外营力侵蚀形成的沟谷、劣地。
		ACI	丹霞	由红色沙砾岩组成的一种顶平、坡陡、麓缓的山体或石体。
		ACJ	雅丹	主要在风蚀作用下形成的土墩和凹地（沟槽）的组合景观。
		ACK	堆石洞	岩石块体塌落堆砌成的石洞。
		ACL	岩石洞与岩穴	位于基岩内和岩石表面的天然洞穴，如溶洞、落水洞与竖井、穿洞与天生桥、火山洞、地表坑穴等。

续表

主类	亚类	代码	基本类型	简要说明
A 地文景观	AC 地质地貌过程形迹	ACM	沙丘地	由沙堆积而成的沙丘、沙山。
		ACN	岸滩	被岩石、沙、砾石、泥、生物遗骸覆盖的河流、湖泊、海洋沿岸地面。
	AD 自然变动遗迹	ADA	重力堆积体	由于重力作用使山坡上的土体、岩体整体下滑或崩塌滚落而形成的遗留物。
		ADB	泥石流堆积	饱含大量泥沙、石块的洪流堆积体。
		ADC	地震遗迹	地球局部震动或颤动后遗留下来的痕迹。
		ADD	陷落地	地下淘蚀使地表自然下陷形成的低洼地。
		ADE	火山与熔岩	地壳内部溢出的高温物质堆积而成的火山与熔岩形态。
		ADF	冰川堆积	冰川后退或消失后遗留下来的堆积地形。
		ADG	冰川侵蚀遗迹	冰川后退或消失后遗留下来的侵蚀地形。
	AE 岛礁	AEA	岛区	小型岛屿上可供游览休憩的区段。
		AEB	岩礁	江海中隐现于水面上下的岩石及由珊瑚虫的遗骸堆积成的岩石状物。
B 水域风光	BA 河段	BAA	观光游憩河段	可供观光游览的河流段落。
		BAB	暗河河段	地下的流水河道段落。
		BAC	古河道段落	已经消失的历史河道段落。
	BB 天然湖泊与池沼	BBA	观光游憩湖区	湖泊水体的观光游览区域段落。
		BBB	沼泽与湿地	地表常年湿润或有薄层积水,生长湿生和沼生植物的地域或个别段落。
		BBC	潭池	四周有岸的小片水域。
	BC 瀑布	BCA	悬瀑	从悬崖处倾泻或散落下来的水流。
		BCB	跌水	从陡坡上跌落下来落差不大的水流。
	BD 泉	BDA	冷泉	水温低于20℃或低于当地年平均气温的出露泉。
		BDB	地热与温泉	水温超过20℃或超过当地年平均气温的地下热水、热汽和出露泉。
	BE 河口与海面	BEA	观光游憩海域	可供观光游憩的海上区域。
		BEB	涌潮现象	海水大潮时潮水涌进景象。
		BEC	击浪现象	海浪推进时的击岸现象。
	BF 冰雪地	BFA	冰川观光地	现代冰川存留区域。
		BFB	常年积雪地	长时间不融化的降雪堆积地面。

续表

主类	亚类	代码	基本类型	简要说明
C 生物景观	CA 树木	CAA	林地	生长在一起的大片树木组成的植物群体。
		CAB	丛树	生长在一起的小片树木组成的植物群体。
		CAC	独树	单株树木。
	CB 草原与草地	CBA	草地	以多年生草本植物或小半灌木组成的植物群落构成的地区。
		CBB	疏林草地	生长着稀疏林木的草地。
	CC 花卉地	CCA	草场花卉地	草地上的花卉群体。
		CCB	林间花卉	灌木林、乔木林中的花卉群体。
	CD 野生动物栖息地	CDA	水生动物栖息地	一种或多种水生动物常年或季节性栖息的地方。
		CDB	陆地动物栖息地	一种或多种陆地野生哺乳动物、两栖动物、爬行动物等常年或季节性栖息的地方。
		CDC	鸟类栖息地	一种或多种鸟类常年或季节性栖息的地方。
		CDD	蝶类栖息地	一种或多种蝶类常年或季节性栖息的地方。
D 天象与气候景观	DA 光现象	DAA	日月星辰观察地	观察日、月、星辰的地方。
		DAB	光环现象观察地	观察虹霞、极光、佛光的地方。
		DAC	海市蜃楼现象多发地	海面和荒漠地区光折射易造成虚幻景象的地方。
	DB 天气与气候现象	DBA	云雾多发区	云雾及雾凇、雨凇出现频率较高的地方。
		DBB	避暑气候地	气候上适宜避暑的地区。
		DBC	避寒气候地	气候上适宜避寒的地区。
		DBD	极端与特殊气候显示地	易出现极端与特殊气候的地区或地点，如风区、雨区、热区、寒区、旱区等典型地点。
		DBE	物候景观	各种植物的发芽、展叶、开花、结实、叶变色、落叶等季变现象。
E 遗址遗迹	EA 史前人类活动场所	EAA	人类活动遗址	史前人类聚居、活动场所。
		EAB	文化层	史前人类活动留下来的痕迹、遗物和有机物所形成的堆积层。
		EAC	文物散落地	在地面和表面松散地层中有丰富文物碎片的地方。
		EAD	原始聚落遗址	史前人类居住的房舍、洞窟、地穴及公共建筑。
	EB 社会经济文化活动遗址遗迹	EBA	历史事件发生地	历史上发生过重要贸易、文化、科学、教育事件的地方。
		EBB	军事遗址与古战场	发生过军事活动和战事的地方。
		EBC	废弃寺庙	已经消失或废置的寺、庙、庵、堂、院等。

续表

主类	亚类	代码	基本类型	简要说明
E 遗址遗迹	EB 社会经济文化活动遗址遗迹	ECD	废弃生产地	已经消失或废置的矿山、窑、冶炼场、工艺作坊等。
		EBE	交通遗迹	已经消失或废置的交通设施。
		EBF	废城与聚落遗迹	已经消失或废置的城镇、村落、屋舍等居住地建筑及设施。
		EBG	长城遗迹	已经消失的长城遗迹。
		EBH	烽燧	古代边防报警的构筑物。
F 建筑与设施	FA 综合人文旅游地	FAA	教学科研实验场所	各类学校和教育单位、开展科学研究的机构和从事工程技术实验场所的观光、研究、实习的地方。
		FAB	康体游乐休闲度假地	具有康乐、健身、消闲、疗养、度假条件的地方。
		FAC	宗教与祭祀活动场所	进行宗教、祭祀、礼仪活动场所的地方。
		FAD	园林游憩区域	园林内可供观光游览休憩的区域。
		FAE	文化活动场所	进行文化活动、展览、科学技术普及的场所。
		FAF	建设工程与生产地	经济开发工程和实体单位，如工厂、矿区、农田、牧场、林场、茶园、养殖场、加工企业以及各类生产部门的生产区域和生产线。
		FAG	社会与商贸活动场所	进行社会交往活动、商业贸易活动的场所。
		FAH	动物与植物展示地	饲养动物与栽培植物的场所。
		FAI	军事观光地	用于战事的建筑物和设施。
		FAJ	边境口岸	边境上设立的过境或贸易的地点。
		FAK	景物观赏点	观赏各类景物的场所。
	FB 单体活动场馆	FBA	聚会接待厅堂（室）	公众场合用于办公、会商、议事和其他公共事物所设的独立宽敞房舍，或家庭的会客厅室。
		FBB	祭拜场馆	为礼拜神灵、祭祀故人所开展的各种宗教礼仪活动的馆室或场地。
		FBC	展示演示场馆	为各类展出演出活动开辟的馆室或场地。
		FBD	体育健身场馆	开展体育健身活动的独立馆室或场地。
		FBE	歌舞游乐场馆	开展歌咏、舞蹈、游乐的馆室或场地。
	FC 景观建筑与附属型建筑	FCA	佛塔	通常为直立、多层的佛教建筑物。
		FCB	塔形建筑物	为纪念、镇物、表明风水和某些实用目的的直立建筑物。
		FCC	楼阁	用于藏书、远眺、巡更、饮宴、娱乐、休憩、观景等目的而建的二层或二层以上的建筑。

续表

主类	亚类	代码	基本类型	简要说明
F建筑与设施	FC景观建筑与附属型建筑	FCD	石窟	临崖开凿，内有雕刻造像、壁画，具有宗教意义的洞窟。
		FCE	长城段落	古代军事防御工程段落。
		FCF	城（堡）	用于设防的城体或堡垒。
		FCG	摩崖字画	在山崖石壁上镌刻的文字，绘制的图画。
		FCH	碑碣（林）	为纪事颂德而筑的刻石。
		FCI	广场	用来进行休憩、游乐、礼仪活动的城市内的开阔地。
		FCJ	人工洞穴	用来防御、储物、居住等目的而建造的地下洞室。
		FCK	建筑小品	用以纪念、装饰、美化环境和配置主体建筑物的独立建筑物，如雕塑、牌坊、戏台、台、阙、廊、亭、榭、表、舫、影壁、经幢、喷泉、假山与堆石、祭祀标记等。
	FD居住地与社区	FDA	传统与乡土建筑	具有地方建筑风格和历史色彩的单个居民住所。
		FDB	特色街巷	能反映某一时代建筑风貌，或经营专门特色商品和商业服务的街道。
		FDC	特色社区	建筑风貌或环境特色鲜明的居住区。
		FDD	名人故居与历史纪念建筑	有历史影响的人物的住所或为历史著名事件而保留的建筑物。
		FDE	书院	旧时地方上设立的供人读书或讲学的处所。
		FDF	会馆	旅居异地的同乡人共同设立的馆舍，主要以馆址的房屋供同乡、同业聚会或寄居。
		FDG	特色店铺	销售某类特色商品的场所。
		FDH	特色市场	批发零售兼顾的特色商品供应场所。
	FE归葬地	FEA	陵寝陵园	帝王及后妃的坟墓及墓地的宫殿建筑，以及一般以墓葬为主的园林。
		FEB	墓（群）	单个坟墓、墓群或葬地。
		FEC	悬棺	在悬崖上停放的棺木。
	FF交通建筑	FFA	桥	跨越河流、山谷、障碍物或其他交通线而修建的架空通道。
		FFB	车站	为了装卸客货停留的固定地点。
		FFC	港口渡口与码头	位于江、河、湖、海沿岸进行航运、过渡、商贸、渔业活动的地方。
		FFD	航空港	供飞机起降的场地及其相关设施。
		FFE	栈道	在悬崖绝壁上凿孔架木而成的窄路。

续表

主类	亚类	代码	基本类型	简要说明
F建筑与设施	FG水工建筑	FGA	水库观光游憩区段	供观光、游乐、休憩的水库、池塘等人工集水区域。
		FGB	水井	向下开凿到饱和层，并从饱和层中抽水的深洞。
		FGC	运河与渠道段落	正在运行的人工开凿的水道段落。
		FGD	堤坝段落	防水、挡水的构筑物段落。
		FGE	灌区	引水浇灌的田地。
		FGF	提水设施	提取引水设施。
G旅游商品	GA地方旅游商品	GAA	菜品饮食	具有跨地区声望的地方菜系、饮食。
		GAB	农林畜产品及制品	具有跨地区声望的当地生产的农林畜产品及制品。
		GAC	水产品及制品	具有跨地区声望的当地生产的水产品及制品。
		GAD	中草药材及制品	具有跨地区声望的当地生产的中草药材及制品。
		GAE	传统手工产品与工艺品	具有跨地区声望的当地生产的传统手工产品与工艺品。
		GAF	日用工业品	具有跨地区声望的当地生产的日用工业品。
		GAG	其他物品	具有跨地区声望的当地生产的其他物品。
H人文活动	HA人事记录	HAA	人物	历史和现代名人。
		HAB	事件	发生过的历史和现代事件。
	HB艺术	HBA	文艺团体	表演戏剧、歌舞、曲艺杂技和地方杂艺的团体。
		HBB	文学艺术作品	对社会生活进行形象的概括而创作的文学艺术作品。
	HC民间习俗	HCA	地方风俗与民间礼仪	地方性的习俗和风气，如待人接物礼节、仪式等。
		HCB	民间节庆	民间传统的庆祝或祭祀的节日和专门活动。
		HCC	民间演艺	民间各种表演方式。
		HCD	民间健身活动与赛事	地方性体育健身比赛、竞技活动。
		HCE	宗教活动	宗教信徒举行的佛事活动。
		HCF	庙会与民间集会	节日或规定日子里在寺庙附近或既定地点举行的聚会，期间进行购物和文体活动。
		HCG	特色饮食风俗	餐饮程序和方式。
		HCH	特色服饰	具有地方和民族特色的衣饰。

续表

主类	亚类	代码	基本类型	简要说明
H人文活动	HD现代节庆	HDA	旅游节	定期和不定期的旅游活动的节日。
		HDB	文化节	定期和不定期的展览、会议、文艺表演活动的节日。
		HDC	商贸农事节	定期和不定期的商业贸易和农事活动的节日。
		HDD	体育节	定期和不定期的体育比赛活动的节日。

第二节 旅游资源与旅游景观

旅游资源由于其性质、存在形式、功能等有很大的差异，与其相适应的旅游开发活动也将形成不同的开发成果，这就有许多相关问题需要厘清，如旅游资源与旅游景观的关系、自然旅游资源与自然景观、人文旅游资源与人文景观，以及景物、景点、景区等，这些概念对于旅游开发活动实践来说是非常重要的。

一、旅游景观

（一）旅游景观的概念

资源，是指人类获得生产、生活资料的来源。资源经开发、加工、提升后，成为人类的生产资料或生活资料。这就是说，资源本身并不能被人类直接利用，而只提供利用的条件和可能性。人们在探讨旅游资源的概念时，也是认为，它是"自然界和人类社会凡能对旅游者产生吸引力，可以为旅游业开发利用，并可产生经济效益、社会效益和环境效益的各种事物和因素"（国家标准《旅游资源分类、调查与评价》）。

旅游景观，顾名思义，是能够适应和满足人们游览、观赏等旅游活动需要的各种景物和环境。这种景物和环境是人们在旅游开发过程中，对旅游资源进行加工、建设的结果，并相应形成了不同特征、特点的景观类别。所以，从二者的关系上看，旅游资源是旅游景观的前提或基础，而旅游景观则是旅游资源的发展方向或派生物，二者的转化条件为旅游开发，即旅游资源通过人类的旅游开发活动而转化为旅游景观。从这个意义上讲，旅游资源是指尚未开发利用的那些具有旅游价值的自然和人文因素，是构成景观的素材，旅游景观则是旅游资源经开发后所形成的产品。

如前所述，旅游资源的种类很多，不同类型的旅游资源具有不同的存在形式、外观特征和性质，因而其开发手段及开发后所形成的产品都会有一定的差别。特别是自然旅游资源和人文旅游资源，由于二者在成因和表现形式上有着本质的区别，所以其景观特色和开发手段也存在较大差异。从开发后的产品来说，自然旅游资源经开发后，一般都形成直接的景观——自然景观,而人文旅游资源则不然。因为人文旅游资源既包括有物质实体的有形资源,也包括没有物质实体的无形资源,所以经开发后只有部分形成直接的旅游景观——人文景观,而另一部分则只是塑造了一种与旅游有关的人文环境。

(二)自然景观

旅游资源有很多种类,不同种类的旅游资源也有不同的功能,其中自然景观资源开发后形成自然景观。自然景观,是自然旅游资源经开发后所形成的产品。这里应注意的是,所谓的"自然景观",只是相对而言,并不是绝对的"自然"。从旅游开发的角度讲,保持纯自然状态的景观是不存在的,因为景观是一种成品,是经人类的开发活动而形成的,开发本身必然使其自然状态得到改变,只是改变程度的大小不同而已。因此,我们所说的自然景观,实际是以自然为主的景观,即景观的主体是自然因素,经人类的开发、加工而成为可开展旅游的景物和环境,以此区别于其主体属于人为创造的人文景观。例如,九寨沟、千岛湖、长江三峡等属于自然景观,而北京故宫、曲阜"三孔"(孔府、孔庙、孔林)、承德避暑山庄等属于人文景观。

由于地球变化和自然条件及人类对其改造、加工程度的不同,自然旅游资源也有不同的种类和表现,而使自然景观也表现出不同的特征。

从自然条件和外在形象看,自然景观包括:

——地质地貌旅游资源经开发后,一般形成山景、石景、洞景等景观。

——水文旅游资源经开发后,一般形成海洋景、海滨景、湖泊景、江河景、泉景、瀑布景、溪流景等景观。

——生物旅游资源多作为其他旅游景观的陪衬,能独立成景的一般可形成森林景、草原景、树景、花木景及观赏动物等景观。

——气候气象旅游资源,人对其本身的加工一般较少,主要是进行与其配套的设施建设和环境改善。一般有云、雪、光、雨等。如著名的蓬莱海市、泰山云海、峨眉山佛光等。另外,气候气象旅游资源也可用于与人文旅游资源进行配合组景,如"远村明月""三潭印月"等。而唐朝诗人张继的《枫桥夜泊》所描绘的景致,则是自然景观与人文景观的最佳组合:

"月落乌啼霜满天,江枫渔火对愁眠。姑苏城外寒山寺,夜半钟声到客船。"这里将"月落""霜天"与"渔火""钟声"和"寒山寺"等有机地结合起来,组成了一幅优美的画卷。

从旅游开发活动对自然旅游资源加工、改造的深度看,自然景观可分为自然景观和自然风光两种。

我们知道,旅游开发活动必然要对旅游资源进行不同程度的加工、提炼或改造,以使其符合人类的审美要求。加工、提炼或改造程度的不同,将形成不同的产品或景观。而人类对旅游资源加工到什么深度,则既取决于资源素材本身的特点,也取决于人们对它的需要。有些资源素材,由于大自然鬼斧神工的塑造,已经比较接近于人类的审美要求,人类只需对其稍加归整便可成为可游、可赏的景观;而有些资源素材比较单调、杂芜,离人类的审美要求相差甚远,需要开发者对其进行较大程度的改造才可成为旅游景观。此外,开发设计者往往出于不同的目的和设计要求,对不同的资源素材会采取不同的加工方法,进行不同程度的加工,使其形成不同特色的旅游景观,以适应不同的旅游开发需要。由此,我们可将自然景观按不同的加工程度分为两类:

——经深度加工而形成的,我们称之为自然景观。

在旅游景观中,经深度加工而形成的自然景观占绝大多数,也是旅游者向往的热点之一。我国目前著名的自然风景区大多数是经深度加工的,如五岳名山、宗教名山以及一些内湖风景区等,人类都对其进行了长期的开发和改造,实际上已成为自然景观与人文景观的综合体。在这些风景区中,一般都有大量的人工景观对自然景观进行补充、陪衬或烘托,但仍是以自然景观为主体。

——经轻度加工形成的,我们称之为自然风光。

在现代旅游者中,回归自然越来越成为一种时尚,特别是生活在大城市的居民。高楼林立、交通拥挤、住房紧张、人际关系复杂等现象造成了人们心理的紧张和疲劳,越来越多的人希望通过旅游、休闲等活动来进行心理调适。但城市公园、娱乐场所甚至一些自然风景区,仍是人员拥挤,找不到一块安静之地。这样,那些较少有人涉足,自然状态保持较好,略加人工修饰的荒野、森林、山地、河滩等,便成为旅游者新的领地。为顺应人类旅游的这一潮流,一些大城市的市郊,一般都有数处这样的游览区。在这些区域中,旅游开发一般只是建设一定的道路,配备生活服务设施如路边商店、餐饮点、野炊点等,在景物方面一般不进行专门建设,甚至完全保持自然状态。

为与经深度加工而形成的自然景观进行区别,我们权且称这种轻度加工的景观为自然风光。

自然景观与自然风光又是一对具体与宏观的概念:自然景观相对具体,有具体的景物所指,如奇石景观、古树名木景观、花卉景观等;而自然风光则相对宏观,多指一种环境,如山水风光、山地风光、森林风光等。

(三)人文景观

1. 人文旅游资源的特殊性

人文旅游资源与自然旅游资源,无论是在成因、表现形式上,还是在旅游开发手段、方法及开发后形成的产品上,都有很大差异。

人文旅游资源作为旅游资源总体中的一个组成部分,它应该具有旅游资源的一般特点,这是不容置疑的,但由于旅游资源构成体系本身的复杂性,使其内部各构成部分间存在着很大的差异性,特别是人文旅游资源与自然旅游资源之间在形成的成因上有很大的区别,致使二者在内涵和表现形式上也存在很大的不同。但由于以往人们对旅游资源的认识多注重于自然旅游资源,对旅游资源一般特点的认识也是以自然旅游资源为基础的,因此,有必要在此对人文旅游资源的特殊性作更深入的探讨,以明确其与其他旅游资源的区别，加深对旅游资源的进一步认识。

从成因上看，人文旅游资源与自然旅游资源有着本质的区别，自然旅游资源为自然生成，不带有人为创造的因素，虽然在开发、利用的过程中要经过一定的人力规划和开发，但其吸引力仍是以自然为主体的，而不是开发过程中的人为创造物。而人文旅游资源恰恰相反，它完全是人类活动的产物，是在人的作用下生成的。因此，人文旅游资源除了具有旅游资源的一般特点外，还具有两个不同于自然旅游资源的特殊性，即无形性和文化倾向性。

无形性是指旅游资源不是以一定的物质形体存在，而是一种无形的人文环境，如政策、法规、文化传统、社会治安等，这在前文中已有论述。

文化倾向性是指旅游资源对旅游者具有文化、意识上的倾向和诱导作用，倾向或诱导的方向则取决于旅游资源本身的内涵。

我们知道，人文旅游资源是人类生活、生产活动的产物，即是在人的作用下产生的，这就必然要注入人的观念和意志，因为人类的任何创造过程都是在一定的意识或思想指导、作用下进行的，因而也就使人类的创造物无一例外地要体现着创造者的思想和观念。例如建筑设计、艺术创作、政策法规的制定等，无不体现着创作者的思想意识、文化背景和政治出发点，从旅游的角度讲，这便是旅游资源的文化倾向性或文化导向性，再进一步，便是政治倾向性。

人文旅游资源的这种文化倾向性是非常明显的。例如宗教旅游资源，无论是深邃、幽暗的殿堂，还是深沉、悠扬的经声佛号，都能给人一种超脱凡世的感觉。济南千佛山兴国寺院门两侧有一副著名的对联："暮鼓晨钟惊醒世间名利客，经声佛号唤回苦海梦迷人"，吸引着无数旅游者驻足思考，其寓意十分明显。中国道教、佛教的雕塑造像虽然在艺术上也具有较高的水平，能够给人以美的享受，但其目的却是为了显示"神"的威严，诱导人们对宗教中的神顶礼膜拜①。以往人们研究宗教旅游资源，往往只注意了宗教寺观建筑和园林的艺术风格，看重宗教仪式的奇特形式，而忽视了宗教文化对旅游者的心理影响和精神诱导，这是不全面的。而这种认识上的不足，也影响到了对旅游资源开发的方向，对旅游开发正负作用论证不充分，以致旅游开发的社会效益受到影响。

如果说宗教寺观一类的旅游资源主要是一种宗教活动场所，只是客观上在旅游者中发挥了文化导向作用，那么，像革命纪念地一类的旅游资源则是最直接地发挥其文化或政治导向，对旅游者在精神上产生促发和积极作用。我们知道，革命纪念馆、遗址等是具体和真实反映革命传统和事迹的场所，我们对其进行建设和保护，目的即在于其纪念和教育意义，让人们通过一系列的实物、照片、影像、文字、图表、沙盘等，来了解过去的历史和传统，了解先烈们的丰功伟绩，从而激发后人的爱国精神和民族气节，提高觉悟，美化心灵，其文化倾向和政治意义是最为明显的。所以，在我国公布的国家历史文化名城和全国重点文物保护单位中，有许多是著名的革命纪念地。如1982年国务院

---

① 刘凤君：《考古学与雕塑艺术史研究》，济南，山东美术出版社，1991，118~119页。

公布的第一批24座历史文化名城中，革命纪念地（如遵义、延安）和具有革命遗址与革命建筑的城市（如北京、南京）共8个，占总数的1/3。1986年公布的第二批38座历史文化名城中，革命纪念地和具有著名革命遗址、革命纪念建筑的城市有11个，占总数的28.8%。1988年国务院公布的第三批258处全国重点文物保护单位中，有革命遗址和革命纪念建筑41处，占总数的15.8%。革命纪念地和革命遗址构成了我国人文旅游资源的重要部分。我国大力倡导和推动红色旅游和红色旅游开发，就是取决于其传统教育和爱国主义教育的目的性。

人文旅游资源的文化倾向性告诉我们，并不是任何有吸引力的资源都适宜于旅游开发。有些东西，虽然对一定的客源市场有吸引作用，例如色情、赌场、封建迷信、低级趣味的演艺活动等，但考虑其对旅游者的消极影响，对东道社会文化生活的污染等因素，就不能不慎重对待，不能轻易效仿国外，不顾国情。

2. 人文旅游资源开发与人文景观

正确认识人文旅游资源的种类和特点，是旅游开发得以成功的前提，特别是对人文旅游资源的存在和表现形式的认识，有助于旅游开发形式和方向的确定。

（1）历史文化旅游资源的开发形式

人类社会在几千年的发展过程中，创造了丰富多彩的物质文明和精神文明，为后世留下了浩如烟海的文化遗产，成为人类现代社会生活的重要条件和基础。我们今天的生活所依据和享受的一切，可以说，都是先人的遗产或先人遗产的派生物。而在人类的旅游活动中，历史文化或文化遗产的作用更为明显。实际上，历史文化已经成为人文旅游资源中最主要的组成部分。

历史文化旅游资源是取之不尽用之不竭的宝藏，对其进行旅游开发的空间和前景十分广阔。

历史文化旅游资源的吸引力，在于历史文化本身的文化内涵；人类对历史文化的追求，来自于人们"对文化的本性追求"，来自于人们"看史"的欲望。

历史文化，是人类在长期的生活和生产实践中的智慧结晶，不仅有着丰富的内容，而且有着多姿多彩的表现形式，可以增长人的见识，丰富人的知识，陶冶人的情操，因而能够成为人类重要的旅游对象物，成为人文旅游资源中最重要的组成部分。历史文化旅游资源能够激发人们为了感受异域历史文化而进行旅游的动机和欲望，并促使其采取行动。由于种种原因，异域的历史文化会给人一种神秘感，特别是像埃及、中国这样的世界文明古国，在许多外国旅游者心目中的神秘色彩更浓厚。人们在日常的生活中，会通过书籍、影视等文化、宣传媒介，对他乡异国的历史文化有或多或少的了解，这种了解是很不充分的。但也正因为这种了解的不充分，更触发了人们前往实地去亲自体验、"眼见为实"的欲望，即把历史知识"在实物遗存的旅游中加以体验"，这种旅游的形式不同于"读史"和"听史"，而是一种"看史"。[①] 所以，意大利首都罗马的"罗马废墟"、

---

① 高蒙河：历史文化旅游的几个问题，载《上海大学学报》，1992（4）。

南美洲森林深处的玛雅文化遗址、中国的秦始皇陵兵马俑等，虽然都已成为历史的遗迹或遗址，但都能够吸引来自世界各地的文化旅游者。

历史文化的这种旅游吸引力，不仅作用于具有不同文化背景的异域旅游者，而且对国内旅游者来说，同样有着很强的吸引力。例如，上海的南京路和外滩，之所以成为国内旅游者的必到之处，除了一部分人是因为它的商业功能和休闲情调外，对相当一部分旅游者来说，这个曾使国人感到耻辱的"华人与狗不得入内"的公园所在地，以及海关大钟、"沙逊大厦"等景观，往往可以使人透视到上海的昨天。"大世界"虽然在今天看来已远不如一些现代化设施齐全的夜总会，但旅游者却仍可以从中体验到20世纪三四十年代上海娱乐中心的规模和水平。再如举世闻名的长城，对整个中华民族的吸引力可以说是任何其他的旅游资源都无法与之相比的，"不到长城非好汉"的口号，可以说对所有的中国人都有着巨大的感召力，这正是历史文化巨大的旅游吸引力的真实写照。

作为一种人文旅游资源，历史文化展现给人的不仅有历史，而且还有文化的内涵。有的旅游者为解史而来，使这种旅游形式也成为一种解史的形式——"看史"。这种解史的形式是"读史"和"听史"所不能替代的，正所谓"耳听是虚，眼见为实"。也有许多旅游者为体验异域文化而来，文化的传统性使其更具神秘色彩，而且越是古老、源远流长的传统文化的吸引力也往往越强。杭州的"宋城"、曲阜的"六艺城"都是历史文化的"复制品"，在国内外旅游市场上享有很高的声誉，其感召力的产生即在于人们对中国传统文化的向往，或者说是由于传统文化的旅游效应对人的驱动作用。当然，总的来说，作为一种人文旅游资源，历史文化是一个整体概念，二者不可能截然分开，而是互为因果，交织在一起的，并在人们的旅游活动中体现着共同的主题——旅游资源或旅游对象物。

若单纯地讲历史文化，它是一个抽象的概念，但作为人类旅游活动的对象物，抽象的历史文化则必须通过一定的形式表现出来，才能够满足人们观赏、感受和体验的需要，这便涉及历史文化旅游资源的表现形式问题。

我们知道，一般的旅游资源特别是自然旅游资源都是有形的，即都有一定的、实实在在的物化表现形式，但人文旅游资源中的部分内容还有另外一个特性，即无形性，也就是说一部分人文旅游资源本身并没有一定的物质形态，而是一种抽象的理论或现象。例如体现孔子思想的儒学，本身并没有物化的外形，那么我们如何来"看"它或体验它呢，这便必须通过一定的方法或途径使之形式化，即通过一定的形式将抽象的内容表现出来，使人们能够"看"到或体验到。

从旅游资源开发的角度出发，这一过程可通过两种途径进行：

一是物化形式，即通过一定的物质实体来体现历史文化内涵的一种形式。

在人类的旅游活动中往往有这样的情况，即人们一到一地，便不可缺少地要参观游览当地的历史古迹或到博物馆去观赏陈列文物，这些古代的遗迹、遗址和文物，便是历史文化的表现形式，我们可以把这些形式统称为历史文化的实物遗存。这些实物遗存的表现形态是多种多样的，也体现着不同的文化内涵。例如，万里长城通过其宏伟壮观体现着中华民族的智慧和创造精神，显示着坚不可摧的民族意志；秦始皇陵的兵马俑则以其整齐浩大的阵势体现着中国古代封建文化肃穆统一和扼杀个性的特征；博物馆里陈列的青铜鼎及其他礼器，则向人们诉说着中国奴隶制社会森严有序的等级制度。可以这样认为，每一处历史遗迹，都是历史文化某种内容的缩写，每一件历史文物，也都凝聚着历史文化的某种内涵。

当然，历史文化旅游资源的实物表现也并非仅仅实物遗存一种形式，现代人的复制品和仿制品也同样可以用来反映历史文化的内容，而且往往可以发挥更大的旅游功能并产生较大的效益。例如20世纪80年，中国最早的影视拍摄基地河北正定县为中央电视台拍摄《红楼梦》而建造的永久性场景——荣国府和宁荣街，一建成即吸引了国内外成千上万的旅游者，仅用了三年的时间就收回了3400万元的投资。曲阜的六艺城，是模仿孔子学说中的"六艺"所建，国外的旅游者特别是受儒学影响较大的东南亚游客趋之若鹜。许多博物馆的陈列品中，虽然标牌上赫然写着"复制品"三个字，但仍然不失其"文物"价值，吸引着旅游者前往观赏把玩。枣庄市的台儿庄古城基本上是拆后重建，但用"复古""存古"并活化非物质文化遗产展示方式而形成的"新古城"，仍然不失其"文物"价值，得到了旅游、文化和文物界的共同认可。

这种文物复制品一般可分为两类：一是"有形仿制"，即仿制时有真正的实物遗存可资参考和临摹，如《清明上河图》的摹绘，按比例浓缩名胜古迹的微缩景观和主题公园等；二是"无形仿制"，即仿制时无可供参照的实物遗存，只有图文描述或几无所本的假想复原，如上述河北正定县的荣国府和宁荣街、杭州的宋城、开封的清明上河园、西安的大唐芙蓉园等。

物化形式对历史文化旅游资源的体现即相当于前述旅游资源分类中的有形资源。物化形式的旅游资源，通过其本身实实在在的物质形体，使人们在旅行游览过程中，能够看得见摸得着，直接通过感觉器官而对旅游资源产生体验。

二是非物化形式或无形形式，即不是通过物质形态而是通过一定的时间、空间和社会环境对旅游者产生心理感悟的一种表现形式。

历史文化本身是抽象的，实物遗存、物质形态只是它的一种外在的表现形式，而且这种表现形式所给予人的只是一种感性认识，并不能使人直接认识到历史文化的本质和内涵，而要达到这一目标，还要通过更深刻的感受和理解。对历史的认识之所以在"看史"之外还有"读史"和"听史"的形式，就是这种缘故。从这个角度出发，"修学旅游""研学旅游"等就是感悟和认识异域历史文化的一种最好的方式。与此相对应，目的地国、地区或东道社会为"修学旅游者"所提供的一切相对应的服务，诸如讲学、辅导、表演等，就是一种以无形或非物化形式对历史文化旅游资源的一种体现。曲阜推出的"孔子家乡修学旅游"就是这种形式的典型代表。境外旅游者参加这种旅游后，可在杏坛下听讲儒学，在六艺城中学习孔子提倡的六艺，学习期间的一切行为规范都按孔子的要求进行，使他们真正体验儒学文化本质，从而对影响中国几千年之久的儒学文化产生深刻的理解和认识。很明显，在整个学习过程中，儒学文化的内容是"看"不到的，旅游者是通过"读""听"和"做"来感受的。

除专门为旅游者提供的这种无形服务外，东道社会的人文环境、社会生活同样也体现着民族的历史文化，并直接成为一种无形的旅游资源。而且，这种社会的人文环境往往比专门给旅游者提供的服务对历史文化的体现更深刻。例如，山东潍坊杨家埠民俗村，以有600年历史的木版年画和风筝传统工艺为主要资源，开发了"入户"旅游，旅游者到有作坊的业户家庭拜访民间艺人，与他们交谈、合影、学印年画、扎制风筝，成为最具典型意义的体验旅游活动。而美国游客迈克带着他的团队，把北京的红桥市场、地坛公园的市民晨练等都看作是"最喜欢"的景观，也正式体现了这种人文环境本身的吸吸引力。

历史文化旅游资源经开发后所形成的旅游景观类型包括：

一是"编年史"景观。"编年史"景观是指纵贯整个人类历史过程的景观，如中国文化博览城。这种"编年史"景观除了反映古代历史文化外，还同时反映和体现当代文化，具有从古到今的编年史性质，成为一部活生生的实物、形象通史。进入这种人文景观，不仅可以得到古代文化的熏陶，也可以得到现代文化，乃至未来社会发展的认识，使旅游者既受到古代文化的熏陶和感染，又为现代文明所折服。

二是"断代史"景观。"断代史"景观是指景观的内容只反映某个朝代或特定历史时期背景和文化的人文景观。南京的明文化博览城即属于此类人文景观。作为"断代史"人文景观，只能反映该朝代或该时期的特征，因而要求要有浓厚的历史断代意识，才能够加以充分表现，使人的游览有如亲临的感觉。

（2）现代物质文明旅游资源的开发形式

现代旅游离不开现代文明，这无论是对于旅游者还是对于旅游经营者即旅游资源的开发者来说，都是同等重要的。从旅游者的角度来说，旅游活动的实现必须依赖于现代文明；而从旅游开发的角度来说，现代文明不仅提供了更先进的开发手段，而且以其自身的功能、形式和价值直接增加和丰富了人文旅游资源的种类和内容。

物质文明是人类进步的直接体现，也是人类旅游活动的物质基础。从人类社会旅游活动产生和发展的历程来看，旅游活动自始至终都是与社会的经济发展水平即物质文明联系在一起的。人类社会最早、最原始的外出旅游活动，实际上就是从交际和共同享用食物——"宴飨"开始的，其根本条件就是能够产生一定的劳动剩余，特别是食物。[①] 在此之后，人类旅游活动的每一步发展和进步，都与物质文明所提供的条件相联系。在现代社会中，旅游团翻山跨海的远距离旅游，如没有现代化的交通工具是根本无法成行的；大众旅游的许多形式诸如航空旅游、火车旅游、汽车旅游、轮船旅游等，哪一种形式都离不开现代物质文明所提供的条件。在旅游开发、景物建设过程中，现代的物质文明更提供了先进的技术和广阔的天地，增添了新的内容。在旅游开发的技术和手段上，

---

① 王德刚：聚会与宴飨——人类旅游起源新探，载《旅游科学》，2015（1）。

许多高科技手段和先进设备被用于旅游开发，迪士尼、好莱坞、华侨城、方特、欢乐谷等现代主题公园，都是利用了电、声、光、自动化技术，以及3D、4D，甚至5D技术，来增强旅游吸引物的吸引力和旅游体验真实感、刺激感，使其更具形象功能和表现功能的。可以这样认为，现代物质文明已经成为新开发人文旅游资源的根本条件，没有现代物质文明和先进的科学技术，便没有现代人文旅游资源，即使是对历史文化旅游资源乃至自然旅游资源的开发，亦必须在一定程度上借助现代物质手段，否则，其开发和利用便达不到最大的成功。

现代物质文明不仅提高了人文旅游资源的开发水平和表现力，而且还直接增加和丰富了人文旅游资源的内容。在现代人文旅游资源中，有许多种类本身就是现代物质文明的产物。虽然有的并不是专为旅游目的而建，但却有着游览、观光、娱乐等旅游功能，因而也成为一种新的旅游资源或旅游吸引物，这也为现代旅游开发提供了一种新的途径和手段，即通过功能的多元化，实现现代功能性设施向旅游功能的转化。如现代城市建筑，其本身并非为旅游而设计和建设，但富有特色和艺术价值的建筑物可成为旅游吸引物这一事实是没有人否认的。而且，在现代城市规划和建设中，人们已经越来越有意识地将旅游功能考虑到城市发展规划中去，这正说明现代物质文明的旅游功能已经越来越被人们认识和重视。在人们的观念中，已经超越了狭窄的旅游概念，而把旅游作为一种在一定程度上没有界限的社会现象来认识了。在这种认识下，旅游活动的范围和旅游资源的范围都无限地扩大了，一些看似与"旅游"的字面含义无关的活动也成为旅游，一些并非专门旅游设施的对象也成为旅游资源。例如，工业旅游、农业旅游和乡村旅游、社区旅游等就是让游客们感受我们现代化的建设成就和发展水平，通过实地考察、亲身体验，来增加认识。

因此，在旅游开发中，要充分地利用现代物质文明所提供的科学技术手段和物质条件，提高旅游资源的表现力和现实吸引力，为旅游者的旅游活动提供更方便、更舒适的物质条件。

（3）非物质文化遗产旅游资源的开发路径

非物质文化遗产是人文旅游资源的重要形式。"非遗"的保护与传承路径一般有集中模式，即政府供养模式、教育传承模式、生态化传承模式、生产性传承模式和旅游化传承模式。[①]

但从旅游开发的角度看，"非遗"资源的旅游开发不是单纯的文化保护和传承，有经济利益的诉求，这就需要能够取得保护与经济的双重效益。"非遗"的种类很多，但无论是生产、生活类，还是工艺、艺术类的，历史上它们大多是作为谋生的技艺或手段而存在的，即这些"非遗"原本就有特定的使用功能和经济价值，只是在现代社会它们传统的功能被新的事物所取代。没有了需求它们也就失去了生存条件。因此，在现代社会，保护"非遗"最根本的出路在于为"非遗"找到新的需求、新的市场——为它们

---

① 王德刚，田芸：世界非物质文化遗产的现代生存模式，载《世界遗产》，2008（5）。

找到新的生存条件和生存空间，使它们在新的空间里实现自我生存与发展，即探讨"非遗"保护的根本出路要首先考虑"非遗"在现代社会是否会有新的需求、新的市场，如何去创造新的需求、新的市场？传统的"非遗"如何去适应这种新的需求、新的市场？这种"文化→产品→市场"的关联逻辑实际上就是现代文化产业发展的基本规律，这一逻辑也为我们提供了一个"非遗"经济价值实现路径的逻辑思路，即"文化载体化→载体功能化→功能商业化"的三段论逻辑。

这个逻辑的本质内涵在于"非遗"经济价值的实现必须首先实现由"无形"向"有形"的转化，最终通过有实际使用功能的"有形"产品和服务来实现其经济价值。同时，我们当前所处的高度城市化、工业化的环境与"非遗"生存的传统农耕社会有很大的差异，因此，我们必须通过一定的手段为"非遗"再造一个适合它们生存的文化空间。由此，便形成了"非遗"保护与利用的新型路径——"1+3"模式：

1，即再造一个文化空间；

3，即"非遗"经济价值实现的三段论逻辑：文化载体化→载体功能化→功能商业化。

文化空间再造："文化空间"，亦称"文化场所"（Culture Place），是"非遗"保护领域的重要概念，指"可集中举行流行和传统文化活动的场所，也可定义为一段通常定期举行特定活动的时间。这一时间和自然空间是因空间中传统文化表现形式的存在而存在的。"① 而文化空间再造理论源于法国新马克思主义学者亨利·列斐伏尔（Henri Lefebvre）的空间生产理论。亨利·列斐伏尔在其著作《空间的生产》一书中指出，文化空间是社会空间的组成元素和组成部分，它是由文化与一定数量和类型的载体群共同构成的物理空间与文化内涵的融合体，而空间是可以生产和再造的。空间生产理论从社会空间生产的角度为传统"非遗"在现代社会的生存提供了新的理论基础，即使"非遗"所依托的具有传统特征的文化空间在现代性、后现代性的社会空间中并存，这就为那些文化空间的全部或主体部分已被损毁的"非遗"在现代性、后现代性的社会空间中谋求生存和发展提供了一个新途径——"文化空间再造"，即通过物理空间再造、重整文化秩序、整合"非遗"，重塑"非遗"赖以生存的环境。②

文化载体化："非遗"又称无形文化遗产，是以人为本体的活态文化，其本身没有形态，必须通过一定的载体将其有形化。"非遗"载体化的过程实际就是将其产品化、实用化的过程，无形的"非遗"转化成有形的产品，这种产品既可以是"非遗"技艺形成的工艺品、实用品，也可以是一台舞台节目或街头路演。至于转化成怎样的载体，则要根据"非遗"的具体种类和其对应的市场需求进行科学论证。

载体功能化："非遗"原本就有其原始功能，只是其原始功能已无法适应现代社会需求，需要我们在新的环境下重构其现代功能，以适应现代社会需求。功能包括两个方

---

① 联合国教科文组织：《宣布人类口头和非物质遗产代表作条例》，1998。
② 王德刚：空间再造与文化传承——栖霞古镇都村"非遗"保护工程实验研究，载《民俗研究》，2014（5）。

面,一是文化传承功能,二是文化消费功能。"非遗"的现代功能设计既要符合"非遗"传承的基本要求,又要能够实现功能的多元化,追求社会和经济双重效益。其文化消费功能包括文化观赏、体验、娱乐、教育、商务休闲等。但值得探讨的是,"非遗"作为一种历史遗产,带有农耕社会的传统特征,其传统的功能与现代文化消费的需求特征相距甚远,这就要求一些"非遗"必须通过功能重构来形成新的文化产品,即在不改变其文化本质的前提下进行适度的功能性嬗变,以适应现代社会的新需求、新市场。例如木版年画,原本是作为贺岁、祈福、辟邪的符号贴在大门上或室内的,但现代住宅建筑已经不再有贴门神和大头娃娃的地方了,同时人们的审美观念也发生了变化,传统的年画早已失去了市场,但潍坊杨家埠、天津杨柳青等地把它改造成具有现代感的挂历、时尚的装饰画等旅游商品,并能够现场向游客展示其印刷、制作过程,使年画重新焕发生机。木板年画的内涵、制作技术等方面都没有变化,但功能一变,就有了市场。

因此,载体功能化的实现必须要考虑两个关键因素:一是"非遗"的传统功能能不能满足现代需求?二是如果不能满足将怎样进行功能重构或转化?两个方面的目标是一致的,即都要符合现代社会对"非遗"在功能、形式等方面的需求,并以此来实现"非遗"的自我生存和发展。

功能商业化:"非遗"与市场的对接是通过科学的业态组织、商业模式设计来实现的。从社会发展进程来看,资本对社会空间整合的趋势是不可逆转的,即社会空间本身同质化、集权化、商品化的趋势是不可改变的,历史性、传统性的"非遗"逐步走向衰亡的趋势也是不可阻挡的[①]。随着社会的发展,"非遗"逐渐丧失在农耕时代的经济功能,如"非遗"传承人已经不能通过在街头巷尾捏泥人卖泥人的地摊式经营来生存了,戏曲传承人也不能通过在街头搭台唱戏来赚"赏钱"了。社会环境发生了巨变,"非遗"传统的"赚钱方式"已无法适应现代社会,必须用现代的商业模式来替代。"文化载体化→载体功能化→功能商业化"就是要将"非遗"转化成能够适应现代需求的新产品和新业态,并形成具有较高盈利能力的商业模式,以实现"非遗"产品的高产出和高盈利。

因此,功能商业化的关键在于构建科学的商业模式,而由于"非遗"保护的特殊要求,商业模式设计必须要考虑两个关键问题:一是"非遗"的适度产业化,即在不违背保护原则、不影响保护效果的前提下让"非遗"走上自我生存、发展的产业化道路;二是要形成商业氛围的聚合,即要通过集群化的"非遗"项目形成规模,并以市场为导向来创新"非遗"利用手段,设计科学的商业模式,以解决"非遗"文化产品的研发、投资、管理和运营。

3. 人文景观的种类

由于人文旅游资源的内容丰富、表现多样,因而由此而形成的旅游景观也多姿多彩,表现出不同的种类和形式。

---

① 王德刚:空间再造与文化传承——栖霞古镇都村"非遗"保护工程实验研究,载《民俗研究》,2014(5)。

> **案例 2-1：**
>
> ### 上海"东方明珠"的多功能设计
>
> 上海建设"东方明珠"时，第一个方案投资 2 亿元，当时的市长说不行。规划人员以为市长说投资太多，就说"那我们想办法把投资压下去。"市长却说："你们要照着 8 亿元的投资来设计。"人们对此很怀疑："2 亿元投资都难以收回，8 亿元又怎么能收回？"市长解释说："2 亿元的投资只是一个单纯的广播、电视功能，而 8 亿元的投资就会把它变成一个旅游项目，投资就收回了。"建成后，"东方明珠"成为上海的一个标志性建筑物，登一次要花 50 元钱，登塔的人天天都排队，塔基则是一个大规模的宴会厅，人人都说这是一个好项目。
>
> 案例来源：魏小安：《旅游目的地发展实证研究》，北京，中国旅游出版社，2002，92 页。

从人文景观的内容和表现形式看，主要包括下列几种：
- 历史文化遗址（遗址公园、遗迹公园）；
- 文物景观；
- 历史街区；
- 古今建筑景观、艺术景观；
- 民族风情和节目；
- 公园、园林景观；
- 现代游乐场所；

土特产品、工艺美术品，等。

从其直接的目的或用途的角度，人文景观可分为专门性景观和非专门性景观两种：
- 专门性景观，是指专门为旅游者的游览、观光等活动而开发、建设的旅游景观，例如遗址公园、园林、城市公园、主题公园、风景区、森林公园、游乐场、博物馆、艺术馆等。
- 非专门性景观，是指其直接或主要目的并非专为旅游者提供游览、观光等作为旅游活动的场所，而是取决于其他目的，如生活、生产等目的。相对而言，旅游功能只是其附属功能，如城市建筑、农田村景等，他们具有旅游功能，但旅游不是其主要功能。

二、旅游资源单体与旅游景物

旅游资源作为一种社会事物，总是表现出一定的外在形式，并以一种特定的形式存在，这就形成了与资源的存在形式相适应的概念——旅游资源单体。

（一）旅游资源单体

在国家标准《旅游资源分类、调查与评价》中，"旅游资源单体"（Object of Tourism Resources）是指："可作为独立观赏或利用的旅游资源基本类型的单独个体。"它又包括"独立型旅游资源单体"和由同一类型的独立单体结合在一起的"集合型旅游资源单体"。

可以认为，旅游资源单体是指旅游资源的两种存在形式：

一是个体存在形式，称为"独立型旅游资源单体"；

二是同类单体的组合形式，称为"集合型旅游资源单体"，如一组群雕。

（二）旅游景物

旅游景物是与旅游资源单体对应的概念，可以认为它是：旅游资源单体经旅游开发、加工或建设后形成的产品或结果。

对于自然性质的旅游资源单体，旅游开发的过程多是围绕旅游功能的实现而进行的旅游设施的开发、美观效果的整理与加工，使之能够适应现代旅游者的审美要求，使这种旅游过程或审美活动能够实现。

对于人文性质的旅游资源单体，有的与上述自然资源单体的开发过程相同，有的建设过程本身就属于旅游开发过程。

在观光类的旅游资源开发开发过程中，将旅游资源单体转化为旅游景物，是最基本的开发活动。在绝大多数情况下，所谓的旅游资源开发最终就要落实在旅游景物的开发、建设上，要么是将原已存在的旅游资源单体转化为旅游景物，要么是增加、配套新的旅游景物，以主题化、系统的旅游景物体系，形成旅游区的景观系统。

三、旅游资源点与旅游景点

旅游资源点与旅游景点，是一组对应的概念，它们既是旅游资源的组合形式，也是旅游区开发规划的单元。

（一）旅游资源点

旅游资源点，是指以旅游资源单体为主体形成的空间地理单元，由一个或一组相对独立、并形成组合单元的旅游资源单体组成。在旅游开发过程中，它往往成为旅游景点形成的基础。

旅游资源点也可以理解为，是旅游单体或一组相对集中的旅游资源单体存在的地点。

（二）旅游景点

旅游景点，是旅游区的一个空间单元，在地理空间上由一定（一个或一组）的景物

组成，景物美学特点突出，并具有最大的一致性。它往往是由旅游资源单体或旅游资源单体组合经开发后形成的产品。

在旅游景点中，景物是主要的要素，但景物不能够独立成为地域单元，只有与一定的地理空间相结合，才构成旅游地域单元，而且是最小的单元。同时，旅游景点也不以景物为单位，即并非一个景物就是一个景点，它可以由数个或数种景物在一定的地理空间上组合而成。但这数个或数种景物必须具有美学的一致性或结构的整体性，才能组成同一个景点。例如，泰山之巅的日观峰，堪称一个"景点"，它由观日长廊、拱北石、封禅坛故址等景物组成，是旅游者登泰山必到的驻足、留影之地。

旅游景点往往是旅游者短暂逗留的场所——驻足点，或静观，或休息，或摄影留念，或听讲解等。其规模也有大小之差，不一而别。景物多者，游人多聚，逗留时间长，应注意扩大空间，留有余地。例如杭州西湖的三潭印月景点，面积仅2公顷，旅游高峰时可日达2万多人。八达岭长城旅游高峰时可达4人/㎡，拥挤不堪，不仅无法欣赏景物，而且易发生危险。

在旅游规划和旅游开发实践中，在旅游景点增加或充实景物，是经常性的工作，以便丰富景观内容，提高景物美感，增加游客逗留时间。进行此项工作要注意两方面的问题：一是与原有景物的协调，保持景点的美学共性；二是注意空间的大小，留下充分的余地。

增设新的旅游景点，则要注意位置的选择和线路的设计。一是选址要合理，不要距主景区太远；二是要尽量适应原有的旅游线路，作为原有线路的新驻点或延伸，避免出现岔路或死点。

四、旅游资源群与旅游景区

旅游资源群与旅游景区，是一组相对的概念，同样，它们也是旅游资源的组合形式和旅游区开发规划的单元。

（一）旅游资源群

旅游资源群，是由一定数量的旅游资源在地理空间上相对集中地组合而成的空间单元。

从资源的组合形式上看，它是由一定数量的旅游资源点组成的，空间上相对较大，能够形成资源点的集聚性组合。

从资源内涵上看，资源点以旅游单体为单位，即由一个或一组相对集中的点组成。

（二）旅游景区

旅游景区，是由一定数量的旅游景点在地理空间上相对集中地组合而成的旅游空间单元。

旅游景区是旅游资源群经开发后形成的产品或结果，它由一定数量的旅游景点组成。

在旅游规划和旅游开发过程中，一个作为独立经营、管理单元的旅游区，在内部空间布局上，一般要进行内部功能区的分层或分级划分，由旅游区、景区、景点、景物等依次分级，在这个分级系统中，旅游景区是一个中间过渡环节。但在现实中，尚没有严格的旅游区内部空间分级系统，有时"旅游景区"也被用来指一个与"旅游区"等同的独立经营单元。

案例 2-2：
泰山旅游区内部功能区分级体系

泰山，其自然景观和人文景观资源十分丰富，以泰山主峰为中心，呈放射形分布，峰峦嵯峨，溪谷纵横，松柏葱郁，琼阁掩映，总面积达300平方千米，计有山峰150多座、崖岭130多座、洞穴60余处、奇石50余块、溪谷120余条、瀑潭50余处、泉50余眼、古树名木20000余株、古寺庙28处、古遗址110处、碑碣1000余块、摩崖刻石1100余处。具有雄、奇、险、秀、幽、奥、旷等特点。主要景区有6处：

1. 岱庙景区，包括遥参亭、天贶殿、汉柏院、东御座、唐槐院等。主要是人文景观，其中的天贶殿是中国古建筑的三大殿（孔府的大成殿、故宫的太和殿、岱庙的天贶殿）之一，成为该景区的标志性景物。

2. 岱麓景区，包括王母池、普照寺、五贤祠遗址、冯玉祥墓、樱桃园等。位于泰山山脉之阳，中、西两溪谷口，自然景观与人文景观景相结合。

3. 东路景区，包括红门宫、万仙楼、斗母宫、经石峪、中天门、云步桥、对松山、十八盘等，是泰山山脉中景点最丰富的景区。其中，以十八盘最为著名，人称"未登十八盘，就没爬过泰山"，它成为泰山的标志，"登十八盘"也引申为艰苦奋斗、不怕困难、勇往直前的比喻。

4. 西路景区，包括白龙池、黑龙潭、扇子崖、黄西河等，以自然景观为主。沿线道路盘曲，清泉奇石，瑰玮万状。

5. 岱顶景区，包括南天门、天街、碧霞祠、大观峰、玉泉顶、日观峰、舍身崖、岱顶奇观等，是整个旅游区的精华部分。特别是由于泰山拔地通天、自然气象瞬息万变而形成的旭日东升、云海玉盘、晚霞夕照、黄河金带、碧霞宝光、隆冬雾凇等自然奇观，更为游客所叹绝。

6. 岱阴景区，包括后石坞、佛斧寺、周明堂故址、泰山齐长城、桃花峪等。位于泰山主峰以北，群山连绵，茂林森阴，旷远清幽，峰险谷深。怪岩上倒挂古松，乱石下泉流叮咚，有原始、远世之意境，称为奥区。

案例来源：泰安市旅游宣传资料。

五、旅游资源区与旅游区

旅游资源区和旅游区，是一对具有管理意义的概念，多是从开发和经营的角度，作为规划、开发的对象。

（一）旅游资源区

旅游资源区，是以旅游资源作为主体资源，或以发展旅游业为主导功能而划定的空间区域。

从资源构成上看，旅游资源区必须以旅游资源为主体，即旅游资源必须在该区域中成为资源中的主体，并具备一定的规模、数量。

从发展方向上看，旅游资源区是以发展旅游业为主导方向或目的而划定的。同时，同一个资源区可以具有多种功能和发展方向。

（二）旅游区

把旅游资源区作为一个规划、开发和管理单元，经开发后并赋予其管理功能而转化为"旅游区"。

从发展旅游业的角度看，旅游区是由旅游景观、旅游设施和旅游服务体系组合而成的功能区，是一个能够独立提供旅游服务的基本单位。因而，所谓的旅游开发或旅游规划，往往最终落实在旅游区的开发规划和开发建设上。

1. 旅游区的含义

对旅游区的含义，可以从三个角度理解：

首先，旅游区是一个独立的地理单元，即无论其本身的范围面积是大还是小，它都是一个完整、独立，在地域空间上独成一体的地理单位，并具有一定的规模。具有一定的规模，是为了能够形成具有容人量和容时量的旅游功能，符合发展旅游业的基本条件。

其次，旅游区是一个相对独立的、具有综合作用的功能区。一方面它具有丰富的景观资源，可供旅游者游览、观光和休闲，另一方它还具有完善的旅游服务体系，宾馆、饭店、商店、娱乐、交通等设施完备，可为旅游者提供食宿、购物、娱乐、交通等多种服务，相应形成多种功能区，即在旅游供应上可成为独立的作业区，为旅游者提供食、住、行、游、购、娱等的综合服务。

最后，从区域旅游开发体系来说，它是旅游区域体系的一个子系统，是旅游区域整体结构的一部分，既对区域总体具有带动作用，又受区域总体形象和效应的制约。因而，旅游区的开发建设，必须把它放到区域总体中统一安排，个体服从总体，整体覆盖局部。只有这样，才能最大限度地发挥区域的整体效应，而旅游区个体也能够水涨船高，共同发展。

由此可见，旅游区实际上是一个能够独立地进行旅游产品组合、提供综合旅游服务的功能体，因而，它的内部结构也是由旅游产品的生产、组合而形成的。一般来说，旅游产品构成的主要内涵有旅游设施、可进入性、旅游吸引物和旅游服务四个方面，其中旅游服务属于软件，前三项则为硬件实体。

在国家质量监督检验检疫总局颁布的中华人民共和国国家标准 GB/T 17775—2003《旅游区（点）质量等级的划分与评定》中，旅游区（Tourist Attraction）的定义为："以旅游及其相关活动为主要功能或主要功能之一的空间或地域。"

2. 旅游区的功能

按照国家标准《旅游区（点）质量等级的划分与评定》中所确定的技术要求，旅游区的功能包括：

- 参观游览；
- 休闲；
- 度假；
- 运动、健身；
- 娱乐；
- 其他专项功能（科研与科普、探险等）。

对一个具体的旅游区而言，可以具备其中一项功能，也可以同时具备多种功能。从发展旅游的要求出发，旅游区一般应同时具有多种功能才有利于形成内部的功能配置和产品组合，但一般应具备一种主导性功能。

3. 旅游区的内部结构

旅游区是一个具有综合功能或能够发挥全部的旅游服务功能的功能组合体，这就决定了其必然有着多种内容的内部构成。其中的每一种构成成分都发挥着独特的、不可或缺和不可替代的作用，而这些构成和功能都需要通过旅游开发活动予以实现，即通过旅游开发将旅游资源区转化为旅游区。

旅游区的内部结构体系，一般包括七大体系，即：

- 旅游功能设施（游览、休闲、娱乐等）；
- 游览服务设施体系；
- 旅游交通与游览线路体系；
- 旅游安全设施体系；
- 游客服务设施体系（住宿、餐饮、购物、邮电服务等）；
- 卫生设施与环境保护体系；
- 经营管理设施体系。

旅游区的功能和结构，是从发展旅游的角度出发提出的要求。这些功能和结构要素，有的是旅游资源本身具备的，有些是需要经开发、建设活动进行配置和添加的。

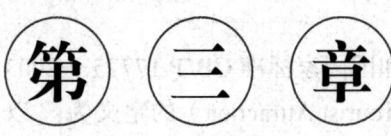

旅游开发

旅游规划是为旅游开发服务的技术方案。要做好旅游规划、服务好旅游开发，任何的旅游开发行为都是在旅游规划的指导下进行的。了解旅游开发的内涵、内容、要求和规律等问题，是进行科学规划的基础。

第一节 旅游开发的含义和内容

旅游业是一项综合性产业，旅游产业要素与旅游产品开发涉及人们社会生活和经济活动的许多领域，它既与地方的社会和经济环境有关，又与国家的有关政策和法律、法规相联系；既取决于资源地旅游发展的资源条件，又受制于地方政策决策者和投资者们的旅游产业发展和旅游开发理念。因此，正确地认识和明确旅游开发的含义和内容，探讨旅游开发活动的规律、原则和制约因素，对旅游开发活动的成功，有十分重要的意义。

一、旅游开发的含义

旅游开发是对应着人类的旅游活动展开的，为人类的旅游活动提供产品和服务，即旅游消费对象。在现代旅游学理论研究和旅游产业发展实践中，人们把旅游作为"离开自己的常住地，到异地做暂时停留或访问所经历的特殊生活过程"[1]。旅游活动具有广泛性和扩散性，涉及人类社会生活的几乎所有领域；从社会发展的角度看，"旅游者"或"游客"是一个不断增长的变量，许多国家、地方政府都把旅游者作为一个能够对接待地产生巨大经济贡献的"市场"，因此都极力推动、促进地方旅游产业的发展。但从根本上说，旅游者对目的地的选择是取决于这个地方的"旅游吸引力"的。

---

[1] 王德刚：《旅游学概论》，3版，北京，清华大学出版社，2012，26页。

旅游开发，直接的目的就是为了提高旅游接待地的旅游吸引力。

在旅游业发展和旅游开发实践过程中，人们也逐步发现，无论是对于旅游者来说，还是对于旅游经营者来说，与旅游活动对应的旅游开发活动都是一个综合性的、涉及社会领域广泛的系统工程，它不单纯是一个旅游景点或旅游吸引物的开发、建设问题。实际上，旅游开发活动与旅游地的社会、经济、文化、生态等许多部门和领域都有着千丝万缕的联系，开发活动本身也是一项复杂的综合工程。特别是在进入全域旅游时代的今天，旅游开发更是涉及社会的所有领域，那些与之相联系的方方面面都能够对开发活动的质量和成败产生影响，因此，要明确旅游开发的含义，就要首先从认识旅游开发活动所涉及的内容开始。

（一）旅游开发涉及的领域

正因为人类的旅游活动涉及的领域很广泛，所以旅游开发也必然涉及人类旅游活动范围所覆盖和触及的所有领域，也因此形成了错综复杂的旅游利益相关者网络。不同的旅游利益相关者，代表着旅游开发和旅游业发展中的不同利益主体。这些利益主体都会通过不同的方式对旅游开发和旅游业发展产生影响。[①]

根据对旅游开发活动实践经验的总结，一般认为，旅游开发要涉及以下领域和内容。

1. 旅游资源状况

旅游资源的种类、数量、质量及与周边地区的比较，是地方旅游产业发展和旅游开发首先要考虑的问题。也可以认为旅游资源是旅游开发的前提条件，没有一定数量和质量的旅游资源，旅游开发就无从谈起。

当然，从现代资源观出发，"旅游资源"本身是动态的，人类旅游需求在不断发生变化，旅游资源的种类和范围也会随之变化和发展；而且，旅游资源还可以通过生产手段、建设手段进行"创造"，因此，要树立"新资源观"来认识旅游资源。特别是在今天"全域旅游"发展理念指导下的旅游资源观、旅游发展观，更是把旅游资源扩大到了人们社会生活的所有领域。

地方旅游开发还要涉及周边，即别人的旅游资源。本地的资源是否有吸引力，在许多情况下，要依赖在与周边地区的资源比较中是否能够胜出。

2. 客源市场状况

旅游开发本身就是为了开拓市场，增加经济收入，扩大地方影响。因此，相对于开发后所形成的景观、吸引物、服务设施等旅游产品和服务而言，客源市场就是旅游开发活动更需重视的领域，即开发后的产品卖给谁、怎么卖等。实际上，如果没有潜在的客源市场，也就不存在旅游开发的必要；如果没有现实的市场，旅游开发就必定失败。

---

① 王德刚:《旅游本体论》，济南，山东大学出版社，2016，101页。

3. 旅游与休闲公共服务体系

从现代旅游发展理念角度出发，外来旅游者的旅游活动与当地居民的休闲娱乐活动越来越走向一体化、融合化，旅游空间社区化趋势越来越显著；旅游目的地的公共服务体系也因此越来越走向综合化，内外无缝对接，互相交叉，甚至完全融为一体。因此，旅游开发对旅游体系的要求也就越来越与地方的休闲与公共服务体系走向一体化。

4. 国家、地方旅游产业发展和旅游开发政策

政策的导向——推动或制约作用是不容忽视的，有时是起决定作用的。它既可以对旅游产业的发展和旅游开发活动产生促进、推动作用，也可以对其产生遏制或阻碍作用。因此，旅游开发活动也包括了有关旅游政策、法规的制定和完善。

实际上，当今世界大多数国家都是采取的政府主导型旅游发展战略，即通过政府的政策促进、资金引导、规划指导、管理协调等手段来推动当地旅游产业的发展和旅游开发活动推进。

5. 旅游地经济承载力

从产业特点上说，旅游业是一个资金密集型的产业，而旅游开发则必然就是一项资金密集性的技术经济活动，旅游景区开发、旅游基础和服务设施建设、市场营销等都需要大量的资金投入，因此，旅游开发的深度、广度和力度往往要依赖地方经济的发展水平，要有足够或强大的经济后盾，即旅游开发必须首先解决投资问题。

当然，资金本身是可以流动的，市场经济条件下，融资渠道也越来越宽，经济承载力已经不再是传统意义上、局限于一隅的狭窄概念。

6. 旅游地社会环境

无论是旅游活动，还是旅游开发活动，都是一种社会现象，与社会人文环境有着千丝万缕的联系。旅游地居民的文化修养、开放观念、包容心态、市场意识、宗教信仰、风俗习惯、社会秩序等都会对旅游开发活动产生影响，也会对旅游开发的结果——旅游产品的经营绩效产生影响。

7. 与旅游活动有关的其他条件的状况

旅游活动具有综合性特征，行、游、住、吃、购、娱是旅游的六大要素，而旅游开发也是围绕这六大要素展开的，因此，与上述六要素有关的设施、场所与环境等，都是旅游开发必须考虑、研究的问题。而这些内容涉及了城市建设、基础设施、商品零售、交通运输、文化娱乐等许多行业和部门，特别是服务业领域，与旅游消费的联系最为密切，是旅游开发需要重点关注的领域。

总之，旅游开发作为为旅游活动提供产品的生产和建设过程，它必须围绕旅游活动的内容来进行，其综合性特征十分显著。

（二）旅游开发的含义

根据上述分析，可以这样进行概括：旅游开发是为满足旅游者和当地居民旅游休闲活动需求而进行的旅游休闲设施建设、旅游休闲环境培育等综合性的社会和技术经济

活动。

其含义包括以下几个方面：

第一，旅游开发的直接目的是为吸引和招徕旅游者，并以此来增加经营者、社区和地方收入，促进地方经济和社会的发展。

第二，旅游设施建设是旅游开发的主要内容。要吸引和招徕旅游者，就必须以一定的旅游吸引物和相应的服务设施建设为前提。在旅游学中，旅游设施是指能够适应和满足外来旅游者行、游、住、吃、购、娱等需求的各种设施。这些设施和相应服务的规模和质量代表着一个国家或地区旅游业的接待能力和旅游开发的水平。旅游设施主要包括旅游吸引设施（景区、景物、场所等）、游憩设施、娱乐设施、食宿接待设施、交通设施、购物设施等。

第三，一般认为，旅游是指外来旅游者在旅游目的地的活动，而休闲是指当地居民在当地的消遣娱乐活动。但在现代旅游业发展过程中，二者的界限越来越模糊，从产品、服务供给的角度，则越来越融合化、一体化。因此，现代旅游开发已经越来越将二者整体考虑。

第四，除进行旅游设施建设的技术经济活动外，旅游开发还包括了培育、建设和谐、友好的社会人文环境。社会人文环境虽然不像功能性的旅游景观、服务设施那样能够可游、可居、可食、可娱等供旅游者消费，但社会环境的好坏，当地居民的文化修养和风俗习惯，特别是对外来旅游者的宽容程度和态度，同样能够对旅游者产生吸引或排斥作用，是一种无形的吸引力或排斥力。因此，旅游开发不仅是一种建设旅游设施——硬件开发的技术经济活动，同时也是培育和优化社会环境——软件建设的社会活动。

第五，旅游开发既包括了旅游地内部的开发与建设，也包括对外的市场开发与营销，是一种内外结合的综合性开发活动。

二、旅游开发的内容

从地方旅游产业发展的角度出发，旅游开发的内容主要包括以下几个方面：

（一）景区、景点等旅游吸引要素的开发与建设

旅游开发的直接目的是通过旅游地吸引力的提高来吸引更多的到访游客，而这一目标的实现则要靠旅游景区、景点或其他类型旅游吸引要素的开发、建设与营造，因此，旅游景区、景点等吸引要素的开发、建设往往成为旅游地开发的核心内容，并以此为基础进行相应的配套设施建设。

旅游吸引要素的开发、建设，从内容和形式上说，既可以是对尚未被利用的旅游资源的初次开发，也可以是对已经利用了的景观或旅游吸引物的深度开发，或进一步的功能发掘；既可以是对现实存在的旅游资源的整理与加工，也可以是从无到有、一个新景点的创造。例如，九寨沟的旅游开发属于对现实存在的旅游资源的整理与加工，使原已现实存在的自然、人文资源和物质条件更加符合人类的旅游需要。而诸如"迪士尼""锦绣中

华""世界之窗""方特""欢乐谷""东方神画"等则属于从无到有地创造，是新景物或新产品的"生产"，其目的就是为了提高旅游地的吸引力，让更多的游客到访。

（二）构建系统的旅游服务体系

旅游服务体系实际上是旅游产品开发的一部分。

从旅游供给的角度讲，旅游服务既包括以市场为主体的商业性旅游服务，也包括公益性的非商业旅游服务。

以市场为主体的商业性旅游服务，多指当地旅行社企业的旅游产品设计与导游、翻译等服务，交通部门的客运服务，饭店企业的食宿、餐饮、娱乐服务，商业部门的购物服务，以及其他部门向旅游者提供的营业性接待服务等，他们以赢利为目的，是地方旅游产业发展的主体。

公益性的非商业旅游服务，主要指当地政府、社区、社会组织等为旅游者提供的公益性服务，如由政府投资建设的城市游客中心向游客提供的旅游咨询服务，出入境管理服务，以及当地社区、居民为旅游者提供的其他义务服务。这些服务大多是免费的，少部分象征性的收取一定费用（成本费）。

在旅游开发活动中，必须注意服务体系的完善，不能为追求商业利润而只进行商业性服务的建设，而忽视非商业性服务的完善。实际上，非商业性服务在很大程度上反映着当地政府的旅游产业政策导向和管理、服务理念，也反映着当地居民对外来旅游者的友善态度和愿意为其服务的好客精神，对旅游者具有同样的吸引力和感召力。

（三）提高旅游地的可进入性

可进入性是指交通条件，即旅游六要素中的"行"。

"行"是旅游六要素（食、住、行、游、购、娱）中最关键的要素之一，它本身既是旅游的过程，又是旅游实现的必要条件。

在旅游学理论中，界定是否是旅游活动的基本条件之一就是旅游者是否发生了身体的位移，亦即旅游具有异地性的特征，只有当一个人从其常住地到达另一地时才属于旅游，而要实现这种身体的位移则必须借助于交通条件。可以这样认为，没有一定的交通设施和交通条件，旅游活动就不可能实现。特别是在现代旅游业中，旅游地都把吸引远距离或境外游客作为主要目标，如没有方便的空中、海上和陆上交通设施和工具，远距离旅游是根本不可能实现的，开拓远距离市场或国际客源市场，只能是一句空话。因此，在旅游开发问题上，交通的重要性并不亚于旅游景点和旅游接待设施建设。如果某地的旅游资源十分丰富和突出，但交通状况恶劣，游人难以进入，即旅游者接近、抵达目的地的可能性小，那么它的旅游价值将大大降低，所以旅游开发必须包括提高旅游地的可进入性。

可进入性不单纯指旅游者由外界抵达旅游目的地的过程，它实际上包括两个方面的内容：一是客源地与目的地之间的交通条件；二是旅游地内部的交通条件。即要"进得来，散得开，出得去"，让旅游者既来得顺利，玩得开心，又去得方便。因此，提高旅游地的可进入性，不仅包括发展旅游地同外界的交通联系，而且要改善旅游地内部的交通、通信条件；不仅包括交通线路的建设，而且包括交通工具的配备与改进；不仅包括硬件设施配置，而且包括管理、安全保障、服务等软件的加强与完善等。

（四）建立完善的旅游休闲公共服务体系

旅游与休闲公共服务，是旅游活动开展和旅游产业发展的重要保障性条件。主要包括三个方面：一是主要为当地居民使用、但也必须向旅游者提供服务或旅游者也必须依赖的基础设施，包括一般的公用事业设施（如供水系统、排污系统、供电系统、通信系统、道路系统，以及机场、车站、码头等），满足现代社会生活所需要的基本设施或条件（如医院、银行、食品店、公园等）；二是主要为外来旅游者使用、同时也供当地居民消费的服务设施，如宾馆饭店、旅游咨询中心、旅游商店、某些娱乐场所等；三是当地居民与外来旅游者共同使用的公共休闲、娱乐场所和设施，包括城市公园、文化休闲步行街、旅游休闲商业街区、博物馆、艺术馆、体育场馆等。这些场所和设施往往是免费开放的，营造着旅游目的地城市的宜居、宜游环境。

（五）环境保育与资源保护

任何事物都有发展变化、衰败乃至消亡的过程，旅游资源也不例外，这是不以人的意志为转移的自然规律。任何旅游资源都是存在、生存于一定的环境之中，其存在环境的好坏对于资源本身的安全非常重要，而那些被自然的或人为因素破坏或损害的旅游资源，若不及时加以保护、整治和修复，就会继续衰败，甚至会完全消失。所以，旅游资源也需要科学利用与有效保护，也需要像厂房、设备那样定期检查和维修。

对旅游资源进行有效的保护，及时进行检查和维修，是旅游开发的重要内容。旅游资源保护的内容主要包括以下几个方面：

（1）建立、完善旅游资源开发、保护的法律、法规与政策体系。目前，我国在文物保护、自然保护区、野生动植物保护、森林公园、湿地公园等领域已经建立起了专门的法律体系，对资源和环境保护的目的、原则、要求等有了相对系统的法律、法规体系。在旅游产业发展和旅游开发领域，虽然《中华人民共和国旅游法》已经颁布实施，但其对旅游资源保护的要求尚不详细和系统，有待于进一步完善。一些地方旅游立法中已经涉及旅游资源保护问题，但在全国尚不普遍。

（2）划定资源区保护的范围和等级，进行分类、分级保护。在旅游产业发展和旅游开发实践中，通过地方立法、旅游规划和政策规定，建立旅游资源分级保护体系，界定保护范围，特别是在旅游资源开发规划中应对资源保护的范围、等级进行明确，为开发中保护划定红线、提供依据。

（3）积极培育、优化资源区生态环境和旅游资源的生存环境。这是指在旅游开发和旅游经营过程中，要依据保护规划，积极培育和优化生态环境，提升资源价值，使旅

开发成为优化环境、提升资源价值的有效途径。

（4）制定有力措施，防止旅游污染和破坏行为。在旅游经营过程中，通过加强管理，规范旅游开发和旅游者行为，防止旅游污染的产生和人为破坏活动发生，让人类活动对资源、环境的干预和影响降低到最低程度。这既包括对自然和生态环境、动植物资源、水体、地质地貌、文物古迹、历史建筑、景观等的破坏，也包括旅游开发和生产过程中的污染物排放、旅游者旅游活动中的不当和违法行为等。

（5）对已经受到损坏、破坏的旅游资源、环境进行及时、有效的维护、整修和修复，恢复其原貌。保护文物修复与保养、景观维护维修、环境恢复、生态修复等，是旅游开发，特别是日常经营管理过程中的重要内容。

（六）培育优良的人文社会环境

旅游地的人文社会环境也是吸引旅游者的重要因素。

一个国家或地区的旅游政策、出入境管理措施、政治动态或社会安定状况、社会治安、风俗习惯，以及当地居民的文化修养、思想观念、好客程度等，都能够直接或间接地对旅游者产生吸引或排斥等作用，从而影响旅游开发活动的效益。因此，培育、塑造一个和谐友好的、有利于吸引旅游者的人文社会环境，也是旅游开发的重要内容。

人文社会环境的培育应包括：

（1）制定有利于旅游开发和旅游业发展的旅游促进政策；

（2）制定方便外来旅游者出入境和往来的相应管理措施；

（3）有稳定的政治环境和安定的社会秩序；

（4）提高当地居民的文化修养，培养开放意识、包容意识和共享理念，树立正确、积极的旅游发展观，养成文明礼貌、热情好客的习惯。

（七）积极营销，开拓和扩大客源市场

旅游开发实际上是在两个方面进行，一是旅游地有关设施建设和环境营造，二是客源市场的开拓，两者缺一不可。

旅游开发实际上就是产品生产，而市场开发则是把产品卖出去。如果仅仅只是进行旅游地的有关建设，而不进行市场开发，扩大到访游客的规模，就会造成产品滞销，使开发活动有劳无功；而如果只是一味地进行市场宣传，甚至进行虚假宣传、欺骗促销，则更可能因小失大，贪一时之功而失长远利益。因此，旅游开发，必须将旅游地建设和市场开拓结合起来，双管齐下，互动发展。

（八）构建高效、有力的支持保障体系

任何目标的实现，都需要特定的支持保障措施。旅游开发和旅游业发展更是一个涉及面广、关系错综复杂的综合性工程，需要有力和高绩效的支持保障。

对于地方旅游产业发展来说，旅游开发的支持保障体系，主要包括五个方面，即：

(1）法律、法规与规范。包括国家、地方有关促进旅游产业发展、规范旅游开发行为的各种法律、法规、标准等。

（2）旅游管理体系建设。适应现代旅游产业发展的特点和需要，改革传统的旅游管理体制，进行体制机制创新，建立一个科学、合理、高效的旅游管理体系对地方旅游业发展和旅游开发活动进行统一的管理和有力的协调，对于旅游业的持续、快速、健康发展是至关重要的。

（3）政策保障体系。与旅游业的发展特性相适应。世界上多数国家实施的是政府主导型旅游发展战略，政府主导主要是通过政策主导，即通过政策来促进和推动旅游业发展，通过优惠政策来促进产业发展、吸引投资，是在特定历史时期和社会发展阶段采取的权宜性措施，这种措施的确能够起到实际性的促进、推动作用。因此，在现阶段国民经济还不是非常发达的特殊历史时期，通过一定的特殊政策，给某些投资领域以不同于其他领域的特殊优惠是必要的，前提是不能顾此失彼，优惠了投资商而损害了其他人，特别是社区利益。

（4）财政支持。旅游业发展靠市场主体并不等于政府完全"退市"，政府在基础设施、项目建设、乡村旅游等领域进行引导性投资，对于引导民间资本向旅游产业的流动、树立民间投资旅游业的信心有很大的积极作用，而在旅游营销领域，则主要依靠政府的直接营销和组织营销。

（5）旅游人力资源开发。旅游开发的决策者、组织者、实施者或服务者，旅游管理部门的政府公务员、投资商、旅游企业的管理与服务人员等，是旅游开发活动的实施主体。人才素质的高低既能够影响旅游开发的质量，也能够一定程度上增添或减少旅游地对旅游者的吸引力。因此，旅游人力资源开发也是地方旅游开发的重要环节和不可或缺的内容。

总之，旅游开发是一项综合性的系统工程，它不仅仅是对旅游资源的开发或旅游景物的建设，而是以旅游吸引要素建设为中心，进行的包括各种有关设施建设、产品组织、自然环境和资源保护、人文社会环境培育等一系列内容的综合性社会经济活动。

三、旅游开发与旅游资源开发

在许多旅游学文献中经常使用"旅游资源开发"一词，那么，旅游开发与"旅游资源开发"是一种什么关系呢？

旅游资源开发，顾名思义，就是针对旅游资源进行的开发活动，是"资源"向"产品"的转化过程，即将原生性的旅游资源经过人为整理、加工与再创造以及配套设施建设，使其成为具有一定旅游功能的吸引物或旅游设施的过程，是一种技术经济活动。而旅游开发，如前所述，是一种全面性、综合性的社会经济活动，其内容既包括了旅游设施、旅游吸引物建设——旅游资源的开发活动，也包含了许多非技术经济活动的内容，是在选择、确定好旅游资源的基础上，对与之有关的事物和领域进行的综合开发，如支持保障体系的构建、人文社会环境的优化和整肃、生态环境的治理以及客源市场开拓

等,是一种社会和技术经济相结合的综合性活动。因此可以认为,旅游开发包含了旅游资源开发,旅游资源开发是旅游开发的组成部分。

在旅游产业发展实践中,旅游开发和旅游资源开发两种活动都是客观存在的。由于二者的内容和涉及的领域不同,其开发主体也有一定的差别。旅游开发是一种综合性活动,涉及旅游地的整体规划以及各有关部门的合作与协调,往往不是一个部门或企业能力所及,多由旅游地政府主持,在旅游景区开发、基础设施建设和布局、物资供应、环境保护、资金筹集等方面,都要进行统一规划、统一管理。因而,较大的旅游开发活动,往往在最初规划、组织时是一种政府行为。

旅游资源开发一般多以形成一定的旅游景区、景点或设施为直接目标,内容比较单一,规模和涉及面相对较少,因而往往体现为一种企业行为,是旅游经营者的一种投资行为和建设活动,最终形成一个旅游景区、景点或设施。如开发一处自然风景区、修建一座城市公园、建设一处旅游度假区或旅游娱乐场所等,都是直接的企业行为。

当然,从二者的关系看,旅游开发的某些项目也最终将落实到旅游资源开发上,由最初的政府行为向企业行为过渡。旅游地政府一般只负责宏观上的政策把握、规划管理、组织协调,而不直接进行建设活动。规划一经出台,各个项目即化整为零分解到不同的旅游经营者身上,由他们进行直接开发、建设和运作。

第二节 旅游开发的层次结构

与其他经济活动一样,旅游开发也总是在一定的地理空间内进行的,而由于资源分布与配置、资源所有权、管理权与经营权等的不同,使旅游开发的空间范围总是有大有小,层次结构上也有高有低。同时,旅游开发的直接目的是生产旅游产品,而旅游产品是由不同的旅游要素在不同的地域组合而成的,因而开发活动除要进行产品要素的建设、完善和搭配外,还要考虑其地域组合的可能性和地域组合的途径、方法,这便产生了宏观协调和微观组装的问题。再者,既然旅游开发是一种社会和技术经济活动,那么它也必然受到社会的和自然的因素约束。社会的约束包括社会习惯、行政区划和管理、地方利益等;自然约束包括地理的、气候的、生态的等方面。旅游开发就是要根据不同的条件和要求,来确定开发对象的空间范围和层次。

旅游开发的层次结构,是建立在旅游区划体系之上的。

一、旅游区划体系

(一)旅游区划

旅游区划,是指"按着旅游环境和资源的相似性与差异性来探讨旅游资源的特征及开发利用和发展旅游业等重大问题,进行自上而下的区域划分或自下而上的区域合并"①。它的作用在于能够合理、有效地开发和利用旅游资源，充分发挥服务设施的作用，特别是有利于旅游产品各要素在本地及与周边地区的合理组合，形成合力或整体化效应，并在结构上形成合理的旅游系统。因而，科学、合理地开展旅游区划工作，是旅游开发工作得以顺利发展的重要前提条件。

（二）旅游区划体系

旅游区划，实际上就是为旅游开发活动划定界线或地域范围，即确定旅游开发在哪一个层次上进行，这是一项科学工作。

旅游区划，又是一个相对的概念，即根据区划对象，特别是区划范围大小的不同，其划分的层次数量和层次结构也会有所不同。

从区域范围划分，能够从洲际区域、跨国区域到国内跨省区域、跨市区域，一直到基层的旅游景区开发单元。即从一定的产品组合要求出发，根据资源、产品配置的可能性来确定区划的对象与氛围。

所以，从旅游区划的相对性来说，旅游区划理论中的"区域"，是一个可以广泛使用、可大可小的概念，它可泛指跨越行政区的一切空间范围，这个"区域"可以是跨国的、跨省的、跨市的、跨县的等。

与"区域"相对应的是行政区。我们知道，由于整个社会是一个组织严密的整体，社会管理实行自上而下的垂直管理和横向的分割管理，由此形成了两个不同的系统，即垂直的"条条"系统和横向的"块块"系统，而在这两大系统中，"块块"是地域空间上的实体，形成了实际的社会管理上的行政区。如果在行政归属不同的地区内进行交叉的专项管理，管理上的不便和困难是显而易见的。旅游开发和旅游业的管理实际都是专项管理，原则上应与行政区域的管理相一致，以保持政策、措施与管理空间的吻合。因此，旅游区划和与其对应的旅游开发，应尽量保持行政区划的完整性。实际上，以行政区为界限、在特定的行政区内进行相应的旅游开发活动，才更具有操作性。

从上面的分析可以看出，旅游区划和旅游区划体系的构建，实际上是在两个领域里进行的：

一是跨行政区的旅游区划体系和旅游区划。在旅游产业发展实践中，较多地表现为资源的跨区配置和产品的跨区组合，即以旅游线路为纽带，进行跨行政区的空间组合。与此对应的旅游开发主要体现为产品组合，而相应的旅游管理则主要体现为协调与合作。如长江三峡地区的旅游开发，就是在国家旅游局的主持下进行跨省域的旅游规划，然后在国家旅游局的协调下进行省域合作。

跨行政区的旅游区划和旅游开发，可以在不同的层次上进行，区划的对象和范围从全球到一个市、县等，根据发展要求的不同，可以在国域之间、省域之间、市域、县域之间等不同的空间上进行。

---

① 孙文昌，陈元泰：《应用旅游地理学》，沈阳，东北师范大学出版社，1990，154页。

二是行政区内的旅游区域体系和旅游区划。在旅游产业发展实践中，更多地表现为从发展地方经济的角度，进行资源的内部配置和产品的内部组合，以构建行政区内部一体化的产业要素体系。

省、市两级行政区空间范围仍比较大，有时内部也需要划分，形成若干跨行政区（市、县）的"区域"，而县一级行政区则往往能够在旅游产业发展布局中直接划分为具有建设、经营意义的独立开发单元——旅游区（包括各种类型、性质的旅游景区、城市公园、森林公园、风景名胜区等），因此，从开发操作的角度看，在县级行政区上建立旅游区划体系，是最具有开发操作意义的。

二、旅游开发的层次

旅游开发的层次结构，是建立在旅游区划体系基础上的。如前所述，旅游区划是在两个领域进行的，那么，旅游开发也将在这两种体系中展开。

（一）区域旅游开发

如前所述，区域泛指跨行政区的空间范围。根据空间范围的大小，区域可以有国际区域、国内区域，而在国内，又可以有跨省区域、跨市区域、跨县区域等。

1. 国际区域旅游开发

在国际上，跨国界的洲际区域旅游开发，多是指旅游市场开发，也有国际产品开发合作。

在国际旅游市场开发中，人们一般习惯性地将国际洲际旅游市场划分为欧洲市场、北美市场、亚太市场等，相应地进行市场开发和营销活动。在此基础上再进行市场的进一步细分，划分为具体的国别市场。

国际区域性的旅游产品开发合作，也逐渐引起人们的重视，并通过国际组织、国家政府等实现国家之间、地区政府之间和企业之间的实际性合作。如中、俄、朝三国关于图们江地区的旅游合作，中、日、韩三国的跨国旅游合作等都在近年发挥了积极作用。山东省根据自己的地理位置与文化联系性，近年来积极推动中、日、韩跨国"金三角"的旅游合作，在产品组合、市场互动等领域取得了初步成效。

总之，国际区域旅游开发，具有操作意义的较多地被应用在市场开发领域，而在产品开发领域，也逐渐引起人们的重视，并在某些特定区域得到实质性推动。

2. 国内区域旅游开发

国内区域旅游开发，一般是在旅游主管部门的主持、协调下，或自发联系，由那些地理上相连、文化或资源上有共性的行政区之间进行的联合开发。这种联合往往是一种的松散的组合，它以一定的地理、社会、文化和经济等方面的共性和联系为基础，形成一定空间或地域范围内有关旅游活动、旅游业的协作关系，不是社会和管理上的实体。正因为如此，其内部的联系比较松散，一般也没有统一的管理和协调机构，基本上是一种自发的或自觉的联系。因此，在旅游产业发展实践中，跨行政区的区域旅游开发一般来说理论意义大于实践意义。但人们越来越认识到这种跨行政区联合开发的重要性。这一是因为按旅游资源的自然组合进行旅游产品的组织配置，本身就符合旅游资源存在的自然属性；二是符合游客的旅游活动规律，游客的旅游活动一般是以自然地理空间为依据，而不是以行政区为界线的；三是能够通过区域内部的资源配置，促成内部各部分之间的主动协调，在开发项目上的组合搭配、客源市场调剂、旅游线路网络化等方面互通有无，发挥整体效应，共同发展。但由于这种协调和互促关系没有管理上的强制性，所以主要靠自发或自觉地进行。

按旅游资源自然分布特征进行区域性旅游开发，在国际上已经成为惯例，并积累了许多成功经验，甚至在一些国家已经按旅游资源的自然分布建立了固定的旅游管理体系，如丹麦的旅游管理体系，是将全国按旅游资源的分布特征划分为六个大区（即区域），每一个大区都建立了管理机构——大区旅游局，由国家旅游局、地方政府、地方大企业共同出资，组成大区旅游局董事会，大区旅游局的主要职责是协调内部资源配置、旅游产品设计与组合、区域形象策划与市场营销等。这种旅游管理体制对我们是有借鉴意义的。

国内区域旅游开发，一般包括跨省区域旅游开发、跨市区域旅游开发和跨县区域旅游开发几个层次。

• **跨省区域旅游开发**：长江三峡旅游开发、京杭大运河旅游开发、丝绸之路旅游开发等是近年来我国最具代表性的案例，都是在国家旅游局的组织、协调下，统一编制区域旅游开发规划，由涉及的各省区分片、分段实施。

• **跨市区域旅游开发**：在同一省域内进行联合开发，有省级旅游主管部门的组织与协调，相对容易操作，也更有现实意义。如山东省近几年在"好客山东"品牌下推出的"十大文化旅游目的地"品牌，将全省按地域或资源的联系性划定了10个区域性旅游目的地，由省里统一规划、统一协调、统一口径、统一步调，涉及的各市分片进行产品开发和对接，全省形成一盘棋，构建了以"好客山东"为统领的品牌体系和产品体系，在全国形成了示范。

• **跨县区域旅游开发**：相对来说更具有操作意义，因为在我国的行政管理体系中，市、县二级行政区是实际上的"内部关系"，有市级政府的实质性管理，跨县域的旅游开发就成为内部问题。如山东省枣庄市的莲青山旅游区，跨山亭区和滕州市两个县级行政区，在枣庄市旅游局的协调和组织下，两家共同出资聘请旅游规划机构编制了整体的《莲青山旅游区规划》，实施"统一规划、分片开发、共同营销、各自经营"的开发模式，避免了内部重复建设和同质竞争，取得了很好的效果。

从实践经验来看，跨行政区的区域旅游开发，无论是市场开发、还是产品开发，都必须使这种跨区联合具备实际性的内容，而不能仅仅停留在一个"合作宣言"上，这种表面文章是不可能取得实际性效果的，因为联合的双方或多方由于地理上相近、资源上相同，不可避免地会在产品上存在同质竞争，这便形成了"竞争对手、合作伙伴、共同市场"的多边关系，而从自身的利益出发，便不可避免地出现"表面联合、背后竞争、暗地诋毁"的情况。因此，从整体利益出发，跨行政区的区域旅游开发，一定要将合作的内容落到实处，通过政府层次的统一规划、互惠待遇、管理约束和企业间的产品组合与市场互动，来实现由"竞争对手"向"合作伙伴"的转化。

（二）旅游区开发

旅游区，在旅游区划体系中是一个具有操作意义的、能够成为独立建设和经营单元的"实体空间"。

在中华人民共和国国家标准 GB/T 17775—2003《旅游区质量等级的划分与评定》中，旅游区（Tourist Attraction）"是以旅游及其相关活动为主要功能或主要功能之一的空间或地域"。它包括风景区、文博院馆、寺庙观堂、旅游度假区、自然保护区、主题公园、森林公园、地质公园、游乐园、动物园、植物园及工业、农业、经贸、科教、军事、体育、文化艺术等各类旅游区（点）。旅游区一般是"独立管理区"。

很明显，旅游区是旅游产业体系中的独立经营管理单元，是可以或能够作为投资、经营单元的空间实体，因此，它也是旅游开发的最终落脚点。旅游区开发的直接目的就是建设专门的游览、休闲、度假、康体、娱乐功能区，是旅游开发中最重要的开发活动。

旅游开发在不同的层面上有不同的内容和特点，应采用不同的理论和方法。

第三节　旅游开发程序

旅游开发，是人对自然、人文资源或环境的一种改造过程，也是一种对自然、人文资源文化价值、经济价值、科学价值的提升、创造过程。在人类长期的旅游开发实践和理论研究过程中，已经总结出了一些具有规律性的经验和理论，对现今的旅游开发工作具有指导意义。

旅游开发活动的程序，一般包括四个阶段，即开发前准备阶段、规划设计阶段、建设施工阶段和建成后的经营管理阶段。每个阶段，又根据工作的需要，分为不同的环节。

一、开发准备

旅游开发，是一项以一定的经济投入为基础的社会经济活动，涉及社会和经济领域的许多部门和环节，而且，一些大型旅游区开发或旅游设施建设往往投资巨大，因而，存在一定的投资风险、社会风险乃至环境风险，所以，无论是区域旅游开发，还是旅游区的开发建设，都必须首先做好充分的准备工作，确保开发项目的可行性和投资的成功率，避免由于盲目开发而导致经济损失、环境破坏等不良后果。

开发前准备，主要的工作实际上就是对开发项目进行可行性论证，以确定其投资的

"经济可行性"。其工作内容主要有两项,即基础研究和可行性论证。

(1)基础研究,包括资源、社会经济基础、市场等的调查与研究。资源调查是一项摸清家底的工作,即经过调查,掌握区域内旅游资源的基本情况,包括资源的种类、数量、体量、分布状况与存在状态等,并在此基础上进行初步的价值评价,以确定区域旅游资源开发、利用的可能性。社会经济调查是为了摸清与旅游开发活动相关的各种情况,因为旅游开发与当地的文化、历史、居民与人口、风土民情、经济基础、城市发达水平等有密切联系,全面了解上述情况,是为了能够更加准确地把握旅游开发的资源与社会条件,以为开发活动做好充分的准备。市场研究是最重要的基础研究,实际上,资源与社会经济基础只是确定当地是否具备旅游开发的本底性条件,而这种条件是否能够转变为实际的行动,则取决于现实的机会,即现实和潜在市场的规模,这是旅游项目建设的决定性条件。

(2)可行性论证,是在基础研究的基础上,根据开发项目的性质、规模、投资额、建设周期等与市场进行对应分析,在经济上分析项目建设的必要性与可行性,通过科学的分析与评价,明确开发的可能性,为开发决策提供理论依据。

在开发准备阶段,最重要的工作是开发项目的可行性研究,一般要形成关于开发项目的可行性研究报告。

一些重大的旅游开发项目,需要按国家有关项目管理的政策向计划部门("发改委"或"发改局")申报,即提交开发项目可行性研究报告,申请立项。

二、规划与设计

旅游开发规划和设计,已经进入了旅游开发的实施阶段。特别是旅游区的开发、规划和设计往往是在前期的可行性论证、立项审批等基础工作都已完成后,进入项目开发的实际操作阶段。当然,有时一些地方政府部门为了推动旅游产业发展和项目开发进程,经常会在还没有落实项目开发投资主体和开发资金的情况下,提前进入规划设计阶段,预先编制为招商准备和使用的旅游规划,而项目开发什么时候能够进行下一个阶段即建设施工阶段则不确定,要看招商的成功与否。这样的一般被称为"招商规划"。

在我国,旅游规划分为两种类型或两个层次。

(1)旅游发展规划,即地方旅游产业发展总体规划,一般是一个行政区(国家、省、市、县等)的旅游产业发展的战略性指导文件,经地方人民代表大会常务委员会审议通过后成为地方法规性文件。其内容是综合性的,包括地方旅游业发展的总体目标、发展方向、空间布局、发展战略、产品开发与产业组织、市场选择与营销、支持保障体系构建等,是一个地区一定时间内旅游开发和旅游业发展的指导性或法规性文件。

(2)旅游开发规划,即一个具体旅游开发项目(旅游区、度假区、公园,以及其他类型的旅游设施、场所等)的开发、建设规划,一般是一个具体的、可以成为独立经营管理单元的开发项目的规划、设计方案。按照我国有关文件的技术标准的规定,旅游开发规划分为总体规划、控制性详细规划、修建性详细规划三个层次。规划经过政府有关

部门（旅游部门、土地管理部门、城市规划部门等）审批后，进行施工设计。

不同的规划、设计具有不同的功能和作用，在旅游业发展和旅游开发活动中扮演着不同角色。

开发准备和规划设计阶段一般由政府主管部门组织、协调，企业（投资商）参与，聘请有咨询资质、规划设计资质的专业咨询、规划设计机构来进行。

三、建设施工

在完成规划、设计并经政府有关部门审批后，旅游开发便进入了建设施工阶段。进入这一阶段后，旅游开发工作的重点便由专家的论证、设计转入基本建设的操作过程了。

旅游开发进入此阶段之后，将主要是企业行为，即由投资商来组织进行。这一阶段主要包括两个环节，即施工准备和建设施工。

（一）施工准备

施工准备是一项事务繁多、要求细致的工作，一般包括三方面的内容：

（1）组织准备。为保证旅游开发工作的顺利、有序进行，成立一个专门组织机构是很有必要的，由他们来负责整个项目的领导、指挥、协调和监督。从广义上讲，组织准备还包括项目建成后的管理机构和服务人员的准备，以便使整个开发项目能够有序衔接。

（2）工程技术准备。旅游开发在很多情况下就是一项建设工程，因而工程技术条件在整个开发项目中具有举足轻重的地位。工程技术条件主要由开发公司和建筑公司提供，因此，工程技术准备一般并不是由项目开发商或项目筹建处直接完成的，而是由他们根据项目设计和技术要求对项目的承建者——开发公司或建筑公司进行考察、选择和监督。考察的内容主要是该公司的技术人员的数量和水平、技术设施和工具的数量及质量、已有的开发和施工经验以及信誉等。

（3）资金和物资准备。旅游开发项目，一般都具有资金和劳动密集型投资的性质。自然或文化旅游区的开发、相关基础设施的建设、主题公园、娱乐设施以及其他设施的建设都耗资巨大，必须有足够的资金作为保障。

（二）建设施工

各方面的准备工作就绪之后，承建单位进入建设施工阶段。

建设施工，必须按照经政府相关规定完成了有关主管部门的立项、审批、土地手续、规划审核、施工许可等相关手续后才能进行，这期间除提交规划、设计方案外，按项目管理的相关规定，往往还要提交环境评价、安全评价、节能评价等政府规定的有关报告。

目前，工程项目的施工建设一般都是通过工程招标进行的，建设单位负责工程质量的监督。

四、经营管理

从旅游开发活动的纵向体系和时间序列来说，经营管理实际上是开发活动的延续。广义的旅游开发，实际包含两个层次：

第一层次是直接的开发、建设活动，这一阶段所进行的主要是旅游景观和服务设施的综合建设，使旅游设施形成规模和体系，具有相应的旅游产品生产能力和接待能力。

第二层次是在此基础上进行旅游产品的生产，维持各种设施的正常运转和生产能力的正常发挥，并产生经济效益，是直接开发活动的发展和深化。这一阶段的主要任务便是对开发后所形成的成品的经营管理。

（一）旅游管理

旅游项目的经营，在理论上涉及"旅游管理"这一带概念。

从宏观上说，"旅游管理"包括旅游业的行业管理和旅游企业管理两个领域。

（1）旅游行业管理，是政府主管部门对行政区内旅游产业的综合管理，一般包括产业政策制定、产业发展规划、旅游企业经营行为规范、旅游促进与市场营销等，表现为对地方旅游产业发展过程中各项事物的决策、计划、组织、指挥、监督、协调。

（2）旅游企业管理，是相对微观的企业经营行为。根据旅游企业的种类，又可分解为具体的旅行社经营管理、旅游饭店经营管理、旅游交通经营管理、旅游商品开发与经营管理、旅游区经营管理等。与旅游开发对应的是旅游区的经营管理。

（二）旅游区经营管理

旅游区经营管理，是指对经旅游开发建设后形成的具有旅游产品生产能力的旅游区、点等进行的日常经营管理活动。这是旅游开发的最终落脚点。

在现实中，虽然有部分旅游区是公益性的，如城市的开放式公园、绿地，其主要目的是满足当地居民的休闲生活。但绝大多数旅游区则是在以企业的形式进行营利经营，对于这些旅游区来说，日常经营活动便成为其主要的管理内容之一。

按照国家有关标准的界定，"旅游区"是一个具有多种形式和功能的场所，观光、休闲、度假、娱乐、康体、运动、科普教育等都可能成为一个具体旅游区选择的功能。

对于绝大多数旅游区来说，其经营的对象则是"风景"，是一种无形的商品，它与一般的有形商品有很大的区别。一般的有形商品在经营过程中出售的是商品本身，从而使商品的所有权发生了转移——由经营者转移到了购买者或消费者手中。但是，旅游区在经营"风景"的过程中，并没有转让"风景"的所有权，购买者只是获得了特定时间内对"风景"的使用权——观赏权，最终得到的只是观赏后的"感受"。经营者仍可以在不同的时间甚至在相同的时间内向不同的人继续出售或转让"风景"的观赏权。这就使经营者对经营对象的经营活动具有了永续性，即可以长期地向消费者出售同一个商品。这也是造成经营管理是旅游开发的直接内容的重要因素，即把日常的经营管理作为开发活动的延续。

旅游区经营管理，一般包括六个方面的内容。

1. 旅游产品设计与生产

旅游开发、建设过程形成的是各种景物、设施与设备，从旅游产品的生产原理看，旅游产品的生产与消费是同步的或同时进行的，因此，旅游开发、建设过程只是使旅游区具备产品生产的能力，而产品生产则需要在游客进入旅游区之后才开始，这就需要旅游区的经营者在开发、建设所形成硬件设施的基础上，根据这些基础条件和旅游市场的需要特点进行旅游产品的设计与生产，包括游览过程与线路组织、动态的旅游节目设计与安排、导游解说服务、娱乐活动运营、商品销售、游客疏导等。

旅游产品设计与生产既包括了旅游区设施、设备的运行管理，也包含了游客管理的内容。

2. 旅游市场营销

旅游开发、建设之后具备了旅游产品的生产能力，市场营销是为了将旅游区推向市场，争取有更多的游客到访，以获得投资回报。

旅游区的市场营销一般包括媒体广告宣传、网络媒体推送、推介说明会、建立渠道与公共关系、客户管理、形象宣传与品牌管理等。

3. 旅游区环境管理

环境是社会发展的基础，是旅游区的命脉。对旅游区进行开发、经营以盈利，产生经济效益，这固然重要，但经济和社会发展与环境状况有着千丝万缕的联系，特别是旅游区本身作为人类旅游、休憩的活动场所，更要求环境的美化和优化。因此，旅游区的经营活动必须与环境的维护和培育管理相结合，绝不能为一时的或眼前的利益而忽视或破坏环境，也不能只讲经济效益而不讲环境效益。那种"先污染后治理"的观念已被实践证明是十分有害的。在日常经营过程中，当经济利益与环境效益发生矛盾时，要首先考虑环境效益，即实行环境效益优先的原则。

4. 景物、设施、设备的保护与维修管理

无论是自然景观，还是人造景物，还是其他的设施与设备，都存在着生命周期，而一些自然的或人为的因素又可以加快或延缓它们损坏、消失的过程。

景观资源是旅游区的主体，没有一定的景观、景物也就不存在旅游区。因此，为使旅游区能够长期存在下去，使景观、景物能够在更长的时间内为人类服务，必须在利用的过程中加强维修和保护管理，对已受到损坏的景观、景物要及时维修，对那些具有文物保护价值的景物还应该按照《文物保护法》的要求进行必要的保护，并严格按照《文物保护法》中关于文物开放的要求开展经营活动。

对于旅游的其他设施与设备，都要按照相关的使用、维护的法律、法规和技术要求，进行必要的管理维护，以延长使用寿命。

5. 旅游安全管理

安全，涉及人的生命，涉及人的财产，是任何活动都不可忽视的问题。旅游区的安全管理是旅游经营活动正常开展的基础，是旅游观光、游览活动正常进行的前提。

旅游区安全的含义和安全管理的内容一般应包括：

- 旅游区内所有景物、设施、设备和财产的安全；
- 旅游区环境与生态的安全；
- 游客的人身和财产的安全；
- 安全、可靠的游览设施与应急设备；
- 完善、缜密的安全管理规章制度；
- 反应敏捷、运行高效的安全管理体系。

6. 服务质量管理

任何产品或商品都要讲求质量。旅游区生产和出售的是一种以"风景"为特征的服务产品，自然也要讲求质量。

服务质量具有多重含义。就旅游区而言，其质量含义一般包括下列内容：

- 景物质量——美学特征；
- 环境容量与游览舒适度；
- 服务设施的配套、布局及对游客的方便程度；
- 服务人员的服务观念和服务态度；
- 服务人员的服务技术和服务技巧；
- 服务项目和服务内容；
- 收费的合理程度。

总之，旅游区的管理就是按照一定的目标、原则和标准，对上述六个方面进行有效的组织、运营，使其能够高效运转，满足游客和居民观光、休闲、娱乐、科普、体验等需求，同时，保障资源安全、环境提升。

旅游规划相关理论

　　旅游规划是一项在特定理论指导下的创意型、创新性的智力投入项目。由于旅游规划和旅游产业发展涉及许许多多的社会领域，旅游规划也就必然要依据许多相关学科的理论、技术和方法作为指导和借鉴，从某种意义上说，旅游规划理论是一个由多学科的相关理论构成的集群式的理论体系。旅游规划，依据这些学科的相关理论、技术和方法，来解决资源与开发条件评价、产业区域布局、产品空间配置、产业要素组合、旅游活动策划、旅游景观设计以及旅游产业发展战略、支持保障体系构建等战略性、原则性和技术性问题。可以说，旅游规划过程中的任何环节，都需要相关的理论、技术或方法予以指导和借鉴，特别是旅游规划的原则、旅游产业发展的战略选择等重大问题的确定，更需要在科学发展观的理念下，依靠正确、科学的理论指导，使旅游规划活动建立在科学的基础上。从旅游规划理论和学科的联系上说，涉及管理学、经济学、规划学、资源学、地理学、园林学、建筑学、景观学、工程学、历史学、民俗学、人类学、心理学、社会学等学科，这些学科和理论都在旅游规划和旅游产业发展的不同领域发挥着重要作用。其中特别重要的相关学科和理论，包括区域理论、可持续发展理论、产业融合理论、体验经济理论、城市规划理论、园林与景观设计理论等，这些理论成为旅游规划的关键性理论基础。

第一节　旅游规划与区域理论

　　旅游规划是在一定的空间区域中进行的，规划的内容也必须在一定的空间区域中落实。或者说，旅游规划实际上对特定空间区域中的旅游资源的开发、旅游产品生产和旅游产业要素的配置所进行的科学安排，因此，区域理论在旅游规划实践中具有重要的指导意义。

一、区域理论概述

一般认为,旅游规划是从区域规划理论中衍生出来的,因而,区域理论无疑对于旅游规划、区域旅游规划活动等有着重要的指导意义。

(一)区域

所谓区域,是指一定的地区范围或地域空间,即一定范围的土地或空间的扩展,从地理上说就是组成地域某一整体的一部分。

区域的划分或整合,要依据一定的特征或要素。例如,如果把全年气温按照一定的地区划分就可以把一个国家分成热带、亚热带、温带、寒带等地区。

按地貌划分,可把全国分为平原地区、丘陵地区、高原地区……

按范围划分,可分为全国的、地区的、地方的……

按经济联系可将全国划分为若干个经济区。

按旅游资源的空间组合特征和旅游业的内在联系性则可分为若干个旅游区域、旅游区。

也就是说,区域划分,必须依据一定的特征或要素,即以什么标准作为划分的依据,就划分出或形成什么样的区域体系,如按经济特征划分,就形成了经济区域体系;按气候特征划分,就形成了气候区域体系;按旅游特征划分,就形成了旅游区域体系……

同时,区域又是一个相对的概念,即区域的大小没有既定的空间尺度,如亚太地区,是从整个世界范围来看的;而从中国的范围来看,以行政管辖权限为标准来划分,每个省就是一个区域,按旅游资源组合特征划分,长江流域、黄河流域、环渤海、珠三角等都是相对独立的区域。所以,区域没有固定的大小,但它必须是一定的地理范围。

(二)区域经济

在区域理论中,经济区的划分是最主要的内容。经济区是具有全国意义的专业化的地域生产统一体,是在商品经济发展到一定阶段以后,在生产日益社会化、区域化的条件下,社会生产地域分工的表现形式。

经济区是一个由多种生产要素组成的地域生产统一体。它包括丰富的物质内容、有效的组织结构和运行机制,能够发挥出地域总体的整体实力和效益。

一个特定的经济区内的经济活动,就是区域经济,这是与部门经济相对应的一个经济范畴。

区域理论认为,一个经济区的区域经济结构应包含下列几方面的内容:

(1)区域专业化部门。即每一个经济区都应拥有自己的专业化生产部门,它是经济区的主体和主要特征。它是在当地有利的自然条件和经济基础上建立起来的,既是全国同类部门的商品生产基地,又是该地区经济发展的主体。

（2）为专业化部门服务的生产部门。其生产内容因专业化部门的不同而不同。

（3）为当地消费服务的具有自给性的生产部门。主要为当地居民生活消费服务的地方性生产部门，如都市农业。

（4）区域经济中心。经济区要有自己的经济中心，这个中心往往是由一个大的综合城市或一组城市所组成。它是全区经济发展的核心，它的发展对整个地区经济的发展有着深刻、关键的影响。

同时，经济区的划分是具有时代性的，因此也是动态的。如京津冀协同发展区、海峡西岸经济区等概念的提出和相关实施战略的确定，就是近几年根据全国社会经济发展的需要，由中央提出的新区域发展战略。

二、区域生产综合体理论

区域划分的目的，在于发挥区域的专业化、整体化效应，促进区域经济和社会的快速发展，由此，区域生产综合体理论便成为区域经济理论的核心内容之一。

区域生产综合体是一种社会化大生产的地域组织，是集中在大区域或独立经济区内生产力的总和。它由代表地区经济特点的专业化生产部门，与其协作配合的辅助性生产部门和只为地区服务的自给性生产部门所组成。专业化生产能充分利用当地发展生产的有利条件，广泛地参加全国的劳动地域分工，进而可以通过商品交换，互通有无，达到发挥地区经济优势的目的。

综合体内部各生产部门之间形成合理的经济结构，既有利于企业的专业化协作，又有利于对资源的综合利用和环境保护，从而使区域经济得到合理的组合，并保证社会大生产优越性的发挥。

一般来说，在社会化大生产的前提下，按区域生产综合体来规划、组织地区国民经济或进行区域性经济建设具有多方面的优越性：

（1）有利于地区和企业的生产专业化与协作发展，可以充分利用社会劳动力，提高社会劳动生产率。

（2）可以使资源的开发、原材料和中间产品的加工直到成品生产的全过程，在区域生产综合体内进行组合，减少中间产品过长距离的运输，缩短生产周期，调节社会劳动。

（3）对当地的资源可以进行区域性的多目标开发和综合利用，既可充分合理地利用当地的资源，又有利于区域污染的综合防治，从而通过地区经济的综合发展，把合理开发利用资源与环境保护结合起来。

（4）区域生产综合体内拥有多种生产部门，有利于安排不同年龄、性别、专业的劳动者就业，充分利用当地的劳动力资源。

（5）可以共同利用基础设施，减少投资，节约用地。各类生产部门对基础设施、水、电、交通线路等利用的时间和方向有所不同，在区域生产综合体内合理布置基础设施，可以减少重复建设，充分发挥基础设施的作用。

（6）在大规模经济建设时，以区域生产综合体为单位统一规划基本建设项目，有利于配套项目同步建设，尽快形成综合生产能力，提高基本建设的投资效果，迅速形成地区经济面貌。

（7）有利于在全区域内进行科技、经济、社会全面规划，建立一个三者协调发展的大系统。

按区域生产综合体的专业化方向、经济结构及其在全国劳动地域分工中所起的作用，可以进行不同类型的划分，如工农业生产综合体、科学技术教育生产综合体、旅游规划与服务综合体等。

三、区域理论在旅游规划中的应用

如前所述，按照地方经济结构和专业化方向，区域生产综合体可划分为不同的类型，这就使区域理论在不同的经济部门都有了用武之地。从旅游产业体系组织的角度看，旅游产业发展规划就是直接从区域理论中衍生出来的，而在一定的区域或旅游区中进行旅游资源配置，构建系统化的旅游产品体系和一体化的旅游产业体系，则更是区域理论在旅游业发展和旅游规划活动中的具体应用。

（一）区域理论在旅游规划过程中的指导作用

以区域或旅游区为单位来组织地方旅游产业体系，区域理论具有直接的指导意义，成为旅游规划最重要的基础理论之一。其理论指导意义主要体现在以下几个方面：

（1）旅游区域或旅游区范围的合理划定。区域是一个相对概念，可大可小，对于一个具体的旅游区域来说，到底应限定多大范围，要依据旅游规划基本要素的特点和旅游产业体系构建的总体要求来确定，即旅游资源的联系与分布、区域空间的大小与产品组合的可能性、旅游产业要素配置的科学性、一体化旅游管理体系构建的可行性等。

（2）确定区域旅游规划的主导方向，即在区域资源研究及与周边地区对比的基础上，根据市场发展的趋势，确定本区域旅游产业发展和旅游规划的主导方向，特别在资源配置和产品组织等关键性问题上，区域理论能够提供核心产品、产业组织方式、区域经济发展模式等确定的理论支持。

（3）确定和规划为旅游规划主体服务的生产和服务部门，以便形成以点代面的综合生产体系，合理利用和分配资源，发挥区域的整体优势。

（4）确定区域的旅游中心。一个地区的中心在哪里，许多情况下是历史上形成的，但在历史发展过程中往往会发生新的变化，如重心的转移、相对优势的变化、新机遇的来临等，都有可能改变传统的中心地位，或形成新的中心。在建立区域旅游规划体系的过程中，应注意确定、发挥中心的影响力和带动作用，由点带面，促进整个区域的综合发展。

（5）合理利用各种资源，对资源的开发利用进行区域性的统一规划和分配，并与资源保护结合起来，以收到开发与保护的双重效益。

（6）发挥区域协调机制的作用，对区域内与旅游规划相关的各种资源、机构、组织进行统一的协调、指挥和组织，减少中间环节和摩擦，调节社会劳动。

对于一个区域来说，旅游规划活动的组织关键在于有效组织和协调，合理规划中心与周边、专业与辅业之间的关系和相辅相成的作用。所以，区域旅游规划工作的主要任务是建立有效的组织和协调体系，对区域旅游规划活动进行合理规划和有效组织。

（二）区域旅游规划的组织

区域理论是区域旅游规划和区域旅游产业组织的理论基础。从区域的内容结构来说，它可以是一个行政区，也可以是一个由数个行政区、旅游功能区有机组合起来的、能够提供完整的和连续的旅游服务的综合性旅游目的地。而区域旅游规划的组织，就是以区域理论为指导，在区域内部按区域体系经济组织的要求，以旅游产品的组合和旅游产业体系的构建为目标，进行旅游资源的有机配置和各旅游功能区的有效协调。

区域的组织，主要受制于经济规律和其他市场因素。从旅游学的角度来说，区域内部各旅游功能区的空间作用主要有三个方面：一是互补增强作用；二是抑制替代作用；三是旅游中心区对周围地区的吸引力与其规模成正比，与其距离成反比。在这种情况下，进行区域旅游规划的组合就必须考虑这样一些情况：区域内的各旅游功能区之间能够产生怎样的相互作用；组合之后对于整体效应的发挥是否有利；组合的纽带是什么。

从上述三种情况出发，一般认为，区域内各旅游功能区要组合成一个区域旅游整体，应具备下列四个条件：

第一，区域内部各旅游功能区之间的空间相互作用是呈互补增强效应。

无论是从旅游学理论出发，还是对旅游规划实践经验的总结，都可以证明，近距离的、同质性的两个行政区、两个城市、两个旅游功能区之间，在空间上具有"同性相斥"、相互替代作用。这一特性还可以从对旅游者的心理分析上得到答案。旅游者外出旅游，特别是观光旅游的目的主要是欣赏美好的景物，获得精神享受，对景观资源有着新、奇、异的要求，因而在完成一次旅游活动的过程中，一般不会相继去两个景观特点相同或相近的旅游区。如果一个区域内有两个或两个以上的同质性的旅游功能区，必然只选择其一，而舍弃其他。相反，如果两个旅游地或旅游功能区之间的性质、景观特色、功能等差异性较大，则会增强吸引力，起到互补、互促的作用，形成一种产品组合、市场互动的关系，这就是旅游功能区之间的"异性相吸"或"异性相促"作用。

因此，在区域旅游规划及开发组织时，必须注意内部各行政区、各旅游功能区之间在空间上的互补的增强作用。特别是对于新旅游地、新旅游区的开发，更要注意新区与旧区之间的性质、特色、功能的对比，避免出现互争客源、相互干扰的消极作用。

第二，旅游功能区之间地理上相连、距离较近、交通方便。

地理上的联系性和距离的远近是区域旅游组合必须考虑的重要条件。一般来说，相邻的两个行政区或旅游地、旅游功能区之间，距离越近，其相促作用越大，反之则越小。

距离,既包括空间距离,也包括时间距离,这就与交通条件有关。有些地方,虽然空间距离不大,但由于交通设施、交通工具或其他方面的原因,相互往来的时间距离很长,也会影响到相互促进的效果。济南与泰山、泰山与曲阜之间的空间距离各在百里左右,之间有高铁、高速公路和国道连通,相互间交通车行时间都在一小时以内。三地共用一个空港——济南国际机场,更拉近了三地之间的距离和关系。

案例4-1:

"山水圣人旅游区"的跨行政区组合

山东省在进行区域性旅游产品开发与组织时,特别注重近距离内异质性旅游资源的配置与旅游产品的整合开发,其中最具有代表性的区域旅游规划案例就是"山水圣人旅游区(区域)"的整合开发。在这个跨行政区的区域中,有三个性质相异的资源区,即泰山、曲阜"三孔"、济南"名泉"。三个资源区所属行政区不同,资源各具特色:泰山以丰富的自然和文化遗产特别是雄伟的山体风光而著称;"三孔"(孔府、孔庙、孔林)以孔子和儒家文化为主要特色;济南则以"泉城"和"名泉"为标志。现三者均为国家5A级旅游区。"山""水""圣人"的有机组合,既凸显了各自的特色,又有效地进行跨行政区的资源与产品配置,三地相互带动、相互促进,成为山东省,乃至中国区域旅游规划的最佳绝配。

案例来源:根据山东省旅游业发展实践整理。

第三,组合之后的区域性旅游目的地要具有一定的规模。

区域旅游目的地规模的大小,既关系到内部资源的丰富度和数量,也关系到旅游产品的密集度和旅游容量,这都关系到旅游目的地的吸引力。一个孤零零独立的旅游功能区,空间小,形不成规模效应,产品组织、吸引力都受到局限,只有将一定数量的旅游功能区组合成具有较大规模的区域性旅游目的地,进行规模化经营、整体化促销,才能形成集约化的整体效应。

至于区域规模的大小、旅游功能区数量的多少,这要视具体情况而定,因地制宜,根据地理条件、资源配置、空间距离与交通条件,以及行政、行业管理的整体性等条件来确定,特别是必须考虑产品组合的要求。

另外,要注意的问题是,要求组合后的区域要具有一定的规模,但也不能片面求大,而不顾及区域内部的联系性、管理协调的可能性等关键性问题。区域范围过大,必将造成组合松散、区间联系疏远、吸引力不集中、内耗等现象,反倒适得其反,影响整体效益。

第四,各旅游功能区之间以行业协作为纽带,以管理协调为手段,以专门的旅游交通相联系。

区域性旅游目的地,作为一个跨越行政区的旅游综合体,其内部各旅游功能区之间

之所以可以组合，形成一个区域整体，其内在的原因就是建立在产品组合基础上的同业协作，以此为纽带，不同的旅游功能区之间，可以在超越行政管辖范围的基础上进行资源配置、线路连通，可以相互带动、相互补充，可以相互输送和疏散游客，从而以个体之身组合总体之效。这种跨区合作一般在两个层面上进行，一是政府间的合作，二是企业间的合作。政府间的合作主要体现在"宏观管理"，即协调层面，通过政府间、主管部门间的合作协议、互惠待遇、统一标准、连通线路等措施，达到跨行政区的同业合作；企业间的合作则是在政府合作、协调的基础上，通过产品组合与线路对接，实现产品生产的跨行政区运行，特别是市场的互动。两个层次的合作是相辅相成的，只有政府间的合作，必然是一种务虚的空中楼阁式的合作，没有实际的内容，落实不到产品生产、线路对接和市场互动的务实层面；只有企业间的合作，则必然缺乏管理上的保障和政策上的互惠条件。我们时时耳闻有各种各样的区域性旅游联合开发与合作，往往是合作宣言发表之日也就是合作结束之时，就是由于没有落实到企业间合作的技术层面所致。因此，两个层面的合作缺一不可。山东省的"水浒旅游线"（区域）自20世纪90年代以来，一直不停地内部竞争，甚至相互诋毁，就是因为缺乏政府间的区域性合作，缺乏在超越行政区层面上管理协调所致。虽然省里进行了统一规划，但规划内容的落地、产品开发的协调、产业组织的协同、旅游品牌的打造等一直未形成真正的一体化机制。

交通是区域内部各旅游功能区之间相互联系的必要手段，如果没有一定的交通设施和交通工具，就不能实现旅游者在旅游地、旅游区之间的移送过程，而旅游规划就是以吸引旅游者为直接目标的。旅游者的移送过程不能实现，也就谈不上旅游功能区之间的协作和联系，区域性旅游目的地也就不存在。

第二节　旅游规划与可持续发展理论[①]

可持续发展理论，是在20世纪末被社会、经济、文化等几乎所有领域广泛接受和采用的一种基础理论，在旅游规划和旅游产业发展领域，更被作为基本的指导方针和原则。

一、可持续发展理论的产生过程

可持续发展是一个历史范畴，是社会经济发展到一定阶段的产物，是人类社会发展模式的一次历史性转变。可持续发展是在生态环境危及人类的生存和发展，传统发展模式严重制约经济发展和社会进步，人类对环境保护的呼声日益高涨的背景下产生的。

工业革命以来，特别是第二次世界大战之后，随着人口数量的急剧膨胀，生产技术的进步和消费水平的提高，人类正在以前所未有的规模和强度影响和改变着环境，使全

---

① 王德刚，王蔚：《旅游资源学教程》，北京，清华大学出版社，北京交通大学出版社，2011，第16章。

球生态系统的持续性受到严重威胁，出现了资源加速枯竭、环境严重污染、物种锐减、气候异常、灾害频繁、生态危机等一系列全球性问题。特别是在人口、资源、环境与经济发展关系上，出现了许多尖锐的矛盾。这使人们认识到，经济发展不能独立于环境问题之外，目前的发展模式正破坏着经济发展所依赖的环境基础，环境退化正阻碍着经济的发展。因此，人们开始思索如何改变经济发展的模式来协调环境与经济的关系，保持社会经济的持续发展。

从20世纪50、60年代开始，世界各国学者先后提出了几种不同的代表性发展观，并对现实中日益严峻的环境形势表现出了强烈的忧患意识。其中，以美国海洋生物学家莱切尔·卡逊（Rachel Karson）于1962年发表的被称为"改变了世界历史进程"的《寂静的春天》（Silent Spring）最具影响力，其对可持续发展理论的诞生发挥了重要作用。学术界认为这是一个新的"生态学时代"的开始。从发展的角度看，这是人类发展思想的历史性转折，标志着可持续发展的思想萌芽已经诞生。卡逊从污染生态学的新视角，通过对污染物迁移、变化的描述，阐明了各种事物与人类之间的密切联系。卡逊关于在发展经济的同时，确保人类与生态环境建立和谐共存关系的思想，成为西方发展观的核心内容，也是当今可持续发展最本质的问题。虽然当时人们对发展的认识、理解仍处于模糊状态，可持续发展既没有确切而完整的定义，也没有系统而成熟的理论，但卡逊的思想对人类发展价值观的影响是毋庸置疑的。1972年，美国麻省理工学院管理学教授麦多斯（D. L. Meadows）接受"罗马俱乐部"的委托，组织一批科学家提出了一份关于世界发展趋势的研究报告，即《增长的极限》，指出人口增长、粮食供应、资本投资、环境污染和资源耗竭是影响经济增长的重要因素。书中提出的控制人口增长、减少环境污染的主张，促进了环境保护运动的开展，将环境问题和相关的社会经济问题提高到了全球性的高度，对于可持续发展的产生起到了重要的促进作用。

1972年，联合国第一次人类环境会议在瑞典首都斯德哥尔摩召开，标志着全人类对环境问题的觉醒。这次会议的成果主要体现在两个文件中，一是由巴巴拉·沃德（Barbara Ward）和雷内·杜博斯（Rene Dubos）撰写的非正式报告《只有一个地球》，二是大会通过的《联合国人类环境宣言》。此次会议还确定每年的6月5日为世界环境日。斯德哥尔摩人类环境会议第一次把环境问题摆在了各国政府面前，使人类对发展的认识有了质的变化，并逐渐付诸实际行动。但是这次会议并没有意识到环境污染的影响，甚至认为环境污染是发达国家的事情。所以，就全球而言，环境状况仍在恶化，更为严重的诸如全球气候变化、臭氧层破坏、生物多样丧失，以及水土流失、荒漠化等问题越演越烈。环境与发展协调的问题，在认识上和政策上没有从根本上得到解决。

直到20世纪80年代，随着社会信息一体化，形成了一个覆盖全球的信息网络，强化了人类的全球意识和发展意识，特别是对社会实践活动性质利害的两重化的全球共识，推动了人类的合作及对发展模式的大胆探索。1983年12月，联合国成立了世界环境与发展委员会，由前任挪威首相布伦特兰（G.H.Brundtland）夫人担任主席，由来自世界各国的在科学、教育、经济、社会以及政治方面具有重要影响的22位代表组成，其中14人来自发展中国家。该委员会经过在世界各地的广泛调查和与有关人士讨论，于1987年向联合国提交了一份题为《我们共同的未来》（Our Common Future）的研究报告。该报告以可持续发展思想为指导，对当前人类在经济发展和环境保护方面存在的问题进行了全面而系统的评价，提出了可持续发展的定义，并经联合国第42届大会通过，成为联合国及全世界在环境保护与经济发展方面具有指导性意义的纲领性文件。

可持续发展理论真正被世人接受，是在1992年在巴西里约热内卢召开的联合国环境与发展大会上。183个国家的代表团参加了这次会议，有102位国家元首、政府首脑以及联合国机构和国际组织的代表出席。这次会议是1972年联合国人类环境会议之后举行的讨论世界环境与发展问题的最高级别的一次国际会议。会议在更高层次上和更大范围内提出可持续发展理论，最后通过了《里约宣言》《21世纪议程》《关于森林问题的原则声明》《气候变化框架公约》和《生物多样性公约》5个文件。其中，《21世纪议程》规定了在全球实施可持续发展战略的行动纲领。至此，可持续发展已成为许多国家制定政策的指导思想和战略选择。

二、可持续发展的概念及内涵

由于所处的角度不同，对可持续发展有不同的定义。最初的可持续发展是基于生态学的角度的，着重从自然属性定义可持续发展，强调要保护和加强环境系统的生产和更新能力。后来，又出现了从社会学、经济学和伦理学角度定义的可持续发展概念。尽管对可持续发展的理解至今仍众说纷纭，但真正得到国际社会普遍认可的可持续发展定义是布伦特兰夫人在《我们共同的未来》中提出的，并在1992年里约热内卢联合国环境与发展大会上得到公认的定义，即"既满足当代人的需要，又不损害后代人满足其需要能力的发展"。

可持续发展的内涵主要体现在以下几个方面：

（一）公平性

可持续发展特别强调公平性。这种"公平性"包括三方面的内容：一是代内公平，即当代人之间的公平，尤其是发展中国家与发达国家之间的公平。可持续发展应满足全体人民的基本需求并给予机会以满足他们要求较好生活的愿望。而当今世界贫富差异悬殊，特别是占世界1/5的人还处于贫困状态，不利于实现全球的可持续发展。因此，要给世界以公平分配权和同等发展权，把消灭贫困作为可持续发展战略的首要任务。二是代际公平，即世代人之间的公平，是当代人与子孙后代在资源利用上的公平。自然资源是有限的，当代人不能只为了自己的发展与需求而损害了子孙后代满足其需求的自然资源和环境，要给后代以公平利用自然资源的权利。三是公平分配，即对地球有限资源的合理分配。遏制发达国家对资源的过多占有和过度浪费，调整不合理的经济秩序，使全球有限资源得到公平合理利用，特别要使发展中国家获得利用所需资源取得自身经济增长的机会。

公平性是可持续发展观与传统发展观的根本区别之一。传统发展观没有或很少考虑后代人的利益，当代人在资源开发和利用方面处于一种无竞争的垄断地位；而可持续发展要求当代人在考虑自己的需求与消费的同时，也要对后代人的需求与消费负起责任。各代人之间的公平性要求任何一代都不能处于支配地位，即各代人都应有同样多的选择发展的机会。

（二）可持续性

可持续性强调资源开发与社会经济发展应在生态系统的承载能力之内，保持生命支持系统和生物多样性。人类经济社会的发展以自然资源为基础，因此，可持续性实际也是指自然、经济和社会复合系统发展的可持续性，这种可持续性不仅指复合系统的持续发展，而且包含复合系统不断向更高层次的演替，不断满足人们更高水平的需求。可持续发展的核心是人类的经济活动与社会发展不能超出自然资源和生态环境的承载能力，即人类的生产与生活活动对可再生资源的利用不能超过其更新能力，对不可再生资源的开采量不能超过发现量和替代资源及替代水平，向环境排放的废弃物不能超过环境容量。可持续性是对发展的一种积极的限制，要求人们在遵循自然规律的前提下发展，在生态允许的范围内确定自己的生产方式和消费方式，走集约化经济增长之路，处理好经济发展与资源环境的关系，实现经济、社会和生态三个系统的可持续发展。

（三）共同性

共同性指人类应有共同的认识、共同的责任感，为实现可持续发展而共同努力。鉴于世界各国国情不同，可持续发展的具体目标、政策和实施步骤不可能是统一的。但是，可持续发展作为全球发展的总目标，所体现的公平性和持续性原则是共同的，并且实现这一总目标必须采取全球共同的联合行动。布伦特兰在《我们共同的未来》中表达了这样的愿望：今天我们最紧迫的任务就是进一步发展共同认识、树立共同的责任感；人们必须认识到，人类居住在同一个地球上，由于人口的急剧增长和科学技术的迅速提高，地球已经变得越来越小，地球的脆弱性也显得越来越突出，这就要求人们增强自己的责任感，更加珍惜和爱护人类共同的家园，为保护地球，实现人类的永续繁荣而共同努力。世界各国应各自承担起实施可持续发展的义务，为实现人类共同的可持续发展目标，做出各自的贡献，这就是可持续发展共同性的要求和体现。

总之，布氏定义从社会观角度，主张公平分配，以满足当代和后代全体人民的基本需求；从经济观角度，主张建立在保护地球自然系统基础上的持续经济增长模式；从生态环境观角度，主张人与大自然的和谐相处和不可再生资源的永续利用。这些观念深化了可持续发展的定义，是对传统发展模式的挑战，并为人类寻求新的发展观奠定了理论基础。

三、旅游可持续发展的概念及内涵

当前,可持续发展理论在旅游规划和旅游产业发展中,已经成为一种最基本的指导方针和原则,是各个国家和地方政府制定旅游产业政策,旅游企业进行旅游规划活动的根本性理论基础。

可持续发展理论在旅游发展实践中的应用,直接产生了"可持续旅游"的概念,"可持续旅游"也是可持续发展理论在旅游产业发展实践中具体体现。

(一)旅游可持续发展的概念

旅游可持续发展这一概念源于可持续发展,是可持续发展思想在旅游业发展中的具体运用,是可持续发展战略的重要组成部分,是人们对旅游发展和环境效益不断探索的产物。旅游业的发展对人类和自然遗产的依赖,对生态系统稳定性和持续性的影响,以及旅游规划过程本身所涉及的界面之广泛和复杂程度等,都充分说明旅游业必须走可持续发展的道路。此外,随着旅游业的急剧膨胀和繁荣,旅游的消极影响也日益显现,对旅游资源的掠夺式开发、对旅游环境的污染以及对旅游氛围的破坏损害了旅游业赖以生存的环境基础,并威胁着旅游的可持续发展。旅游可持续发展的思想就是在这样的大背景下产生的,因此,从某种意义上讲,旅游可持续发展是由可持续发展派生出来的。

目前,关于旅游可持续发展的概念尚无统一的表述,它的概念及内涵因所处角度的不同而有不同的界定。参照关于可持续发展的布氏定义,结合旅游的特点,在现有研究成果的前提下并考虑与国际上的理论相衔接,可将"旅游可持续发展"定义为:满足当代人的旅游需求,又不损害子孙后代满足其旅游需求能力的旅游发展模式。

(二)旅游可持续发展的内涵

旅游可持续发展是可持续发展理论在旅游业中的具体体现,与可持续发展具有本质上的一致性,概括起来主要有以下三个方面的内涵:

(1)公平性。强调本代人之间的公平、代际间的公平,以及公平分配有限的旅游资源,特别是公平分配不可再生的旅游资源,主要是指满足人们旅游需求的公平机会,在未找到替代性资源以前尽可能地延长旅游资源的生命周期,避免不可再生旅游资源过早枯竭。旅游需求的满足不能以旅游环境的恶化为代价,当代人不能为满足自己的旅游需求而损害后代公平利用旅游资源的能力。

(2)可持续性。强调旅游资源的开发与旅游业的发展应在生态系统的承载能力之内,保持生命支持系统和生物的多样性,保证可再生资源的永续利用,同时尽量减少对不可再生资源的消耗。因为旅游业的发展对不可再生旅游资源的消耗是绝对的,而且随着旅游规划利用程度的增加其生命周期呈缩短趋势。为了后代也能享有利用这些旅游资源的机会,必须对旅游业的发展提出速度和规模上的限定,这正是可持续发展与以往任何发展思想最明显的区别所在,反对为满足本代人需求和为谋取短期利益而掠夺式地开发旅游资源，保证旅游资源的可持续性。

（3）共同性。由于各国历史、文化和社会经济发展水平的不同，旅游可持续发展的具体目标、政策措施和实施步骤也不可能是相同的，但是，可持续发展作为全球发展的总目标，它所体现的公平性和持续性原则是共同的，并且实施这一总目标必须采取全球共同的联合行动，既要尊重各国的特色与利益，又要在保护全球环境与发展体系方面采取国际统一行动，谋求发展共同的认识和承担共同的责任，反对狭隘的政治观、区域发展观和民族观，它所体现的是全人类的共同利益和发展需求，要求人们在有效合作机制的基础上团结一致、相互尊重和积极参与。

综上所述，可以清楚地看到，旅游可持续发展是指整个旅游系统的持续良性运行，而且包括旅游资源经济效益的持续发展，它是在当今旅游业迅猛发展并带来生态和环境质量的破坏以及对经济社会产生冲击的背景下，旅游发展的必然趋势。旅游可持续发展要求旅游业内部各部门及员工的共同参与，同时也需要各相关部门的积极配合，最终实现旅游业发展的经济效益、社会效益和生态效益的统一。因此，旅游可持续发展是一个动态的发展变化过程，在理解旅游可持续发展的概念和内涵时应持有动态的观点；另外，旅游可持续发展是一种多层次的、多元化的发展目标或发展哲学，它的实现要依赖某些具体的方法、途径和措施，这些都是一个新的世界前沿课题，需要不断的探索与研究。

四、可持续发展理论在旅游规划过程中的应用

可持续发展理论应用于旅游规划实践中，就是要对旅游资源进行有规律地、可持续地开发利用，从而实现旅游环境的生态平衡及旅游资源、环境的代际平衡。

以可持续发展理论指导旅游规划实践，具体体现在以下几个方面：

（一）积极保护

可持续发展理论特别注重资源、环境保护的重要性，但保护并不是目的，而是利用，是能够被"公平性"地利用，这才是保护的真正目的。实际上，也就是要倡导"积极保护"的理念，即在开发利用中保护、以开发利用促保护、以开发利用反哺保护。

在世界旅游组织文件《关于旅游业的 21 世纪议程》中也明确指出：相关组织和机构必须为野生动物、自然区域、建筑物遗产和文化遗产等"创造经济价值，否则，这些资源的保护将被视为没有财政上的价值"。[①] 这就是倡导要把各种遗产（包括自然的、人文的）作为一种经济资源来开发和利用，让其在现实的经济发展与文化建设中发挥作用，为人类发展服务。实际上，国际上一些专门的保护组织和相关的保护性文件也都主张在利用中保护。如联合国教育、科学及文化组织大会第 19 届会议（1976 年 11 月 26 日在内罗毕召开）通过的《关于历史地区的保护及其当代作用的建议》指出："历史和建

---

① 世界旅游理事会，世界旅游组织，地球理事会：关于旅游业的 21 世纪议程，载《旅游学刊》，1998（2）。

筑地区"——包括考古和古生物遗址的任何建筑群、结构和空旷地,可划分为史前遗址、历史城镇、老城区、老村庄、老村落以及相似的古迹群等,作为一种不可再生的文化遗产,国家和地方政府应该"采取法律、技术、经济和社会措施,保护历史地区及其周围环境,并使之适应于现代生活的需要"。① 这一文件也明确了一种的理念,即各种遗产、资源的保护要与现代社会发展和社会生活的客观要求相吻合——"适应于现代生活的需要",而"现代生活的需要"实际主要体现在两个方面:一是精神文明与文化建设需要;二是物质文明与经济建设需要。

因此,"积极保护"实际上就是在开发利用中保护,为各种遗产、资源、环境的保护与开发利用找到一条最佳结合的途径。"积极保护"是一个保护与开发"双赢"的概念,它并不是单方面地推崇开发和利用,而是强调在"保护"的前提下进行有效利用。与以往不同的是,过去我们所谓的"利用",实际上大多数情况下只是在很狭窄的领域里利用,如对遗产类的历史文化资源的利用,实际上只是局限在"研究领域",而且这种研究价值在某些领域又被提升为"社会效益",但实际上却是在一个极其狭窄的领域被一些专业研究者们"特权消费",并且极力排斥历史文化遗产的社会化利用,不仅没有产生应有的经济效益,真正的社会效益也并没有得到有效发挥。因此,"积极保护"的理念强调真正的、具有公共性质的社会效益,强调"经济效益"也应该是各种自然、历史遗产价值实现的重要领域,即自然、历史遗产的"社会价值"(真正的公共性社会效益)与"经济价值"同等重要。

"积极保护"理念,还强调开发和利用不但是为了获得经济效益,而且要保护建立"反哺"机制,即以开发利用的收益来为保护创造财政和物质条件。"消极保护"完全依靠政府财政的支持,形成了"有钱就保护、没钱就不保护、什么时候有钱就什么时候保护,钱多就多保护、钱少就少保护"的现象,使很多文化遗产和自然资源在这种消极保护观念的影响下,自然地损毁或被人为损坏。

因此,追求自然、历史遗产的社会、经济"双重价值"是"积极保护"的核心理念。

(二)有限开发

对资源的开发利用,要强调开发利用的合理性和科学性,要在"公平性"原则的指导下,把"代际平等"理念贯穿到旅游规划的过程中,即"有限开发"——有限度、分步骤地利用各种资源和遗产,以为后人留取资源利用的可能性和空间。这是因为:一方面,后代人与我们同样拥有利用和使用资源的平等权利,当代人没有权利对资源进行掠夺式、一网打尽式的开发和利用,即当代人不能不讲道德地剥夺后代人利用资源的权利;另一方面,由于受保护、开发的技术与手段、经济基础等条件的制约,我们今天开发、

---

① 《关于历史地区的保护及其当代作用的建议》,联合国教育、科学及文化组织大会第19届会议于1976年11月26日在内罗毕通过。

利用各种资源和遗产的绩效也将被局限在一定程度，无限制地开发和使用不可再生的资源和遗产实际上是资源的浪费。

在旅游规划过程中，坚持"有限开发"的原则，具体要做到：

（1）通过合理的、有余地的规划，有限度地利用资源，有余地地规划开发空间，为未来的开发留有充分的余地——预留发展空间和资源，给子孙后代留取利用资源的可能性。

（2）为各种自然现象、生态系统等非人类物种或利益相关者留下不受人类干扰的自然生存空间，特别是那些以保护为主的自然保护区，在核心区、绝对保护区等相关区域，应在遵循"自然法则"的原则下，坚持以保护生态环境为主，禁止一切开发行为。

（3）有计划、分步骤地开发和利用资源，对可用资源的开发步骤要合理排序，科学安排开发计划，使开发工作建立在科学规划的基础上。

（三）环境友好

早在10年前，中国已经提出了建设"环境友好型社会"的建议。在《中共中央关于制定"十一五"规划的建议》中，明确提出，"我国土地、淡水、能源、矿产资源和环境状况对经济发展已构成严重制约。要把节约资源作为基本国策，发展循环经济，保护生态环境，加快建设资源节约型、环境友好型社会，促进经济发展与人口、资源、环境相协调。推进国民经济和社会信息化，切实走新型工业化道路，坚持节约发展、清洁发展、安全发展，实现可持续发展。"这是我国国家决策层首次在重要文件中明确提出"环境友好"的概念，这也是可持续发展理论在我国的深化和发展。

"环境友好型社会"，就是全社会都采取有利于环境保护的生产方式、生活方式、消费方式，建立人与环境良性互动的关系。反过来，良好的环境也会促进生产、改善生活，实现人与自然和谐。建设环境友好型社会，就是要以环境承载力为基础，以遵循自然规律为准则，以绿色科技为动力，倡导环境文化和生态文明，构建经济社会环境协调发展的社会体系，实现可持续发展。

以可持续发展理论为指导，在旅游规划过程中，特别是在旅游规划活动的技术层面贯彻"环境友好"的思想与理念，主要体现在三个方面：

（1）建立以循环经济为重要特征的旅游经济发展模式。循环经济是环境友好型经济发展模式的具体体现。按照"减量化、再利用、资源化"的原则，在旅游规划的过程中实行清洁建设和生产，资源开发、设施建设过程中进行生态化设计与改造，努力实现废物的循环利用，实行环境标识、环境认证和绿色采购制度，完善再生资源回收利用体系等。

（2）积极倡导环境友好的消费方式。旅游业并不是绝对的"绿色产业"，它的生产过程和消费过程同样也会产生一定量的"三废"或其他影响环境的现象。在旅游区、旅游场所和其他的旅游设施，要通过专门的设计，引导游客的适度消费、公平消费和绿色消费的行为。通过环境友好的产品设计与环境友好的消费选择的互动，来促进环境友好型旅游产业体系的形成。

（3）大力发展和应用环境友好的旅游规划与建设技术。立足于人与自然的和谐，发展和应用环境友好的科学技术，形成资源消耗少、资源和能源利用效率高、废弃物排放少的生产和消费体系，使人类对自然的开发和利用能够控制在生态环境可自我更新的范围之内。

五、实现旅游可持续发展的保障措施

坚持可持续发展战略，必须在旅游规划的各个环节上充分贯彻可持续发展的思想，政府要提供有利于旅游可持续发展的政策、制度及体制保障，旅游经营管理部门在开发中，要依据国家的政策制定具体的管理措施，而作为旅游规划后的服务对象，也是旅游产品的体验者和消费者——游客，也应不断提高环境保护意识，在旅游实践中主动保护环境。

因此，旅游可持续发展的实现，必须有一定的措施予以保障：

（一）加强旅游资源开发与保护的理论研究

旅游规划的研究成果，既是旅游规划的理论依据，又为旅游资源和旅游环境保护与管理提供了理论指导。

首先，要从旅游环境保护方法论（确定旅游环境质量的指标体系、旅游区环境质量评价方法以及旅游区环境设计的原则与方法）、资源与环境保护工程（从美学和旅游心理学角度研究景区或景点建设的工程技术方法）等方面，对旅游资源保护理论展开多角度、多层面的研究，为旅游资源的保护提供技术指导，并为进一步编制科学合理的旅游规划及立法管理提供理论依据。

其次，还要注重旅游资源效益价值评估体系的研究，完善评价指标体系和评价方法，为旅游资源开发提供科学依据。旅游资源的效益价值主要指经济、社会、环境三大效益的综合。这三项效益的评估是衡量一个地区旅游资源是否具有可开发性的重要指标，缺一不可。经济效益的评估侧重评价旅游资源的开发将给景区和附近地区带来多少直接和间接的经济效益，对当地经济发展会产生什么影响；社会效益的评估重在反映资源开发的社会文化意义和影响；环境效益的评估集中反映资源的开发是否会造成资源的破坏和对环境的影响，以及如何针对负面影响采取对策。

（二）加强法制建设，合理开发利用旅游资源的同时，依法保护旅游环境

为避免旅游规划中的不可持续性行为，依法管理是一个主要手段。

首先，制定关于旅游资源开发与保护的法律或法规。现有的《中华人民共和国环境保护法》《中华人民共和国森林法》《中华人民共和国文物保护法》《自然保护区条例》《风景名胜区条例》等法律法规已经为旅游资源和环境的保护提供了法律依据。但针对旅游规划的法律、法规还很不健全。《中华人民共和国旅游法》虽然已经颁布实施，但

没有针对旅游资源保护提出专门的法律条文，专门性的旅游资源保护法律、法规尚未出台。目前还只能借助相关的法律法规来对旅游资源进行保护。制定专门的旅游资源保护法已经刻不容缓。

法律法规制定后，需要采取严格的措施，加大执法力度，对旅游者、旅游经营者和旅游管理者的行为进行有效的规范。同时在执行过程中，必须充分考虑系列法规在地区的适用性问题。

（三）制度创新

从现阶段来看，要促成旅游规划的可持续发展，实现旅游业的产业化、市场化和管理现代化，必须从制度创新入手，实现旅游要素各个方面的创新发展，其中包括投资机制、管理机制、激励机制等多方面的系统创新。

要形成多方投资的制度。出台一系列鼓励旅游投资的税收和财政政策，并以市场为基础，积极引导旅游投融资主体多元化、领域多元化、方式多样化。

在管理机制方面，必须明确旅游资源的产权，确定国家、地方政府、景区所在地居民的权利义务，加强政府对旅游市场的宏观管理调控能力，建立符合市场经济体制的新机制，促进旅游资源的合理开发利用和保护；将以往垂直式的领导方式转变为多个部门的协同参与管理方式，尽可能地让当地居民参与决策的制定，逐步改善当地居民与管理者之间的关系，并成立专门的领导小组对保护、开发工作的展开进行协调和监督；强化领导干部目标责任制，使旅游资源的保护和开发工作真正落到实处，做到权责明确，责无旁贷。

建立均衡发展的激励机制。政府出台一系列优惠政策：资金上的扶持、贷款上的倾斜、权属上落实和税收上的优惠。除了以上优惠政策之外还应建立生态效益补偿制度，合理调节生态公益经营者与社会受益者之间的利益关系，增强全社会的环境意识和责任感。此种补偿包括：向旅游资源保护的受益单位和个人，按收入的一定比例征收资源治理的补偿金；使用治理好的资源地的单位和个人必须缴纳补偿金；破坏旅游资源及生态者不仅要支付罚款和负责恢复生态，还要缴纳补偿金。收取的补偿金必须用于旅游资源的开发与保护工程建设，不得挪用，以保证正常建设持续、快速、健康地发展。

（四）科学规划

科学合理的规划是旅游规划的第一步，不经规划的开发必然是盲目的、低效的。合理的规划就是在一定的地区范围内平衡旅游资源与发展，实现不同地区间和景区间甚至不同景点间的资源互补。规划应自上而下进行，再由下而上，倾听基层意见，综合平衡。在开发规划中运用系统观点，从全局出发，整体规划，突出地区特色和优势，充分重视开发旅游资源所产生的连锁效应，最大限度地估计后果的严重性。另外，还要周密规划旅游地的基础配套设施，建设争取一步到位。

(五)加强旅游资源的全方位管理

加强保护是旅游资源持续利用的保证。

首先,旅游景区应根据国家和地方政府制定的有关旅游资源和环境保护的法律法规,针对不同类型的旅游资源,制定出保护和管理的具体措施。从而加强对世界自然和文化遗产、风景名胜区、历史文化名城及森林公园等方面的法律性、政策性和技术性保护与管理。

其次,要根据具体景区的资源和环境特点,慎重确定旅游活动项目。对于那些会导致景区内水体、空气污染的旅游活动项目,要采取严格措施加以限制;要严禁杀鸡取卵式的短期行为,不允许任何破坏性、掠夺性的旅游规划行为得以实施;对于那些以保护珍稀野生动植物为目的而设置的自然保护区,要限制旅游活动的空间范围,在专家的协助下,科学规划"核心区""缓冲区"和"实验区",将旅游活动尽可能控制在实验区内,适度向缓冲区伸展。

再次,针对假日旅游和旅游旺季人满为患的状况,要采取有效措施对游客进行疏导、分流或限制。游客管理技术的核心是引导工作。在具体的旅游地根据景区的内部功能,既要让游客进入到景点的精华区,又要有可行的游客疏散措施和游客分流办法,通过合理的调控措施将参观活动集中或分散在某些区域,旅游活动带来的巨大压力就可限制在一些旅游环境容量较大的区域,从而对环境脆弱的区域实行严格的保护。

案例 4-2:

美国雷姆(Rim)村克雷特(Crater)湖国家公园

根据可持续发展要求对不理想开发的调整

原状:

有 30 多个独立的建筑建于湖岸;

每天有 1000~1500 辆机动车通过雷姆村;

造成村落内交通拥挤,行人受到景观、行车的影响;

空气污染(主要是汽车尾气)、噪声对生活环境造成极大影响。

调整方案:

经过将可选择的计划提交公众讨论一致认为:雷姆村应将重点放在过夜住宿设施和一日游活动设施上,以恢复当地自然、休闲和以步行街为主的环境。

新方案对社会和自然环境的影响:

湖区的生态系统:减少废水、汽车和扫雪机的污染物进入湖区生态系统的数量将有助于加强对湖区生态环境的保护。

自然环境:将开发区域由 32 英亩减少到 12 英亩,使 20 英亩土地恢复到自然

> 状态，用于设施建设的用地集中在指定的区域，通过减少6000英尺的道路和取消零散车位改为集中停车场，使空气质量得到改善。
> 　　文化环境：对历史建筑的修复、使用对保护历史建筑起到长远作用。
> 　　社会经济环境：经过调整后，全年的无季节性经营和扩大的住宿接待容量可增加就业、提高收入和增加对当地产品的购买，从而对区域经济起到积极作用。
> 　　案例来源：世界旅游组织：《旅游业可持续发展——地方旅游规划指南》，北京，旅游教育出版社，1997，第89页。本文对内容略有改动。

（六）加强游客教育，提高旅游者的环境保护意识

意识引导行为，而游客是旅游的主体，所以游客的环境意识对于旅游资源的保护与开发具有重要的意义。根据可持续性发展思想，旅游资源开发利用的实质应是人类利用前代人留下的环境，并在保护这种环境的前提下，为后代人创造更加优美环境的行为。这是一个涉及全社会以及后代人利益的大事。因此，要充分利用宣传媒介和旅游告知，或通过独特的环境，对游客进行多种形式的、引导性的环保教育，让人们了解并深化对环境问题的认识，强化大众保护环境的责任感和紧迫感，增强保护环境的自觉性、主动性和积极性，形成全社会保护环境的风尚，使游客自觉地投入到旅游资源保护的行列中。

对旅游者进行环境、生态教育的途径包括：

• 日常教育：通过日常的学校教育、社区教育等形式向人们宣传环境保护、生态旅游相关知识。

• 旅游手册：通过专业的旅游指南、导游图、游客手册等专门性旅游工具提供相关信息。

• 展览和展示：通过专业展览、景区主题展示等形式提供相关信息。

• 旅游告知：通过导游告知、游客中心告知、景区进入告知等形式提示游客保护意识和注意事项。

• 非正式接触：管理人员在工作过程中通过与游客的接触、监督等形式，提供相关保护信息、提示保护行为等。

由于旅游者自身的素质、文化背景等各不相同，需要向旅游者提供的相关信息内容包括：

• 文化信息：包括旅游地的传统文化、习俗、礼貌礼节规范、生活行为规范、宗教禁忌与行为规范、商业惯例及其他社会习俗和价值观等。

• 环境保护信息：包括当地有关环境保护的法律法规、自然与生态资源的种类与特殊性等。

（七）加强旅游企业教育，提高旅游企业对环境保护的责任感

旅游企业在自身的开发和经营行为、游客管理两个方面肩负着重要的环境保护责任和义务，因此，提高旅游企业的环境保护意识，加强其环境保护的责任感对于提高环境保护的绩效、实现旅游地的可持续发展有重要意义。

通过法律、法规、行业标准和管理监督，树立旅游企业的环境保护责任感和义务感，将环境保护与可持续发展的原则变成主动与被动相结合的企业行为。例如，目前关于"绿色饭店"的经营在许多国家和地区正在逐步由"提倡"走向"强制"。

旅游企业的环境保护意识体现在游客管理和经营自律两个领域。

案例4-3：

美国旅行代理商协会（ASTA）关于生态旅游的十条戒律

无论是商务旅游还是休闲旅游：

1. 尊重地球的脆弱性。要注意到只有所有的人都愿意帮助保护地球，独特而美丽的目的地才能被后代享有。

2. 只留下脚印，只带走照片。不要折断树枝，不要乱扔杂物，不要从历史遗迹和自然保护区获取纪念品。

3. 使你的旅行更有意义，了解你参观的地方的地理、习俗、礼仪和文化。花时间倾听人们谈论的东西，鼓励当地居民参加保护环境活动。

4. 尊重别人的隐私和自尊，要征得别人的同意再拍照。

5. 不要买用濒危动植物制成的产品。如象牙、龟甲、动物皮毛等。阅读美国海关不能进口物品清单——《行前须知》。

6. 沿划定的路线走。不打扰动物，不侵犯其自然栖息地，不破坏植物。

7. 了解和支持为保护环境而努力的保护计划和组织。

8. 只要可能，就步行或使用对环境无害的交通工具。鼓励公共交通司机在停车时关闭发动机。

9. 支持那些致力于节约能源和环境保护的企业（饭店、航空公司、度假区、游船、旅行商和供给商）及行为，包括改善水和空气的质量；再利用废物，对有害材料的安全管理，消除噪声，鼓励社会参与以及使用致力于环保且有丰富经验的训练有素的员工的企业。

10. 询问美国旅行商协会的会员，以找出那些署名赞同美国旅行商协会关于航空、陆地和水上旅游的环境指南的组织。美国旅行商协会建议这些组织采用自己的环境规范来约束在特殊景点和生态系统的行为。

案例来源：美国旅行商协会（American Society of Travel Agents）。

游客管理，是旅游企业的责任。为提高游客的环境保护意识，旅游目的地企业有责任向游客提供一份与环境保护有关的清单，内容包括：

- 告诉游客可以看和做的事情，以便于他们根据自己的兴趣安排行程计划；
- 提供有效的旅游地图和标识系统，引导游客在旅游地的行动和抵达另一旅游目的地；
- 简明、有趣地向游客介绍正在参观的内容；
- 向游客告知当地有关文化信息和游览须知，特别是文化禁忌、自然资源保护的有关法律和旅游区的特殊规定，并在陪同的过程中随机提醒；
- 让游客了解自己参与环境保护的意义；
- 向游客提供回访的理由（介绍旅游地的季节性特征，如候鸟的回归、收获季节、节日等）。

树立环境保护意识，自觉参与环境保护，洁身自律，更是旅游企业的义务。

案例 4-4：

负有环境保护责任的狩猎旅行：旅行商指南（节选）

在行前的有关信息和宣传手册中阐明你对环保负有的责任和义务。

在行前和旅行中，一切活动应以对环境和文化的保护为前提，要与所有狩猎旅游野生生物保护区的护林员会面。

引导人们正确对待商店中出售的濒危物种制成的商品，解释为什么在行前须知中没有提到它们。鼓励在旅行过程中赞助那些出售本地商品从而促进当地经济发展的企业，解释哪些时候适合或不适合讨价还价。

致力于支持保护区的文化或考古保护项目，鼓励客户向保护区、野生生物中心或非营利性项目捐资赞助；从事一个特别项目，发起集资活动以捐赠特殊设备或满足其他需求，让野生生物保护组织成为旅游业的一员，从而使之受益；给客户提供机会让他们亲眼看看他们支持的项目取得的结果。

向游客充分说明，从而最大限度地减少任何消极影响（如不要穿颜色明亮、图案杂乱的外衣，不要使用香水，不要大声喧哗，不要开汽车围堵动物，不要在路中央停留等）；要在来访者中心停留，向游客提供保护区有关法规，并解释其重要性。

确保当地批发商培训司机和导游，在观看动物或风景时要求司机关闭发动机以减少噪声和废气污染。

在公务拜访、商业展览时向旅行批发商、代理商等阐明对保护环境所承担的义务，等等。

案例来源：世界旅游组织：《旅游业可持续发展——地方旅游规划指南》，北京，旅游教育出版社，1997，114 页。

总之，在旅游规划中坚持和贯彻可持续发展理论，是人类生存和社会发展的必然要求，可持续发展旅游作为现代社会旅游产业发展的一种模式选择，最终将通过科学、有序的开发活动，达到产品与需求和谐、建筑与环境和谐、人与自然和谐的最高旅游境界。

第三节　旅游规划与产业融合理论

产业融合是指不同产业或同一产业内的不同行业相互渗透、相互交叉，最终融为一体、形成新的产业业态的动态发展过程。当前，产业的界限逐渐变得模糊，随着产业之间边界被突破，某种程度融合的实现，传统产业焕发出了新的活力。旅游业与农业、旅游业与工业、旅游业与第三产业内部其他各产业的结合发展等，已经成为现代旅游业的新型发展模式。这种新型产业业态关联度较大，其开发经营可以带动基础设施建设、交通运输、商品贸易等其他相关产业的发展，提高原有产业的附加值，增加就业机会，积极推动二、三产业的发展，有效地促进地方产业结构的调整和升级。

在中国旅游产业发展实践中，以旅游业为主导融合其他相关产业形成以旅游服务为主体的新业态和新产业组织方式的产业融合发展模式，被概括为"旅游+"模式。

一、产业融合的含义

学术界对产业融合的讨论，最早是源于数字技术的出现而导致的产业之间的交叉。早在1978年，麻省理工学院媒体实验室的尼古路庞特（Negrouponte）用三个重叠的圆圈来描述计算、印刷和广播三者的技术边界，认为三个圆圈的交叉处将成为成长最快、创新最多的领域。之后，产业融合问题越来越引起人们的广泛重视，并由数字、通信和广播电视领域逐步扩展到整个社会经济领域。

一般认为：技术革新和放松管制是产业融合的主要原因。

技术革新是产业融合的内在原因。技术革新开发出了替代性或关联性的技术、工艺和产品，并通过渗透、扩散融合到其他产业之中，改变了原有产业产品的消费特征；技术革新由于改变了原有产业产品或服务的技术路线和技术特征，因而也改变了原有产业的生产成本函数，从而为产业融合提供了动力；技术革新改变了市场的需求特征，给原有产业的产品带来了新的市场需求，从而为产业融合提供了市场的空间。

经济管制的放松是产业融合的外在原因。在传统的产业体系和产业发展过程中，强调产业内部的资源配置，因而造成许多产业产生很大的沉淀成本，特别是在一些垄断性行业尤为严重。随着政府经济管制的放松，导致其他相关产业的业务加入到这些产业的竞争中，从而逐渐走向产业融合，并通过产业的融合分摊成本、重新配置资源。

所以，一般认为，"产业融合"的含义为："由于技术进步和放松管制，发生在产业边界和交叉处的技术融合，改变了原有产业产品的特征和市场需求，导致产业的企业之间竞争合作关系发生改变，从而导致产业界限的模糊化甚至产业界限的重划。"[①]

二、产业融合的效应和理论意义

由于产业融合涉及跨产业之间的行为与关系，因而其不仅能够从微观上改变产业的市场结构和产业绩效，而且能够从宏观上改变一个国家或地区的产业结构和经济增长方式。

从理论上说，产业融合理论的效应和理论意义，主要表现在三个方面：

（1）能够推动产业绩效的提高。通过产业融合，相关产业由于拥有了共同的基础设施和更多的资源、更大和更复合的市场，可以使企业的单位平均成本减少，从而提高了产业的价值创造功能，提高了产业绩效。因此，产业融合往往成为传统产业绩效提高的重要途径。

（2）产业融合成为传统产业创新的重要方式和手段。由于产业融合容易发生在高技术产业与其他产业之间，高技术融入其他产业中，影响和改变了其他产业的业态——产品生产特点、市场竞争状况以及价值创造过程等，从而改变了原有产业产品的市场需求和产业的核心能力。同时，由于产业融合使得产业之间的边界模糊化，两个或多个产业之间形成了共同的技术和市场基础，这使得某些产业容易改变结构的布局，敏捷地从一个产业过渡到另一个产业中，从而实现产业创新。

（3）产业融合有利于产业结构转换和升级，从而提高国家或地区的产业竞争力。产业融合造成的产业边界的模糊和消失可以使其他产业转换到高技术产业中，并通过产业融合和产业创新的连锁反应，使国家或地区的产业结构得到转换和升级，提高产业的国际竞争力。

从发展旅游业的角度看，旅游业作为一种高关联度的综合性产业，在现代社会经济发展过程中，其本身已经成为具有积聚效应的产业融合母体。

由于社会的发展、人们文化素养的提高，人们的旅游兴趣越来越广泛，个性化的旅游需求越来越成为旅游市场发展的趋势，这就直接导致了旅游资源概念的扩大和类别的丰富化、旅游产品的多元化和异质化，因此，旅游产业与其他产业的融合既是新技术的推动、经济管制放松的结果，也是市场需求变化的结果，更是现代经济创新发展的结果。我国旅游业已经走上了一个"新资源观"视角下的旅游发展新阶段。在这一阶段，通过"旅游+"这一产业融合工作模式，旅游业与农业（第一产业）、工业（第二产业）、文化产业及其他服务业（第三产业）的融合已经走向规模化、深层次化，旅游规划如果不关注这种融合的特征、融合的模式以及融合后的业态和产品组织形式，就不能适应现代旅游市场发展的趋势。

[①] 马健：产业融合理论研究评述，载《经济学动态》，2002（5）。

三、旅游 + 农业

在"大农业"的概念中，林业、畜牧业、渔业等都属于农业的范畴，在现代旅游业发展的过程中它们都已经成为旅游规划的重要资源领域，通过"旅游+农业"的产业融合模式，农业直接成为现代旅游业的组成部分，并由此而形成了新的农业或乡村经济业态。

第二次世界大战以后，西方一些发达国家的农业旅游开始出现规模化发展的趋势，我国农业旅游的规模化发展则是在20世纪90年代之后开始的。

（一）农业旅游的含义

在我国，"农业旅游"概念于2001年正式提出。国家旅游局把工业旅游和农业旅游规划正式列为2001年工作要点，并推行工业旅游、农业旅游示范工程。在国家旅游局下发的《全国农业旅游示范点、工业旅游示范点检查标准（试行）》中，将"农业旅游点"定义为："以农业生产过程、农村风貌、农民劳动生活场景为主要旅游吸引物的旅游点。"也就是说，"农业旅游"是"是以农业生产过程、农村风貌、农民劳动生活场景为主要旅游吸引物而进行的旅游。"

农业旅游规划，在利用农业生产资源、农村风貌等资源的基础上，与农业生产过程结合，形成了新型的农业和乡村经济业态——"旅游农业"。

（二）农业旅游的规划模式

农业旅游规划，是以产业融合理论为指导，将现代旅游的功能与之嫁接，追求传统农业经济的高附加值。因此，农业旅游规划必须满足两个基本要求：一是农业经济的高效益；二是特定旅游者（主要是城市游客）的旅游要求。根据这一要求，农业旅游规划的模式主要包括以下几种：

1. 田园休闲旅游模式

利用农业和乡村资源开发以田园风光为资源背景和旅游环境的休闲旅游，一般是在城市郊区，针对城市居民周末闲暇、当日往返市场的开发模式。它是利用靠近城市的市场优势，以城市郊区的较好的自然山地、森林、河段、水域以及较有特色的农田村舍等资源和其他农业基础设施，形成开放式的自然观光、休闲区，以户外运动、娱乐、休闲为活动内容，以提供具有乡村特色的餐饮服务、休闲、娱乐服务为赢利模式。在我国许多大城市的城郊结合地区，这种旅游规划已经形成规模化发展的趋势，如北京的怀柔、昌平等地，江西的婺源，成都郊区的红砂村，济南市的南部山区，青岛的崂山周围等。

2. 传统农耕文化观光与休闲旅游模式

该模式把传统农业文明作为一种遗产文化来进行保护、展示和利用。

将中国传统的农耕文化，包括农时节令、传统农耕方式、农业生态环境、农事生产活动、传统的村居习俗，以及人类与自然和谐发展的农副业等丰富多彩的乡村文化等，作为一种旅游资源来开发和利用，使传统的农耕文化在产业融合理念下焕发青春，衍生新的功能，生产新的社会价值。

"传统农耕文化园"或"农时公园"等形式的旅游规划模式，一般要展示如下内容：

（1）农时活动：按照传统农时活动的节气要求，划分出具体的时间段，分别展示中国传统的、以自然农时为基础的农业生产过程，如耕地、播种、拾穗、收割、灌园等农事活动。农副业也适当开放，如牧牛羊、饲鸡兔，让游客短时参与并配以讲解示范。

（2）农事场景展示：把农家生活形态的一些典型景象提纯集萃，再现农事场景，如金黄的麦秸垛、麦场、荷塘以及田间劳作的农民等，类似的场景与情调构成一幅田园韵味极浓的农事场面，唤起游人浓浓的怀旧情感。

（3）农业景观展示：以传统的农业生产设施、生产工具等作为代表性"点景"，展示具有遗产价值的中国传统农耕文化和乡村文化。如大型的农业生产设施和生产工具，包括大型水车、辘轳等。

（4）篱笆农舍：以几处农家院为典型景观，院墙做成绿篱，院内有小块田畦，种植蔬菜，如豆角、莴苣，院落外面正对着池塘，几只鸭子在水中嬉戏，用现实的场景描绘田园人家的生活画面。

3. 农事体验旅游模式

对于长期生活在城市的人们，特别是青少年来说，参加体验性的农事活动，既具有新鲜感，又能够增长知识。这种农业旅游项目的开发一般选择那些农业基础较好、有适宜的自然空间的农业区域。开发内容的设计要特别强调和注重"体验性"，使游客通过亲身的参与和劳动，产生对传统、对劳动、对人生的认识和思考，切忌设计成单纯的娱乐性项目。

我国许多地方出现的"当一日农民"旅游项目，就是农事体验旅游的一种初级模式。目前，国际国内上兴起的"租赁农庄""休闲农场""寄宿庄园"等开发模式逐渐成为趋势。

案例 4-5：

寿光市发展现代生态农业旅游，建设蔬菜高科技示范园

寿光市蔬菜高科技示范园，规划面积 2 万亩。

寿光市以产业融合理论为指导，坚持以进军农业科技前沿、构建中国生态农业"硅谷"为目标，开发、建设具有多元功能和复合经济特色的新型农业园区。目前，园内体现现代农业水平的工厂化、标准化生产模式和各类优良先进的种植模式以及闻名全国的"中国（寿光）国际蔬菜科技博览会"，已经成为国内生态农业旅游的一个亮点。示范园平均每年接待国内外各类旅游参观团体和单位 2 万多个，游客数量逐年增长，2005 年菜博会期间，游客数量已达到 106 万人次。

示范园主展区面积15万平方米，分设A、B、C、D、E、F、G七个展厅和室外展区及温室大棚种植示范区等，情况如下：

	特色
A厅：序厅、国际标准展位区	序厅内新颖的菜果造型、盆景组合、特型展位与声光电结合，呈现给人们一个生机盎然的新寿光和充满希望的绿色世界。
B厅：展位区、景点区	"圣乡遗韵""绿色畅想"等若干蔬菜景点，厅内有园、园中有景、异彩纷呈。
C厅	名优稀特蔬菜瓜果荟萃，形体巨大，造型美观，国内仅有，世界罕见。
D厅	展示现代工厂化育苗新技术、新成果及先进的智能温室。
E厅	田园风格基调，汇集国内外当今最优良和奇特的果蔬600余种，间有亭台廊榭。
F厅：展位区、生态餐厅	独具田园风光的生态餐厅，生态美食汇聚，尽享田园乐趣。
G厅	展示植物组织培养工艺流程及组培苗、炼苗实况，展现蔬菜生产的前沿技术。
室外展区	展览、交易各类农机、农资、苗木、花卉、科技图书及文化艺术品。
有机蔬菜大棚示范种植区	以国家级蔬菜高科技示范园100个冬暖式大棚为基地，让人们直观了解绿色、有机蔬菜生产的过程和最新技术。

案例来源：寿光市人民政府、山东大学旅游系所编《寿光市旅游产业发展总体规划》。

4. 自助购物旅游模式

自助购物旅游的农业旅游规划模式，也属于农业旅游规划的传统模式，也被称为"农业采摘旅游"，以林果业为资源基础，有各种形式的采摘园，如"苹果采摘园""葡萄采摘园""蜜桃采摘园""樱桃采摘园""冬枣采摘园""柑橘采摘园""荔枝采摘园"等。这种模式通过在传统农业生产的基础上进行旅游嫁接，提高了农副产品的附加值。

5. 现代科技农业观光与科普旅游模式

随着传统农业向现代科技农业的转变，农业领域里的技术融合和产业融合为旅游规划提供了更广阔的空间。以高科技农业、绿色农业、无公害农业为代表的现代农业资源，正成为农业旅游规划的新亮点。

现代科技农业以工厂化、设施化（以恒温大棚为代表）生产为主要形式，以无土栽培、立体栽培为技术手段，形成新型的农业奇观，其本身也具有了科研、科普和旅游价值，成为现代观光农业旅游、农业科普旅游的主导性资源。

目前，中国冬暖式大棚发源地山东省寿光市的国家蔬菜博览会主会场——寿光国际蔬菜博览园已成为现代科技农业观光与科普旅游规划模式的典型代表。

由于因农业与乡村的一体性，农业旅游规划必然与乡村旅游规划存在着内容和形式上的交叉与重叠，二者实际上是不能决然分开的，所以，农业旅游有时与乡村旅游是整体进行开发的。

　　林业、渔业、畜牧业、水利等相关产业和领域，也是与农业和农业生产紧密结合的重要资源，它们与现代旅游业的结合也都形成了相应的旅游规划模式和旅游产品形式，有些还形成了相对独立开发的产品体系，如林业与旅游业结合形成的森林公园体系，渔业与旅游业结合形成的休闲渔业体系，畜牧业与旅游业结合形成的畜牧旅游或牧场旅游体系，水利与旅游业结合形成的水利风景区体系等，都各具特色，不仅丰富了旅游产品的内容和类别体系，更改变了许多传统产业的业态和赢利模式，提升了传统产业的竞争力和绩效。

四、旅游＋工业

　　第二产业的相关部分，如食品饮料加工业、服装业、家具制造业、文体用品业、工艺美术业、装修装饰业、交通运输设备制造业、电器制造业、通信设备制造业等都与旅游业有着内在的联系。特别是一些具有知名、著名品牌的工业企业，依仗自身的品牌知名度和社会影响力，依托自身的企业资源、设施和设备，将旅游要素植入工业生产过程，开发主题性的工业旅游，已成为一种既可提高企业知名度、又能够产生直接经济效益的多赢发展模式。

（一）工业旅游的含义

　　在国家旅游局颁布的《全国农业旅游示范点、工业旅游示范点检查标准（试行）》中，将"工业旅游点"定义为："以工业生产过程、工厂风貌、工人工作生活场景为主要旅游吸引物的旅游点。"也就是说，"工业旅游"是"指以工业生产过程、工厂风貌、工人工作生活场景为主要旅游吸引物"而开发的旅游项目。

（二）工业旅游的开发模式

　　工业旅游最早起源于法国，20世纪50年代，法国雪铁龙汽车制造公司率先开放生产车间，允许客人参观其生产流水线，引起轰动，随后众多厂商纷纷效仿，一时间参观工业企业成为"时尚"。目前西方几乎所有的大企业都定期向公众开放，许多著名企业因此成为旅游景点。

　　工业旅游在我国还是一种相对新型的旅游产品。我国真正意义上、最早开发工业旅游的是上海的宝钢，20世纪80年代宝钢在生产线的设计上，就已经在生产车间里设计了专门的游览（参观）通道，供政府、部门、企业接待的各类群众和客人"参观""学习"，虽然当时主要的目的还是为了宣传，但毕竟在功能上是按"旅游"的要求设计的。到了90年代中期，以1994年长春第一汽车集团组建一汽实业旅行社，对外开放卡车生产线、红旗轿车生产线、捷达轿车生产线及汽车研究所样车陈列室开始，我国具有现代意义的工业旅游开始走上规模化发展的阶段。

　　通过对国内外工业旅游规划的总结，工业旅游产品开发根据资源性质和产品的不同，其开发模式一般包括四种类型：

1. 工业遗产旅游规划模式

实际上，工业遗产旅游（Industrial Heritage Tourism）在国际上，特别是在西方首先形成了规模化发展趋势的工业旅游产品开发模式。有研究者把工业遗产旅游的兴起归咎于人们的"怀旧情结"——尽管工业时代还未真正成为过去，而信息时代对传统生活的颠覆，大都市的"逆工业化"（Deindustrialization）趋势，以及"后现代"的来临，使人们产生了对工业技术以及这种技术所衍生的社会生活的怀念和失落感，进而催生了"后现代博物馆文化"——传统的工矿企业成为人们体验和追忆过去的场所[①]。基于这种"怀旧"，工业遗产旅游前景光明，先前的采煤、纺织、蒸汽机制造等工业中心可以当作"工业遗产"推向市场。当然，发展工业遗产旅游的原因有很多，从供给方看，主要是追求形象效益和经济效益；从需求方来看，除了满足"怀旧情结"外，求新、求异、求知、求乐也是重要的动机。

工业遗产旅游具体的产品开发模式，一般包括露天博物馆、社区艺术表演场地、大型景观公园、专业俱乐部、展览馆、画廊、创意产业基地等。[②]如把钢铁厂被改造成一个露天博物馆；将废弃铁路和旧火车车皮变成社区儿童的艺术表演场地；钢铁公司厂址"擦去了脸上的煤灰"，成为以煤铁工业景观为背景的大型景观公园，废弃的旧贮气罐被改造成潜水俱乐部的训练池，堆放铁砂矿的混凝土料场被改造成青年活动场地，墙体被改造成攀岩者乐园；一些仓库和厂房被改成迪厅和音乐厅，甚至高雅的交响乐也以巨型钢铁冶炼炉为背景别开生面地演出，艺术灯光工程使公园之夜充满魅力；有色金属矿加工区巨大的厂房改建为大型购物中心（Shopping Mall），焦炭厂则变成吸引众多艺术、创意和设计公司的办公和展览场地；废弃的金矿井被改造成"黄金公园"，等等。

2. 工业科普旅游规划模式

这种模式适合于那些具有高新技术和先进的生产工艺的工业企业或工业园区，如美国硅谷、日本筑波科学城、我国西昌卫星发射中心等。这种模式是在专设的特定场所开辟旅游功能区供游客参观游览，并通过相关的博物馆、展览厅，配备专职导游员对各种科学技术现象进行现场讲解，邀请专家举办专场的科普性知识讲座，出售一些相关仿制科技产品、书籍等，从多方面为游客提供专业服务。这种模式主要是在原有设施的基础上进行功能性开发，即增加旅游功能，而非设施性开发。

3. 产业公园旅游规划

产业公园旅游，是以整个企业或工业园区为主体资源，结合周边环境和其他旅游资源，将企业或工业园区开发成具有观光、休闲、科普等功能的综合性旅游区的一种工业旅游规划模式。

美国比较早地出现了产业公园规划，我国许多高新技术企业和科研基地也利用自身

---

① 威廉·瑟厄波德:《全球旅游新论》，北京，中国旅游出版社，2001，30页。
② 巫宁：从工业旅游到工业遗产旅游，http://www.casstourism.com/new/read.asp?id=292。

的科技优势和设施、设备优势建设产业公园。

4. 企业文化旅游综合开发模式

企业文化拓展型开发模式,是以企业独特的生产技术、生产工艺和产品为主体性资源或载体,以特定的企业文化为主题,对旅游产品进行拓展开发的一种开发模式,以丰富工业旅游的文化内涵和产品类别。如作为中国汽车工业的摇篮,"一汽"集团在开发工业旅游时便围绕汽车品牌大做文章,重点发展了五个汽车旅游项目,除去游览生产线的"现代化汽车生产观光旅游"外,还有以汽车博物馆为依托的"世界名车风采观光旅游"、充分利用"一汽"历史的"汽车历史文化观光旅游"、强调参与性的"汽车娱乐观光旅游"和注重购物的"汽车购物观光旅游"。再如烟台张裕葡萄酒工业旅游项目,依托"百年张裕"的企业品牌和文化积淀,把具有震撼力的地下酒窖、张裕博物馆、喀斯特酒庄等连成组合产品,进行整体包装,并自行设计了游客自装酒设备,开发了游客现场拍照包装酒、葡萄酒用具旅游纪念品等系列服务项目,深受游客欢迎。

工业旅游在我国还是一个旅游规划的新领域,许多原则性问题如开发模式、产品类别等还都在探索之中,需要在今后的实践中,不断深化和完善。

五、旅游+服务业

旅游业本身属于服务业或第三产业的范畴。第三产业中的相关部分,如文化产业、交通运输业、邮电通信业、饮食业、卫生体育业、金融业、保险业、商业、教育业等都历史性地与旅游业有着内在的联系,并通过不同形式的融合形成了各具特色的、主题性的旅游产品。

特别是以低能耗、高附加值为特色的文化产业、现代服务业等,与现代旅游业的融合更加紧密。

旅游业与文化产业的融合,产生了旅游演艺业、修学旅游和游学、体育旅游、娱乐旅游等,一些大型的、发生过重大事件、有重大影响的文化、体育设施和场所也都发展成为专业化的旅游场所,如曾经举办过奥运会的巴塞罗那奥林匹克体育中心、巴西圣保罗的大足球场、北京奥体中心等已经成为著名的体育公园;巴黎的红磨坊表演、开罗尼罗河上的晚间游船表演、夏威夷的海上游船表演、上海的老年爵士乐表演、曲阜的《杏坛圣梦》、深圳华侨城的大型晚间文艺演出等都成为外地游客不可错过的当地标志性旅游项目。

旅游业与现代服务业的融合,催生了许多有特色的、能够给游客提供特殊消费体验的旅游设施、场所或主题性的旅游产品组合,如温泉度假、中医保健(或传统医学)旅游、美容瘦身旅游、购物旅游等。还有以适应现代旅游发展趋势而产生的新型的旅游场所,如大型休闲购物场所,建于大城市的郊区或大型旅游度假地的周边,游客或当地消费者能够在这里进行一整天的与购物相结合的休闲、娱乐综合性消费。

服务业或第三产业的产业要素种类很多,扩展了旅游规划的领域,丰富了旅游产品的内容和种类,而且,这种融合发展模式已经成为一种趋势,不仅在产品开发领域和旅游业内部,而且在城市建设、地方经济发展模式选择等领域也被广泛关注。旅游产业的

发展方向，直接引导着城市的功能配置与城市建设的发展方向；而文化产业中的许多内容则被直接作为城市或区域旅游业发展过程中的"软开发"，如社区文化广场与社区文化活动的开展，地方民俗文化的挖掘、整理与开发利用，地方集市、庙会、集会、节庆活动等，都成为地方性旅游资源开发的主要资源，成为展示区域或社区文化、游客体验旅游的重要内容和载体。

第四节 旅游规划与体验经济理论

一、体验经济的概念及特征

（一）体验经济的概念

"体验经济"概念最早是由美国未来学家、《第三次浪潮》的作者阿尔文·托夫勒（Alvin Toffler）在其1970年发表的《未来的冲击》一文中首次提出来的，文中预言：服务经济的下一步是走向体验经济，商家将靠提供体验服务取胜。

体验经济，是指：企业以服务为舞台（依托），以商品为道具（载体），为消费者提供体验或创造出值得回忆的活动的一种经济形态。商品是有形的，服务是无形的，而创造出的体验是令人难忘的。

体验经济有别于传统的农业经济、工业经济和服务经济。在农业经济时代，主要经济提供物是农产品；在工业经济时代，主要经济提供物是工业品；在服务经济时代，主要经济提供物是服务；而今天，商品和服务已不能满足人们的消费需求，他们追求在消费中彰显个性、实现自我。于是，体验成了继服务之后的主要经济提供物，这样人类就进入了体验经济时代。

体验经济摒弃了传统的价格竞争模式和规模经济的竞争模式，从生活与情境出发，塑造感官体验及思维认同，以此抓住消费者的注意力，改变消费行为，并为产品找到新的生存价值与空间。消费者犹如形形色色的演员，沉醉于企业设计好的情感体验"舞台"之中，玩转着各种"道具"，获得物质与精神上的满足，进而心甘情愿地为如此美妙的心理感受支付一定的费用。

（二）体验经济的特征[①]

与其他的经济形态相比，体验经济有着不同的特征：

1. 体验经济讲求与消费者的开放互动

在体验经济中，企业要积极开展与消费者的沟通，寻求触动消费者内在的情感和情

---

① 刘德光等：旅游体验营销的模式研究，载《财贸经济》，2006-7-10。

绪的切入点。顾客既是体验的主体也是体验的成分，他们已经不甘心再做产品的被动接受者，而要参与产品项目的设计与组合，追求产品与自我的互动。他们希望根据自己的个性购买模块化的产品部件，按自己的需要组合产品，即所谓的DIY（Do It Yourself）。迪士尼乐园无疑是体验经济实践的成功典范，它通过主题游乐园、卡通片、电影、电视节目等形式，精心设计了一系列让人眼花缭乱的快乐经历，通过游客参与演出一场场视觉、听觉、触觉、嗅觉和味觉等各种感受交错的完整节目，让游客成为各娱乐项目的"主角"，并从中获得新颖的体验。

2. 体验经济追求满足消费者的个性化需求

大众化的服务会吸引更多的消费者，而体验往往刻意偏向某一类人群，有时甚至还会阻挠一部分消费者进入。根据马斯洛的需要层次理论，服务经济可以理解为满足了消费者的社交需求和尊重需求，体验经济则可以满足消费者的自我实现需求。体验经济时代的顾客追求真实与差异，从逃避走向自我实现。城市化导致个人生活空间的缩小和工作节奏的加快，从而使顾客对情感的需求显得比以往任何时候都强烈，比如亲情、邻里之情等，于是人们开始尝试通过各种途径来实现这些情感需求，包括购买家乡特产、看怀旧电影、探亲旅游等。有些游客为了证明自己的生命价值，甘愿冒着受伤甚至死亡的危险，选择蹦极、攀岩等挑战性较高的活动，在跨越心理承受极限时，游客获得了极大的愉悦感、成就感和自豪感。高尔夫之所以广受欢迎，不仅因为它是一种运动，而且因为它已经成了身份地位、时尚品位、文化品质的代表，高尔夫爱好者在打球的过程中体验到了尊贵、绿色、快乐和满足。

在体验经济中，企业提供的不再仅仅是商品和服务，它提供最终体验，并使消费过程充满了感情的力量，给顾客留下难以忘记的愉悦和记忆；而消费者消费的也不再仅仅是实实在在的商品，而是一种感觉，一种情绪上、体力上、智力上甚至精神上的体验。

二、体验旅游

从本质上说，旅游本身就是人的一种体验过程，或者说是一种"天然的体验"过程。"旅游经济"与"体验经济"有着天然的耦合。因此，体验经济理论一产生就开始自觉不自觉地渗入到旅游业，"体验旅游"应运而生。

体验旅游，以旅游企业为舞台和道具，以游客参与互动为主要特征，以使游客得到各种感官刺激和精神震撼为主要目标，是一种最具人性化、个性化的旅游产品设计。旅游产品的消费过程就是旅游体验过程。

体验旅游的基本特征是：主题人性化、目标情感化、服务个性化、产品差异化、过程互动化、结果持续化。有研究者以体验经济的种类为划分依据，将体验旅游分为四类，即是娱乐体验型、教育体验型、探险体验型、审美体验型。也有研究者根据体验参与程度的差异，将体验旅游划分为表层体验、中度体验、深度体验等层次。

三、体验旅游产品设计

体验经济理论,为体验旅游产品的开发与设计提供了基本的理论指导,一般认为,旅游体验的实现路径,亦即体验旅游产品类型包括如下几个方面①:

(一)旅游观赏类

旅游观赏是旅游者最基本的需求,也是旅游体验的一种方式,旅游观赏的目的是获得审美体验。

旅游观赏,是旅游者通过视听感官对外部世界中所展示的美的形态和意味进行欣赏体验的过程。从美学的角度上说,这种审美体验不是对世俗愉悦的体验,而是追求旅游审美愉悦。针对旅游者的这种审美体验诉求,在旅游产品设计、开发过程中,要特别注重旅游产品美学特征的挖掘与展示,正确区分"审美"与"猎奇"的不同。

(二)旅游交往类

交往是人类社会的一种普遍现象。根据马斯洛的需求层次理论,交往或交际本身也是旅游的主要动机之一。而从社会学的角度讲,旅游也是人类的一种重要交往方式。

旅游交往具有暂时性,它起始于旅游过程的开始,终止于旅游过程的结束,这种短暂的交往是旅游者实现个人旅游体验的重要方式和基本要求。在旅游过程中,旅游者会与团友、旅游服务人员、旅游目的地居民以及其他相关者发生各种各样的交往,而且,这种交往还有可能向旅游过程之外延伸,由旅游过程中的非正式交往过渡到日常的正式交往。

从旅游产品开发、旅游目的地管理的角度出发,旅游企业及其员工的素质、旅游目的地的人文社会环境等,是在"标准化"的产品和服务之上,影响旅游者感知和体验质量的重要因素,应该努力创造、改善这种影响旅游者感知和体验质量的因素,并注重创造和增进旅游者与旅游目的地居民交往的机会。

目前,正在成为时尚的、走向社区的"深度旅游",正是这种渴望交往,并通过交往去深度了解旅游目的地东道文化的体验旅游的体现。近些年兴起的社区旅游、胡同游、生活类游学旅游产品等,正是这种交往类体验旅游产品的设计与开发。

当然,旅游交往不同于我们生活过程中的日常交往,旅游交往具有暂时性和感知性等特点,所以也被定义为"轻社交"。

(三)旅游模仿类

在心理学上,模仿是指依照别人的行为样式,自觉或不自觉地进行仿效,做出同样或类似的动作或行为的过程。而旅游模仿就是旅游者在旅游过程中暂时放弃其常规角色而主动扮演某些具有愉悦功能的角色的过程。

---

① 谢彦君:《旅游体验研究——一种现象学的视角》,天津,南开大学出版社,2005,170~187页。

在旅游过程中，旅游者个体的模仿行为是经常性的，有时也会发生群体性的模仿。模仿本身既可以成为旅游的目的，也可以成为达到目的的手段。而模仿的过程实际也是体验的过程。正因为如此，让游客去"模仿"往往成为旅游经营者有意编排的节目——旅游产品的重要组成部分。如让外国游客穿上传统服装"进入"某个特殊的"历史时期"去体验历史生活，让城市游客到田间与农民一起参加耕作等，都是在增加模仿体验的真实感。

（四）游戏类

旅游过程中的游戏，是为了通过游戏中的乐趣来提高旅游体验的效果。对于旅游者而言，旅游过程中可参与的游戏包括技艺游戏、智力游戏、赌胜游戏、儿童游戏等。不同类型的游戏，可以通过不同的刺激和娱乐程度给人带来不同的感受和愉悦体验。而对于旅游经营者来说，游戏往往是一个赚钱的经营项目，是许多观光性旅游景区中的一种新的赢利模式。

在旅游体验产品的设计、开发过程中，能够帮助旅游者实现或提高旅游体验效果的方式、途径很多，对于旅游经营者来说，应该深入研究目标群体的需求发展趋势，有针对性地设计、开发体验旅游产品，提高体验旅游产品的经营效果。

四、旅游体验营销

体验经济理论在旅游营销中的应用，正在改变着传统的营销模式，提高着旅游营销的效果。从旅游产品的特点出发，旅游体验营销的操作过程一般包括以下几个环节[①]：

（一）确定体验主题

旅游产品开发本身要确定开发的主题，而营销主题的确定应该是与产品开发的主题一同确定的，这样，旅游产品开发的主题才能够与营销主题保持一致。当然，随着市场的发展、变化，旅游产品的主题也不能够长期或永久一成不变，应随着市场的变化而适当调整；在有些情况下，即使产品的主体不变，但营销的主题却可以发生一定程度的改变。

总体来说，现代社会游客的旅游经历越来越丰富，对旅游产品的文化内涵和体验的主题、形式等要求越来越多，旅游经营者在设计体验主题时关键是要创造特色，只有特色的、有差异化的主题和形式才会引起旅游者的兴趣。

（二）整合多种感官刺激，建立与顾客的接触

主题是设计体验的基础，但它需要在旅游企业和旅游者接触的过程中被正确地传递，因此旅游经营者应该在与顾客接触过程中，整合多种感官刺激，创造统一的体验

---

① 刘德光等：旅游体验营销的模式研究，载《财贸经济》，2006-7-10。

效果。

体验营销要站在消费者的感官（Sense）、情感（Feel）、思考（Think）、行动（Act）、关联（Relate）五个方面，重新定义、设计营销的方式。这种方式突破了传统"理性消费者"的假设，认为消费者消费时是理性与感性兼具的，消费者在消费前、消费时、消费后的体验，才是研究消费者行为与企业品牌经营的关键。体验通常也不是自发的，而是诱发的，当然诱发并非意味顾客是被动的，而是说营销人员必须采取体验媒介。可以从影响消费者行为的内部因素入手，通过视觉、听觉、味觉、嗅觉和触觉多种方式传达产品信息，创造体验。

旅游企业与旅游消费者通过多个接触点或面取得关联，从而进行信息、服务和产品的交换。各个接触点都是联系顾客、愉悦顾客，提供给他们正确信息和丰富他们生活的机会，接触过程中可以提高或降低通过品牌体验建立起来的顾客体验。例如希尔顿酒店集团上市的互动项目中，首先确认出产品购买前后的 17 个主要接触点，包括预订、品牌沟通、销售和顾客管理的沟通、到达和入住、叫醒和留言、礼宾服务、客房送餐、商务中心等，进而立足于接触点，实现服务的个性化，将品牌带进生活，培养顾客忠诚度。

一般来说，体验营销经常使用的营销策略有三种：

（1）感官式营销策略：通过视觉、听觉、触觉、嗅觉等建立感官上的体验，主要目的是创造知觉体验。

（2）情感式营销策略：通过触动旅游者的内心情感，创造情感体验，这种情感体验的效果可以是舒缓的、温和的、柔情的，也可以是欢乐、激动或强烈的自豪等。情感式营销需要了解什么样的刺激能够带来什么样的情绪，企图给游客带来什么样的感染等。

（3）思考式营销策略：通过启发人的智力，创造性地让游客获得认识和解决问题的体验。它运用惊奇、计谋和诱惑，引发旅游者产生统一或各异的想法。

（三）加强体验效果的阶段性检验

任何产品的生产与消费都一样，设计时的预想效果与消费后的实际效果不一定一致，这就需要在一段时间后，进行体验效果的检验。

检验消费者的体验，要了解消费者在消费过程中是否存在与企业当初设计的体验完全违背的负体验，消费者在消费过程中的自我创新，即企业当初没有想到的、对企业将来发展非常有利的新的体验方式和体验内容等。对于负体验，企业需要对体验活动的设计进行调整，或是通过消费者反馈活动，引导消费者的思想，教育消费者朝正方向思考并行动。针对消费者在体验过程中的自我创新，这是个机会，企业要进行评估，它可能是消费者价值观和意识形态变化的一种预先反映。要想使体验长久新鲜，就必须了解消费者思想变化，并引导他们。

（四）开展内部营销

服务过程是游客亲切感与自豪感的重要来源，优秀的服务员不仅是服务的提供者和承担者，而且是情感的沟通者和传递者。服务的过程中，一方面可以使员工把企业的情感、价值、理念传递给顾客；另一方面又可以把顾客的满意、情谊、感受反馈给企业。这种相互沟通的行为，可以使服务升华，不断进入新境界。现在的服务业特别重视服务情景中的员工与游客面对面接触的"真实时刻管理"（The Moment of Truth），这一切都为了给游客一个快乐体验。

快乐的人，才能创造出快乐并去经营快乐。因此，在让消费者快乐之前，先要让员工精神起来、快乐起来。在体验营销的过程中，旅游企业先要进行内部营销。如引导员工思想转变，自觉实施体验营销；设计有利于实施体验营销的组织平台；进行有效的员工培训，使员工完全融入企业，在为顾客提供满意的服务和体验之前，达到很高的企业忠诚度和满意度。

（五）开发旅游纪念品

旅游企业要充分利用旅游纪念品创造体验。一次旅游经历结束后，旅游纪念品便成为这次旅游体验过程的"延续"——通过欣赏旅游纪念品对旅游体验进行回忆。度假区的明信片会使人想起美丽的景色，印着时间和地点的热门演唱会运动衫则会让人回味观看演唱会的盛况。如果旅游企业依据主题明确、强调参与等理念，设计出精致的带有体验意味的纪念品，消费者肯定会愿意花钱买来回味体验。

五、体验经济理论与旅游目的地管理

旅游产品、旅游经济都是在一定地域空间里发生的现象，旅游体验与体验旅游产品开发都离不开旅游目的地管理。

旅游目的地管理涉及的问题、领域是多方面的，有发展背景中的体制问题、法治问题、环境问题、资金问题，也有发展过程中的经营问题、管理问题、市场问题、服务问题、质量问题、设施问题、规划问题、容量问题等，但从游客体验的角度，最为关键的是环境质量、文化质量、服务质量和项目质量四个方面。[①]

（1）环境质量：包括自然环境质量和社会环境质量。从现代社会的发展理念来看，每一个旅游目的地都应该成为生态型旅游目的地，成为景观型旅游目的地，成为身心享受型旅游目的地，所以必须进行环境治理、培育和优化，不断进行美化、绿化和净化，消除影响人们视觉感受的视觉障碍和视觉污点，消除影响人们感官享受的环境污染和文化污染，这样环境质量才能够得以升华。旅游目的地就范围而言，环境质量的升华要进行超范围升华，要包括旅游目的地周边地区，要使人们通过环境过渡带渐入佳境，同时周边地区的环境质量升华也会从总体上保障旅游目的地核心区的环境质量。

---

① 李明德：体验经济与旅游目的地，http://www.soochina.cn/article/articleshow.asp?ID=18724。

（2）文化质量：指的是要抓住旅游目的地的文化精华，将其作为旅游目的地生存与发展的灵魂，通过展示、演出和寻找活的载体（包括人的载体和活动的载体），使文化精华能够使到访的每一位客人都能够充分地体验，从中有所收获、有所教益、有所感悟、有所借鉴。文化质量的升华要发挥旅游目的地从业人员的智慧、发挥专业人员的智慧、发挥专家学者的智慧，通过创意与策划力争使文化形象特色更加鲜明，体验更加平和，主题更加突出，使人产生难忘的印象。

（3）服务质量：要抓住情感是人际交往的桥梁，高尚的情感是人际关系中最美好的关系，要善待每一位到访的客人，提供更多的方便，通过硬件设施和软件服务使个性化的体验能满足不同客人的需求。旅游不仅是一次活动，而且是一次经历，除了旅游吸引物所能提供的充分体验外，还要使客人通过服务得到情感的充分体验。这种体验如果进而发展成为对自然的热爱、对园林的热爱、对社会的热爱、对文明的热爱、对文化的热爱、对人类的热爱，则是旅游目的地对社会最大的贡献。

（4）项目质量：指的是在设置旅游项目时，要充分考虑市场的需求，要通过内容与形式的统一，消费与价值的统一，项目与主题的统一，来激发游客的参与欲望，项目要注意文化的先进性，时尚的流行性，市场的适应性，特别要注意项目特色的鲜明性，不能雷同化。项目质量的升华，特别要注意不要盲目地把糟粕当成精华，这样不但不是升华，而且会败坏目的地的形象。在项目质量升华中还要注意高科技的应用，尽可能地扩大游客体验的范围和深度，并在保证绝对安全的情况下让游客实现自我。

总之，体验经济既是一种古老的现象，又是一种新的潮流，社会的发展促进了产品类型的多样化、产品功能的多元化，也促进了体验经济理论的不断创新和发展。旅游经济作为一种与体验经济有着天然耦合关系的产业门类，必将在体验经济理论的指导下，在产品开发、市场营销和旅游目的地管理等方面不断提高水平，向社会推出更多的体验性产品，使游客能够在体验中与时代同步。

第五节　旅游规划与城市规划理论

一、城市规划

城市规划，在美国被称为"City Planning"，在英国被称为"Town Planning"，在德国被称为"Stadtebau"，在法国被称为"Urbanism"，在日本被称为"都市计画"，按照字面意思，都是指以城市为对象进行规划。有关城市产生的原因和时间虽然至今在学术界尚无定论，但是，城市自古就存在，通过规划来建设城市也自古就开始了。影响城市规划的因素很多，主要是经济、军事、宗教、政治、卫生、交通、美学等。古代城市规划多受宗教、军事防卫等因素的影响，现代城市规划则多受社会经济的影响。谁做规划，为谁规划，为何目的做规划，过去与现代的城市规划则完全不同。在城市规划研究领域，人们将城市规划分为两类：一是"理想城市规划"（ideal City Planning），即按照理想城市方案规划建设城市，其特点是基于自由的发想（常常是根据规划师或设计师具有个性的发想）对城市规划做提案；二是"行政城市规划"（Administrative City Planning），即作为行政制度的城市规划，其特点是依据法律与制度，通过调整公共利益与私权的矛盾和关系，实现城市规划的目标。在实践中，这两者在相互影响的同时，各自发展成为较为独立的规划体系。

我国在改革开放以后，城市规划引入了"动态规划"（Dynamic Planning）、"过程规划"（Process Planning）、"以人为本"等观念，但由于物质规划的观念没有根本性转变，同时规划的运行体系与方法也没有改变，所以一直以来，物质建设规划一直为城市规划的始终目的，忽视了城市规划的社会经济目标，使城市规划变成了一种形体空间设计，追求的是规划期末的漂亮蓝图。随着社会的发展和人类城市管理理念的变化，以人为核心的城市规划理念正在成为主流，也正在影响着城市规划、建设和管理走向新的阶段。

二、城市规划与旅游规划

我国于1989年12月颁布了《中华人民共和国城市规划法》，2007年10月修订为《中华人民共和国城乡规划法》，2015年4月再次修订，确立了城乡规划的刚性和强势地位，也确立了与其他部门规划、行业规划、专业规划的关系。

旅游规划与城市规划的关系主要体现在三个方面：

（一）城市规划理论对旅游规划具有借鉴作用

与旅游规划相比，城市规划毕竟是一个相对成熟的学科，有完整的理论体系，其对城市空间的控制、对城市资源和功能的配置、对基础设施的安排布局等，都值得旅游规划借鉴。实际上，旅游规划作为一个只有几十年历史的新兴学术领域，其本身就是在不断借鉴、借用、学习其他学科理论、方法的基础上逐步发展起来的。但至今在学术体系中尚未形成一个"独立"的学科。

（二）旅游规划依赖于城市规划

作为一种经济行为，旅游规划、旅游产业发展规划本身具有一定的局限性，如旅游规划中的旅游空间布局规划、旅游环境规划、旅游政策法规建设、旅游用地规划和旅游规划活动的具体实施等，都受到城市规划的制约。而城市规划是一种决策，一种政府行为，具有实施的权威性，它在地方、区域旅游性质和发展方向的确定、旅游设施的专项规划、旅游空间发展和旅游建设用地规划、环境规划等方面决定或影响着旅游规划。因此，旅游规划必须依赖于城市规划，旅游规划必须纳入城市规划体系，这样才能弥补旅游规划的局限性，真正推动旅游规划的持续、健康、快速的发展。

(三）城市规划需要根据旅游的发展做适应性的调整

城市规划是有关城市社会、经济和城市总体发展的规划，城市规划的对象是整个城市社会，它主要考虑的是城市的内部发展，体现的是城市居民的利益和要求。而旅游规划主要是在发展地方旅游经济的前提下为旅游者服务的，体现了旅游者对城市、对旅游目的地的要求，因此旅游规划与城市规划相比较更具有外向性，它可在一定程度上增强城市的外向性和开放性，丰富城市规划的内容，提高城市的环境竞争力。21世纪是城市的世纪，也是"注意力经济"的世纪，城市必须想方设法吸引人们的注意力，以在城市竞争中脱颖而出，同时旅游是具有裂变效应的注意力经济，它可以带动城市相关产业的发展，扩大城市的效应，从而推动城市注意力经济的可持续发展。城市世纪的到来和旅游的特性决定了未来的城市规划必须考虑旅游的发展要求，提高城市规划的旅游适应性，同时要主动协调旅游部门与其他部门、城市旅游业与其他产业的关系，为旅游规划的科学编制和有效实施提供保证。

近年来，由于产业结构的变化和新兴产业地位的不断提升，以旅游业为代表的新兴产业在国民经济中的地位越来越突出，影响到城乡规划实践和管理领域，从中央到地方，出现的"多规合一"理念正在被广泛接受，城乡规划不再"独霸天下"，而是越来越多地融入其他规划的内容，甚至规划本身即为多规划合一的综合规划。

总之，在现代社会发展过程中，在理论和实践两个领域，城市规划理论与旅游规划理论、城市规划与旅游规划，是一种相互影响、相互依赖、相互促进的互动发展关系。

第六节 旅游规划与利益相关者理论

旅游规划作为一项综合性的技术经济活动，涉及许多社会领域和经济部门，也同时关联到社会、经济、环境等各方面的利益相关者及其相关利益，影响着错综复杂的利益关系。而且，在旅游发展的不同阶段，这种利益关系又有着不同的表现和特征。因此，利益相关者理论在旅游规划理论研究和实践中越来越被重视。

一、利益相关者理论

在管理学理论与实践中，利益相关者（或利益主体，Stakeholders）是指"那些能够影响企业目标实现，或者能够被企业实现目标的过程所影响的任何个人和群体。"[①]利益相关者与企业之间是一种"影响互动"关系，这种"影响互动"的性质可能是潜在合作性的，也可能是潜在挑战性或威胁性的。

在今天倡导理性旅游的时代，可持续发展的理念在旅游业中得到了积极响应，旅游规划活动，除了追求经济价值外，还有更高的目标追求——社会价值和环境价值，寻求

---

① 李心和：面向可持续发展的利益相关者管理，载《当代财经》，2001（1）。

追加政府、社区、环境、企业和旅游者价值的合理途径[①]。有研究认为，让不同的利益相关者有效参与旅游规划的全过程是实现这些价值的重要途径之一。

利益相关者理论有助于平衡旅游活动与社会、环境的关系，它为旅游管理者更灵活地满足参与者的需要和利益提供了一个概念性框架。它作为一种新的管理理论已经运用到西方国家的旅游研究和实践中，并将利益相关者管理作为旅游规划的一种模型，重点就是强调旅游规划涉及众多利益相关者，需要共同合作，使其在日益激烈的旅游业竞争中取得"求同（Shared Vision）"的发展态势。

旅游是促成变化的催化剂，而旅游规划过程中的所有参与者、相关者也都希望通过发展旅游而发生变化，但对于以何种方式、何种途径进行变化，变化之后各自将得到怎样的利益则存在着较大分歧，甚至直接参与者和间接参与者（如自然环境、非人类物种）之间也存在矛盾。这就需要在不同的合理愿望之间达成权衡和妥协。从这一角度上讲，旅游规划的过程实际上也是不同利益群体之间的利益再分配和相互妥协的过程，在这一过程中，战略协调与合作就显得尤为重要。

从管理的角度讲，旅游者、政府、社区、开发者和旅游企业之间的利益关系，特别是与环境、非人类物种之间的利益关系问题，实际就是旅游规划与旅游业可持续发展的根本问题。从本质上看，这也是一个资源配置和有效利用的问题，是一个旅游业的发展是否能使现有资源得到最优利用的问题。

二、旅游规划中的利益相关者

从可持续发展的角度，旅游规划涉及了人类（政府、企业、居民、旅游者等）与非人类（资源、环境）、当代人与后代人等广泛的利益，因此，旅游规划的利益相关者是一个范围广泛的群体，包括了人类的与非人类的、现实的与潜在的利益主体。根据旅游规划所涉及的领域、不同领域利益主体的利益性质、相关程度和影响方式，可将旅游规划的利益相关者分三个层次，即核心层、支持层和边缘层（见图4-1）。

（1）核心层利益相关者：指旅游规划过程中的主要群体，拥有直接的经济、社会和道德利益。他们通过参与开发活动发生直接联系，直接影响旅游规划的运行，直接接触旅游者的旅游活动。他们的利益更多地表现为经济效益，包括旅游者、政府（国家、当地政府）、旅游企业（投资商、供应商、代理商、员工）和当地社区。其中，社区和旅游者的利益处于核心位置，原因在于旅游规划的目的就是为旅游者提供高质量体验和提高目的地社区居民的生活质量。

（2）支持层利益相关者：指那些在某一特定的时间和空间能给旅游规划带来机会和威胁的利益相关者，主要包括社会公众、竞争或合作对手、非政府组织等。他们对旅游规划的影响是间接的，但在信誉、公众形象方面的作用力较大。

---

① Chris Ryan：Equity, Management, Power Sharing and Sustainability: Issues of the New Tourism，载 Tourism Management，2002。

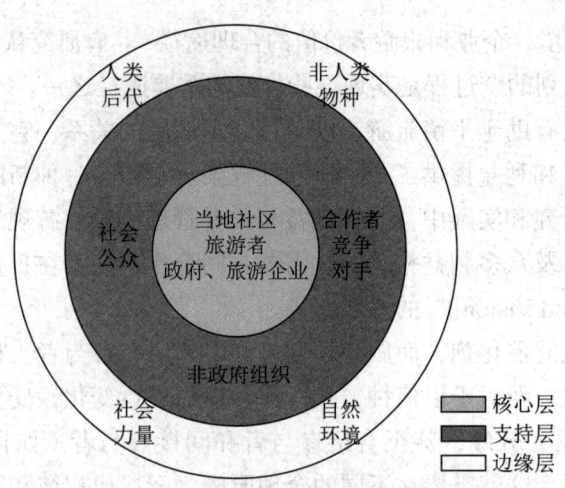

图 4-1　旅游规划利益相关者构成体系框架

（3）边缘层利益相关者：指潜在的、非人类的、间接作用于旅游规划和旅游业发展过程的利益主体。上述两个层次的利益相关者考虑了"人类"中的"现实"利益主体。但旅游规划作为一种影响深远的社会活动，其对资源的配置和使用不仅对当代人的利益产生影响，还能够影响后代人的利益；不仅对人类种群的利益产生影响，还能够对非人类的其他种群和自然环境状态产生影响。这些受旅游规划资源配置和使用行为影响的对象，包括人类的和非人类的、现实的和潜在的，以及影响旅游规划的宏观环境——政治、经济、社会文化和技术环境等，都是旅游规划的利益主体，即边缘层利益相关者。这里需强调的是，边缘层利益相关者并非意味着是次要或不重要的，只是因为它们对旅游规划的影响多是潜在的、非人类的，但这种影响力同样是强大的，并以某种潜在的方式作用于旅游规划过程。

上述对利益相关者的理解可以概括为 SPERE 系统，即在理论上将社会、人口、经济、资源和环境中的相关问题统一到一个以旅游规划为核心的研究模式之中。

三、利益相关者的成本与利益

在确定了旅游规划的利益相关者后，就要考虑他们之间的成本和收益分配关系。在不同的利益主体之间，价值观、目标和想法会有所不同；每一类人都可能有不同的需要，在旅游业的不同领域中投入成本并从中获利，并对决策施加不同程度的影响。不同的利益主体，其复杂多样的成本和收益状况，多重作用构成了错综复杂的利益网络。在这个网络体系中，不同利益相关者的利益又多是异质性的。

（一）旅游者

作为旅游业服务的对象，旅游者与其他利益相关者的核心利益是异质的。旅游者的利益虽然也表现为经济利益，注重价格，但这并非旅游者利益的核心。旅游者追求的是一种"高质量"和"特殊"的体验，获得文化、娱乐和教育的经历。在这一过程中，旅游者的"合法权益"、生活方式、宗教信仰、文化传统都应受到尊重，这些利益有时候比经济利益更重要。为实现上述利益，旅游者自身要付出成本——时间、费用及离开常驻地后许多的生活不便等，同时也给旅游业者、旅游接待地带来直接与间接的成本，如与接待地的文化冲突或"示范效应"及对当地人生活过程的打扰等。

（二）社区

旅游业为社区带来的利益来自文化交流、资金注入、环境教育、提高土地利用率、改善基础设施、增加就业机会和促进经济发展等。同样，社区利益更具有异质性。他们不仅关注经济的可持续发展，还要求社会和文化的发展具有可持续性。发展要提高人们对生活的控制能力，并维护当地与众不同的历史、文化和社区特点，以保持对旅游者有持续的吸引力。这其中有一个非常重要的问题就是主客之间的接触，当地居民与旅游者不管是以直接人际交往的形式还是以更微妙、更复杂的间接接触的形式，双方的文化差异和社会差异都会显露出来，并引发对社区价值观体系的冲击、外来文化的侵入、当地控制力的下降等问题，给社区发展带来有深远影响的社会成本。在某些极端的情况下，当地居民和旅游者使用某些设施、享用某种资源的权利还会被有意地加以限定和区别，形成对某一利益群体的消费歧视。

（三）旅游企业

包括开发商、供应商、代理商和企业内的人力资源。从可持续发展的角度讲，他们都应该尊重目的地文化和环境、尊重目的地的经济模式及传统的生活方式。但在现实中他们往往因"利益"的驱动而采取与此相悖的行为和价值取向。开发商拥有合法的收益权，追求投资的高回报是他们最关心的问题；供应商与代理商包括旅游景区、旅游交通、旅行社、饭店、旅游商店等，他们的利益核心是由其所提供产品的特点决定的，如旅游景区提供的产品包括有形部分、服务、顾客的行为和一些无法控制（如天气情况、某一时间景点的游客构成）的因素，它们之间的关系很复杂，致使每个旅游者的经历都不一样。在旅游企业中，员工的服务行为本身也是产品的一部分，这也就构成了员工与企业、员工与旅游者之间特殊的利益关系，这样一来员工在旅游企业的利益就不仅仅是薪水、奖金、津贴，还有直接的法律和道德上的利益，如此也引发了员工与企业成本的复杂化。

（四）政府

包括国家、地方政府，旅游管理部门和其他相关部门。它们所拥有的利益和其他相关者相比并不那么直接。在西方国家，通常会将其归入支持层甚至边缘层。在我国，因实施政府主导型的旅游发展战略——政府制定旅游业发展政策、编制旅游规划、协调关系和监督检查，其涉及的利益相对比较直接。在利益追求上，政府一方面通过直接投资获得经济收益,另一方面通过产业政策推动和促进旅游业的持续发展。但有时政府与旅游企业之间信息不对称、政府决策不科学、管理体制不顺是引发、增加成本的主要原因。

(五)非政府组织

与政府和以盈利为目的的企业无关的非政府组织,它们的建立通常是为了实现某一种有价值的社会目的,如文化遗产与环境保护、促进社会发展等,这正是其利益核心所在。有些非政府组织在影响政府决策方面、在社会公众领域有很大的影响力。由于非政府组织特殊的利益取向,它们往往成为一些弱势群体的利益代言人。

(六)社会公众

包括新闻媒体、学术机构、社会公民等方面。社会公众对旅游规划的影响,主要体现在对旅游规划的关注与监督上。这种关注和监督力度,将促进旅游规划决策者在选择经营模式时,必须考虑经济效益、社会效益和环境效益的关系,公共利益和旅游业的关系,长远利益和近期利益的关系,并采取保护与开发相协调的发展方式。

(七)边缘层利益相关者

主要是人类后代、非人类物种和环境,由于这些群体无法替自己说话,在没有合适的方式代表它们的声音时,经常被人们所忽视或遗漏。而他们都是可持续发展的重要内容,因此,他们应该是代际平等和生态可持续性原则的受益者。但过度的或规划不当的旅游规划会影响目的地的资源存量和自然环境;低级的旅游规划会破坏不可再生的旅游资源;同时旅游者的活动对环境的破坏也负有一定责任。在某些地区,野生动物受到严重的干扰,外来物种的引入影响着本地的生态系统等,都是旅游规划所造成的环境成本。

在现实社会中,边缘层利益相关者的利益经常由其利益代言人——政府(环保、自然保护区、文化等部门)或非政府组织——民间人化与环境保护者等来代言。

四、利益相关者的价值取向

利益相关实际是一个平衡问题。如果利益相关者的利益不平衡,如果投资者所得到的回报太少或利润唾手可得,那么就可能出现问题,制定的决策就会过于草率。反之,如果不作长远打算而使单方面利益过快地最大化的话,旅游业遭受的损失将会更大。所谓均衡,用法律经济学的观点看,是指每一方都同时达到最大目标、而趋于持久存在的相互作用方式①。这里的"均衡"并非等同于"平均分配",直观上讲是指利益相关者在利益上的平衡体现,实质上是各方对旅游规划控制能力的权衡。正是这种强有力的对峙

---

① 冯晓青:试论以利益平衡理论为基础的知识产权制度,载《江苏社会科学》,2004(1)。

与抗衡，提供了必要的制约和均衡来确保旅游规划可持续发展的步伐。

均衡利益原则下将营造一个健康的旅游规划与旅游业发展环境，在这种环境下，各利益相关者将实现以下目标[①]：

（一）旅游者——高质量的旅游经历

追求高质量的旅游经历，是旅游者最根本的价值取向。具体包括：
- 旅行过程中的健康、安全保障；
- 体验自然、文化，实现预设的自我价值；
- 在目的地的部分开支，被用来保护自然和文化遗产，恢复废弃的历史建筑物。

（二）当地居民——健康的居住、生活环境

追求健康的居住、生活环境，是当地居民最根本的价值取向，具体包括：
- 供应充足和卫生的食品，没有污染的水源，完善的医疗保健和健康安全，合理的工作报酬，较好的受教育机会，足够和安全使用娱乐场所的机会等；
- 维护和增强社区的个性，增强当地人的自尊和自信；
- 参与旅游规划决策，提高对其生活发展的控制力。

（三）旅游企业——健康的经营环境

追求健康的经营环境，是旅游企业最根本的价值取向，具体包括：
- 刺激获利颇丰的企业发展，包括饭店及其他住宿服务、餐馆及其他饮食服务、运输系统、手工艺品等；
- 良好的政策环境和合理的经济负担（税收、社区贡献等）；
- 有经过培训、高素质并热爱旅游业的劳动力资源（主要是当地就业者）；
- 充足的和高质量的客源以保障经营收益（游客数量、停留时间和消费额）。

（四）文化与环境保护者

追求他们所代言的非人类种群的利益得到充分重视，是文化与环境保护者最根本的价值取向，具体包括：
- 通过防护、改善、修复和重建被损坏的文化遗产和自然环境等达到文化遗产和环境保护的目的；
- 通过发展旅游业拯救濒临失传的非物质文化遗产（民俗、民间艺术等）；
- 鼓励对历史建筑、遗址等有形文化遗产的保护，并为这些活动提供资金；
- 激励人们去关心、提高环境意识，去"关心"而不是去"消耗"资源；
- 人类活动对环境、资源的影响仅限于边缘区域，或者人类的影响以一定的方式进

---

① 世界旅游组织：《旅游业可持续发展——地方旅游规划指南》，南京，旅游教育出版社，1997，28页。

行补偿。

（五）各方共同关心的问题

- 地方交通、通信和其他基础设施的改善；
- 本地居民与旅游者之间的关系（如旅游规划对文化的影响或对基础设施的共同利用问题）；
- 土地利用的分配问题（居民居住用地/接待设施、农业/娱乐用地、狩猎/保护区——野生动物栖息地等）；
- 当地居民生活质量的提高；
- 政府税收增加，地方声誉提高。

在旅游规划实践中，由于经济基础、旅游业发展水平和市场机制等方面的原因，部分利益相关者的利益经常得不到保障，甚至受到侵害。特别是边缘层利益相关者的利益，由于他们的潜在性和非人类性特征，又没有现实的和有影响力的代言人，他们的利益经常被忽视，致使旅游规划利益均衡体系受到破坏，旅游目的地产品周期大大缩短，旅游业向着预期之外的方向发展。尤其是在"追求发展"的经济目标驱使下，一味地迁就和屈从开发商的利益导向，使目的地环境遭受污染、文化特色逐渐消失，企业的短期利益得到膨胀，但地方综合效益却大大下降，地方（政府）的损失又往往转嫁到居民、社区身上，牺牲居民、社区利益来替换政府成本；有的旅游目的地过度拥挤和旅游者对景区、景点和基础设施的优先权使当地居民与旅游者之间产生摩擦，社区居民从旅游规划中获得的不是利益而是问题和威胁。

从根本上说，社区利益是发展旅游业的首要目的。旅游业作为改善社区经济和社会生活策略的一部分，无论采用什么途径，目标都应着眼于社区利益，提高当地的生活水平，保持当地的环境质量。当地居民是发展旅游的主体，他们不仅是旅游业的最终受益人，本身也是旅游资源的一部分。从国际旅游的发展趋势来看，当地居民的文化、生活、生产方式构成的人文景观是以自然风光为基础的旅游目的地最好的互补资源。当地居民参与管理、获得利益，提高其对旅游业的控制力，才能根除居民、发展商、游客的潜在冲突，消除旅游业发展的潜在阻碍，保证当代人利益、后代人利益及环境利益都得到公平对待。实际上，他们的利益关系并非相互排斥，而是相互促进的（见图 4-2）。

总之，旅游开发作为社区、地方经济发展的一种策略选择，必须确保每个利益群体都能公平地分享发展旅游业带来的实惠，即旅游业发展是为了整个社区的发展，而不能为了某一部分利益主体的发展而牺牲另一部分利益主体的利益。

因此，从旅游规划者的角度，就要求规划者要具有角色意识——能够通过角色转换或站在不同利益相关者的角度来综合平衡各方利益诉求，并通过规划预设均衡的旅游利益分配机制。

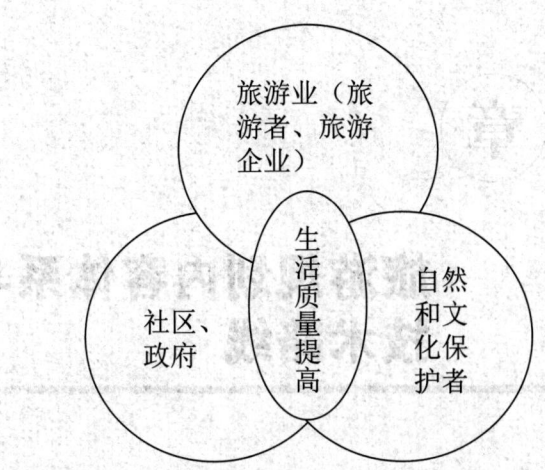

图 4-2 主要利益相关者之间的相互关系

第五章

旅游规划内容体系与技术路线

规划是开发、建设的前提，任何的旅游开发、建设活动，都必须首先从规划开始。不管是从开发投资、还是从旅游业管理的角度，旅游规划都是开发、建设活动的前奏。

2013年10月1日开始实施的《中华人民共和国旅游法》第3章第17条规定：国务院和县级以上地方人民政府应当将旅游业发展纳入国民经济和社会发展规划。即国务院和省、自治区、直辖市人民政府以及旅游资源丰富的设区的市和县级人民政府，应当按照国民经济和社会发展规划的要求，组织编制旅游发展规划。对跨行政区域且适宜进行整体利用的旅游资源进行利用时，应当由上级人民政府组织编制或者由相关地方人民政府协商编制统一的旅游发展规划。

《中华人民共和国旅游法》中对旅游规划的规定，确定了旅游规划在国民经济发展中的地位。

第一节 旅游规划的概念与种类

旅游规划，学术上还是一个崭新的领域，出现的时间较短，自身的理论体系还在进一步完善之中，主要是借鉴相邻学科的理论和方法形成的。

一、旅游规划的概念、特点与原则

（一）旅游规划的概念

规划，是为实现某种目标而组织未来、指导未来的过程。之所以能够通过规划去组织未来、指导未来，是基于两个基本前提：一是未来可以预测；二是目标可以设定。

旅游规划，是为达到旅游业特定的发展目标而确定的战略和措施体系，是实现旅游业有计划、协调和可持续发展的基础。

旅游规划是一项严肃、科学的工作，规划本身也具有地方法规文件的性质，因此，对规划工作的管理也是旅游管理的重要内容。

目前，我国对旅游规划的管理和规范，主要依据一个办法、一个标准。

2000年10月26日，国家旅游局颁布《旅游发展规划管理办法》，作为旅游主管部门管理旅游规划工作的法规性文件。

2003年2月24日中华人民共和国国家质量监督检验检疫总局发布国家标准GB/T 18971—2003《旅游规划通则》，作为旅游规划的技术标准。

上述两个文件中规定，旅游规划分"旅游发展规划"和"旅游区规划"两种。

（二）旅游规划的特点

从规划实践的内容和规划特征来看，旅游规划与土地利用规划、城乡规划在内容上有着很大的不同，土地利用规划和城乡规划注重的是空间规划和物质规划，而旅游规划注重的是内容策划和项目创意。有学者认为：策划是旅游规划的灵魂，而创意是策划的灵魂。因此，旅游规划最核心的内容和要求就是要有独特的创新支持的项目策划。

旅游规划的特点主要包括：

1. 综合性

旅游者的活动和旅游产业本身都具有综合性特征，涉及领域广泛，因此，作为指导和组织旅游产业发展、旅游项目开发的旅游规划，必然是一个内容涉及广泛的规划，也有学者将旅游规划描述为"跨行业规划"，无论是旅游资源，还是旅游产品开发、旅游产业要素组织、旅游环境治理等，都会涉及社会生活、生产的几乎所有领域。

2. 地域性

虽然旅游规划的内容框架和体例要求是一定的，必须按照《旅游发展规划管理办法》和《旅游规划通则》的统一要求进行，但任何一个地方的社会经济发展、自然地理状况、历史文化文脉、风土民情等，都会有自己的特点，构成了地方特色和个性，因此，规划内容的侧重点、文化主题的凝练、地方特色的总结、产品体系的构成、特色活动的策划等，都会、也必须体现出当地的特色，这就是地域特色的凝练。

3. 时效性

社会是不断发展变化的，旅游业更是一个快速发展、不断变化、时尚性强的产业，因此，旅游规划的时效性特征特别突出，要能够紧跟时代的步伐，目标确定要具有战略性、长期性，但项目建设、近期目标要具有可实施性，即要重点突出近期目标和建设项目。

4. 创新性

创新是生产力，创新是旅游发展的核心动力。创新是规避旅游产品开发雷同的必然要求。评价旅游规划的成功与否，关键要看规划内容、建设项目、活动策划是否具有创新性。因此，旅游规划过程中，一般都必须要对周边旅游地进行对比和竞争研究，规避雷同，突出个性特色，以自己独有的产品来获得市场认可。

5. 前瞻性

规划本身是为了组织未来、指导未来，要用发展、预见的眼光来进行规划。而且，一个旅游地产业发展规划的规划期一般都是10~20年的中长期，也就要求能够预见未来10~20年旅游业发展的基本趋势，并以此为依据来组织和指导未来旅游开发和旅游业发展进程。

6. 科学性

科学性指的是旅游规划的科学体系和规划的科学思路。规划体系的科学性体现在规划者对旅游产业组成要素的认识及与地方旅游发展条件之间的匹配度，即为当地组织一个怎样的产业业态、以怎样的发展战略来支持当地旅游产业的发展等；规划的科学思路则体现在规划技术路线的科学性和严谨性。

7. 战略性

规划的战略性是指旅游规划本身应该具有战略层面的宏观性、政策性和指导性，并形成支持目标实现的战略体系。

（三）旅游规划的原则

从旅游项目建设和旅游产业发展的客观要求出发，旅游规划的原则主要包括以下几个方面：

1. 市场导向原则

旅游开发是一项社会经济活动，旅游产业发展本身是社会经济发展的重要组成部门，而且项目建设、管理经营、支持保障等都需要一定经济投入，因此，旅游规划必须坚持市场导向原则，以市场需求特征、市场发展趋势作用引领规划的主线，让每一项开发投入都能够收到较好的经济回报。

当然，旅游本身也具有一定的社会特征和公益属性，因此，在有些情况下，社会需求导向也对规划产生一定的影响，即旅游规划在一定情况下也要考虑非营利性的公益项目的建设，为游客和居民提供公共服务。

2. 适度超前原则

旅游规划是为了指导未来的旅游开发建设，所以旅游规划本身也要具有前瞻性。因此，旅游规划要研究当前和现实，但这种研究只是预测和判断未来的基础，旅游规划的根本关注点应该是未来的趋势和方向，对市场发展趋势要有准确的判断，对产品开发、产业体系构建、发展目标设定、战略选择等都要有超前意识才能够保障规划对未来的指导性。

当然，超前性要有科学依据，要把握好超前的"度"，适度超前指的是与市场发展趋势相吻合的超前，是经过努力能够实现的超前。

3. 产品主导原则

无论是旅游开发建设性项目、还是旅游产业发展规划，规划的核心内容都是"旅游产品"的策划、设计，只有形成丰富而有特色，并具有较强盈利能力的旅游产品体系，未来的旅游区经营和旅游产业发展才能有坚实的基础。因此，旅游产品应是旅游规划的主导性核心内容。

4. 系统性原则

旅游业是一个综合性的产业群，具有多元性特征，因而旅游规划也必然是一个跨行业（或跨界）的规划，规划内容涉及许多其他行业和部门（城市建设、交通、商业、手工业、农业、林业、水利、文化和文物等），这就要求旅游规划一定要有开放性和兼容性，能够通过嫁接、融合、交叉等"旅游+"的手段将其他相关产业资源、社会资源纳入到旅游业发展范畴，使旅游规划形成一个具有足够包容性特征的综合性规划。但同时，这种广泛包容的规划不能是一个包罗万象的大杂烩，应在统一逻辑下，以旅游产品为核心形成系统性、科学性的"资源→产品→产业体系"，规划的内容体系才能够多而不乱、广而不散。

5. 均衡利益原则

均衡利益原则，是利益相关者理论在旅游规划、旅游业发展过程中，在利益分配机制上的实际应用和具体体现。

旅游规划、发展旅游业是为整个地方、整个社区的发展提供机会，而不是只为某一部分利益主体谋取利益，在这种发展理念和发展目的的指导下，建立一个什么样的利益分配机制就非常重要。

均衡利益作为发展旅游业的一个基本原则，其关键就是要在旅游规划实践中找到能够使各利益相关者的利益都能够得到公平对待的途径，使利益相关者各方的愿望受到尊重，各方的利益得以兑现。即在旅游规划的利益相关者——旅游者、政府、社区居民、企业、社会公众等当中建立成本共担、利益共享的机制。

目前来看，以下三个方面将在这一过程中发挥关键作用。

（1）开放规划

通过规划来协调各种利益者之间的关系、均衡分配成本与利益是一条具有前置性的有效途径——可以在规划阶段预设利益分配的原则和方案。

从一般意义上说，在旅游地发展的不同阶段，都必须实施建立在可持续发展原则上的综合性发展战略，并通过规划使这一战略得到落实。均衡利益是实现旅游业可持续发展的重要前提之一，因此，旅游规划也必须充分体现均衡利益原则，而不能单纯注重经济利益。这就要求规划编制者和决策者必须从不同的立场、不同的视角进行思考，主动兼顾各利益相关者的利益诉求，有时特别需要跳出政府利益、投资主体利益对规划过程和规划内容的主导，更多地去关心利益相关者中弱势群体的利益，如居民利益、后代人利益、环境利益等的。同时，把"开放的规划过程"作为编制旅游规划的必然要求，吸收各利益相关者（或其利益代言人）和其他相关领域以不同的方式参与规划过程，提供规划意见，以实现兼顾各方主张、均衡各方利益的目的。

（2）管理协调

由于单一的或部分利益相关者不能控制旅游规划的所有要素，往往也不能主动和全

部代表其他利益相关者的利益，均衡利益的实现就需要各方的合作与支持，更需要在超越利益相关者的层次上协调不同群体的关系。在这一层次上操作——通过管理所实现的协调，本身就是要实现"目标"与"资源"之间的均衡。

在旅游规划实践中，旅游管理机构和其他相关政府组织是管理协调的具体实施者，他们通过法律、法规、制度、规划、标准和行政手段等来实施对旅游规划和经营活动的管理和协调，这已是一种制度化的现象，关键是如何建立一个能够充分体现均衡利益思想和原则，并具有自我调整弹性功能的有效机制。它以旅游规划的健康发展和达到各利益相关者的利益均衡为目的，设计出旅游规划和经营各个环节中由谁管理、如何管理、为谁服务等相关制度，从而为这一原则的实现建立强有力的管理保障体系。

（3）社区参与

当地居民从发展旅游业中得到的实惠越多，就会越积极地保护当地的自然环境和文化遗产，并更加支持旅游规划和发展旅游业。因此，应积极提倡和推动社区居民参与旅游规划的编制过程——以入户调查、问卷、公示等形式征求社区意见，使他们有充分的发表意见的机会并保障他们的意见能够得到切实的尊重——社区居民广泛参与的旅游规划能够反映社区共同的愿望，尊重社区对遗迹、文化、生活方式、经济模式和环境的态度，能提高当地人对旅游规划的支持率。

社区参与还应体现在对旅游业经营活动的优先权和广泛的参与空间，保证他们在旅游业及其他经济领域有足够的从业和投资机会，这种"优先权"和"机会"有时甚至需要用量化的指标比例（如本土业户占经营业户总量的比例）进行强化。但坚持社区参与并非等同于"全民参与、平均分配"的组织形式。社区的参与要在公平的原则之下，遵循市场竞争的原则，增强居民的商品观念和市场意识，促使其努力提高自己的文化水平，改善经营方式，提高经营能力，从而提高对旅游规划的控制能力和对旅游业的参与、进入能力。即一方面要保证他们有参与旅游经营的优先权和足够的参与空间，另一方面要提高他们的市场意识和经营能力。

旅游可持续发展的实质，就是要求旅游与自然、文化和人类生存环境等融为一体；自然、文化和人类生存环境之间的平衡关系也使许多目的地形成了自己的个性和特色。旅游发展不能破坏这种平衡关系。可以认为，成本和利益在不同利益主体之间的公平、均衡分配是旅游业可持续发展的重要标志。关键的是：在旅游规划实践中，必须首先要明确以下几个要件：

——利益相关者的成分与构成；

——各利益相关者成本、利益的本质和表现；

——均衡利益原则得以实现的途径和保障体系。

二、旅游规划的种类

（一）旅游发展规划

1. 旅游发展规划的概念

根据《旅游发展规划管理办法》和《旅游规划通则》的规定，旅游发展规划是根据旅游业的历史、现状和市场要素的变化所制定的目标体系，以及为实现目标体系在特定的发展条件下对旅游发展的要素所做的安排。

旅游发展规划，亦称旅游产业发展总体规划，按照范围划分为全国旅游发展规划、跨省级区域旅游发展规划和地方旅游发展规划。但在绝大多数情况下，旅游发展规划是在一个行政区范围内编制的关于地方旅游产业发展的总体规划。

2. 旅游发展规划的编制

旅游发展规划应该由具备国家旅游局认定资质的机构编制。

（1）旅游发展规划编制的原则

• 旅游发展规划的编制应当以国民经济和社会发展计划为依据，与经济增长和相关产业的发展相适应。

• 旅游发展规划应当与国土规划、土地利用总体规划、城市总体规划等有关区域规划相协调，应当遵守国家基本建设计划的有关规定。

• 旅游发展规划应当与风景名胜区、自然保护区、文化宗教场所、文物保护单位等专业规划相协调。

（2）旅游发展规划的内容

《中华人民共和国旅游法》第3章第18条规定：旅游发展规划应当包括旅游业发展的总体要求和发展目标，旅游资源保护和利用的要求和措施，以及旅游产品开发、旅游服务质量提升、旅游文化建设、旅游形象推广、旅游基础设施和公共服务设施建设的要求和促进措施等内容。

国家标准《旅游规划通则》则规定了旅游发展规划编制的具体技术要求。旅游发展规划成果应包括规划文本、规划图表和附件。规划说明和基础资料收入附件。规划内容主要有七项：

• 综合评价旅游业发展的资源条件与基础条件；

• 全面分析市场需求，科学测定市场规模，合理确定旅游业发展目标；

• 确定旅游业发展战略，明确旅游区域与旅游产品重点开发的时间序列与空间布局；

• 综合平衡旅游产业要素结构的功能组合，统筹安排资源开发与设施建设的关系；

• 确定环境保护的原则，提出科学保护利用人文景观、自然景观的措施；

• 根据旅游业的投入产出关系和市场开发力度，确定旅游业的发展规模和速度；

• 提出实施规划的政策和措施。

3. 旅游发展规划的管理

旅游发展规划实行分级制定和审批。

• 国家旅游局负责组织编制全国旅游发展规划，跨省级区域旅游发展规划和国家确定的重点旅游线路、旅游区的发展规划；地方旅游局负责编制本行政区域的旅游发展规划。

• 跨省级区域旅游发展规划，由国家旅游局组织有关地方旅游局编制，征求有关地方人民政府意见后，由国家旅游局审批。

• 地方旅游发展规划由地方各级旅游局编制，在征求上一级旅游局意见后，报同级人民政府批复实施。

• 国家确定的重点旅游城市的旅游发展规划，在征求国家旅游局和本省（自治区、直辖市）旅游局意见后，由当地人民政府批复实施。

（二）旅游区规划

1. 旅游区规划的概念

根据《旅游发展规划管理办法》和《旅游规划通则》的规定，旅游区规划是指为了保护、开发、利用和经营管理旅游区，使其发挥多种功能和作用而进行的各项旅游要素的统筹部署和具体安排。

2. 旅游区规划的层次

旅游区规划按规划层次分为旅游区总体规划、控制性详细规划和修建性详细规划。

（1）旅游区总体规划

旅游区总体规划的任务是分析旅游区客源市场，确定旅游区的主题形象，划定旅游区的用地范围及空间布局，安排旅游区基础设施建设内容，提出开发措施。

1）旅游区总体规划的内容：

• 对旅游区客源市场的需求总量、地域结构、消费结构等进行全面分析与预测；

• 界定旅游区范围，进行现状调查和分析，对旅游资源进行科学评价；

• 确定旅游区的性质和主题形象；

• 确定规划旅游区的功能分区和土地利用，提出规划期内的旅游容量；

• 规划旅游区的对外交通系统的布局和主要交通设施的规模、位置；规划旅游区内部的其他道路系统的走向、断面和交叉形式；

• 规划旅游区的景观系统和绿地系统的总体布局；

• 规划旅游区其他基础设施、服务设施和附属设施的总体布局；

• 规划旅游区的防灾系统和安全系统的总体布局；

• 研究并确定旅游区资源的保护范围和保护措施；

• 规划旅游区的环境卫生系统布局，提出防止和治理污染的措施；

• 提出旅游区近期建设规划，进行重点项目策划；

• 提出总体规划的实施步骤、措施和方法，以及规划、建设、运营中的管理意见；

· 对旅游区开发建设进行总体投资分析。

2）旅游区总体规划的期限一般为10~20年。

3）旅游区总体规划的成果，包括：

· 规划文本；

· 图件，包括旅游区区位图、综合现状图、旅游市场分析图、旅游资源评价图、总体规划图、道路交通规划图、功能分区图，以及其他专业规划图、近期建设规划图等；

· 附件，包括规划说明和其他基础资料。

（2）旅游区控制性详细规划

在旅游区总体规划的指导下，为了近期建设的需要，可编制旅游区控制性详细规划。

旅游区控制性详细规划的任务是，以总体规划为依据，详细规定区内建设用地的各项控制指标和其他规划管理要求，为区内一切开发建设活动提供指导。

1）旅游区控制性详细规划的主要内容：

· 详细划定所规划范围内各类不同性质用地的界线。规定各类用地内适建、不适建或者有条件地允许建设的建筑类型；

· 规划分地块，规定建筑高度、建筑密度、容积率、绿地率等控制指标，并根据各类用地的性质增加其他必要的控制指标；

· 规定交通出入口方位、停车泊位、建筑后退红线、建筑间距等要求；

· 提出对各地块的建筑体量、尺度、色彩、风格等要求；

· 确定各级道路的红线位置、控制点坐标和标高。

2）旅游区控制性详细规划的成果，包括：

· 规划文本；

· 图件，包括旅游区综合现状图、各地块的控制性详细规划图、各项工程管线规划图等，图纸比例一般为1/1000/~1/2000；

· 附件，包括规划说明及基础资料。

（3）旅游区修建性详细规划

对于旅游区当前要建设的地段，应编制修建性详细规划。

旅游区修建性详细规划的任务是，在总体规划或控制性详细规划的基础上，进一步深化和细化，用以指导各项建筑和工程设施的设计和施工。

1）旅游区修建性详细规划的主要内容：

· 综合现状与建设条件分析；

· 用地布局；

· 景观系统规划设计；

· 道路交通系统规划设计；

· 绿地系统规划设计；

· 旅游服务设施及附属设施系统规划设计；

- 工程管线系统规划设计；
- 竖向规划设计；
- 环境保护和环境卫生系统规划设计。

2）旅游区修建性详细规划的成果，包括：
- 规划设计说明书；
- 图件，包括综合现状图、修建性详细规划总图、道路及绿地系统规划设计图、工程管网综合规划设计图、竖向规划设计图、鸟瞰或透视等效果图等，图纸比例一般为1/500~1/2000。

第二节 旅游规划的技术路线与程序

一、旅游规划技术路线

旅游规划，是用来指导旅游开发和旅游产业发展实践的。对旅游规划内容的科学性、质量高低进行评价，从根本上说，需要在规划实施以后，以实践效果的检验作为最基本的依据来进行评价。但对于规划者来说，必须在规划的过程中，以一种主观上的科学思路作为引领规划工作的基本路径；而作为政府、企业委托方和规划论证的评判人员，也同样需要在规划工作结束、规划实施以前对规划成果给以主观的评价，以确定规划的质量，是否能够用于指导旅游开发实践。

这种主观上的规划思路便是"规划的技术路线"。

确定旅游规划的技术路线，最基本的原则就是逻辑性与创新性的统一。如图5-1所示。

（一）规划的内容体系及其逻辑关系

规划要强调逻辑性，即规划内容前后的对应性、因果的关联性要达到数据可靠、程序合理、逻辑严谨。

图5-1显示的技术路线图，实际上就是规划内容的逻辑关系图。

1. 规划基础研究

规划地或规划区的社会经济基础、旅游资源、旅游产业状况等是未来旅游业发展的基础，因此，任何旅游规划都必须从基础研究开始。

（1）自然与社会、经济研究是为了确定当地发展旅游业的自然和社会、经济基础能够为旅游发展所提供的条件；

（2）旅游业本身属于资源依赖型产业，旅游资源禀赋及对旅游资源的评价是确定旅游产业类型、发展方向的重要依据；

（3）对当前旅游发展情况问题的诊断，是为了使未来的旅游业在克服问题、解决不足的基础上取得提高和进步，实际上，任何事情都是在解决问题、克服不足的前提下进一步发展的。

2. 旅游发展条件综合分析

在任何情况下，旅游业发展都需要一定的条件，或者说，具备什么样的条件，是发展什么样的旅游业、怎样发展旅游业的前提。而且，旅游业与其他行业一样，市场是经常变化的，产品的供求关系之间同样也存在着矛盾和机遇。正因为如此，任何一个地方发展旅游业，都必须从现阶段旅游发展的趋向，旅游市场竞争的态势和当地所具备的条件、所处的环境等方面来分析旅游业发展的可能性和可行性，使规划更科学、更可靠，更具有现实的操作性和长远的指导性。

SWOT分析法，是旅游规划中经常被使用的一种条件综合分析法，它通过对资源地发展旅游业所具备的优势、机遇及所面临的弱势和挑战等进行综合分析，来确定该地发展旅游业的战略措施和其他原则性问题。

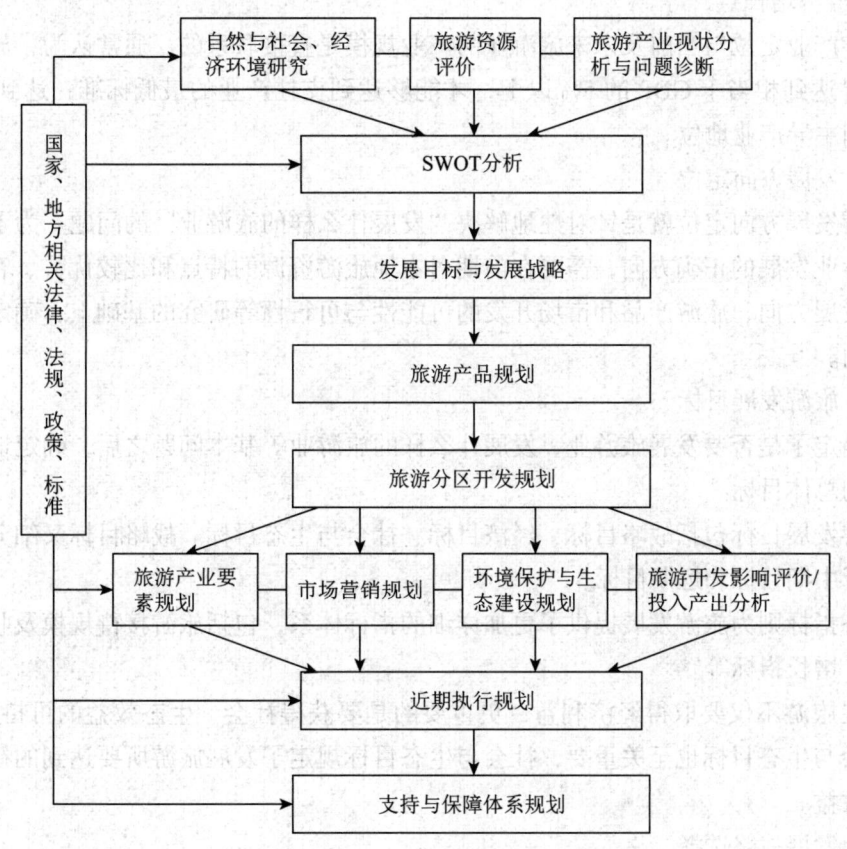

图 5-1 旅游规划的技术路线（规划逻辑关系）

3. 发展目标与发展战略

旅游发展条件综合研究的目的，就是为了在对旅游发展条件进行综合分析的基础上，确定有关旅游业发展的基本问题：要不要发展旅游业，发展什么样的旅游业，如何去发展旅游业等，即解决旅游业的总体目标与战略选择等原则性问题。

（1）战略定位

对旅游业进行战略定位，即是确定旅游业在本地区经济发展和社会进步过程中的地位，给其一个恰如其分的"名分"。战略定位可以为发展旅游业提供政策性依据，它说明地方对旅游业的重视程度和基本认识水平。

战略定位在旅游发展总体规划中，一般是指旅游地的"旅游产业定位"。在旅游规划中，地方旅游产业的定位一般选择为：

- 支柱产业；
- 主导产业；
- 优先发展的产业；
- 第三产业中的支柱产业；
- 新经济增长点，等。

旅游产业定位与当前及未来旅游业的产业规模是直接联系的。通常认为，旅游总收入至少要达到相当于 GDP 的 5% 以上，才能够达到支柱产业的最低标准；达到 10% 以上，达到主导产业地位。

（2）发展方向定位

旅游发展方向定位就是针对性地解决"发展什么样的旅游业"的问题。为了明确本地区旅游业发展的正确方向，需要在前期对本地旅游资源的特点和比较优势、客源市场需求的发展方向、旅游产品和市场开发的可能性与可行性等研究的基础上，确定旅游发展的方向。

（3）旅游发展目标

在确定了是否要发展旅游业、发展什么样的旅游业等基本问题之后，确定地方旅游业发展的总体目标。

旅游发展目标包括战略目标、经济目标、社会与生态目标。战略目标又细分为总体目标、近中期目标和远期目标。

经济指标则为旅游发展提供了更加详细的指标体系，包括旅游接待规模及收入的发展速度、增长指标等。

发展旅游不仅要取得经济利益，更重要的是要获得社会、生态效益的可持续发展，因此社会与生态目标也至关重要，社会与生态目标规定了发展旅游所要达到的社会效益和生态效益。

（4）发展战略选择

要达到任何一项发展目标，都需要一定的战略、措施体系为保障，即为达到前面确定的发展目标，要实施怎样的发展战略予以支持。

旅游发展战略包括普遍性战略、针对性战略和战略步骤。

普遍性战略或一般性战略是旅游发展战略中具有普遍意义的战略和原则，对大多数地方都适用，也是各地发展旅游业都必须坚持的战略选择，诸如政府主导战略、可持续发展战略、信息化战略、人才战略等，都是一般性战略。

针对性战略是依据不同的旅游地自身的条件而提出的差异性战略选择，它是为了更好地发挥地方优势和机遇，尽可能地避免劣势和威胁，从而找到地方旅游发展的新突破。诸如民俗化战略、区域联合战略、多部门促进战略等，都是针对性战略的表现。

战略步骤，是对旅游发展的分期规划，是根据当地旅游发展的总体目标而确定的阶段性任务。一般以时间为界限，把战略步骤分为 2~3 个规划期，比如可以划分为近、中期战略任务和远期战略任务，并确定阶段性目标，这样更易于目标的把握和操作。

4. 旅游产品规划

产品开发是旅游开发和旅游业发展最实际、最现实的内容；规划确定的发展目标也要通过产品开发去实现。

在旅游开发论证阶段，关于产品开发已经进行了初步的设计，在规划中要根据前期的论证和规划中确定的旅游发展总体目标，来具体设计旅游地、旅游区在不同发展阶段——近期、中期、远期产品开发的内容。

5. 旅游分区开发规划

分区开发规划或空间布局规划，是对产品规划在空间上的落实。规划中设计的任何产品，都要落实到一定的地域空间中去；规划区域内的任何有价值的资源也都需要在规划中进行具体的安排，包括其在整个旅游地、旅游区中的地位与角色，未来开发、利用的方向，资源向产品的转化方式等，都要进行规划、设计。

分区规划首先要进行分区，即根据主导因素原则、地缘特征原则、特色原则、整体性原则等对整个规划区进行空间上分区。然后对每一个功能区的发展定位、功能配置、产品开发，以及相关的景观、设施与建设项目等进行具体的规划与设计。

6. 旅游产业要素规划

产品开发是旅游开发或旅游产业发展的核心，但旅游业是一个综合性的"产业群"，它是由多种相关产业要素组合而成的，对于一个旅游地来说，只有构建起完整的产业体系，才能够使旅游业成规模的发展，才能够建立起具有完善服务体系的旅游目的地。

旅游业涉及的领域非常广泛，几乎涉及社会经济的所有领域，旅游规划也不可能面面俱到。在旅游产品规划的引导下，旅游产业要素规划的内容一般要包括这样几个最主要的领域：

- 旅游代理行业（旅行社业）；
- 旅游接待业（旅游饭店、宾馆）；
- 旅游餐饮业；
- 旅游娱乐业；
- 旅游商品开发与销售；
- 旅游交通（交通线路、交通工具，以及航空机票、铁路客票业务等）；
- 旅游信息服务与电子商务；

- 其他相关行业。

7. 市场营销规划

市场营销规划，目的是要将规划的产品在市场上"卖出去"，实现规划所确定的发展目标。

市场营销规划，要既能够稳定现实的市场，又要能够开发出潜在的市场，使市场规模不断扩大，并树立起旅游地、旅游区的总体形象，提高旅游地、旅游区的知名度和美誉度，形成品牌效应。

市场营销规划的内容包括：

（1）目标市场选择

所谓目标市场，是根据自身的条件，确定一个或几个细分市场作为自己的目标市场。新兴旅游区要想在激烈的市场竞争中占有一席之地，首先必须进行明确的市场定位，有针对性地选择目标市场，并开展有效的营销工作。

目标市场的选择需要有一定的依据，一般要考虑以下几个方面：资源的价值大小及吸引力强弱；旅游地的可进入性；旅游区的市场区位的优劣；旅游区所要开发的旅游产品类型；周围区域的市场竞争程度；等等。在此基础上，再划分不同层次的目标市场。一般可以从空间角度把目标市场确定为三个等级，即一级市场、二级市场、三级市场（机会市场）。如果从旅游者的旅行目的角度来考察，可以划分为观光旅游市场、度假旅游市场、休闲旅游市场等。这些内容在规划的基础研究阶段和产品规划环节应进行专门研究。

（2）旅游形象设计

旅游形象是旅游者对某一旅游地的总体认识和基本评价。旅游形象设计可以使当地政府和居民对本地旅游资源的核心资源、产品定位和发展目标有更清楚的认识，使旅游地在众多的同类产品中以鲜明的姿态出现在旅游者面前。在现代旅游业发展中，旅游形象设计正发挥着越来越重要的作用。

旅游地、旅游区的形象设计包括总体形象设计和系列形象策划。总体形象是对旅游地、旅游区最具吸引力的旅游因素的锤炼和浓缩，是对外市场宣传的中心口号；系列形象策划是对总体形象的诠释，是为了使旅游区更好地体现总体形象。而在旅游地、旅游区内进行的细致性策划工作，一般包括了物质景观的策划和文化景观的策划。

（3）市场营销规划

市场营销规划所涉及的内容很多，包括市场营销战略、市场营销观念、产品营销策略、销售渠道的建立、具体的促销策略、市场营销网络的构架等。其中，在市场营销观念方面，应该强调生态理念，强化品牌意识，突出区域文化氛围，注重社区服务的全面化、现代化。在市场促销方面，应合理运用各种促销材料、广告宣传、销售促进与公共关系等手段，加强联合促销的力度，策划节庆活动促销，并实现网络宣传促销。

8. 环境保护与生态建设规划

可持续发展是今天任何旅游开发活动所共同倡导的基本原则，而环境保护与生态建设是实现可持续发展的基础。

旅游资源是旅游业赖以生存和发展的物质基础，其形成是大自然的恩赐、历史的遗存和人类聪明智慧的创造，多数为不可再生性资源。旅游业的发展必须建立在旅游资源开发的基础之上，但开发不当也会造成对旅游资源的破坏。在开发旅游资源，大力发展旅游业的同时，特别要注意对资源、环境、生态的保护，在注重旅游业经济效益的同时，更应该注重其生态环境效益和社会效益。因此在开发旅游资源的同时，合理规划旅游资源、环境的保护是旅游规划中不可缺少的内容。

环境保护与生态建设规划的内容包括：

• 旅游资源保护规划：确定旅游资源保护的原则、划分旅游资源保护的等级，并根据国家的相关法律、法规采取相应措施。

• 旅游环境保护规划：包括旅游环境保护与治理、旅游环境规划、旅游区环境卫生规划、旅游区环境容量评估等。

• 旅游生态环境建设规划：包括对旅游生态环境现状的评估，旅游生态环境建设的规划（绿化建设规划、生态环境建设规划），建立生态环境保护的保障机制等。

9. 旅游开发影响的评价及投入产出分析

无论是旅游地开发，还是旅游区开发，都要进行旅游开发的影响评价，这也是对旅游开发效果的一种预期，也是衡量旅游开发利与弊的先期预测。

旅游开发影响包括三个方面：

一是经济影响：包括旅游收入、对地方的财政贡献（营业税、旅游发展基金、所得税等）。

二是社区利益：包括发展旅游业为社区提供的就业机会、对居民生活质量的影响以及社会文化影响等。

三是环境影响：包括积极的和消极的两个方面。

对于旅游区开发或旅游项目建设，要根据项目策划进行投入产出分析，以确定旅游开发项目的经济意义。

10. 近期执行计划

在旅游规划中，"近期执行计划"主要是指在规划实施前期的5年左右内应进行的旅游开发和产业发展工作。制定全面的战略规划只是保证旅游业有序发展的前提，关键是要能够有效地实施下去，其中最关键的是能够有一个良好的开端。因此，规划中所确定的发展目标、项目建设计划、市场启动计划等能否得到真正实现，最为关键的是要看近期的实施、启动情况。因此，可以说，这一时期是至关重要的执行期；如果规划实施启动滞后、片面，整个规划将有可能成为一纸空文。认真实施规划中所确定的近期行动计划，将会使规划地的旅游业有一个跨越式的发展。

近期行动计划的内容是整个战略发展规划中的重点内容，是对整个发展规划的提炼，是根据规划地旅游业的发展需要，最迫切需要解决的内容和最急需启动的项目。

在旅游规划领域，有一句经常被引用的语言："近期即远期"，就是强调的近期的重要性。

11. 支持与保障体系规划

支持保障体系，是针对规划实施和旅游业发展中的重大问题，提出的支持与保障体系建设方案。旅游业所涉及的领域越广泛，就越需要有力的支持与保障，如果没有这种有力的支持与保障，再好的规划、再美妙的蓝图也实现不了。世界旅游组织专家在为山东省编制的旅游发展总体规划中，曾经建立了一个对比表，列举出了如果得不到切实的保障，在不同的规划期内将会有不同的结果。

在旅游开发论证阶段，已经在政策、法规、人才等方面对旅游发展的支持保障体系建设提出了具体设想，可在规划中直接引用或在此基础上提升。

（二）规划的创新性

旅游规划作为一种法规性、政策性文件，其本身有规定的内容体系和体例，有逻辑性的要求，这是最基本的要求。但体例的统一只代表规划文本范式的格式化，却并不代表内容的"八股文"倾向，规划要有特色。

规划的特色表现在：在规划文本范式统一的前提下，在规划内容上的创新。而规划内容的创新，主要体现在两个方面：

1. 规划内容的侧重点

规划内容侧重点的不同，是规划特色和规划创新性的重要体现。

从旅游发展规划的角度上看，当一个旅游地处在不同的发展阶段，其发展任务、发展目标、重点工作等都会有一定的差别，这就必然反映在旅游规划的侧重点上：

（1）在旅游业发展的初期或起步阶段：规划和开发的重点是旅游资源开发，以旅游资源开发为切入点，以观光性旅游产品的开发及相关项目建设为重点，以提高旅游地的吸引力、形成产品体系为目标，来构建地方旅游产业体系。因此，对于处于初期发展阶段的旅游地来说，其旅游规划的重点是旅游资源开发。

（2）在旅游业发展的中期阶段：规划和开发的重点是注重综合性产品的配套开发，休闲、运动、娱乐产品开发成为新的主导方向，即以完善产品体系、形成多元化的功能体系为目标，使旅游地逐步向具有综合性功能的旅游目的地转化，伴随的是产品、服务的标准化过程。

（3）在旅游业发展的高级阶段：地方旅游业的发展由量的增长向质的增长转变，旅游业将以走上质量效益型的发展之路为目标，因此，规划和开发的重点是产品的升级换代和针对细分市场的度假产品、专门产品的开发，以提高到访者的滞留性消费和可变消费为目标，旅游目的地建设走向国际化。

2. 规划内容的创意

规划重点内容上的创意，是规划特色和规划创新最直接的体现。规划创意则主要体现在产品设计与旅游活动策划、细分市场选择、旅游发展战略选择等方面。

二、规划工作程序

规划是一件严肃的事情，规划最终所形成的成果也将成为地方法规性文件，因此，旅游规划要讲究程序的规范性、严谨性；同时，规划还是一个提高认识、统一认识、确立旅游产业地位的过程，因此，旅游规划工作要注重规划过程的社会发动效果，规划内容的开放和规划过程的程序化也是非常有必要的。

根据规划编制工作的要求，旅游规划全过程的工作流程一般要经过九个环节，内容如图 5-2 所示。

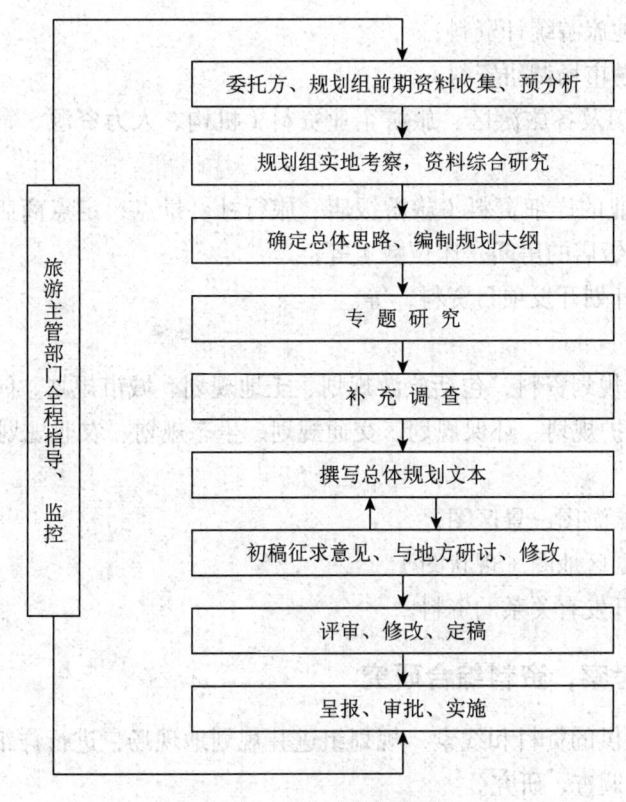

图 5-2 旅游规划流程图

（一）前期资料收集、预分析

规划的委托方、规划组，在规划的准备阶段，要进行前期的资料收集和预分析工作，以后期规划组进入规划地进行现场勘察做好准备。

此阶段的资料准备工作主要由委托方完成，一般需要准备如下资料：

1. 历史资料

- 地方志、风物志、民俗志等反映地方历史的史志资料；
- 专门性的地方史研究资料。

2. 社会经济资料

- 近5年社会经济统计资料（年鉴）；
- 地方社会经济发展规划（如"十三五"发展规划）；
- 本年度"人代会"上的政府工作报告。

3. 法规、政策资料

关于发展旅游业的地方法规和政策性文件，包括地方人民代表大会颁布的地方法规、政府出台的政策性文件等。

4. 旅游业发展资料

- 近5年来当地旅游统计资料；
- 已积累的旅游市场调研资料；
- 政府主管部门及各旅游区、旅游企业资料（机构、人力资源、宣传资料、经营项目及业绩等）；
- 重点旅游企业的详细资料（旅游饭店、旅行社、景点、定点商店、旅游汽车公司等的数量、规模，饭店的房间、床位数）等；
- 在建项目、计划开发项目资料，等。

5. 相关规划

各相关领域的规划资料，包括旅游规划、土地规划、城市规划、园林规划、风景名胜区规划、文物保护规划、环保规划、交通规划、生态规划、农业规划、林业规划等。

6. 图件

- 行政地图、旅游图、景区图；
- 规划地、规划区地图（现状图）。
- 其他与旅游开发有关系的资料。

（二）实地考察，资料综合研究

根据委托方提供的资料和线索，规划组进驻规划地现场，进行详细勘察，对规划涉及的所有领域进行调查、研究。

- 调查研究的方法一般包括文献调查、现场勘察、问卷调查、专门访谈、座谈会等形式。
- 调查研究的范围涉及与旅游开发和发展旅游业有关的所有领域。
- 调查研究的地点，既包括规划地，也包括目标客源地，有必要时还要涉及周边地区、同类地区。
- 对调查资料进行综合研究、总结、提炼，以发现其他有价值的线索，并从规划项目基础资料的研究当中得出初步的分析结论。
- 调查研究结论要与委托方进行对接，取得共识。

（三）确定总体思路和规划重点、编制规划大纲

实地考察并对资料进行综合研究后，根据研究的结论确定旅游发展的总体思路，并以总体思路为指导，拟定规划大纲，确定规划重点。

（四）专题研究

根据规划人员拟定的规划大纲，针对确定的规划重点内容、重点项目展开专题研究，特别是对于针对性发展战略、旅游产品开发与项目策划、目标客源地等，要组织专业队伍进行专门研究，以保证重要规划内容、重点旅游项目的科学性、可靠性、可行性。

（五）补充调查

专题研究实际就是对前期调研资料的应用过程和规划创意过程，要根据项目设计的需要进行补充调查，以获得更加充分的资料与依据。

补充调查既包括规划地的环境、资源等情况的深入调查，也包括同类项目或相关项目的专业考察。

补充调查一般都是围绕具体的项目展开的。

（六）撰写总体规划文本

在充分掌握资料、认真研究的基础上，按照规划大纲进行规划文本的撰写。旅游发展规划的规划文件包括两种：一是规划文本，是规划的正式内容；二是规划说明书，是对规划文本的详细说明。

（七）征求意见、讨论、修改

规划初稿要提交给委托方进行讨论，征求意见。与委托方讨论、征求意见的过程非常重要，这是统一认识、统一思想的重要环节，特别是与"相关部门"的讨论，往往成为统一认识的重要途径。

1. 征求意见的范围

征求意见的范围包括：

• 地方党委、政府、人大、政协的主要领导；

• 旅游相关部门，包括规划、城建、工商、交通、文化、农业、水利、林业、渔业、园林及涉及的各级政府（县、乡镇）等；

• 地方研究机构、民间组织（研究会、行业协会等）等非政府组织；

• 主要的旅游企业（旅游饭店、旅行社、旅游景区、旅游交通企业等）、相关企业（航空、铁路、公共交通、商场、娱乐企业等）；

• 社区居民（社区居民代表、社区公示）；

· 其他领域。

2. 征求意见的途径

· 向社会征求意见，要通过书面形式或设立专门的信息反馈渠道；

· 召开专门的征求意见会、研讨会，对规划方案进行讨论。

部门意见除在征求意见会、研讨会上提出和讨论外，要形成专门的书面意见。经过与地方讨论、磋商，规划组对规划文件进行修改，提交规划评审稿。

（八）评审、修改、定稿

· 规划评审工作的组织：规划的评审，由地方政府或上级旅游主观部门主持。

· 评审委员会的组成：评审委员会由规划、旅游、文化、城建、经济、设计、地方代表及相关领域的专家组成，一般由5位以上的单数专家构成。

· 评审方式：规划评审一般采用会议评审方式，特殊情况下可以采用通信评审方式。评审过程要形成书面评审意见，给出"通过"或"不通过"的结论，并提出进一步修改的意见。

· 规划组根据评审委员会的评审意见，经与委托方协商，对规划文件进行再次修改，经委托方确认后，提交最终成果。

· 对未获评审通过的规划，在经过修改后，要再次组织评审。

（九）呈报、审批、实施

提交最终成果后，规划组的工作便结束。

按照国家旅游局《旅游发展规划管理办法》的规定，旅游发展规划要在征得上一级旅游局同意后，呈报同级人民政府审批，由当地旅游局组织实施。但我国许多地方为提高规划的严肃性，往往将旅游发展规划提交地方人民代表大会常务委员会审议，通过后使之成为具有法律地位的地方法规性文件。

旅游区规划，在有经地方人民代表大会常务委员会审议通过的旅游发展规划的前提下，由地方政府（规划管理部门、旅游主管部门）依据旅游发展规划审批，由旅游区开发单位或项目建设单位实施。

规划调查与基础研究

通过湿地调查来掌握规划的基础资料，展开基础研究，是进行科学规划的基础性工作。

旅游规划需要调查的内容很多，一般包括旅游资源、自然与地理、历史与文化、当地社会经济发展概况、旅游产业发展现状、客源市场等。在现状调查的基础上，对当地旅游产业的条件进展综合研究，特别是对当前旅游产业发展过程中存在的不足和问题进行科学诊断。

第一节 旅游资源调查

旅游资源，是旅游开发需要考虑的首要条件。

旅游开发是一项综合性的社会经济活动，涉及许多社会和经济部门，但无论其涉及的范围多么广泛，有一点是最主要的，即任何的旅游开发活动都必须以一定的旅游资源为基础，以一定的景物和功能性设施建设为旅游开发活动的中心内容，并以此为核心展开产品开发、功能配置等相关的开发、建设活动。因此，可以说，旅游资源是旅游开发活动的核心条件，没有一定数量、规模和质量的旅游资源，旅游开发便无从谈起。但这也并不是说只要有了旅游资源就可以进行旅游开发，或任何的旅游资源的都值得进行开发。实际上，有些旅游资源，由于其自身的特性或其他条件的限制，可能一时还难以开发或根本不宜开发，因而，任何一个旅游开发项目的出台，都必须首先对资源情况进行充分的考察和论证。

同时，旅游资源调查，对于地方旅游主管部门来说，应该是一项时效性与长期性相结合的工作，它可以在某个旅游开发项目之前进行时效性地调查，也可以是日常的一项工作内容，或为长期的旅游业发展进行的一项专门性工作。

一、旅游资源调查的一般要求

旅游资源调查,要根据相应的国家标准进行。目前,我国使用的旅游资源分类和评价标准为 GB/T 18972—2003《旅游资源分类、调查与评价》。根据该标准的技术要求,旅游资源调查分为"旅游资源详查"和"旅游资源概查"两个档次,对调查精度的要求有所不同。

(一)旅游资源调查技术要求

旅游资源调查的一般要求包括:

一要保证成果质量,强调整个运作过程的科学性、客观性、准确性,并尽量做到内容简洁和量化。

二要充分利用与旅游资源有关的各种资料和研究成果,完成统计、填表和编写调查文件等项工作。调查方式以收集、分析、转化、利用这些资料和研究成果为主,并逐个对旅游资源单体进行现场调查核实,包括访问、实地观察、测试、记录、绘图、摄影,必要时进行采样和室内分析。

可利用的相关资料、研究成果包括:

- 已形成的资源资料,如地方志、风物志、民俗志、游记等文史资料;
- 航空、卫星遥感等图片资料;
- 国土资源调查材料;
- 其他相关规划资料;
- 各种社会线索等。

(二)旅游资源调查的内容要求

总体来说,旅游资源调查,要摸清自己的家底,应主要掌握下列基础资料:

- 旅游资源的性质、种类;
- 旅游资源的成因、特点;
- 旅游资源的数量、规模、级别;
- 旅游资源的分布状态;
- 旅游资源的保护、开发现状等。

二、旅游资源详查

(一)旅游资源详查适用范围和要求

(1)旅游资源详查适用范围:旅游资源详查适用于了解和掌握整个区域旅游资源全面情况的旅游资源调查。

(2)旅游资源详查的程序:完成全部旅游资源调查程序,包括调查准备、实地调查两个环节。

（3）旅游资源详查的技术要求：要求对全部旅游资源单体进行调查，提交全部《旅游资源单体调查表》。

（4）旅游资源详查的调查组组成：旅游资源详查的调查组成员，应具备与该调查区旅游环境、旅游资源、旅游开发有关的专业知识，一般应吸收旅游、环境保护、地学、生物学、建筑园林、历史文化、旅游管理等方面的专业人员参与。并进行技术培训。

（二）资料收集范围

旅游资源详查的资料收集范围，主要包括三个方面：

（1）与旅游资源单体及其赋存环境有关的各类文字描述资料，包括地方志书、乡土教材、旅游区与旅游点介绍、规划与专题报告等。

（2）与旅游资源调查区有关的各类图形资料，重点是反映旅游环境与旅游资源的专题地图。

（3）与旅游资源调查区和旅游资源单体有关的各种照片、影像资料。

（三）实地调查的程序与方法

1. 确定调查区内的调查小区和调查线路

为便于运作和此后旅游资源评价、旅游资源统计、区域旅游资源开发的需要，将整个调查区分为"调查小区"。调查小区一般按行政区划分（如省一级的调查区，可将地区一级的行政区划分为调查小区；地区一级的调查区，可将县一级的行政区划分为调查小区；县一级的调查区，可将乡镇一级的行政区划分为调查小区），也可按现有或规划中的旅游区域划分。

调查线路按实际要求设置，一般要求贯穿调查区内所有调查小区和主要旅游资源单体所在的地点。

2. 选定调查对象

选定下述单体进行重点调查：具有旅游开发前景，有明显经济、社会、文化价值的旅游资源单体；集合型旅游资源单体中具有代表性的部分；代表调查区形象的旅游资源单体。

对下列旅游资源单体暂时不进行调查：明显品位较低，不具有开发利用价值的；与国家现行法律、法规相违背的；开发后有损于社会形象的或可能造成环境问题的；影响国计民生的；某些位于特定区域内的。

3. 填写《旅游资源单体调查表》

对每一调查单体分别填写一份《旅游资源单体调查表》（见表6-1）。

表 6-1　旅游资源单体调查表格式

代号	；其他代号：①　　　　；②		
行政位置			
地理位置	东经　°　′　″，北纬　°　′　″		
性质与特征（单体性质、形态、结构、组成成分的外在表现和内在因素，以及单体生成过程、演化历史、人事影响等主要环境因素）			
旅游区域及进出条件[单体所在地区的具体部位、进出交通、与周边旅游集散地和主要旅游区(点)之间的关系]：			
保护与开发现状（单体保存现状、保护措施、开发情况）：			
共有因子评价问答（你认为本单体属于下列评价项目中的哪个档次，应该得多少分数，在最后的一列内写上分数）			
评价项目	档次	本档次规定得分	你认为应得的分数
单体为游客提供的观赏价值，或游憩价值，或使用价值如何？	全部或其中一项具有极高的观赏价值、游憩价值、使用价值。	30～22	
^	全部或其中一项具有很高的观赏价值、游憩价值、使用价值。	21～13	
^	全部或其中一项具有较高的观赏价值、游憩价值、使用价值。	12～6	
^	全部或其中一项具有一般观赏价值、游憩价值、使用价值。	5～1	
单体蕴含的历史价值，或文化价值，或科学价值，或艺术价值如何？	同时或其中一项具有世界意义的历史价值、文化价值、科学价值、艺术价值	25～20	
^	同时或其中一项具有全国意义的历史价值、文化价值、科学价值、艺术价值	19～13	
^	同时或其中一项具有省级意义的历史价值、文化价值、科学价值、艺术价值	12～6	
^	历史价值，或文化价值，或科学价值,或艺术价值具有地区意义	5～1	
物种是否珍稀，景观是否奇特，此现象在各地是否常见？	有大量珍稀物种，或景观异常奇特，或此类现象在其他地区罕见	15～13	
^	有较多珍稀物种，或景观奇特，或此类现象在其他地区很少见	12～9	
^	有少量珍稀物种，或景观突出，或此类现象在其他地区少见	8～4	
^	有个别珍稀物种，或景观比较突出，或此类现象在其他地区较多见	3～1	

续表

评价项目	档次	本档次规定得分	你认为应得的分数
如果是个体有多大规模？如果是群体，其结构是否丰满？疏密度怎样？各类现象是否经常发生？	独立型单体规模、体量巨大；组合型旅游资源单体结构完美、疏密度优良级；自然景象和人文活动周期性发生或频率极高	10~8	
	独立型单体规模、体量较大；组合型旅游资源单体结构很和谐、疏密度良好；自然景象和人文活动周期性发生或频率很高	7~5	
	独立型单体规模、体量中等；组合型旅游资源单体结构和谐、疏密度较好；自然景象和人文活动周期性发生或频率较高	4~3	
	独立型单体规模、体量较小；组合型旅游资源单体结构较和谐、疏密度一般；自然景象和人文活动周期性发生或频率较小	2~1	
是否受到自然或人为干扰和破坏，保存是否完整？	保持原来形态与结构	5~4	
	形态与结构有少量变化，但不明显	3	
	形态与结构有明显变化	2	
	形态与结构有重大变化	1	
在什么范围内有知名度？在什么范围内构成名牌？	在世界范围内知名，或构成世界承认的名牌	10~8	
	在全国范围内知名，或构成全国性的名牌	7~5	
	在本省范围内知名，或构成省内的名牌	4~3	
	在本地区范围内知名，或构成本地区名牌	2~1	
开发旅游后，多少时间可以开展旅游？或可以服务于多少游客？	适宜游览的日期每年超过300天，或适宜于所有游客使用和参与	5~4	
	适宜游览的日期每年超过250天，或适宜于80%左右游客使用和参与	3	
	适宜游览的日期超过150天，或适宜于60%左右游客使用和参与	2	
	适宜游览的日期每年超过100天，或适宜于40%左右游客使用和参与	1	
本单体是否受到污染，环境是否安全？有没有采取保护措施使环境安全得到保证？	已受到严重污染，或存在严重安全隐患，	-5	
	已受到中度污染，或存在明显安全隐患，	-4	
	已受到轻度污染，或存在一定安全隐患，	-3	
	已有工程保护措施，环境安全得到保证。	3	
本单位得分	本单位可能的等级　　　　　　级　填表人	调查日期	年　月　日

三、旅游资源概查

（一）适用范围和要求

旅游资源概查，一般作为了解和掌握特定区域或专门类型的旅游资源的调查。要求对涉及的旅游资源单体进行调查。

（二）调查技术要点

在技术方面参照"旅游资源详查"中的各项技术要求。工作程序可适当简化，如不需要成立调查组，调查人员由其参与的项目组协调委派；资料收集限定在与专门目的所需要的范围内；可以不填写或择要填写《旅游资源单体调查表》等。

第二节 自然地理与历史文化调查

自然地理与历史文化，是地方社会经济发展条件的两个基础维度，一个代表横轴，一个代表竖轴，往往是地缘特征形成的基础。

一、自然地理调查

地理环境和自然条件，作为各种资源的存在基础和环境基础，影响着旅游资源的性质、特征、分布、季节性等，也能够影响当地的社会文化、经济的发展方向和发展水平，是形成地缘特征的基本要素，对旅游开发活动及开发后的效果有直接和关键的影响。

地理环境条件调查的内容包括：

- 地理位置：包括区域所处地理的经纬度、面积，与相邻地区的关系等。
- 气候与气象：包括所处的气候区、年平均气温、降水、气候景观、湿度，适合旅游的季节与时间等。
- 生物资源与生态环境：当地的森林或植被覆盖率、绿化面积、乡土植物种类及植被景观等；生物物种的种类、分布及数量等。
- 水文：区域内的河流、湖泊、湿地等。
- 地质构造和地貌形态：当地的地质构造和地貌形态等，特别是具有科学和旅游价值的地质景观等。
- 地震：关键是掌握当地地震的频率与等级。
- 环境安全：自然灾害发生的历史与可能性。
- 开发空间：开发区域的空间规模和结构等。

上述内容都是旅游业的影响因素，有些自身也成为旅游资源的重要组成部分，在开发前必须作好充分的调查、了解。

二、社会文化调查

社会文化调查包括两方面内容，一是为确定地方文脉而进行文化历史考查；二是为确定旅游开发对社区的影响而进行的社会文化调查。

（一）文化历史考查

文化与历史是塑造地方特色的重要因素，也是发展旅游业的重要基础性资源。特别是地方历史发展过程中的重大事件、历史名人及其思想、重要地点和场所，以及民间传说与故事、民间艺术、风俗习惯等，都是显示"地方性"的重要因子。因此，关于地方历史、文化的调查研究，是一项非常重要的基础性工作。

调查内容包括：
- 地方发展史的基本梳理；
- 当地历史发展过程中发生的重大事件，包括政治、经济、文化、宗教等发展过程中的重大事件及其场所（遗迹或遗址）；
- 当地重要的历史名人及其思想、贡献、遗迹和遗物；
- 有影响的、特色鲜明的、特别是那些地方独有的民间艺术（手工艺、民间小戏、杂耍等）等；
- 生产、生活领域的地方民俗等。

历史与文化调查，是为了寻找和理清文脉，发现线索，确定旅游开发的主题，塑造地方旅游形象，要从调查、研究中确定主导性的文化线索及内涵。

（二）社会文化调查

正如利益相关者理论所关注的那样，旅游开发作为一项综合性的社会工程，必然能够触动许多领域、许多利益相关者的利益神经：一方面，旅游开发的确能够给地方带来客观的经济收入。另一方面，旅游开发会将大批的旅游者引入旅游地，他们的食、住、行、游、购、娱等行为，必定对旅游地的社区文化产生影响，包括当地居民的生活方式、风俗习惯、思想意识等。如果当地比较落后，观念陈旧，承受不了这种外来的冲击，那么势必造成当地居民与外来旅游者之间的矛盾，在生活、文化等方面产生冲突，因而，旅游开发必须具备一定的社会文化基础，对外来文化的冲击和影响能够有一定的耐受力。

从社会学的角度讲，旅游是一种冲突活动。旅游者带来的外来文化，不可避免地会与当地传统文化发生冲突。一旦这种冲突发展到双方尤其是当地居民无法容忍的程度时，即表现为接待地的社会基础已经不适应现有的旅游接待规模，更不允许规模的进一步扩大。因此，区域的社会基础或社会承载能力是确定旅游开发的重要依据之一。

社会文化调查及旅游开发对社会文化的影响领域主要包括：

- 旅游对当地生活方式的改变和对社区文化的影响；
- 旅游对地方基础设施的占用和当地对基础设施供求矛盾的调节能力；
- 娱乐设施建设的影响；
- 旅游业为当地居民提供的就业机会。

我们知道，旅游业具有很强的商业性和非人格化特征，旅游资源的开发和旅游业的发展可以导致区域的城市化和现代化，使区域的社会面貌得以改观，居民的生活质量也相应得到提高。但是由于这些变化一般是比较剧烈和迅速的，对当地居民固有的生活方式和传统的文化观念产生较为强烈的冲击，使他们难以从心理上适应，尤其是某些旅游者的服饰、生活方式、道德规范等与当地传统格格不入，从而产生社会冲突。因此，对一个旅游资源开发项目的可行性分析，不能不考虑当地居民的生活习俗和文化传统，以此指导确定旅游资源开发的规模和方向，并在开发后的旅游活动安排上尽可能减少客主的社会文化冲突。

旅游基础设施方面的问题主要体现在两个方面：一是由于旅游者的大量拥入，可能造成当地基础设施供应的紧张；另一方面是由于旅游活动的季节性而造成的旅游专用设施的闲置。基础设施是由当地居民与游客共用的，但在旅游业发展之前，这些设施只供当地居民享用。当旅游者大批拥入之后，很可能造成基础设施的供应紧张局面，使当地居民深感生活的不便，从而产生对旅游者和旅游业的仇视心态。与基础设施不同的是，旅游专用设施主要是供旅游者使用的，而旅游者的数量一般具有显著的季节变化，使得这些设施不可能一年四季稳定地经营，出现季节性的闲置和浪费。因此，如何处理宾主在设施利用上的矛盾也是旅游开发商不可回避的问题。

就业问题，是各种社会问题的焦点。一般认为，旅游开发能够为地方带来就业机会。如果旅游开发和旅游业的发展能够较好地解决当地居民的就业问题，那么其他社会问题就有了解决的余地和缓解的可能。但是，令人遗憾的是，人员雇佣和就业问题往往成为社会冲突的导火索。第一，从外地聘请高职高薪管理人才会使当地居民嫉恨；第二，同是当地居民，受聘者与未受聘者也可能有冲突关系；第三，与旅游专用设施季节性闲置相对应，会造成季节性的失业问题；第四，旅游业与当地传统产业争夺劳动力。特别是妇女在旅游业就业对区域的社会和文化影响很大，由此而引起的家庭关系的变化和其他一些消极现象是不容忽视的。例如在夏威夷，其旅游业发展之初就曾出现过这样的社会问题：旅游业的发展需要雇佣女服务员，而这些受雇的女职员的丈夫都是从事农业的，她们赚的钱超过了丈夫，加之她们接触的都是有钱人，都受过教育，回家后就感到自己的丈夫不中意；而丈夫由于受传统思想的影响又常常对妻子的衣着打扮、行为方式横加指责，对她们思想观念的改变大为恼火，于是夫妻打架与离婚问题大大增多。作为旅游开发商，如果不能注意研究和解决人员雇佣和就业问题，那么他的开发效果就必然受到社会冲突的困扰，对开发投资者、旅游者以及当地居民都会产生消极的、不利的影响。

当然，如果能够有效处理好旅游开发过程中各利益相关者的关系，特别是处理好旅游开发对资源的占用与利益分配问题，旅游发展对地方社会文化的影响则是能够向着良性方向发展的。如目前我国各地开展的乡村旅游，很好地解决了乡村闲置资源的有效利用、闲置劳动力的就地转移等问题，特别是使农村妇女在新的乡村服务业中发挥了重要作用，使她们发挥了自己的能力，开阔了眼见，增长知识，更提高了她们的社会地位。

旅游开发的社会文化基础，在有些旅游学文献中，被描述为"社会承载力"。

第三节　经济基础调查

旅游业被认为是"后发性产业"，它的发展总体上要依赖当地经济总体的发达程度。一方面，虽然经济的空间局限性越来越小，一体化已成为总体趋势，但区域差别仍现实存在，地方经济的发达水平和经济实力仍成为旅游投资的主导性因素；另一方面绝大多数地区旅游业的基础市场是当地市场，而这个基础市场的规模、出游率和消费能力就成为决定市场总量的主导因素。

通过经济基础调查，主要摸清当地两个方面的能力：一是旅游投资能力；二是旅游消费能力。

一、旅游投资能力

影响旅游开发的因素很多，但直接决定旅游开发是否能够实现和开发规模的关键要素是投资能力（由于交通条件的整体改善，市场的影响因素变得相对模糊）。同时，其他以旅游业为依托的服务业的发展状况也是旅游开发规模的重要限制因素。一般说来，旅游区的开发建设除很少一部分依靠国家和地方政府投资外，大量投资是要依靠社会资本。而且旅游规模的扩大必然导致相关产业投资的增加，因为其他物质生产部门和服务行业的投资保障程度直接影响着旅游业效益的发挥。有人做过统计和计算，为使旅游业协调发展，当旅游业规模需要增加一倍时，相应地会引起交通工具制造部门增加60%的总产出，能源部门增加65%的总产出，建筑业增加53%的总产出。可见，旅游开发，不仅本身需要资金投入，而且对许多相关部门和行业提出了更高、更多的要求，增加了它们的投资需求。

经济基础调查的内容一般应包括：

- 区域近年来的主要经济指标，包括地方经济总产值（GDP）、地方财政收入等；
- 旅游开发的土地资源供给能力；
- 水源、能源、物资供应；
- 农副土特产品；
- 交通设施和交通工具；
- 环卫、排污系统；
- 重要的工矿企业、事业单位，特别是民营经济中有成长力的企业；

• 吸引外地资金的能力和政策，等。

当然，社会资本是流动的，企业的异地投资行为也越来越成为常态，吸引外来投资越来越成为地方经济发展的一种新动力。

二、旅游消费能力

在个人和家庭的各项支出中，旅游支出属于一种变动性支出，用于旅游花费的那部分收入属于"可自由支配收入"。

世界旅游业的发展实践已经证明，如果不受其他因素的干扰，一个国家、一个地区人均 GDP 和居民可自由支配收入的增加总是与出游率成正比。我国由于地域辽阔，各地经济发展水平相差较大，特别是东部地区，经济发展水平较高。据统计，2015 年，我国城镇居民人均可支配收入 31195 元，农村居民人均可支配收入 11422 元；城镇居民人均消费支出 21392 元，农村居民人均消费支出 9223 元。其中，全国居民人均消费构成中，教育文化娱乐消费占比达到 11%，高出生活用品和服务 6.1% 将近 5 个百分点。[①] 我国已经进入旅游消费的高发期——大众旅游时代，中国公民每年的出境旅游人次自 2014 年以来已经超过 1 亿人次 / 年，国内旅游人均已经超过 3 次 / 年。中国已经成为世界旅游的"黄金市场"。

从总体情况看，我国目前国内旅游市场的宏观条件非常优越，市场规模巨大，机会无限。但对于具体的旅游目的地和旅游项目来说，针对性的微观市场条件则需要具体研究、具体对待。一般来说，一个旅游项目开发的前提条件是游客的需求量不得低于"门槛人口"。也就是说，游客人数不能少到入不敷出的地步，但这也并不是说游客数量越多越好，开发规模越大越好。开发规模既需要考虑游客数量，又要考虑经济投入能力。

消费能力调查主要针对当地，调查的内容包括：

• 当地及周边辐射圈的人口数量；
• 当地人均 GDP 及居民平均收入、可自由支配收入；
• 当地居民储蓄存款量；
• 社会商品零售总额及居民人均消费支出，等。

旅游开发的经济基础，在有些旅游学文献中被描述为"经济承载力"。

第四节　客源市场调查

旅游开发的直接目的是吸引客源，增加经济收入。没有足够客源市场支撑的旅游开发项目注定要失败。因此，客源市场的调查、分析预测是开发论证工作中的关键环节，

---

① 中华人民共和国统计局：《2015 年国民经济和社会发展统计公报》，http：//www.stats.gov.cn/tjsj/zxfb/201602/t20160229_1323991.html。

甚至影响着开发项目是否进行的最终决策。

对于旅游目的地开发或旅游项目开发来说，需要关心的客源市场包括两方面含义：一是现实的市场；二是潜在的市场。

现实的市场是已经形成实际消费过程的市场，可在当地（旅游地）通过对游客的调查获得相关资料；

潜在的市场是一个预期的市场，这部分市场是否能够成为现实的市场还是未知数，需要通过一定的手段使之转化为现实的市场，对它们的调查需要到目标客源地进行。

一、市场调查内容

市场研究，首先关心的是客源的规模或旅游者的数量问题，没有一定的旅游者数量，也就形不成市场，这对任何性质、类型的旅游目的地、旅游区来说，都具有现实意义，即使是以吸引高端游客为主的度假区，也同样必须有一定数量的客源作为基本的规模市场。当然，旅游者数量固然重要，其他相关因素也对市场规模起一定的影响，因而，在市场分析预测过程中，以市场规模为着眼点，应对下列问题进行有效的调查：
- 客源类型；
- 社会人口特征；
- 消费层次与结构；
- 消费时尚与市场趋势，等。

（一）客源类型

旅游者是由各种各样的人组成的，他们的社会地位、性格、爱好等决定着他们的出游选择。

在旅游学理论研究中，人们一般根据旅游者的价值观念和生活方式，将旅游客源市场分为四种类型：

一是需求驱动型旅游者，他们包括幸存者和维生者。这一群体的人们几乎无法满足自己的基本生活需求，总在为自身的基本生存而忙碌，不可能有多少时间和财力用于旅游，因此这些人不是现实重要的客源市场。但从长远的角度考虑和社会效益出发，对这些人潜在的出游可能性也是不可忽视的。目前西方一些经济较发达的国家流行所谓的"社会旅游"，就是对那些没有经济能力外出旅游的人，由国家、社会和所在单位资助外出旅游。从我国目前的情况看，建设一些公益性的旅游场所，面向一般的旅游消费者，也是很有必要的。

二是外向发展型旅游者，这是客源市场的主流，他们又可分为从属者、竞争者和成功者三个类型：
- 从属者多为保守、节约的中产阶级，属于所谓的大众旅游市场。他们喜欢团体旅游，不愿猎奇和冒险。
- 竞争者具有很强的地位意识，虽然收入较高，但出于攀比的心理，总是把钱花在

看得见、摸得着的实物如房子、汽车、服饰等方面，而外出旅游只是偶然为之，因此他们并不是最重要的客源市场。

• 成功者是那些事业有成者，他们注重社会声望，追求精神享受，有创新精神，喜欢外出旅游，是客源市场中消费层次较高的群体。

三是自我发展型旅游者，这些人不太追求名利，而是注重自我发展和个性化，他们最喜欢旅游，是一种增长最快、潜力最大的客源群体。

四是综合型旅游者，他们具有外向发展型与自我发展型旅游者的综合特征。这种类型的旅游者数量较少。

对客源市场进行上述分类，从理论上讲具有一定的指导意义，只是在实际操作中较难量化。

于是，在市场研究过程中，人们往往只是在理论上对旅游地或旅游开发项目的客源市场类型和规模进行初步的判断和估计，然后在社会人口学特征方面进行量化分析和研究。

（二）社会人口学特征

旅游者的社会人口学特征在客源市场分析中容易量化，数据的取得（通过调查、问卷统计）也可操作。其主要项目如下：

1. 人口趋势

人口趋势主要指人口增长、发展的趋势。在具备了一定经济基础的前提下，人口的增长与旅游客源市场的发展是成正比的。当然，客源市场的发展除与客源地人口总量及其增长趋势有关外，还与其人口的年龄结构有关，有些年龄段的人是不易出游的，如儿童、不能自理的老年人等。旅游者主要产生在青少年、中年和中老年的年龄段。

当前，有两个现象值得关注：

一是以家庭为单位的出游方式越来越成为主流，这与当前人们家庭观念的强化和私家车拥有量的提高有直接关系；

二是"银发市场"有稳步增长、扩大的趋势，这与社会的老龄化趋势和社会保障体系的完善有很大关系。

这两个市场对于很多旅游地和旅行社企业来说，是非常值得注意的。

2. 经济收入

个人或家庭收入是实现旅游活动的物质基础，收入水平的高低决定着人们成为旅游者可能性的大小，也决定着旅游过程中的花费，即消费水平。据美国人口统计局、美国旅游资料中心等机构的调查统计，在20世纪60年代，美国家庭的旅游临界收入为每年15000美元，年收入在15000美元以上的家庭外出旅游的可能性比收入低于这个水平的家庭大两倍。收入越多，外出旅游的可能性越大，频率也越高。同时，在旅游过程中，旅游消费水平的增长也越快，即每增长一定比例的收入，旅游消费就会以更大的比例增长。据英国有关部门的统计，旅游消费的这种收入弹性系数为1.5，即每增加一个单位的收入，便会增加 1.5 个单位的旅游消费。国际官方旅游组织联盟估计这一系数高达 1.88。[①]

3. 受教育程度

受教育程度对出游率的影响是较大的。受教育水平越高，外出旅游的可能性越大，而且，受教育程度高的人在旅游中的花费也较大。有关资料显示，在 20 世纪末期的美国，户主的受教育程度与外出旅游的概率是成正比的。如表 6-2 所示。

表 6-2　美国家庭（户主）受教育程度与出游率关系表[②]

户主受教育程度	外出旅游比例
高中以下	50%
高　　中	65%
高等教育	75%
有学位者	85%

一般来说，受教育程度的高低与其职业、收入的高低也成正比，而且，越是文化修养高，就越会享受高尚和有情调的生活，把旅游作为丰富生活经历的重要过程。因此，高学历者出游率高的现象是客观存在的。

4. 职业

职业与人的受教育程度、经济收入、生活方式、生活环境、社交圈等有直接的关联，因而亦对旅游者的产生有重要影响。根据有关资料显示，旅游者中花费较大的群体主要集中在政府公务员、企业管理人员、经商人员、科技人员、医务人员等几种职业，相比之下，从事体力劳动、一般技能性工作的蓝领阶层的出游率较低、旅游花费较少。

5. 种族和国别

不同民族、国家的人，由于思想观念、文化背景、生活习俗、宗教信仰等有很大区别，使他们对待旅游和旅游过程中的行为有不同的态度和表现，另外，由于经济发达水平的差别，不同经济发达地区的游客数量、花费等也会表现出一定差异。当然，各地的经济发达程度和人的观念、习惯也不是一成不变的，随着社会的进步特别是经济的发展，人们生活观念、生活方式等都会发生一定的变化。过去，在国际旅游市场上，客源地主要集中在欧洲和北美地区，以白人居多。随着亚洲、中东地区经济的发展，日本、韩国、中国及中东地区的客源市场迅速崛起，国际客源旅游市场的结构已经发生了巨大变化，呈现出多元化的空间结构。特别是中国，由于经济的发展和对外开放的扩大，出境旅游的游客规模在进入 21 世纪后呈现出跳跃式增长的趋势。据旅游部门的统计，我国的出境旅游实现第一个 1000 万人次，用了 17 年的时间；实现第二个 1000 万人次，

[①] 王德刚：《旅游学概论》，3 版，北京，清华大学出版社，2012，79 页。
[②] 邹统钎：《旅游开发与规划》，北京，旅游教育出版社，1993，44~45 页。

用了3年时间；而实现第三个1000万人次，只用了1年时间。2014年，我国公民出境旅游人数超过了1亿人次，2015年首次超过美国成为世界最大的旅游输出国，出游人数和海外花费均列世界第一。

总之，国际客源市场空间结构的多元化趋势已经成为现实，单一人种、只有少数地区有高出游率的现象已经成为历史，这就需要我们在进行市场研究时，能够以更加开阔的视野分析、认识市场的结构，研究不同地区、不同国家、不同文化背景和宗教信仰的旅游者的旅游偏好和习惯，研究影响他们出游选择和消费选择的各种因素，研究自己的目标市场在哪里，以作好开发市场、应对市场的准备。

6. 性别

不同性别、处于不同年龄段的人在对旅游的抉择态度上是不同的，这与他们个人的社会和家庭地位、身体状况等有很大关系。

从性别来分析，男人、女人在社会和家庭中扮演着不同角色，承担着不同的责任和义务，在旅游决策上也处于不同的地位。

在目前以家庭为单位出游成为主流的情况下，深入研究不同性别在旅游决策中的地位和作用，是很有现实意义的。

一方面，家庭女性在出游决策中的主导作用越来越大。由于妇女的社会地位越来越高，所以职业妇女在旅游的态度上与男性的差别越来越小。有的研究发现，在50%多的案例中，妻子负责收集旅游宣传品，与旅行社打交道，建议到何处去旅游，选择住宿旅馆；丈夫则常常首先提出去旅游，60%的旅行是丈夫提出与妻子一起去的；最后决定到何处去旅游有75%是共同决定的；对航线的选择往往由男性决定。

另一方面，由于年龄、职业、收入等的综合作用，不同身份的男人游客在旅游过程中的花费有很大差别。中年成功男性，对享有盛名的名牌日用品历来青睐，有中意的商品会毫不吝啬；日本白领未婚女青年，被公认属于高端消费者，因为她们不需要承担结婚时的费用，所以婚前的一切收入都被她们用来购买时装、化妆品、美容、旅游，在许多旅游目的地，她们已经成为最受欢迎的游客。香港曾经专门为她们量身定做"观光+美容+购物"的旅游套餐。

因此，对客源市场的"性别研究"很有现实意义。

（三）消费层次与结构

对客源市场的研究，除了分析其数量或规模外，对旅游者的消费层次和结构也应给予高度的关注，以作为决定开发水平、配套服务设施等级层次的依据。特别是许多旅游目的地都在由"数量效益型"向着"质量效益型"转变，游客数量的增长已经不再成为旅游目的地市场开发的主导性目标，而是追求高端消费的优质客源的增长。对于这些类型的旅游目的地来说，了解市场消费的层次与结构就尤为重要，将成为指导旅游目的地确定设施档次、价格定位、产品开发方向与功能配置等的重要依据。

客源市场消费层次调查的内容主要包括：

- 游客在旅游地的花费额及其分级；
- 游客花费构成；
- 游客对弹性消费项目的偏好，等。

（四）消费时尚与市场趋势

旅游业本身属于"时尚产业"，是一项与社会消费潮流高度相关的产业。

人们社会生活中的很多领域是很讲究时尚的，如服装、交通、家具、餐饮、娱乐等，这对于我们进行市场预测很有积极意义。例如，16世纪中叶在欧洲曾兴起温泉旅行潮流。当时一名叫威廉·特纳的医生出版了一本著作，谈到英格兰、德国和意大利的天然温泉对人体的痛病症有一定疗效。这一著作的发表，成为欧洲温泉旅行活动的契机，无论是痛病症患者，还是身体健康者，均趋之若鹜，蜂拥而至，一时间，温泉旅行成为当时最时髦的时尚。这一潮流一直延续了近两个世纪才向海水浴场转移。时至今日，温泉旅游仍有一定市场。从目前我国的情况看，夏季人们普遍拥向东部沿海地区进行避暑旅游，而欧美地区则多选择阳光地带。这些情况都是我们在开发论证、市场分析时应予以注意的。

同时，随着人类对环境、健康的关注，一些新型旅游项目也应运而生，并成为具有时尚意义的旅游新趋势，如自然回归与生态旅游、社会体验与深度旅游、自我价值实现与探险旅游，以及自驾车旅游、背包旅行、野外徒步旅游等，都已成为今天旅游市场上不可忽视的新趋势。特别是私家车拥有量的提高，使自驾车旅游在短短的几年内迅速形成规模化发展的趋势，许多旅游地、旅游区措手不及，相关服务设施不配套，造成市场失控。因此，通过市场调研，了解市场，把握市场走势，是一项长期性的工作，也只有在长期的观察、研究的基础上，才能够准确预测市场发展、变化的动态，靠一时的"应急研究"，很难做到客观、准确。

二、现实市场调查

现实市场调查，是指对已经实现的和正在发生的市场所进行的调查研究，这是了解市场现状、预测未来市场走势的重要依据。

现实市场调查包括两个途径：

一是市场统计资料调查，是对以往历年来旅游部门统计的市场资料的综合调查与分析。根据旅游开发的需要和惯例，一般需要回溯5年左右的市场资料，包括市场增长的速度、规模，市场的构成、客源地、花费、游客偏好等，基本要包含上述旅游市场调查的全部内容。回溯5年左右的市场资料，主要是为了摸清市场发展的基本规律，为预测未来提供依据。

二是对正在发生的市场进行的调查研究，即对到访游客的现场调查，一般通过问卷、访谈等形式进行。游客调查为的是掌握第一手资料，并能够根据开发工作的需要设计针对性的题目进行专门性研究，使资料更有说服力。游客调查一般通过旅行社、饭店

发放、回收问卷，或在旅游景点、车站、购物场所等现场问卷或访谈。

三、潜在市场调查

潜在市场调查，亦即目标客源地调查。

通过潜在市场调查，获得潜在游客对旅游目的地的了解和印象、对旅游的偏好和消费水平等资料，这对旅游地、旅游区未来的发展具有关键作用，可以成为指导旅游产品开发的主要依据。

潜在市场，包括两个领域：一是本地；二是外地，即未来计划开发的主要目标市场或预期市场。

（一）本地市场

本地市场，对于绝大多数旅游地、旅游区来说，都被视为"基础市场"。这个基础市场的范围在多数情况下，被界定为以市级行政区为中心的"一日生活圈"以内的范围。"一日生活圈"既是空间概念，也是时间概念，具体空间范围的大小要视交通的方便性而定。"一日生活圈"内的居民将最有可能成为未来的当日往返游客，并且是培育、开发重复性消费者（或回头客）的主要目标群体。

在旅游开发过程中，本地市场应该是被力保和稳定的市场。

（二）外地目标市场

外地市场，对于许多旅游项目来说，是最有经济价值的市场，在旅游地的平均花费高，能够给旅游地带来实际的经济效益，因此，应该是重点发展的市场。

要综合分析、遴选和确定目标市场（包括目标客源地、目标群体等），特别是预期的目标客源地，要详细了解他们的经济水平、消费能力、出游率、旅游偏好，对旅游地的了解、印象与好感等。

例如，"江北水城"聊城在编制旅游产业发展总体规划时，在山东省内首次对预期的目标客源地北京、天津、河北等地进行了潜在市场的调查研究，通过对旅行社管理人员和商务人员的访谈、社区随机问卷等形式，对目标市场进行调查，收到很好效果，为在规划中确定产品的开发思路提供了很重要的依据。

案例 6-1：

聊城市目标客源地（北京、天津）调查

调查对象：市民、旅行社。对市民的调查重点是了解市民的旅游频率、出游时间、出游倾向，以及他们对聊城的了解和感兴趣的程度。

> 调查结果：人们对聊城的了解多数只停留在知道地名上，对旅游点的了解不多，其中都不了解的人过半，知道东昌湖、光岳楼、山陕会馆等的人数非常少，只有景阳冈和狮子楼的名气大一些，但大都是从《水浒传》故事中了解这两个地方，很少能够把景阳冈和狮子楼跟聊城联系起来；部分人了解聊城，都是因公、因私到过或听说那里的，没有人专程到那里旅游；在是否愿意到聊城旅游的问题上，选愿意的比不愿意的略少；大多数人对愿意在聊城花费多少钱说不清楚；不愿意到聊城旅游的原因主要是不感兴趣、没时间、健康原因、年龄原因，以及经济不够充裕等；有部分人到过聊城，对那里的住宿设施感到不满，因此也不愿意再去聊城。
>
> 调查结果分析：一是从旅游偏好看，多数市民喜欢到与京津地区区位和文化差异较大的南方、西部地区以及国外旅游，聊城属于北方小城，对游客的文化冲击力较小，因此吸引力不足。而且，天津同样处在大运河边，水域面积较大，人们对此较为熟悉，不会太感兴趣。二是作为短程旅游的潜在客源地来讲，北京郊区景点开发较早，而且各有特色，人们可以选择到郊区游玩，或者到天津旅游购物（由于天津的物价较低）；而天津的游客也往往选择到北京旅游。这是目前两地市民短程旅游的主要趋势。聊城要开发京津两地的客源市场，需要以其更加鲜明的特色吸引游客，发掘京津两地所不具有的魅力，这还需要较大的努力。三是从游客成熟度上来讲，京津两地游客相对较为成熟，他们对旅游目的地的要求较高。大家普遍对旅游设施提出了较高的要求，这也是完善聊城旅游地建设的一个重要内容。较为成熟的游客会对旅游地提出更高的要求，而且在做出游选择时也更加挑剔。四是京津到聊城虽然路程较近，但是铁路交通并不方便，以北京到聊城为例，虽然很多火车经过聊城，但在那里停车的只有十一列火车，而且多为下午和夜晚。此外，高速快捷的高档列车较少，仅为2列。而天津到聊城则不能直达，必须换乘列车。相比较而言，京津之间列车则每天有20~30列，交通非常便利，往返时间也较短。因此，如果开发京津市场的话，往往要依靠公路交通。
>
> 案例来源：聊城市人民政府，山东大学旅游系：《聊城市旅游发展总体规划》，附件：北京、天津目标客源市场调查报告。

第五节 行业竞争调查

在今天旅游业已经成为几乎所有地区经济发展的重要领域的时候，竞争就成为不可避免的事情，这种竞争，既有海外国际旅游市场的竞争，又有国内旅游市场的竞争。因此，旅游开发的决策者必须对旅游市场的竞争态势有充分的了解和估计，知彼知己，才能够在激烈的竞争中立于不败之地。

行业竞争调查与研究分为两个方面：一是针对细分产业的调查研究；而是与周边地区的对比研究。

一、细分产业调查与研究

旅游业与其他产业一样，都是建立在一定的细分产业基础上的，特别是开发地方优势资源所形成的旅游产品体系和产业组合，将成为当地旅游业的支柱。而产业竞争调查与分析就是在某些细分的旅游产业内——主要是优势资源所形成的细分产业，通过比较国内乃至国际相同产业的资源特点、开发状况、相关支持产业状况和基础设施状况等情况，来分析其产业的竞争优势和同行业的竞争策略，从而为宏观战略规划奠定市场基础。

从上面的分析可以看出，旅游业内细分产业的调查与研究，就是要针对当地的优势资源进行目标明确的市场竞争分析，避免盲目地陶醉于自身的所谓优势，而忽视了潜在的市场威胁，而这些威胁往往能够成为自己的劲敌或克星。

二、区域比较调查与分析

区域比较，是指与周边地区进行全方位的横向比较，在资源、环境、经济、产品等领域进行竞争和合作两个方面的调查与研究。

任何一个旅游地、旅游区，与周边都是三种关系：竞争对手、合作伙伴、互为市场，调查研究的目的就是要将竞争对手变成合作伙伴。

区域比较所要进行的调查内容包括：
- 相邻旅游地、旅游区的资源与产品开发情况，特别是产品的性质、类别；
- 相邻旅游地、旅游区的经济基础与发展优势；
- 相邻旅游地、旅游区的未来的发展规划与设想；
- 其他有联系的因素。

案例 6-2：

寿光市发展旅游业的行业竞争分析

寿光市具备的优势资源有两项：一是现代生态农业旅游资源；二是滨海湿地旅游资源。但这两项资源在全省、全国比较，到底有多大优势？

从生态农业旅游的竞争态势看，作为"中国蔬菜之乡"的寿光从实验成功冬暖式大棚引发全国"第一次绿色革命"，到推行农业标准化生产进行农业"二次革命"，逐步树立了自己独特的优势和品牌，寿光的现代生态农业在中国乃至世界都享有盛誉。其竞争优势主要表现在：一是首发优势和品牌优势（冬暖式蔬菜大棚发源地）；二是高科技优势（已经吸引了很多国际著名的农业高科技企业落户，能够提供国际领先的蔬菜高科技产品和一流的服务）；三是规模优势（寿光市赢得了"中国最大的菜篮子"称号）；四是节庆效应优势（一年一度的"菜博会"是国务院批准的全国五大农业会展之一，也是全国唯一的国际性蔬菜专业品牌会展，被誉为蔬菜产业的"绿色峰会"）。总之，寿光的现代生态农业旅游在国内具有良好的发展基础和相当大的发展潜力，今后应当坚持突出国际性蔬菜专业品牌特色，把蔬菜产业做精做强，从而使得寿光的现代生态农业旅游有鲜明的特色，立于不败之地。

从滨海湿地旅游的竞争态势看，寿光北部有大片的滨海湿地资源，成为发展生态旅游的重要资源。但是我国有湿地面积 $3848 \times 10^4 hm^2$，是亚洲湿地面积最大的国家，居世界第4位。其中环渤海滨海湿地主要由辽河三角洲和黄河三角洲组成。环渤海沿岸是我国北方滨海湿地最集中的分布区，尤其是黄河三角洲和辽河三角洲，近年来已成为滨海湿地研究的热点地区。寿光北部的滨海湿地正处于此区域内。寿光的湿地旅游面临着一个强有力的竞争对手——地处黄河三角洲的东营，资源性质相同，而且东营有黄河入海口作为招牌，能够形成极大的威胁，如果在产品开发上不能实现错位开发，出现同质化现象，必然有陷于阴影之下可能。

综合分析寿光旅游开发的竞争形势，现代生态农业旅游应该成为主打产品，具有在全省、甚至全国形成优势产品的可能性；而湿地旅游则需要谨慎行事。

案例来源：寿光市人民政府，山东大学旅游系：《寿光市旅游产业发展总体规划》。

第六节　规划基础研究

前期的调查，目的就是为了掌握当地旅游业发展的基础条件、诊断旅游业发展过程中存在的不足和问题，以便于为规划提供科学的支撑条件。

基础研究的内容主要包括旅游资源评价、旅游产业发展支持条件研究和旅游产业发展问题诊断等。

一、旅游资源评价

一定数量和质量的旅游资源是旅游开发的基础条件，而旅游资源评价就是确定开发什么样的旅游产品、什么级别或档次旅游产品的理论依据。

在前期进行旅游资源调查、掌握了本地旅游资源基本情况的基础上，以中华人民共和国国家标准 GB/T 18972—2003《旅游资源分类、调查与评价》为标准，对旅游资源单体进行质量评价。

旅游资源评价评价，要采用定量评价与定性评价相结合的方法，产生综合性的评价结果。

（一）旅游资源定量评价

根据《旅游资源分类、调查与评价》中规定的原则和评价体系，旅游资源单体定量评价的具体要求如下：

1. 评价方法

采用打分评价方法，评价主要由调查组完成。

分值获取途径则采用专家法，即选择同业专家对当地的旅游资源进行赋分。

2. 评价体系

依据"旅游资源共有因子综合评价系统"赋分。

系统设"评价项目"和"评价因子"两个档次。

评价项目为"资源要素价值""资源影响力""附加值"。

其中：

"资源要素价值"项目中含"观赏游憩使用价值""历史文化科学艺术价值""珍稀奇特程度""规模、丰度与概率""完整性"5项评价因子。

"资源影响力"项目中含"知名度和影响力""适游期或使用范围"2项评价因子。

"附加值"含"环境保护与环境安全"1项评价因子。

3. 计分方法

（1）基本分值

评价项目和评价因子用量值表示。资源要素价值和资源影响力总分值为100分，其中：

"资源要素价值"为85分，分配如下："观赏游憩使用价值"30分、"历史科学文化艺术价值"25分、"珍稀或奇特程度"15分、"规模、丰度与概率"10分、"完整性"5分。

"资源影响力"为15分，其中，"知名度和影响力"10分、"适游期或使用范围"5分。

（2）附加值

"附加值"中"环境保护与环境安全"，分正分和负分。

（3）分值档次

每一评价因子分为4个档次，其因子分值相应分为4档。

旅游资源评价赋分标准见表6-3。

表 6-3　旅游资源评价赋分标准

评价项目	评价因子	评价依据	赋值
资源要素价值（85分）	观赏游憩使用价值（30分）	全部或其中一项具有极高的观赏价值、游憩价值、使用价值。	30~22
		全部或其中一项具有很高的观赏价值、游憩价值、使用价值。	21~13
		全部或其中一项具有较高的观赏价值、游憩价值、使用价值。	12~6
		全部或其中一项具有一般观赏价值、游憩价值、使用价值。	5~1
	历史文化科学艺术价值（25分）	同时或其中一项具有世界意义的历史价值、文化价值、科学价值、艺术价值。	25~20
		同时或其中一项具有全国意义的历史价值、文化价值、科学价值、艺术价值。	19~13
		同时或其中一项具有省级意义的历史价值、文化价值、科学价值、艺术价值。	12~6
		历史价值，或文化价值，或科学价值，或艺术价值具有地区意义。	5~1
	珍稀奇特程度（15分）	有大量珍稀物种，或景观异常奇特，或此类现象在其他地区罕见。	15~13
		有较多珍稀物种，或景观奇特，或此类现象在其他地区很少见。	12~9
		有少量珍稀物种，或景观突出，或此类现象在其他地区少见。	8~4
		有个别珍稀物种，或景观比较突出，或此类现象在其他地区较多见。	3~1
	规模、丰度与概率（10分）	独立型旅游资源单体规模、体量巨大；集合型旅游资源单体结构完美、疏密度优良级；自然景象和人文活动周期性发生或频率极高。	10~8
		独立型旅游资源单体规模、体量较大；集合型旅游资源单体结构很和谐、疏密度良好；自然景象和人文活动周期性发生或频率很高。	7~5
		独立型旅游资源单体规模、体量中等；集合型旅游资源单体结构和谐、疏密度较好；自然景象和人文活动周期性发生或频率较高。	4~3
		独立型旅游资源单体规模、体量较小；集合型旅游资源单体结构较和谐、疏密度一般；自然景象和人文活动周期性发生或频率较小。	2~1
	完整性（5分）	形态与结构保持完整。	5~4
		形态与结构有少量变化，但不明显。	3
		形态与结构有明显变化。	2
		形态与结构有重大变化。	1
资源影响力（15分）	知名度和影响力（10分）	在世界范围内知名，或构成世界承认的名牌。	10~8
		在全国范围内知名，或构成全国性的名牌。	7~5
		在本省范围内知名，或构成省内的名牌。	4~3
		在本地区范围内知名，或构成本地区名牌。	2~1

续表

评价项目	评价因子	评价依据	赋值
资源影响力（15分）	适游期或使用范围（5分）	适宜游览的日期每年超过300天，或适宜于所有游客使用和参与。	5~4
		适宜游览的日期每年超过250天，或适宜于80%左右游客使用和参与。	3
		适宜游览的日期每年超过150天，或适宜于60%左右游客使用和参与。	2
		适宜游览的日期每年超过100天，或适宜于40%左右游客使用和参与。	1
附加值	环境保护与环境安全	已受到严重污染，或存在严重安全隐患。	−5
		已受到中度污染，或存在明显安全隐患。	−4
		已受到轻度污染，或存在一定安全隐患。	−3
		已有工程保护措施，环境安全得到保证。	3

4. 旅游资源评价等级指标

依据旅游资源单体评价总分，将其分为六级，从高到低为：

- 五级旅游资源，得分值域≥90分。
- 四级旅游资源，得分值域≥75~89分。
- 三级旅游资源，得分值域≥60~74分。
- 二级旅游资源，得分值域≥45~59分。
- 一级旅游资源，得分值域≥30~44分。
- 未获等级旅游资源，得分≤29分。

其中：

五级旅游资源称为"特品级旅游资源"；五级、四级、三级旅游资源被通称为"优良级旅游资源"；二级、一级旅游资源被通称为"普通级旅游资源"。

（二）旅游资源定性评价

定性评价实际上就是在理论上对旅游资源的评价进行认定，带有感性的、主观的和经验的色彩，由专家团队来完成。

定性评价的内容一般包括历史价值、科学价值、实用价值和旅游价值。

1. 历史价值

历史价值，是指旅游资源本身能够直接说明或间接证明某一特定历史时期的某一事件或状况，即具有历史研究价值。人文旅游资源中的历史遗迹、古人类遗址、古代建筑等多具有这方面的价值，如北京周口店古猿人遗址和头盖骨、西安秦始皇陵兵马俑、南京明孝陵、河北赵州桥、山东济南龙山文化遗址等，都是典型代表。

对资源历史价值的高低与发展旅游的关系，要客观分析。有的人文资源如历史遗迹、重大历史事件等，可能具有很高的考古价值、史学研究价值，在专业学术领域地位很高、知名度也很高，但由于其存在形式、物化形态、与当代人们审美情趣的距离及未来转化成物化产品的可能性等原因，可能存在许多现实障碍，使其实际的旅游价值很低。因此，历史价值与旅游价值有很大的关系，但不能直接等同于旅游价值。

2. 科学价值

科学价值，是指旅游资源的科学研究功能，可作为科研工作者、科学探索者的现场研究场所，或为某种研究提供佐证。许多自然的和人文的旅游资源在形成或建造、分类区别、结构构造、工艺生产等方面都蕴含着一定的科学内容，具有很高的科学研究价值。例如自然旅游资源中的岩溶、火山、冰川、海蚀等地貌形态，以及各种特殊的地质、水文、气候、植物、动物等，均包含着一定的自然科学知识和研究价值。人文旅游资源中的各种文物古迹、工程建筑、园林艺术等，也蕴含着丰富的物理学、化学、数学、工程学、环境学、建筑学等方面的科学知识。它们至今在科学技术上仍具有重要的借鉴价值。

与资源的历史价值一样，科学价值与发展旅游的关系也要视其与旅游需求的吻合度来具体分析。有科学价值的旅游资源是我们开展科学研究和科普、教育旅游的重要资源，特别是与今天生态旅游的趋势相一致，生态科普旅游正在成为时尚，农业生态科普旅游、自然生态科普旅游、地质科普旅游等都有着越来越广阔的市场。如山东省昌乐县的古火山口，从地貌上景观上看是一片荒凉的山丘，但由于其特殊的地质学地位，每逢节假日，都有许多来自全国各地的"地质发烧友"在山上淘宝。

3. 实用价值

实用价值，是指旅游资源本身所具有某种实用功能，如温泉可健身治病，土特产品可食用、可入药、可使用，工艺品则可装饰、美化环境等。

4. 旅游价值

旅游价值，是指资源的旅游功能及所能够达到的水平或等级。

旅游资源的功能价值，一般包括美学观赏价值、休闲价值、康娱价值、运动健身价值、疗养价值等，这些价值的认定是开发什么样的旅游产品的重要理论依据。

在常规情况下，旅游资源的旅游价值评价最重要的是美学特征，即美学观赏价值的评价。

旅游资源的美学观赏价值可根据其性质的不同，在自然旅游资源和人文旅游资源两个领域进行不同的评价。

（1）自然旅游资源的美学特征

1）形象美：雄壮美；险峻美；秀丽美；奇特美；幽深美；旷远美。

2）色彩美：山色美；石色美；天色美；水色美；植物色美。

3）动态美：

4）朦胧美。

5）听觉美。

（2）人文旅游资源的美学特征

1）布局美：建筑布局美；陵墓布局美；园林布局美；城镇布局美。

2）结构美：建筑结构美；园林结构美；民居结构美。
3）装饰美：建筑装饰美；雕塑装饰美；字画装饰美；色彩装饰美。
4）民俗风情美：独特美；神秘美；形式美；真实美；体验美。

旅游资源的性质、种类、存在形式等各有不同，在评价操作过程中，可根据资源的具体情况，设立、选择相应的评价项目。但最终必须将定量评价与定性评价进行综合比较，确定旅游资源的等级与旅游开发价值。

（三）旅游资源评价的市场导向

从发展旅游业的角度来评价旅游资源的价值，必须坚持市场导向原则。从本质上说，资源导向转化为市场导向，实际就是以生产者为导向转变为以消费者为导向。要完成这种转变，就需要研究消费者，研究市场的发展趋势。

在许多情况下，我们需要把游客对资源的评价作为重要依据，而不是仅仅依靠专家的评价结论。

旅游资源有很多种类，它们的种类、形态、质量、规模、功能等能够划分成不同的等级，并适应不同的市场。从区域或空间上说，市场分四层，即世界级市场、国家级市场、区域性市场和地方性市场[①]，与之对应的是四个层次或四个等级的旅游资源。而从游客群体的社会特征划分，市场的细分程度就更高。

旅游资源评价，有一个基本的标准——国家标准 GB/T 18972—2003《旅游资源分类、调查与评价》，但在许多情况下，对区域资源开发条件的评价需要对资源之外的区位、社会、经济、文化、环境及与周边的比较等进行综合研究之后才能够得出结论，而且，即使是根据同一个标准、对资源本身进行评价，也是由具体的评估人来进行的，在大多数情况下，是所谓的"专家组"评价，这个"专家组"一般由专门聘请的旅游规划专家、经济专家、当地的官员、专业研究者组成，"专家组"的评价固然有一定的依据，但专家和地方领导的眼光往往会出现两个问题：一是过高地估计自身资源的吸引力和旅游价值，经常出现诸如"世界第一""中国第一""世界之最""中国之最"，以及"最早""最多""最大""最丰富""最齐全"等"最"字号的旅游资源，让人有夜郎自大、井底之蛙的感觉，结果，以这种错位的评价结果为依据开发的产品，不被市场接受，给地方带来损失；二是对有价值资源的认定往往过于主观化，即以自己的眼光来寻找和认定资源的价值，经常与游客的眼光发生错位。因此，对旅游资源的价值评价，"高估""低估""错位"都是不科学的。

2001年5月30日，一位名叫迈克·奥谢伊的美国教师在带着自己的妻子、女儿和学生共11人到中国的北京、山海关旅游之后，给时任国家主席江泽民写了一封信，信中谈到了他这次到中国旅游的"美妙的经历"。从信的内容可以看出，外国游客最关心的是接待地居民的态度是不是友好。感兴趣的是中国人的生活，让他们最喜欢的是北京

[①] 魏小安：《旅游目的地发展实证研究》，北京，中国旅游出版社，2002，50页。

的红桥市场、地坛公园这样市民购物、休闲的地方,"星期六、星期天的时候,有很多父母带小孩儿到这里玩。那边也有几个很好的游戏场,小孩儿可以玩。我女儿跟别的小孩儿玩儿的时候,我随便跟很多北京人聊天,他们都对我们很好,都欢迎我们到中国来。"另感兴趣的是文化的差异性。文化的差异性所形成的吸引力,给他们的印象很深,所以他们很满意,在游览山海关时从一个有历史的"机关招待所"(遗憾的是没有住上)到去出租车司机的家里吃晚饭,这些都给他们留下了美好的回忆。在回国的飞机上,他们议论这次到中国旅游的观感,"大家都同意最深的印象是中国的国民,所有的中国人都对我们有不可思议的好、不可思议的友善。"①

可以看出,外国游客真正感兴趣的恰恰是我们自己习以为常的生活,正因为如此,北京的几条普普通通的胡同才能够成为吸引外国游客的重要资源,"北京胡同游"才能够成为被外国游客高频率"点名"消费的产品。

为保证资源评价的客观性和市场适应性,旅游资源评价一定要结合游客评价,把普通游客——旅游消费者对资源的评价作为重要的依据。在实践中,人们把如何把握旅游资源评价问题总结了"三结合"策略,即以领导的评价为指示,以专家的评价为指导,以游客的评价为指标。

案例 6-3:
一位来华旅游美国教师给江泽民主席的来信

尊敬的江主席:

我是一个 58 岁的美国人,名字叫 Michael。在纽约州的一个小小的大学教初级班的中文。我晓得大部分的美国人都不明白中国的语言文化,因此今年 4 月,我带我家人和我的学生们,一共 11 人,到中国去了。虽然我自己的中文水平很低,但我仍然想试着告诉您我们团在中国的非常美妙的经历。

我们离开美国以前,有的学生父母给我打电话,说中美政治关系不太好,他们的小孩子到中国会不会有什么危险?我告诉他们,我带着我太太、我 5 岁的女儿,不用担心。

我们到了北京,就马上住进了北京的河北饭店。

我和我 16 岁的女儿前年、去年已经住过河北饭店。饭店的人员和饭店的环境我都很喜欢,我认为我们团的每一位也都会喜欢。我猜得不错。河北饭店的人员对待我们都好像是亲人,学生们都觉得很舒服,都不怕试着练习他们的普通话。我小女儿很喜欢饭店休息室的那张河北省的地图。她站在地图的前面,看亮晶晶的电灯。我小孩儿越看越笑,饭店的员工越看她越自己笑。

---

① 一位来华旅游美国教师给江泽民主席的来信,载《中国旅游报》,2001-8-7。

> 我太太和几个学生每天去买东西。他们最喜欢红桥市场，说那个地方的售货员对他们很和气。他们也学了几个很有用的短语："多少钱？""便宜一点儿可以吗？"我和我小女儿、几位学生一起在饭店的附近走来走去，鼓楼、钟楼、首都博物馆，我们都去过了。我最喜欢的是地坛公园。星期六、星期天的时候，有很多父母带小孩儿到这里玩。那边也有几个很好的游戏场，小孩儿可以玩。我女儿跟别的小孩儿玩儿的时候，我随意跟很多北京人聊天，他们都对我们很好，都欢迎我们到中国来。
>
> 4月16号，我们坐地铁到东直门长途公共汽车站。在公共汽车站，我们上了"961"路公共汽车，直接开到黄花城的长城去了。在黄花城的时候，我们住在北京市经委培训中心。如果您没有去过那里就应该去，那个地方又安静又好玩。培训中心的服务员都对我们很客气，帮了我们很多的忙。白天我们爬长城，连我小女儿都说这个经历是很难忘的。下山以后，我们在水库上划船。晚上，在附近的几个小饭馆里吃饭。小孩儿喝汽水，大人喝啤酒，都觉得很轻松。

二、旅游产业发展支撑条件研究

旅游产业发展的支撑条件，既包括自然的地理、气候等，也包括经济发展水平与投资条件、地方产业政策以及交通等公共基础设施条件。

（一）环境适应条件

环境适应条件，是指从工程建设的角度，当地的（旅游建设项目地址）气候、地质地貌、空间条件、工程建设条件及相应基础设施的供给能力等，是否能够满足旅游开发项目的工程建设要求和日后的经营要求。

（1）气候，是影响旅游项目建设和项目经营的重要自然因素，常年平均气温、气候变化频率与强度、适游季节（或适游期）的长短等，都能够影响项目经营的绩效，特别是观光旅游、度假旅游项目的开发，与气候的关系更加密切。

（2）地质地貌，是旅游资源的本底性要素，也是项目选址必须重点考虑的因素。地质地貌作为自然景观的重要组成部分和人文景观建设的背景，将直接影响旅游区景观开发的效果。

（3）空间条件，是旅游项目选址的主要依据。无论是观光性旅游区开发，还是专门性旅游设施、场所的建设，都需要一定的空间进行必要的设施建设，空间的规模、开阔尺度、限制因素等，都能够使项目建设受到一定的制约，是项目选址必须重点考虑的因素。

（4）工程建设条件，是环境、地质、空间等几个角度综合考察项目地址工程建设的可能性。在上述条件具有可能性之后，还需要重点考察项目地点，特别是建筑物选址的地质条件、施工条件等,是否能够满足工程建设的要求。

(5)基础设施供给能力,除自然环境因素外,基础设施的供给能力是进行大型旅游项目建设时不能忽视的问题,包括供水与排水、供电、供气、供暖、道路、通信等。这些设施已经成为现代生活的必备条件,缺一不可。如墨西哥在选择国家重点海滨旅游度假地建设时,确定选择的重要条件包括气候、海滩、交通、文化、淡水供给等方面,其中把淡水供给作为非常重要的条件之一。

(二)土地利用条件

土地资源,是任何开发、建设项目都要遇到的实际问题。由于国家在土地资源的利用、土地性质的转变、土地所有权和使用权的转让、土地租赁等都有专门的法律、法规和政策规定,旅游区的开发、旅游项目的推进和旅游设施的建设等,就需要处理与土地转让或租赁等有关的问题,而在改革开放初期各地为招商引资出台的特殊优惠政策已基本不存在,任何与土地使用有关的事项都必须以国家政策、法规为准。

有所不同的是,在国家的统一法律、政策的大框架内,各地由于自身经济发展水平的不同,在土地资源供给上的松、紧程度,即供求关系会有一定的差别,这是土地资源利用条件可进行比较的主要因素,也几乎是唯一因素。

在这种前提下,土地利用条件一般重点需要考察两个方面:

一是土地供给政策。各地方政府会根据自身社会和经济发展的战略选择,根据国家的有关方针政策,对不同性质、类别的投资项目给予不同的政策,出台关于禁止、控制、压缩或优先供应某类投资项目土地资源的地方政策。如果投资商不了解这些政策信息,会给工作带来许多不便,造成决策失误。

二是土地使用成本。土地利用条件,还涉及各地土地使用成本的差别,如租赁农民土地的费用(农民出租、出让土地使用权获得的补偿),在市场上获得土地(通过拍卖、招标等途径)所有权、使用权的费用等,都会影响投资成本。

(三)投资条件

真正决定项目能否开发、建设的规模与档次的,实际上最重要的是投资,没有投资条件的保障,一切规划、设想、计划等都无法实现。

对投资条件的考察、研究要明确如下关键问题:

- 项目性质:项目性质、项目开发单位、项目主管单位等;
- 投资主体:投资企业基本情况,包括企业性质、注册资金、驻在地、规模、经营范围、企业资信、经营业绩等;
- 资金状况:项目建设资金的准备情况,资金来源,其他资金筹措计划等。

(四)基础设施条件

内外交通条件是旅游产业发展最重要的基础条件之一,交通条件包括机场、火车

（特别是高铁）、港口、高速公路等交通基础设施，也包括游客集散中心、客票服务、不同交通中心之间的摆渡对接等交通服务条件。

特别是现代社会，在人类的时间成本越来越"昂贵"的情况下，航空、高铁、高速公路这三种快捷的交通方式，成为制约一个旅游目的地发展的最重要条件。

（五）地方产业政策

地方产业政策与旅游产业的关联度直接关系到旅游产业在当地的地位，这往往是旅游项目建设的投资企业最关心的问题。这方面的信息往往反映在当地的五年发展规划、政府的年度工作计划（多在当地"两会"的政府工作报告中显示）、城乡发展规划和土地利用规划中。要从上述文件中获取有关地方旅游产业发展的政策友好性信息。

三、旅游产业发展问题诊断

在前期的调研过程中，对地方旅游产业的发展现状、客源市场等都做了详细调查，掌握了旅游产业发展的全面资料，针对这些资料的研究，结合现场考察，对地方旅游产业的发展水平、发展绩效进行总体评价，其中，重点内容是对存在的问题和不足进行科学诊断。

（一）总体评价

旅游产业发展总体评价是对地方旅游产业的发展水平、规模、主要亮点和经验进行的全面评价，主要内容包括：

1. 发展水平

发展水平评价内容主要包括：

——旅游产业发展现状的概括性描述；

——旅游产业发展总体规模，包括年接待游客总数、年旅游总消费额、在地方经济和第三产业中占的比重、财政贡献率等。

2. 旅游产业的细分行业的发展情况

该项内容主要描述旅游产业内部各个要素的发展情况，主要内容包括：

——旅游资源开发与景区业发展概况；

——旅游住宿接待业发展概况，包括星级饭店、经济型酒店、民宿等各种类型的住宿设施情况；

——旅行社业发展概况，包括数量、资质、组团和地接规模等；

——旅游商品开发和旅游购物发展概况；

——餐饮业发展概况；

——娱乐业发展概况，等等。

3. 主要亮点和经验

对地方旅游产业的发展业绩进行经验总结，在哪些方面取得了较好业绩，工作亮点是什么，等等。

（二）问题诊断

旅游规划首先是要解决以往存在的问题，补足旅游产业发展的短板，在此基础上谋求新的发展，因此，问题诊断地是否准确、科学非常关键。

问题诊断要点主要包括：

——旅游产业结构是否合理、完善，短板、弱项是什么；

——旅游产品是否适应旅游业发展的趋势，是否存在老化、退化现象；

——地方旅游产业发展环境、投融资政策等是否有利于旅游产业发展，包括政府导向、社会旅游意识以及金融机构、社会资本对旅游产业的认知等；

——其他具有地方性特征的事项等。

问题诊断需要进行专门的专家研讨和并由规划组内部讨论完成。

四、旅游产业发展条件综合研究

上述各个单项研究的目的是为后续的综合研究做准备的。依据上述各项研究，规划组要对地方旅游产业的发展条件做综合研究，并得出结论。

综合研究一般采用SWOT分析法。

SWOT分析法是美国学者于20世纪80年代初提出来的，是一种能够较客观而准确地分析和研究现实情况的方法，是用来确定企业自身的竞争优势、竞争劣势、机会和威胁，从而将公司的战略与公司内部资源、外部环境有机地结合起来的一种科学的分析方法。SWOT四个英文字母分别代表：优势（Strength）、劣势（Weakness）、机会（Opportunity）、威胁（Threat）。从整体上看，SWOT可以分为两部分：第一部分为SW，主要用来分析内部条件；第二部分为OT，主要用来分析外部条件。利用这种方法可以从中找出对自己有利的、值得发扬的因素，以及对自己不利的、要避开的东西，发现存在的问题，找出解决办法，并明确以后的发展方向。根据这个分析，可以将问题按轻重缓急分类，明确哪些是目前亟须解决的问题，哪些是可以稍微拖后一点儿的事情，哪些属于战略目标上的障碍，哪些属于战术上的问题，并将这些研究对象列举出来，依照矩阵形式排列，然后用系统分析的思想，把各种因素相互匹配起来加以分析，从中得出一系列相应的结论，而结论通常带有一定的决策性，有利于领导者和管理者做出较正确的决策和规划。

SWOT分析法常常被用于制定发展战略和分析竞争对手情况，在战略分析中，它是最常用的方法之一。进行SWOT分析时，主要有以下几个方面的内容：

（一）分析环境因素

运用各种调查研究方法，分析出自己所处的各种环境因素，即外部环境因素和内部能力因素。外部环境因素包括机会因素和威胁因素，它们是外部环境对自己的发展直接有影响的有利和不利因素，属于客观因素；内部环境因素包括优势因素和弱点因素，它们是自身存在的积极和消极因素，属主动因素，在调查分析这些因素时，不仅要考虑历史与现状，而且更要考虑未来发展问题。

· 优势：是内部因素，具体包括：有利的竞争态势；政策支持；充足的资源、财政来源；良好的地方或企业形象；技术力量；规模经济；产品质量；市场份额；成本优势；广告攻势等。

· 劣势：也属于内部因素，具体包括：产品老化、积压；管理混乱；缺少关键技术；研究开发落后；资金短缺；经营不善；竞争力差等。

· 机会：是外部因素，具体包括：新产品；新市场；新需求；外国市场壁垒解除；竞争对手失误等。

· 威胁：也属于外部因素，具体包括：新的竞争对手；替代产品增多；市场紧缩；行业政策变化；经济衰退；客户偏好改变；突发事件等。

SWOT方法的优点在于考虑问题全面，是一种系统思维，而且可以把对问题的"诊断"和"开处方"紧密结合在一起，条理清楚，便于检验。

（二）构造SWOT矩阵

将调查得出的各种因素根据轻重缓急或影响程度等排序方式，构造SWOT矩阵。在此过程中，将那些对自己发展有直接的、重要的、大量的、迫切的、久远的影响因素优先排列出来，而将那些间接的、次要的、少许的、不急的、短暂的影响因素排列在后面。

（三）制定行动计划

在完成环境因素分析和SWOT矩阵的构造后，便可以制定出相应的行动计划。制定计划的基本思路是：发挥优势因素，克服弱点因素，利用机会因素，化解威胁因素；考虑过去，立足当前，着眼未来。运用系统分析的综合分析方法，将排列与考虑的各种环境因素相互匹配起来加以组合，得出未来发展的战略选择。

世界旅游组织专家组于2000年编制的《山东省旅游发展总体规划》，是我国较早使用SWOT方法，并在当时最有影响的一部旅游规划。之后，SWOT方法在我国各级旅游规划中被广泛采用。

值得注意的是，运用SWOT方法进行分析要有辨证的思维，在许多情况下，优势与弱势是可以互相转换的，再大的优势如果转换不成产品也就没有优势。潜在的优势如果不能有效地发挥出来就不是现实的优势。反过来，一些弱势如果认识到了位也有可能转换成优势，比如，很多地区属于"老少边穷"，这既是一种弱势，也暗藏着优势。

（四）综合研究，得出结论

结论的内容或要回答的问题主要包括两方面的关键内容：一是当地是否具备发展旅

游业的条件，是否具有独特的优势和机遇？二是在这样的条件下是否要发展旅游业，旅游业在当地如何定位？

案例6-4：

寿光市旅游产业发展 SWOT 矩阵

	优势-S 主导性旅游资源质量高，特色鲜明，符合旅游发展趋势； 高知名度优势； 区位优势； 经济基础优势； 市场优势； 节庆活动经验优势。	劣势-W 旅游开发层次浅，功能不完善； 淡旺季明显，对旅游接待形成巨大压力； 旅游促销滞后； 旅游产业链有待完善； 旅游专业人才缺乏。
机遇-O 五城同创的历史性机遇； 发展旅游的社会环境越来越好； 生态旅游方兴未艾、湿地旅游日趋时尚； 中央领导的亲切关怀； 全省旅游格局更新调整时期。	组合一：SO——发挥优势，利用机会 1.利用优越的环境和政府支持，做好目的地品牌，提高旅游知名度； 2.利用区位优势和市场优势，由点至面，逐步推广目的地旅游产品； 3.利用全省旅游格局调整的机会，发挥举办节庆活动的经验，大力发展节庆旅游、农业生态旅游等，树立品牌效应； 4.利用五城同创的机遇，发挥地方经济基础优势，建立优秀旅游城市品牌，形成全省乃至全国重要的旅游目的地。	组合二：WO——利用机会，克服弱势 1.利用环境和政策优良的机会，加大旅游市场宣传推广，扩大市场影响力； 2.针对不同季节、不同游客群体，开发不同特色的新型旅游产品，并认真策划，迅速占领新市场； 3.在政府政策和资金支持下，加强人才引进和培养力度，完善旅游业链，加强旅游基础设施和配套设施建设。
威胁-T 周边地区的竞争，使客源分流； 潜力产品的竞争； 数字鸿沟威胁； 生态环境较为脆弱。	组合三：ST——利用优势，回避威胁 1.进行准确的市场定位，针对重点市场进行营销活动，建立竞争优势和目的地品牌； 2.发挥资源、环境优势，提高环境保护力度，开发地方特色旅游产品，对价格进行准确定位，保持其市场竞争优势； 3.提高旅游地经营管理水平，提高旅游资源利用效率，保证旅游服务质量和水平，形成旅游品牌产品。	组合四：WT——减少弱势，回避威胁 1.充分考虑竞争因素和环境风险，在旅游项目建设和新产品开发中做好规划设计，循序渐进； 2.吸取同类型旅游地竞争的经验和教训，建立市场竞争风险应对机制，避免出现被动局面。 3.项目资金的投入与使用、旅游产品的开发、市场营销策划、人员的配备、管理决策过程等，都要充分考虑竞争对手的状况。

案例来源：山东大学旅游系，寿光市人民政府：《寿光市旅游产业发展总体规划》。

案例 6-5：

SWOT 分析中"优势"与"弱势"的转换

河北省包围了北京、天津两个特大型城市，区位优势应该说比较充分。但河北省旅游业到目前发展得并不尽如人意，这就意味着区位优势没有转换成市场优势。我们经常碰到这样的项目策划，上来就是"北京有 1200 万人口，哪怕只有 10%的人到这里，这个项目就成功了"。这似乎成为一种语言模式，但凭什么 10%的北京人要到你这里来？这个区位优势到底怎么转换？反过来说，"老少边穷"地区很多方面都是弱势，但对发展旅游业来说，弱势可以转换成优势。比如，"老"——老革命根据地有着优良的革命传统，意味着红色文化的培育有基础；老根据地的民风一般都比较纯朴，意味着有助于形成一个友好的目的地，这就成了优势；"少"——少数民族地区民族风情浓，这是一种独特的旅游产品；"边"——边境贸易拉动边境旅游发展；"穷"——按道理说穷应该没有什么优势，但"出卖荒凉"不就是出卖穷吗？另一个方面，贫穷客观上使得很多传统的东西都很好地保留了下来，很多自然风光也保留了下来，深山出美景，自古以来就是这样。很多地方穷得连破坏的能力都没有，所以，地方传统和自然风光反倒得以保存……从某种意义上说，穷也是一种优势，就看怎么利用。

案例来源：魏小安：《旅游目的地发展实证研究》，北京，中国旅游出版社，2002，43 页。

第七章 旅游产业发展目标与战略选择

科学确定旅游产业发展的目标体系是旅游规划的重要任务，因此，根据前期研究来确定旅游产业发展目标并选择与目标实现相对应的发展战略，是旅游规划的核心内容。

第一节 旅游产业发展目标

旅游产业发展的目标体系主要包括总体目标、经济目标、社会目标、环境目标等几个方面。其中，旅游发展总体目标是对地方旅游产业发展方向和最终发展愿景的概况性定位。

一、旅游产业发展总体目标

国家旅游局颁布的《旅游发展规划管理办法》中指出：旅游规划是为达到旅游业特定的发展目标而确定的战略和措施体系。因此，确定旅游产业发展目标实际上是旅游规划，特别是旅游发展规划（或称"旅游产业发展总体规划"）的核心任务。

（一）总体目标的表述内容

实际上，前期所有的基础研究都是为确定发展目标服务的。总体发展目标是对地方旅游产业发展未来愿景的科学、精准和概括性表达。

总体目标所包含的内容要素一般包括：

——发展旅游产业所依托的优势条件；
——旅游产业发展理念；
——旅游产业发展方向；
——旅游目的地建设的类型或性质定位；
——旅游产业发展要达到的总体水平。

在旅游发展规划中，旅游产业发展总体目标是对地方旅游产业发展远期愿景的定性表达。多数情况下旅游发展规划都是20年的战略规划，因此，在制定地方旅游产业发展总体目标时，往往需要在确定远期愿景之后，进行阶段性目标的分解，即在远期战略目标的指导下，决定近期、中期的阶段性目标，以形成对地方旅游产业发展的阶段性工作安排。

近期目标，一般执行期为五年，即在最近五年的执行期内要达到的发展目标。在旅游规划实践中，有学者认为：近期目标制定得是否科学、能不能达到，实际上是整个规划是否成功、地方旅游产业能否得到快速健康发展的最重要、最关键的因素。因为，没有近期打好的基础，远期的目标也不可能实现；没有形成近期明确的并很好起步的路径，未来也就没有方向。

中期目标，是承前启后的中间阶段，一般执行期为10年。是在近期目标实现并已打下坚实基础前提下的持续跟进，为远期目标的实现起到过渡、提升和推进作用。

（二）如何确定总体目标

前期的调查、综合分析等工作为旅游产业发展总体目标的确定奠定了基础。在规划编制阶段，经过规划组、委托单位及与当地相关部门的讨论，来确定旅游产业发展的总体目标。

总体目标确定的依据一般包括：

1. 当地社会经济发展目标

旅游产业是当地社会经济结构中的组成部分，旅游产业的发展目标必然要受地方社会经济发展目标的影响和制约。这一方面表现在作为上位规划，地方社会经济发展总体规划对旅游产业发展规划本身具有指导作用，社会经济发展总体规划中对旅游产业的地位、发展定位、发展指标等必然产生实际性的影响；另一方面，社会经济发展总体规划中在政策、投资以及其他方面的制度安排，也必然会影响到旅游产业的发展规模和速度。

当然，作为下游规划，旅游产业发展规划也并不完全是被动的，它也可以通过自身的规划导向对社会经济发展规划产生引导作用。

2. 城乡规划、土地利用规划

城乡规划和土地利用规划同样是旅游产业发展规划的上位规划，对旅游产业发展规划有着规范、制约和指导作用，它们在空间规划中对每一个具体空间地块的性质定位直接决定着该地块未来的发展方向，特别是两个规划中给未来旅游发展用地的预留，就更直接影响着旅游产业的发展规模、速度和在当地社会经济中的地位。因此，旅游产业发展规划必须主动与城乡规划和土地利用规划对接。

同样，旅游产业发展规划也会对城乡规划和土地利用规划进行引导和调整。

3. 当地旅游业发展条件和发展诉求

前述的旅游产业发展条件综合分析实际就是为设定未来旅游产业发展目标服务的，

综合分析的结论就是要解决是不是要大力发展旅游产业、怎样发展、发展到什么程度的问题。这些结论直接影响着旅游产业发展总体目标的定位。

> **案例 7-1：**
>
> ### 大泰山旅游区发展目标定位
>
> 大泰山旅游区发展的总体目标是：世界著名旅游目的地。
>
> 泰山是世界遗产；济南、泰安两市都已在近期提出了建设"国际旅游名城"的战略目标；济、泰、莱三地作为省会城市群的核心圈层正在积极推进同城化发展，通过全面、深入、系统地整合泰山山脉和周边资源、要素、条件，构建"一核、两环、三城"的大泰山旅游格局，以观光、休闲、度假和新兴旅游业态的多元化一体开发为支撑，占领国内文化和旅游产业的高地，成为文化特色突出、服务一流、技术领先、具有世界影响力的旅游目的地。
>
> 文化特色突出：以泰山文化作为主打品牌，围绕泰山文化进行深度挖掘和利用，结合区域内的名泉、山地、湖泊、宗教、民俗等重点资源，综合开发具有鲜明地域文化特色的旅游产品体系和服务特色，将文化特色作为旅游区的金字招牌。
>
> 服务一流："好客"和"山东服务"是山东旅游最有价值的资源。大泰山旅游区作为山东旅游的主阵地和代表性旅游目的地，理应成为全省旅游服务水平、质量的标杆。
>
> 技术领先：充分利用现代通信、互联网、移动终端等技术，在旅游公共服务领域领先发展，先行打造在国内具有示范意义的智慧型旅游目的地。
>
> 世界著名：泰山文化的影响力和泰山本身的地位都是历史性的，通过区域资源整合和旅游业的提升发展，将泰山的文化影响力转化为大泰山旅游的吸引力，让"大泰山旅游"在国际上真正成为具有较大吸引力和较高美誉度的世界级产品，"大泰山旅游区"成为一个世界著名的旅游目的地。
>
> 资料来源：山东大学旅游系，山东省旅游规划设计院：《大泰山旅游区发展规划》。

二、经济目标

经济目标是旅游产业发展目标体系中的核心要素。任何产业的发展规模、发展质量都是通过经济目标反映出来的。

旅游产业发展经济目标设定所包含的要素一般包括旅游市场发展规模或游客接待量、旅游总收入与旅游消费总额、财政贡献率、旅游产业增长率四个方面。

（一）旅游市场发展规模

旅游市场发展规模，也称游客接待量，指地方旅游市场在特定时间段内能够达到的总体规模，以"人次"为单位。

在地方旅游产业发展规划中，旅游市场一般分为国内市场和入境市场两个部分，要分别按年度进行设定。

（二）旅游总收入与旅游消费总额

在以往的旅游统计体系中，地方旅游产业经济目标是用"旅游总收入"来表达旅游产业规模的。

旅游总收入是指旅游者在旅游目的地所有花费的综合，或旅游目的地为旅游者提供旅游产品和服务所获得全部收入。通常是通过对游客的花费进行抽样调查所获得相关数据进行测算得出的，即游客在旅游目的地的总花费＝旅游总收入。

旅游总消费额是指外地旅游者在旅游目的地的所有花费与本地居民出游前为准备出游而产生的花费之合。即旅游总消费额＝旅游总收入＋本地居民为准备出游而产生的花费。也就是说，本地居民在出游前为准备出游而产生的花费纳入本地旅游统计，在出游期间产生的花费纳入旅游目的地统计。

（三）旅游财政贡献率

旅游财政贡献，是指当地涉旅企业向政府缴纳的各种税费、规费等，亦即来自于旅游业的政府财政收入。从地方政府的角度，地方性财政贡献——归属地方的税收、规费，更为重要。

而财政贡献率就是指由旅游产业提供的财政贡献占地方财政总收入的比重。财政贡献率直接反映了旅游产业在地社会经济体系中的作用和地位。因此往往是地方政府最关心的经济指标。

（四）增长率

旅游产业的规模，既涉及旅游产业各项指标的绝对值，也涉及各个指标的增长率或年递增率（％）。

增长率反映的是地方旅游产业的发展速度或活跃程度。一般来说，在旅游产业处于初期、中期阶段时，成长性较高，增长率或年递增率一般会较高，而处于起步阶段和高级阶段的时候，则增长率或年递增率则会相对较低。

增长率或年递增率的预测、确定，一般首先需要回溯过去一段时间内年递增率，作为预测未来几年增长率或年递增率的基础依据；同时，由于规划工作本身就是为了促进地方旅游业更快、更好地发展，因此规划本身也将进一步推动地方旅游业得到更快、更好地发展。以此来判断未来的发展速度，一般都会形成高于先前几年增长率或递增率的推断结论。

三、社会目标

旅游，是一种社会现象，它不仅有着重要的经济意义，同时也具有政治、文化等社会意义，即会给地方社会文化带来深远的影响。主要表现在以下几个方面。

（一）促进文化交流与交往

旅游活动本身就是东道社会与外界进行的文化交流。尤其是国际旅游，对促进各国人民之间的相互了解是一个非常积极的因素。世界各民族之间的交流，有许多时候是在战争等非和平条件下进行的，虽然也可以使不同民族间相互有所认识和了解，但代价是沉重的，要付出巨大牺牲。而旅游是和平条件下人类之间的一种交往活动，可以有效地消除不同种族、不同社会阶层之间由于地域阻隔或其他原因造成的误解与偏见。因此，对于国家而言，发展旅游的社会意义更为重要，在国家层面上发展国际旅游，促进文化交流的社会目标往往是非常重要的内容。而对于地方来说，通过发展旅游业来促进文化交流，推动地方社会文化现代化、促进经济科技等领域的信息交流，则更具有现实意义。

（二）促进民族、传统文化的保护与传承

民族、传统文化是现代旅游业发展的重要资源，同时，通过发展旅游业，也能够促进民族、传统文化的保护与传承。

从地方旅游规划的角度出发，对于民族、传统文化，不仅要在规划中有针对性地对民族、传统文化给出旅游开发、利用的相关规划要点，同时也需要在总体发展目标中，设定民族、传统文化保护、传承的目标，并制定完善的保障体系。

民族传统和历史文化在旅游业中发挥着越来越重要的作用，这是现代世界旅游界的一个共识。为此，许多国家对民族文化都采取了保护、开发、利用一体化的一系列科学措施，以使本国旅游业更具特色、保持魅力。首先，对文物古迹、民间艺术、民俗习惯等进行有组织的综合评价论证，对其文化价值和在旅游业中的价值给予实事求是的评价；其次，对有价值的文物古迹、民间艺术等民族文化进行挖掘整理，对历史遗迹进行维护和修复，使传统文化发扬光大；再者，从经济建设总体高度重视民族文化的保护与发展，把民族文化的保护纳入城乡总体建设的规划之中，在现代化建设不断发展的同时，保护好本国独特的民族文化。

（三）促进就业

旅游业作为现代服务业，属于劳动密集型产业，提供就业机会多，就业层次弹性大，因此，往往能够给地方提供较多就业机会。同时，发展乡村旅游，还能够就地转移农村剩余劳动力。

作为社会目标的重要内容，就业机会目标的设定，需要对当地旅游就业情况进行前期的调研，掌握基础数据和旅游业发展规模与旅游就业之间的关系。然后，按照旅游业规模与就业之间的比例关系预测、设定未来的就业机会和数量。

四、环境目标

旅游活动都需要在优美的环境中进行，旅游开发必然对所依托的环境进行提升和优化，因此，旅游开发对环境、生态的优化作用是显而易见的。但这种作用必须通过规划变成积极行为。

与旅游业发展相关的环境要素，空气、水环境、绿化与生态环境等。在规划中设定环境目标要遵照《环境空气质量标准》（GB 3095—2012）、《城市区域环境噪声标准》（GB 3096—2008）、《地表水环境质量标准》（GB 3838—2002）等，并根据当地环境现状，确定规划期内的环境发展目标。

案例 7-2：

章丘市旅游发展总体规划的环境规划目标

环境保护目标：

规划期内，全市环境污染状况得到整体控制。主要污染物排放总量控制在国家规定的范围以内，水环境和大气质量有明显改善，景区和城市环境卫生达到国家标准。生态环境建设取得显著成效，生态保护意识普遍提高，环境保护工作步入良性循环的轨道。

具体环境指标：

（1）水体质量指标

近中期，绣江河等主要河流流域的水质达到水域功能区划要求。旅游景区地表水水质基本达到旅游功能区的质量标准。远期，旅游景区地表水水质基本达到GB Ⅱ类标准，风景区内人体非直接接触的造景用水和景观水体按地表水环境质量标准，达到优于Ⅲ类水体标准。

（2）大气质量指标

近中期，城区达到GB Ⅱ级空气质量标准，大气质量总体保持GB Ⅱ级标准，各乡镇大气质量总体水平达到GB Ⅱ级标准。远期，城区大气质量争取达到优于GB Ⅱ级标准，各乡镇大气质量总体水平达到国家Ⅱ～Ⅰ级标准。除城区以外各游览区均按Ⅰ类标准控制，无粉尘污染。

（3）城市环境综合整治指标

到2015年，城区气化率达到90%，集中供热率达到90%，林木覆盖率达到40%。城市垃圾、粪便无害化处理率达到100%；城区环境噪声100%达到功能区

> 标准；汽车尾气达标率达到90%以上。到2020年，城区气化率和集中供热率达到95%以上，林木覆盖率达到45%，汽车尾气达标率达到100%以上。
>
> 案例来源：山东大学旅游系：《章丘市旅游发展总体规划》。

第二节 旅游发展战略

旅游发展战略，是根据旅游业发展的政策环境和规划中所确定的旅游业发展目标对战略选择的客观要求来确定的。旅游发展战略必须具有针对性和可实施性。

旅游规划中确定的旅游发展战略，一般分为两类：一是普遍性战略。二是针对性战略。

一、普遍性战略

旅游业的发展有普遍性的基本规律，任何一个地方发展旅游业都要遵循旅游业发展的基本规律，因此也就会有一些适合所有或大部分地区的、具有普遍意义的战略选择。这些普遍性的战略选择主要包括政府主导战略、资源整合战略、创新战略、区域联动战略、人才战略等，它们在旅游业的发展过程中被证明具有普遍意义。

（一）政府主导战略

政府主导战略，是已经被世界旅游业的发展所证明了的最具普遍意义的发展战略，它在不同国家、不同地区等都具有现实意义。

政府主导的内容主要包括四个方面：

1. 政策主导

具体包括：

- 确定旅游产业地位，制定旅游产业政策与专业法规，促进旅游业发展；
- 建设有效的旅游管理体制和协调、促进机制，打破资源管理体制藩篱，盘活、调动各种社会资源，发展旅游业。

2. 资金引导

具体包括：

- 以政府投入引导社会资金流向，提高社会投资者投资旅游业的信心；
- 提供足够的促销经费；
- 以政府投入为主体，完善旅游基础设施体系和公益性设施体系，为旅游业发展提供保障。

3. 管理规范

具体包括：

- 制定并推行行业标准；
- 规范市场行为；
- 编制旅游发展规划、计划，通过规划、计划调控旅游业发展；
- 协调各种关系（部门、企业之间）。

4. 形象促销

具体包括：

- 根据市场发展的要求设计旅游地形象；
- 积极推介形象，提高旅游地的知名度和吸引力；
- 加强品牌建设和管理，维护旅游地形象的持久效应。

（二）资源整合战略

旅游业是个综合性的产业群。发展旅游业就是在整合各种社会资源的基础上，将资源转化为产品。这些资源包括自然的、文化的、社会的、经济的等，它们分布在不同的领域，被不同的部门、单位、机构或个人管理和占用，这些资源都具有旅游价值，是发展旅游业的重要资源。旅游规划、发展地方旅游业、建设旅游目的地，就是要全面整合这些资源，为发展旅游业服务，以"大旅游"的观念和视角发展旅游。

资源整合战略包括三个含义：

一是协调一切资源领域，发挥各种社会资源的旅游价值，推动社会资源向旅游产品的转化，把传统的自然和文化观光旅游推向深入、扩大广度，开发诸如农业旅游、工业旅游、渔业旅游、教育旅游、社区旅游等新型旅游产品，在"新资源观"的理念下发展新旅游。

二是调动各社会领域、部门、企业、机构、组织参与旅游规划的积极性，让那些"旅游行业"之外的社会力量在发展旅游的过程中找到自己的位置，发挥自己的作用。

三是建立有效的旅游协调、促进机制，通过宏观的协调机制和微观的管理职能，来促进地方旅游业的健康发展。

（三）创新战略

创新是产生竞争力的源泉。旅游产品的核心竞争力是差异性，而差异性来自创新。因此，创新战略，是任何旅游地发展旅游业的"法宝"。

新兴起的旅游地，本来就处于幼小或弱势地位，没有独特的产品就很难在已经被瓜分的市场上立足；老旅游地在新市场竞争形式下，也必须通过创新进行"二次创业"。

对于旅游地来说，旅游创新主要包括四个方面，即观念创新、技术创新、制度创新、产品创新。四者又互相关联：观念创新是前提，技术创新是手段，制度创新是保障，产品创新是结果，而最终的目的就是发展旅游业、促进地方经济发展。

1. 观念创新

观念创新是旅游创新的开始和前提。对于旅游地来说，观念创新既包括领导、决策人员的观念创新，也包括专业人员开发观念的创新。

从一定意义上说，观念创新就是要冲破传统的束缚，要跳出惯常的思维定式。观念创新不能无的放矢，要建立在市场研究的基础上。通过对市场的研究去适应需求、引导需求、刺激需求、创造需求。通过观念的创新层层递进，引领其他的领域和层次的创新。

2. 技术创新

与其他一些高新技术产业相比，旅游业并不是一个技术先导型行业，而是一个技术跟进型行业，因此，旅游业的所谓技术创新很大程度上是引进和使用其他领域已经成熟的技术。

社会的发展已经进入了以使用新技术为基本支撑的"新经济时代"，特别是信息、网络技术的普及已经改变了许多传统产业的业态，旅游产品的生产与组合、旅游营销手段与媒体、旅游企业经营模式等，都受到了影响。这既是机遇，也是挑战，无视这种技术的变化和带来的影响，是无法适应新的竞争形势的。

3. 制度创新

制度决定行为。从制度经济学的角度讲，制度就是约束并激励人们行为的规则。制度创新既包括政府的管理制度，也包括企业的经营和管理制度，既涉及一个旅游目的地的发展，也涉及一个小企业的进步。

在政府层面，制度创新主要体现在行业管理、资源管理两个领域。总的趋势应该是：由传统的行业管理转化为产业管理，提升政府的协调、促进职能；在资源管理领域打破传统的"条条管理""部门管理"的藩篱，整合社会资源，共同参与、推动旅游业的发展。

在企业层面，制度创新主要是经营体制的改革。

4. 产品创新

产品是效益点，一切创新的最终目的，都是为了能够生产出独特的产品。

产品创新，实际上就是寻找和创造差异化。中国旅游业已经走过了初期的资源转化和模仿阶段，进入了创新发展阶段。"先仿后创"是对中国旅游业发展过程的基本描述。

"创新发展阶段"，实际上是"靠创新促发展"的阶段。创新靠创意，创意靠人才，人才靠机制。

（四）区域联动战略

任何旅游地都不是孤立的。

目前，我们已经进入了一个"新交通时代"，航空运输、快速铁路、高速公路等已经改变了传统的旅游交通模式，"一日生活圈""半日生活圈"的辐射面越来越大，游客的流动方式越来越多、流动速度越来越快，与之对应，一个具体的旅游地留客的可能性越来越小,横向联合的必要性越来越大。

因此,旅游地在开发产品、市场营销时,一定要与周边地区合作,实现规模效益,并依靠大区域旅游格局和旅游产业发展的带动,谋求自身的发展。

(五)人才战略

旅游业本身属于劳动密集型产业,对人力资源、人才的依赖度比较高。而且,越是进入社会发达阶段,对人才的依赖度就越高。但是,与其他行业相比,旅游业在吸引人才方面,却存在着很多弱势:

• 服务行业在人才凝聚方面的弱势,人们对服务行业的认识仍比较传统。
• 旅游企业规模的弱势,旅游企业大多是小企业,发展空间有限。
• 旅游企业驻地位置的弱势,特别是旅游景区,大多在城市郊区,工作、生活不方便。
• 经济欠发达地区本身在吸引人才方面的弱势。

所以,旅游行业往往成为"人才洼地",吸引高层次人才比较困难,留住高层次人才更困难。这就要求地方政府、旅游企业要高度重视培养人才和吸引人才,以创新的人才使用机制招徕人才、留住人才。

对于政府、企业来说,在旅游业领域实施人才战略,重点要结合旅游业的特点,作好如下几点:

(1)创新人才机制,吸引和招徕人才

在现代经济条件下,资本追逐人才,人才创造利润。所以,人才机制创新从根本上说,一是"要确立与财务资本并重的甚至超过财务资本的人力资本概念",二是"要努力达到人力资本产权化",三是"要产权制度化"。①

(2)明确行业从业人员的知识结构,建立合理的专业教育体系

从发展旅游业的实际要求出发,研究、明确旅游业从业人员的学历和素质要求,建立合理的专业教育体系,培养地方发展旅游产业的应用性人才。这实际上涉及旅游管理及相关专业的学科设置、专业设置和培养目标设计等问题。改革开放以来我国的旅游高等教育、职业教育体系经历了多次变化,至今仍在变化之中,需要进一步完善,建立科学的学科、专业体系。

(3)建立高绩效的继续教育和专业培训体制

旅游行业对专业人才的需求是多元化、多层次的,从从业人员的职业资格考试录用、上岗培训到工作过程中的继续教育,从职业经理人、高管的提高培训到一线服务人员的技能培训,都需要与产业发展实践相匹配的继续教育和专业培训体制机制,要建立系统化、层次化、梯次化的继续教育和培训体系,满足产业发展和职业人员个人进步对每个环节、每个阶段的提升要求。该体制应该是:以需求为动力,以就业和职业发展为

---

① 魏小安:《旅游目的地发展实证研究》,北京,中国旅游出版社,2002,23页。

导向，有效、灵活、高效。学员的学习内容应与结业后所从事的工作直接相关，能够为行业提供经过短期培训就可立刻投入工作的人员。同时，也可以建立多种培训渠道，采取灵活的培训形式，因事制宜、因人而异。如对乡村旅游管理和服务人员的教育培训，他们的受教育程度低，工作地点在乡村，需要就地化、手把手地进行培训，要送知识到家、到户、到人，才能够行之有效。

（4）完善持证上岗制度和监督体系

对旅游业在职从业人员实行持证上岗制度，确保先培训后上岗，没有经过培训的一律不能上岗，要严格把关，以保证旅游业从业人员的素质。同时，建立旅游专业执法队伍（质检所、旅游监察大队等），严格按照旅游管理条例和旅游产业化要求，加大监督力度，以强化其经营意识和服务技能。改革不合理的用人制度。

实行按事设岗，按岗定员，责任到人的原则，实行经营管理人员、专业技术人员的聘任制和一般服务人员的合同制相结合的原则，全面提高办事效率和经济效益，并根据工作需要及时调整岗位和人员，给旅游队伍注入新鲜的活力。

二、针对性战略

各个国家、各个地区处于不同的经济发展阶段，各自有自己的优势和劣势，外部市场和相关条件也各异，因此，除一般战略之外，更重要的是与自身条件相吻合的针对性战略。

在旅游规划已经成为一种普遍的社会现象的时候，针对性战略往往具有决定意义。

（一）差异化战略

旅游规划的差异化，就是寻找与别人的不同。在旅游后发地区，寻找、创造差异化是新兴旅游地起步的关键，是在旅游产品包围圈中"突围"的最有效路径。

差异，要从对比中去找，自己最好的资源在市场上不一定有竞争力，因为你好别人比你更好，那你就是不好；有时需要拿出自己第二、甚至第三位的资源，因为你差别人比你更差，那你就是最好。

差异，在更多的条件下，是产品的错位开发，只有错位才能够互补，产生异性相促的市场互动效果。

在旅游产品开发领域，差异化战略选择主要表现在两个方面：一是要开发不同类型和功能的异质性产品；二是开发不同形态的同质性产品。

案例 7-3：

"胶东渔村"乡村旅游产品的差异化开发

威海市河口村位于胶东半岛最东端的成山卫镇，紧邻着著名成山头、天鹅湖和西霞口风景区，这些风景区都以提供观光旅游产品而闻名于世，都有大企业为经

济、投资后盾,而河口村仅仅是一个只有200多户的传统渔村。在进行乡村旅游策划时,规划人员根据当地的优势、劣势对比,明确地提出了依托周围的观光景区,实施差异化的错位开发战略,开发以渔家生活为特色的乡村住宿、餐饮、海滩娱乐与海上休闲等为内容的服务性产品,结果一炮打响,河口"胶东渔村"目前已成为山东省著名乡村旅游地。

案例来源:山东大学旅游系:《威海市河口"胶东渔村"乡村旅游规划规划》。

(二)文化战略

文化战略(对于许多地方而言是民俗化战略),是一些具有鲜明地方文化特色的旅游地的一个非常具体、现实的战略选择。

中国是传统的国家,许多地方仍然保持着丰富的、地域特色鲜明的传统文化,如传统的生产习俗、社会习俗、民间风情等,构成地方最具特色、也最有吸引力的文化资源主体,这些资源的开发和保持是维系地方文化特色、使旅游吸引力持久的根本,因此,在旅游规划的过程中,从文化保护、传承和维持地方持久吸引力的角度出发,必须首先保护和加强这种地域文化特色和民俗特色,并将其上升到战略高度,予以重视。

案例7-4:
潍坊市旅游产业发展过程中的"民俗化"战略

民俗文化是潍坊市地方文化的灵魂,也是潍坊市最具特色的资源。有600年历史的潍坊风筝和杨家埠木版年画、高密的民间艺术"三绝"(剪纸、扑灰年画、茂腔),以及泥玩具、布娃娃等都在中国北方地区享有盛誉,潍坊的民俗旅游已经成为山东、甚至北方地区的代表。因此,以民俗文化为主体资源和品牌,以挖掘、保护、传承和弘扬民俗文化为重点,发展民俗旅游,营造民俗文化氛围,塑造富有本土文化内涵的旅游形象是潍坊民俗旅游战略的重点选择。在《潍坊市旅游产业发展总体规划》中,明确提出了"民俗化战略"的针对性战略选择,即:开展保护"民俗文化生态"工程,建设民俗文化特色鲜明的综合服务设施,形成特色鲜明、历史文化底蕴丰厚的旅游目的地;围绕民俗旅游品牌战略,进行全方位、多层次的民俗文化资源开发;改善潍坊整体旅游环境,开展民俗品牌营销策略,促进潍坊旅游业的发展。

案例来源:潍坊市人民政府,山东大学旅游系:《潍坊市旅游产业发展总体规划》。

旅游规划对传统地区或地方传统文化、民俗文化的影响,一般表现在两个方面:一是传承，二是变异①。

地方性的传统文化、民俗文化是旅游规划的重要资源，是传统地区旅游业赖以发展的源泉，传统文化、民俗文化的开发和利用，为传统地区经济、社会的发展起到了极大的促进作用，也同时能够促进地方传统文化、民俗文化的保护与传承。但由于发展旅游而带来的开放，又往往使传统地区经不住现代文明的诱惑，过快地抛弃传统而走向现代，使传统文化在经济利益的牵动下发生非正态变异。这就需要通过一定的战略选择、采取一定的措施、通过一定的途径，对传统文化在旅游规划和现代化过程中的传承、保护问题提出一个解决的方案。其中，最根本的做法就是"民俗化战略"的选择。

（三）转变战略

"转变战略"，是在当地方旅游业发展到一定阶段时，根据旅游业发展趋势的变化和当地旅游业发展的需要，采取的一项调整战略，这在旅游业发展的中期或后期阶段尤为重要，许多地方实际上都需要根据形势的发展、变化适当调整原已确定的发展目标、方向和战略，这是识时务的一种选择。

"转变"，可以体现在很多领域，可以有很多方向，可以有很多内容，这要根据当地的实际情况而定，到底要"转变"什么，怎样"转变"，这是应该深入研究的问题。"转变"，实际上也是在解决问题，即通过"转变"来解决已经发现的不足或缺陷，促进今后的发展。

案例 7-5：

山东省旅游发展过程中的"转变"战略

由山东省人民政府聘请世界旅游组织编制的《山东省旅游发展总体规划》中，根据山东省以往旅游产品的开发主要是短程观光产品和以行政区为基础的实际情况，在全国首次提出了旅游发展的"转变战略"，即在今后的发展中，必须实现两个战略转变：一是由短程观光旅游向新型度假模式转变；二是由以行政区为单位向旅游目的地转变。规划中提出的这个转变战略，是具有前瞻性的，至今仍具有指导意义。实践证明，在这个规划颁布后的几年里，山东省根据规划思想所作出的调整是卓有成效的。

案例来源：世界旅游组织，山东省人民政府：《山东省旅游发展总体规划》。

（四）捆绑战略

捆绑战略，是经常被一些处于相对弱势地位的旅游区、旅游地采取的一种依托型发

---

① 王德刚，史云：传承与变异——传统文化对旅游规划的应答，载《旅游科学》，2006（4）。

展战略。

选择这种战略的情况一般有两种：一是紧靠一个著名的、处于强势地位旅游区的新开发旅游区或旅游地；二是在竞争博弈中处于弱势地位的旅游区、旅游地。

对于这样的旅游区、旅游地来说，主动与处于强势地位的旅游区联合，既有利于自身的发展，又有利于在大区域中进行产品组合，是一种双赢或多赢的选择。

通过捆绑来谋求发展，在具体操作中，一般有两种做法：

一是产品捆绑组合，即在产品组合上进行跨区域的联合，把自己的产品捆绑到强势产品身上，或者说靠强势产品的影响、覆盖；

二是营销捆绑组合，即在对外宣传、营销中，将自己的产品与强势产品包装在一起。

总之，在旅游规划过程中，各自都有自己的具体情况，都有面临的发展机遇和现实的挑战，针对性的战略选择也会因此而多种多样。任何一个旅游区、旅游地，都应该根据自身的实际情况，研究市场，研究与周边的对比，研究自身的优势与劣势，在综合分析中确定适合自己的发展战略。

案例 7-6：

济南灵岩寺景区与泰山"捆绑"开拓市场

灵岩山是泰山的支脉，与泰山连为一体，而灵岩山中的灵岩寺则与泰山形成"山"与"寺"的组合、道教与佛教的组合，自古就有"游泰山不游灵岩不成游也"的说法。但长期以来，由于灵岩寺与泰山分别归属于济南、泰安两个市级行政区管辖，在管理上存在矛盾，很难形成产品的一体化。山东大学为灵岩寺编制旅游规划时，明确提出了在旅游规划上打破行政区划，与泰山进行产品组合开发、捆绑营销的发展战略，把"游泰山不游灵岩不成游也"的说法落实到实际工作中。目前，在灵岩寺管和泰山管委的共同努力下，泰山和灵岩寺已经成为一对紧密型的产品组合伙伴。

案例来源：山东大学旅游系，济南市旅游建筑设计院：《灵岩寺旅游区控制性详细规划》。

旅游产业发展总体规划

旅游产业发展总体规划，是旅游规划类型中对一个行政区或特定空间区域旅游产业发展所进行的总体安排，多数情况下是以行政区为单元进行的，包括一个省市自治区、一个市、一个县，甚至一个乡镇等。

前述内容中关于规划调查与基础研究、旅游产业发展目标与战略选择等对于旅游产业发展总体规划和旅游区规划具有同等意义。本章重点介绍旅游产业发展总体规划的任务、空间布局、产品和旅游产业要素规划等内容。

第一节 旅游产业发展总体规划的任务

旅游产业发展总体规划，亦称旅游发展规划，按规划范围，可以划分为国家旅游产业发展总体规划、跨行政区（按资源要素组合条件形成的旅游区域）的旅游产业发展总体规划和地方旅游产业发展总体规划。但在绝大多数情况下，旅游产业发展总体规划是在一个行政区范围内编制的关于地方旅游产业发展的总体规划。

旅游产业发展总体规划是解决地方旅游产业发展的战略性、政策性等关键性问题，并根据旅游产业发展诉求在规划期内进行有关事项的计划安排，以实现地方旅游产业发展的总体目标。

从规划任务来看，旅游产业发展总体规划是在确定旅游业发展目标和战略选择的前提下，重点解决旅游业在国民经济和社会发展中的地位与作用、优化旅游业发展的要素结构与空间布局、策划和遴选旅游业发展优先项目、促进旅游产业健康持续发展等问题。

一、确立旅游业的地位与作用

确立旅游业在国民经济和社会发展中的地位与作用，实际上就是要解决旅游产业在

当地社会经济中的性质定位。

对旅游业地位与作用的研究,在规划过程中是与旅游产业发展目标与战略选择同时进行的,实际上这是两个互为支持、互相佐证的姊妹问题。

在不同的地区和社会经济发展的不同阶段,旅游产业在国家和全国各地的地位是不一样的。具体某一地方在编制地方旅游产业发展总体规划时,要综合研究当地社会经济发展的总体水平和产业结构现状,科学设定旅游产业在当地社会经济体系中的性质定位。

关于旅游产业的性质定位,2009年12月1日颁布的《国务院关于加快发展旅游业的意见》[国发〔2009〕41号]对各地旅游产业的性质定位具有重要的指导意义。该文件明确指出,要"把旅游业培育成国民经济的战略性支柱产业和人民群众更加满意的现代服务业"。该文件的重要意义在于,国家层面上已经将旅游业定位为"国民经济的战略性支柱产业"和"现代服务业",对全国各级地方旅游产业的发展具有了定性引导作用,实际上也代表了国家政府已经将发展旅游产业上升为国家战略。

全国各级地方,在对当地旅游产业性质进行定位研究时,必须在国家政策和相关文件精神的指导下,同时结合当地旅游产业发展的客观诉求来科学确定各自旅游产业的性质定位。

从产业关系和产业定性的角度看,一个产业的总产出规模达到当地GDP的5%,一般即可确定为支柱产业。从目前全国旅游产业的发展水平看,绝大多数地方的旅游产业规模已经超过了当地GDP的5%,旅游产业作为支柱产业的性质本身已经不需要再进行论证。需要论证和明确的是旅游产业与其他产业之间的关系、在政府工作中的优先地位、在当地社会经济体系中的位置和主导作用等。

二、优化旅游业发展要素结构与空间布局

规划本身就意味着优化导向的调整和重构。旅游产业发展总体规划一方面需要对现有旅游产业的要素结构进行优化调整,另一方面也需要对现有旅游产业发展的空间结构进行优化重构。

无论是按照传统的"食、住、行、游、购、娱"六大要素,还是按照当前全域旅游视角下以"旅游+"和"+旅游"为模式而形成的全要素旅游产业形态,在某一具体区域内旅游产业的要素结构都不可能、也不需要完全平均地均等布局,而是要根据旅游产业发展的客观需要构建能够促进旅游产业持续、健康、稳定和高绩效发展的产业结构体系,并进行最优化配置。一般来说,地域空间越大,旅游产业的要素结构就会相对越全面,而地域空间越小则旅游产业要素结构就会相对不完整,例如一个省,或一个设区的市等行政区内的旅游产业要素结构,就会比一个县或一个乡镇的旅游产业要素结构要全面、完整;一些卫星城市的对外交通体系往往会依托一个中心城市,而不需要自己进行规划配置,只是需要做好对接;北方大多数城市夜间娱乐、休闲等夜生活不发达,冬季也普遍存在淡季问题,致使许多旅游设施和员工出现季节性闲置,等等。规划中会遇到

许多类似的与旅游产业要素结构相关的问题，需要认真研究，科学谋划。

同时，由于历史的或某方面的客观原因，一个地方旅游产业的空间布局往往受到许多因素的影响，存在着发展水平空间上不均衡、旅游大格局有缺陷、旅游功能在空间上匹配不科学等问题，同样需要通过规划进行优化调整或格局重构，使整个地方旅游产业的发展在空间上实现均衡发展。

空间格局的优化，需要在旅游产业规划过程中，通过在对整个地方旅游产业发展的资源、环境、政策等条件进行综合研究的基础上，进行空间格局的调整、重构来完成，重点考虑各个空间区域旅游产业发展的基础条件、各个空间区域的基本特征与旅游产业发展目标的匹配度、各个空间区域之间的功能匹配与相互协调等问题。同时，对于规划期较长（例如20年规划期）的战略性规划，旅游产业发展的空间格局在规划期内可能就会发生或需要进行动态调整，这需要在规划过程中科学、准确地把握地方旅游产业发展的进程与轨迹，以便于在规划中分时段来预设地方旅游产业发展的空间格局。

三、策划和遴选旅游业发展优先项目

旅游业发展优先项目的安排，是旅游产业发展总体规划中非常重要的内容，也是近期执行规划中的核心内容。

任何地方的旅游产业发展总体规划，都会根据当地旅游产业发展的资源、环境和投资条件，提出未来一段时间内的旅游建设项目清单，或建立旅游项目库，并进行初步的概念性策划，作为今后进行计划安排和招商引资的依据。而优先建设项目就是从旅游建设项目清单或旅游项目库中选择出来的。

旅游建设项目清单或旅游项目库，是根据当地旅游资源、环境、投资条件和旅游市场发展趋势策划、拟定，并经过初步概念策划的全部旅游建设项目，一般在规划的各个相应的部分有专门描述，规划附录有专门的列表。

优先建设项目的遴选，要坚持以下几个原则：

——对地方旅游产业未来的发展具有重大或重要影响；

——对地方旅游产品体系、旅游产业结构优化调整能够起到重要作用；

——对地方旅游竞争力提升能够产生促进作用；

——对近期地方旅游产业快速发展有较大影响等。

优先建设项目一般作为近期执行规划中的重要内容进行体现。

四、促进旅游产业健康持续发展

要实现旅游产业的健康持续发展，必须建立有力的支持保障体系。旅游产业发展支持保障体系的内容，主要包括法律法规、体制机制、产业政策等。

（一）法律法规保障

与旅游产业发展相关的法律法规体系包括两个层面：一是国家层面，包括相关的法

律、条例（如《旅游法》《文物法》《森林法》《旅行社管理条例》等），部门规章（如《旅游发展规划管理办法》等），对地方而言，主要是贯彻、落实；二是地方立法，根据有关规定，我国副省级以上行政区具有地方立法权，可以就某个领域专门出台相关"条例""办法"等，许多地方为促进旅游产业发展，会出台专门的旅游条例。

对于还没有出台旅游条例的地方，规划要根据当地旅游产业发展的实际情况和客观要求，提出是否要出台地方法规的规划建议。

对于已经出台了地方法规的地方，规划要在研究的基础上，审视其时代性和科学性，提出是否需要修订的规划建议。

（二）体制机制保障

体制机制，是旅游产业发展的组织保障。目前，在全域旅游发展理念指导下，全国多数省级旅游管理部门已经由原来的"局"升格为"委员会"，由原来的行业管理机构转变为综合协调部门，能够更加有力地促进旅游产业的发展。这是我国旅游管理体制的重大转变。

在机制方面，主要涉及资源管理领域的所有权、管理权、使用权等的创新管理机制，政府与市场、政府与企业，以及政府、企业、社区居民等所有旅游利益相关者之间的旅游投入机制和利益分配机制等。规划者必须秉承均衡利益原则，用规划手段来平衡旅游业发展所涉及的各方利益，让旅游业真正成为富民、富企、富政府的支柱产业。

（三）政策保障

产业政策是旅游产业发展的政策保障。产业政策包括资金支持政策、土地供给政策、能源（水、电、气等）政策、投融资政策、人才政策等。这些内容在不同的地方会有很大的弹性，调整的空间很大，也往往是对地方旅游产业发展影响最大和最现实的要素。

资金支持政策在全国具有普遍性，地方财政一般采用大项目补贴、贷款贴息、以奖代补等形式支持旅游项目建设投资，近年来，为促进乡村旅游业发展和旅游扶贫，许多地方政府设立财政专项资金，补贴农家乐"双改"（即改厨、改厕），国家旅游局推出"厕所革命"转向工程后，许多省级财政则设立旅游厕所新建、改扩建专项资金，按厕位数给予一定数额补贴，这些财政政策都在一定程度上带动、引导了旅游项目投资建设，促进了旅游产业的发展。事实证明，财政引导资金对促进旅游业的发展作用十分明显。

土地供给政策更是能够解决旅游项目建设的实际问题的关键性政策。过去我国土地利用规划和城乡规划中并没有"旅游用地"这种用地性质，因此几乎所有旅游用地的审批都是借用其他性质的土地打擦边球，直到2014年国务院发布《国务院关于促进旅游业改革发展的若干意见》（国发〔2014〕31号），要求各级土地利用总体规划、城乡规划等要实际性地"安排旅游用地的规模和布局"后，才在土地性质类别中正式确认了"旅游用地"这一用地性质,突破了传统的土地利用和城乡规划体系中关于用地性质的限制,给"旅游用地"以正式的"名分",使旅游用地有了合法的身份和地位。同时,该文件还明确要求:地方政府编制和调整土地利用总体规划、城乡规划和海洋功能区规划时,要充分考虑相关旅游项目、设施的空间布局和建设用地要求。年度土地供应要适当增加旅游业发展用地。要进一步细化利用荒地、荒坡、荒滩、垃圾场、废弃矿山、边远海岛和石漠化土地开发旅游项目的支持措施。在符合规划和用途管制的前提下,鼓励农村集体经济组织依法以集体经营性建设用地使用权入股、联营等形式与其他单位、个人共同开办旅游企业。旅游产业发展规划必须最大限度地用足政策空间,为地方旅游产业的发展提供更多的土地资源。

能源政策,主要涉及旅游企业生产使用的水、电、气等能源的价格,直接将影响到企业的经营成本。如旅游饭店的能源使用价格长期以来是按工业用途价格归类,大大增加了饭店企业的生产成本。许多地方已经在顺应经济发展规律,对旅游企业使用的能源价格进行适度调整,但降低调整的空间仍然很大,规划要通过调研,提出降低旅游企业能源使用成本的规划建议。

投融资政策,是直接促进旅游产业发展过程中大项目建设的关键性政策。包括创新投资机制、创新金融信贷机制和企业融资机制等。从政府的角度出发,建立旅游投资基金和旅游投资担保基金,并通过市场化手段进行旅游建设项目风险投资和融资担保,将旅游财政资金的使用直接对接企业、直接作用与市场等,将能够更加有效地推动旅游项目建设、促进旅游产业发展。

人才政策,更是关乎旅游产业发展,特别是旅游企业创新发展和经营绩效的根本性问题。近年来,旅游企业的薪酬水平在社会上已经处于中低层次,不具备竞争优势,因此旅游行业也就成了"人才洼地",出现了高层次人才外流现象。因此,如何创新人才引进、使用机制,是一个需要进行深入研究并给出切实有效解决方案的关键问题,政府和企业都应该在人才领域发挥能动作用。

第二节 旅游空间规划

空间规划,亦即旅游产业空间布局规划,是对旅游产业发展在地理空间上的安排,其内容包括空间的划分、每个空间区块的功能定位和项目安排等。

一、旅游产业的空间组织

空间规划,或旅游产业的空间布局,是旅游产业组织的基础。任何一个地方的任何产业都是在特定的地理空间中布局展开的。而科学、合理的产业空间布局规划将有利于更好地组织和促进产业的发展。

从理论上说,产业的空间规划就是按照资源组合的地理特征、产业发展的客观需要、各个地理空间内产业要素之间的联系与互动性等因素，在特定地理空间中进行自上而下的区域划分或自下而上的区域合并。它的作用在于能够合理、有效地开发和利用旅游资源，充分发挥各类服务设施的作用，特别是有利于旅游产品各要素在本地及与周边地区的合理组合，形成产业集聚效应，并在结构上形成合理的旅游系统。

旅游产业布局规划的地理空间研究主要考虑以下因素：

（1）旅游资源分布、组合的地理特征

传统旅游产业是资源依托型产业，现代旅游产业在全域旅游发展观的指导下新的社会资源、产业资源在旅游业发展中的作用越来越大，但仍然离不开对资源的依托，因此，旅游产业的空间规划首先要研究当地旅游资源的地理分布和组合情况，并以此为主要依据进行旅游产业空间规划。实际上，传统的旅游产业空间布局规划就是主要依托旅游资源的自然分布展开的。旅游产业发展进入新的发展阶段之后，旅游资源之外的因素对旅游产业发展的影响越来越大，例如地方产业政策、交通、经济发达度、城市产业布局调整等，资源的影响相对越来越小。

（2）旅游产业空间发展特征

旅游产业发展规划可以在旅游发展的不同阶段进行，而处于起步阶段、中期阶段、高级阶段的旅游产业空间特征是有差异的。在规划阶段，我们必须对当地旅游产业发展的空间特征现状进行深入研究和科学评判，梳理其发展、变化的轨迹，诊断其现状存在的问题，在此基础上对未来的空间布局进行科学调整、重构和优化。

（3）城乡规划和土地利用规划

城乡规划和土地利用规划属于上位规划，对旅游产业空间布局有着指导、制约和限定作用。从规划关系上说，当城乡规划和土地利用规划一经上级政府批准、地方人大审议通过获得法律地位之后，旅游产业发展规划则必须在城乡规划和土地利用规划的指导下进行，才具有合法性。当然，在规划调整、修订期，旅游产业发展规划要积极对城乡规划和土地利用规划提出调整建议，以使三个规划能够高度吻合，协调一致。

（4）旅游产业未来发展诉求

在旅游产业发展空间规划中，旅游产业自身发展诉求具有主导作用。空间规划就是为旅游产业发展服务、在空间上进行具体安排的。因此，空间规划要充分考虑地方旅游产业发展方向、发展总体目标、发展战略选择等决定性因素。

二、空间主题的确定

对于旅游规划活动的决策、组织和编制者来说，空间规划过程中，对每个区块主题和个性的确定，同样非常关键。主题是整个规划区和每个具体功能区块的灵魂，个性是旅游目的地的生命。从旅游规划本身的要求讲，虽然也强调旅游资源和服务设施要完善和丰富多彩，旅游产品功能要多元化，服务项目要齐全，但必须是全而不杂，多而不乱，主题鲜明，个性突出，主次分明。只有这样，才能体现出旅游目的地的个性特征，增强旅游目的地的外在影响和内部组合的凝聚度，提高整体吸引力。

确定空间旅游规划的主题，主要应解决好两方面的问题：一是规划区内每个区块旅游资源的主导因素；二是区块空间个性。

（一）主导性资源

研究旅游资源的主导因素，是确定旅游规划主题的基础工作。任何一个空间区域，都或多或少地自然分布着一定规模和数量的旅游资源，对于那些资源丰富的地区，旅游资源的种类和数量可能更加繁杂，对旅游规划主题的确定，必须对这些庞杂的资源体进行梳理，找出其中最具主导意义的资源类别，作为旅游规划的主题，因为，处于主导地位的旅游资源往往也是该区块最具特色、地位最突出的资源类别。

确定主导性资源的依据一般包括：

——区块中数量最多的资源；

——体量或规模最大的资源；

——在社会中或某些领域影响力最大的资源；

——最具市场价值的资源，等等。

当然，在有些特定的情况下，区块内现实的主导性资源也不一定就直接确定为区块旅游规划主题。还要看其与周边地区的横向比较中所处的地位。有时，在本区块中处于主导地位的资源，若与周边地区进行比较，可能处于弱势地位，若以此为主题引领区块旅游规划的方向，则势必造成近距离的同质竞争，而在竞争态势中使自己是处于弱势地位。所以，有时要确定在本区块中处于第二，甚至第三位的资源作为主题，因为，在横向的比较中，别人比你更弱。

（二）区块空间个性

主题与个性是紧密联系的，个性是主题的具体体现，因而，突出个性往往成为旅游规划的战略重点。

从旅游学的角度来认识，民族特色、地方特色、文化特色、历史特色、超前特色等都属于个性的特质，特别是那些具有垄断性的旅游资源，更是个性的集中体现。在开发中，应注意挖掘那些不易移动的、不能复制的、特有的旅游资源，以提高区域的个性特征。

突出区块空间个性，一般要从三个方面进行考虑：

1. 重振原有特色

一些地方的风景名胜的特色资源，由于自然的或历史的原因而衰败，特色在退化、弱化，但其在社会中仍有一定的知名度，通过对其整修、恢复、重建等手段，可以重新营造出特色，使其重新成为现实的地区个性。例如，济南历史上是著名的"泉城"，以"家家泉水，户户垂杨"而享誉中外，主要集中老城区，在规划中被定位为中央游憩区。但由于以往城市建设过程中走过的弯路，过度地开发，不注意水资源的保护，地下水位下降，以著名的趵突泉为代表的济南名泉一度停喷，使"泉城"特色严重退化。但在历次的城市规划和旅游发展总体规划中，都极力强调将老城区定位中央游憩区，要求通过保护恢复"泉城"特色，在规划的引导下，经过几年的努力，"泉城"特色终于得到重现，成效显著，一个名副其实的"泉城"再次出现在旅游者面前。

2. 发掘潜藏特色

旅游资源需要开发和发掘才能被人类利用。实际上，无论是在已经开发的地方，还是在尚未开发的地方，都可能潜藏着一些鲜为人知的或尚未被认识的优势资源。已经开发利用的旅游资源是在人们过去的认识水平和旅游观念下开发的。随着社会的进步和人类生活水平的提高，人们的审美意识会发生一定的变化，对景物的追求目标和重点也会随之发生改变。因而，我们应该根据旅游发展的趋势，以"新资源观"的思想来发掘那些潜藏着的资源优势，以形成区域新的旅游热点。例如，近些年兴起的工业旅游、农业旅游和乡村旅游等，就是在新的社会发展阶段对新资源的挖掘与利用。

3. 嵌入新的文化特色

有的地方由于客观的原因，原有的个性特色不显著，或者在新的发展阶段原有个性的市场价值降低，影响其今后的发展。为塑造一个更有影响力的形象和品牌，"嵌入"一个新的文化主题以打造地方个性，成为一种的新的选择。[①] "文化嵌入"模式在区域发展、社区管理、企业运营等很多领域被采用。一些知名度不高的旅游目标地或规划区内的某个区块往往希望通过一个新文化主题的"嵌入"，来塑造当地文化特色、提高知名度，或以此来打造新的地方形象和品牌，借以带动地方经济的转型发展。例如四川省成都市大邑县安仁镇是一个利用"文化嵌入"模式成功打造"中国博物馆小镇"新品牌，并引发古镇经济转型发展的典型案例，其"中国博物馆小镇"的品牌不仅引起了国内学者的关注，也在市场上经受了检验。

三、旅游空间组织模式

空间规划是在地理空间上进行区块分割，这种分割的目的就是以最优化的空间格局来组织旅游产品的生产。而由于旅游产品消费的流动性特征，在空间规划的同时，还必须考虑区域旅游的组织模式。

旅游功能区划分将形成不同的空间组织模式，也将引导形成不同的旅游格局和旅游产业发展格局。一般来说，区域旅游组织的模式一般有四种，即中心辐射形、环形、带形和网格形。

（一）中心辐射形

有的旅游目的地，由于其内部地理空间的自然特征、行政区与资源区的布局特征，自然或历史地形成了一个以中心城市、重点功能区为中心，向外围辐射的圈层结构组合模式。这种模式往往有两个层次：一是中心区，或称紧密结合区，位于旅游区域的中心

---

① 王德刚：古村镇保护与开发中的"文化嵌入"模式研究，载《山东大学学报（哲社版）》，2016（2）。

地带，由一个或数个资源区或旅游功能区紧密结合而成，对周围其他资源区和旅游功能区具有以点带面的作用；二是外围区，或称松散结合区，位于中心区的四周，是整个旅游区域的外围边缘，对中心区有着支持、辅助、烘托的作用。但由于其远离中心区，往往被有的游客忽略，而成为相对的"温点"或"冷点"区。

对于中心辐射形旅游区域，在旅游规划过程中，特别是进行线路设计和经营、宣传促销过程中，应注意"热点"和"冷点"兼顾，以收到以点带面的效果。

以圈层结构为特征的中心辐射形区域，在现代区域经济发展规划中起着重要作用。许多地方都建立了"都市圈"经济区域，以一个中心城市为核心，组合周边中、小城市形成若干个"副中心"、"次中心"和"卫星城"等多个级别的圈层，进行区域经济体系的整体资源配置与生产协作。在旅游产业发展过程中，全国各地"旅游中心城市"的建设，也是在区域理论的指导下，构建综合性区域旅游目的地的具体体现。

（二）环形

这是一种旅游功能区之间以环状首尾相连组合而成的旅游组织模式。由于旅游资源的规模和质量的不同，各旅游功能区之间只有相对的"冷点"和"热点"，但没有形式上的中心。

这种组合模式的特点是可以形成内部自组织的回形旅游线路，适合那些区域内只有一个出入境口岸旅游区域或半岛沿海风光旅游区域。

环形旅游区域大多是因自然地理空间的特殊性而形成的旅游结构，如环渤海旅游区域、环太湖旅游区域、环青海湖旅游区域等。

（三）带形

带形，亦称线形或条形，是一种由两点连一线、两端带中间的区域旅游组织模式。

带形模式，适合于有两个出入境口岸、两个中心城市或两个强势旅游功能区的区域旅游目的地，以两头重点带动腰部。其特点是可避免线路的重复，并且既有精彩的开始，又有圆满的结束。

由于地理、社会、文化、经济等方面的背景和条件的不同，不同的区域内会有不同的资源组合特点，也会有不同规模和发达程度的城市分布其中。区域旅游规划，就是要根据这些特点和表现，在区域理论的指导下，确定区域旅游规划的主题和主导产品，并选择适宜的开发和组织模式，以创造出独具特色的旅游目的地产品体系和旅游目的地形象。

长期以来，以济南、青岛两大中心城市为出入境口岸的山东省中、东部地区的区域性旅游规划，就是一条典型的带状或线形区域旅游组织模式，这两个中心城市分别是山东两大重点旅游区——"山水圣人"旅游区、胶东"仙境海岸"旅游区的核心区和空港所在地，也是山东旅游的精华所在，因此，两大旅游区的组合在一定程度上就组成了山东旅游最精华的部分，其中间的两个接点——齐国故都淄博、国际风筝都潍坊在它们的

带动下，也能够有机融入山东旅游的大格局，所以，这条带状旅游区域，长期以来一直担当着"山东全境游"的骨干角色。

（四）网格形

网格形的区域旅游规划组织模式，是一种最合理和最具积极意义的模式，它在区域内均衡进行资源配置和产品布局，并通过旅游线路的合理规划均衡分配市场，以形成内部相对公平的利益分配机制。

网格形区域旅游组织模式，宏观上对规划布局的公平性和协调机制的有效性要求较高；在技术层面，则要求在旅游线路和产品组织、运营等方面有较高的科学性，因此，也是难度较大的一种区域旅游组织模式。

第三节 旅游产品规划

旅游产品规划是旅游产业发展总体规划的核心内容之一。旅游产品规划是在对当地旅游资源、市场状况即未来市场选择、旅游产业未来发展诉求进行充分研究的基础上进行的。

一、旅游产品规划的依据

对当地旅游资源的调查研究、客源市场分析等是产品规划的基础性工作。在规划中确定了地方旅游产业的发展方向与发展目标之后，要在产业发展目标和发展战略的指导下进行产品规划，构建完善的、符合旅游市场发展趋势和地方旅游产业发展诉求的地方旅游产品体系。

旅游产品规划的依据主要包括以下几个方面：

（一）现有旅游产品体系及其缺陷

产品规划前，要对地方现有旅游产品体系进行科学诊断，明确现有产品体系的优势与不足，特别是要找到现有产品体系与未来产业发展诉求之间存在的错位与缺陷，以谋求构建适合未来旅游产业发展诉求、能够支持旅游产业发展目标实现的新的旅游产品体系。

（二）旅游发展趋势

旅游规划是为未来旅游产业发展服务的，因此，未来旅游发展趋势才是旅游产品设计的关键性依据。规划者必须对旅游发展趋势有着科学、准确的把握，在平时的研究积累中及时跟进旅游市场和旅游产业发展的最新信息，跟上时代发展的脚步，才能够在旅游产品规划中进行前沿性设计。

（三）旅游资源转化成产品的可能性

旅游产品是以旅游资源为基础，以创新策划和相关的建设和活动组织实现的，因此，在市场原则的指导下，还要科学判断当地各类旅游资源转化成旅游产品的可能性和可行性，否则，即使做出了规划设计也只能是无米之炊。

（四）研究周边区域的产品及产品组合的可能性

除了对内部资源和旅游发展诉求的研究之外，周边地区的旅游产品体系也是我们进行产品规划的重要参照系，目的是为了避免同质化竞争。因此，规划者在规划研究的过程中，一定要对周边地区的旅游业发展情况、旅游产品体系等进行必要的调查研究，采取错位开发战略，避免同质化的产品竞争；同时，更要研究相邻地区进行产品组合的可能性，把相邻地区的竞争关系变成合作关系。

二、旅游产品体系的构建

一个成熟的旅游目的地，肯定具有完善的旅游产品供给体系。在当今休闲度假成为旅游消费主流的情况下，旅游目的地更希望构建能够让游客产生滞留性消费的旅游产品体系。

（一）旅游产品的种类

在旅游学理论体系中，对旅游产品的种类划分是按照不同的分类方法进行的，每一种划分方法都能够划分出很多种类型的旅游产品，具体划分方法包括旅游资源属性分类法、产品功能分类法、旅游目的分类法、旅游组织方式分类法、出行方式分类法、消费等级分类法、社会特征分类法等。但在规划实践中，为了简便、实用，多会打破旅游产品的理论分类方法，采用相对应用型分类方法，将旅游产品按属性和功能进行模糊和综合分类。

对于单项旅游产品，按功能划分为以下几种：

——观光旅游产品；
——休闲旅游产品；
——度假旅游产品；
——娱乐旅游产品；
——生态旅游产品；
——文化旅游产品；
——民俗旅游产品；
——工业旅游产品；
——农业与乡村旅游产品；
——康体、养生旅游产品；

——节庆、活动旅游产品；

——特种旅游产品，包括登山、探险、徒步、露营等具有专业性、技能性要求的旅游产品；

——专门性旅游产品，包括住宿、餐饮、购物等。

同时，根据旅游目的地地理空间、旅游交通条件、旅游产业空间布局规划等要素，进行线路旅游产品规划，设计一日游、两日游、三日游等不同时间长度的旅游线路和按特定主题设计的专项旅游线路，如生态旅游线路、文化体验旅游线路、民俗旅游线路等。

（二）旅游产品体系构建

旅游产品体系是旅游产业发展的基础，如何在规划中组织好旅游目的地的旅游产品体系，需要进行科学研究。

实际上，从理论上说旅游产品的类型基本是固定的，不同的是每个旅游目的地所构建的产品体系会有所差异，或者说，旅游目的地规划就是从理论上的旅游产品类型中来选取适合自己发展的旅游产品类型，来构建自身的旅游产品体系。

1. 单项产品规划

从旅游目的地产品体系构建和产业组织的角度出发，单项产品规划首先要考虑旅游产业发展方向定位和总体发展目标对产品体系的要求，特别是对于处于转型期的旅游目的地来说，转型的方向直接取决于产品开发的导向，因此，产品体系的构建必须能够对旅游目的地的发展方向起到引导作用，在产品体系中明确主导性产品、辅助性产品的类型，以主导性产品为核心来构建旅游产品体系。同时，又要适度关注产品类型的全面性和完整性，形成不同类型旅游产品组合而成的产品集群。

从旅游目的地产品供给的角度，旅游活动的要素体系正在由传统的六大要素——行、游、住、食、购、娱，进一步向广度扩展。

随着社会的发展，激发人们旅游的动机和体验要素越来越多，因此新的旅游要素也在不断扩展，在原有六要素基础上，逐步增加了新的旅游六要素——商、养、学、闲、情、奇，形成了新旧结合的旅游要素体系[①]。行、游、住、食、购、娱为旅游基本要素，商、养、学、闲、情、奇为旅游发展的拓展要素。旅游产品规划要适应旅游市场发展的新趋势，构建新型旅游目的地产品体系。

行：只是旅游交通体系，包括交通设施、交通工具、交通服务等内容。当今社会人们对时间成本的关注度越来越高，交通的便利已经成为旅游目的地建设的核心要素之一，航空、高铁、高速三类快速交通对旅游目的地发展的作用越来越大，旅游规划必须提出相应的规划建议。旅游专用道、绿道等交通设施对现代旅游活动的影响也越来越大，要通过旅游规划对整个规划区的交通体系建设、完善提出建议。

---

① 李金早：在2015年全国旅游工作会议上的工作报告，https://news.cncn.net/c_540502。

游：是旅游消费的主导产品，也是地方旅游吸引力的核心要素，是旅游产业总体规划的主要内容，在规划方案中，其内容分列在不同的部分。

住：住宿设施的数量规模（酒店数、客房数、床位数）、星级档次和特色（农家乐、民宿、主题酒店）等，要通过对市场发展速度、规模、过夜率等预测，在规划中科学设定未来各个档次、各种类型住宿设施的发展规模，合理布局。

食：重点挖掘地方特色餐饮、名优小吃等具有吸引力的餐饮产品，让餐饮本身也成为重要的旅游吸引物。

购：包括旅游商品、旅游购物，以及休闲购物街区、购物网点等。规划的重点包括两个方面：一是要重点规划、策划能够代表地方文化特色、成为传播地方文化载体的标志性旅游纪念品；二是要重点对旅游购物设施、场所进行规划，使旅游购物消费成为游客在本地消费的重点内容，提高旅游业对地方经济的贡献率。

娱：包括文化、体育、民间娱乐的内容，特别是夜间休闲娱乐是旅游业态的重要组成部分，要根据当地实际，策划具有吸引力的休闲娱乐活动。

商：指商务旅游，包括商务差旅、会议、会展、奖励旅游等旅游需求和要素，即为商务旅游市场提供的产品和服务。在旅游市场中，商务旅游市场属于中高端市场，季节性不明显，具有很大的发展潜力。

养：指养生旅游，包括养生、养老、养心、体育健身等健康旅游需求和要素，是现代旅游业发展的新兴市场，潜力巨大，但要根据本地的条件科学研究、规划。

学：指研学旅游，包括修学旅游、科考、培训、拓展训练、摄影、采风、各种夏令营冬令营等活动。这也是一个潜力很大的市场，但专门为该市场提供产品和服务的目的地并不多，对于旅游目的地产品体系而言，这是一种具有长期效应的旅游产品类型。

闲：指休闲度假，包括乡村休闲、都市休闲等各类休闲旅游产品和要素，是未来旅游发展的主要方向之一。

情：指情感旅游，包括婚庆、婚恋、纪念日旅游、宗教朝觐等各类精神和情感的旅游新业态、新要素。

奇：指探奇，包括探索、探险、探秘、游乐、新奇体验等探索性的旅游新产品、新要素。

2. 线路产品规划

旅游目的地的旅游产品体系既可以在内部形成自成一体的旅游产品组合体系——旅游线路，也可以内外结合形成区内、区外联通的长线旅游线路。

旅游线路产品规划，以单项旅游产品为节点、以交通体系为依托，形成包含游、购、吃、住、娱等多项单项产品的主题性或综合性的旅游线路。

3. 多日游产品规划

多日游规划是按时间长短组织的旅游线路和旅游体验过程，一般分为一日游产品、两日游产品、三日游产品等，也可以形成更长滞留时间的度假旅游产品或康体养生旅游产品组合。

多日游旅游产品规划,要注意产品组织的快与慢、动与静、昼与夜,以及游与购、观光与体验、休闲与娱乐等的协调与平衡,以不同的组合模式形成各具特色的产品体系。

第四节 客源市场选择与营销规划

在旅游开发成为一种全国普遍的经济行为之后,旅游目的地之间的竞争也随之日益加剧,准确地选择客源市场并展开有效的营销活动,是所有旅游目的地管理者和旅游经营者都特别重视的工作。

一、客源市场选择

只有准确地选择了目标客源市场,旅游目的地的产品才能够适销对路。旅游规划过程中,要在对现有市场和未来旅游发展方向进行充分研究的基础上来对未来的目标市场进行科学判断。

(一)现有市场研究

对现有市场进行调查、研究、分析,是获得市场基础情况的必然过程。对现有市场进行研究,一般要经过两个环节:一是市场调查,通过旅游主管部门、重要旅游企业积累的市场数据和问卷随机调查,获得基础数据;二是分析研究,即对通过对获取的市场资料进行针对性分析,获得市场研究结论。

对现有市场的研究分析,包括以下几个方面的内容:

——市场规模,即每年接待游客数量;
——按地域划分的细分市场;
——按游客年龄结构划分的细分市场;
——按游客身份划分的细分市场;
——按出游时间划分的细分市场;
——按出游方式划分的细分市场;
——人均旅游花费等。

(二)拟选客源地调查

通过对现有客源市场的调查分析,可以对未来的市场选择进行预判,并对其进行拟选客源地的针对性调查研究,目的是为了获得拟选客源市场的旅游偏好的市场资料,以有针对性进行产品开发和市场营销。

调查的内容主要包括:

——客源地居民年出游率;

——客源地居民出游偏好（包括产品类型、服务要求，以及对住宿、餐饮、交通、娱乐等服务内容的要求等）；
——对旅游价格的预期，等等。

（三）客源市场选择

通过对现有市场和拟选市场的研究，对旅游目的地未来的客源市场做出选择。客源市场选择的具体内容主要包括：
——客源地的分级分布，包括一级市场、二级市场、三级市场，国内市场、海外市场等；
——客源市场的人群特征，即按人群进行的市场分级，或产品与特定人群的对应选择；
——客源市场的消费分级；
——客源市场增长速度和规模预测，等等。

二、旅游市场营销规划

市场营销规划，一要依据对市场营销现状的分析诊断，二要针对未来的市场选择，在基础上进行创新策划。

（一）对市场营销现状的分析诊断

在规划调查期间，就要对当地此前已经做过的各种营销活动进行了解，然后进行科学评估。评估内容主要包括：
——此前主管部门和主要旅游企业都做了哪些营销活动；
——此前营销活动的效果评估；
——此前营销活动存在的问题和不足。

（二）市场营销策略

营销策略选择关系到目的地能否通过有效的营销活动，切实提高旅游目的地的吸引力。

策略应该是最具有针对性的，即每一个旅游目的地的营销策略选择都应该是独一无二、最适合自己的。通常，旅游营销规划中营销策略选择要根据自身的产品特色和目标市场选择，进行对应性的策略选择和策划。比如市场细分策略、网络营销策略、渠道策略、事件营销策略、病毒营销策略、社区营销策略、顾客关系营销策略等。

从营销学的角度讲，理论上的营销策略是一定的，但对于某个具体旅游目的地来说，哪些策略适合自己，则需要进行科学研究，而更重要的是要通过规划者的创新创意，策划出更具目的地特色的营销策略。

（三）分时段营销计划

旅游目的地营销规划，要根据规划期的长短，合理划分规划执行期的时间，并针对不同的时间段进程分阶段地规划营销。

其中，在近期执行规划的内容中，要按年度进行营销计划的细化，明确海内外旅游市场开发及营销计划行动要点。

需要说明的是，由于诉求的差异，政府或旅游主管部门与旅游企业之间在营销策略、营销手段、营销渠道等方面的选择往往有较大差异。例如，地方政府和主管部门长期以来一直热衷于电视、报纸广告和旅游推介会，特别是在中央电视台黄金时段的广告，一直是各级政府营销手段的主要选择；而所谓的客源地旅游推介会则更是全国所有地方旅游主管部门惯用的手段。这些手段花费巨大，但从来没有人做过效益评估。从规划者的角度，对于这些传统的，也是政府和主管部门惯用的营销手段，应一分为二对待，在评估的基础上，做出判断和选择，并寻找更先进、效果更好的替代性手段和路径。

第五节　旅游公共服务体系规划

公共服务在旅游业发展中的地位越来越重要，特别是在旅游开发和旅游目的地建设已经进入全域旅游时代的今天，公共服务的作用越来越大。

一、旅游公共服务的类型

（一）公共服务

公共服务，是21世纪公共行政和政府改革的核心理念，包括加强城乡公共设施建设，发展教育、科技、文化、卫生、体育等公共事业，为社会公众参与社会经济、政治、文化活动等提供保障等。公共服务设施是指为市民提供公共服务产品的各种公共性、服务性设施，按照具体的项目特点可分为教育、医疗卫生、文化娱乐、交通、体育、社会福利与保障、行政管理与社区服务、邮政电信和商业金融服务等。设施有基础设施和附属设施，其中基础设施是指为社会生产和居民生活提供公共服务的物质工程设施，是用于保证国家或地区社会经济活动正常进行的公共服务系统。它是社会赖以生存发展的一般物质条件。"基础设施"不仅包括公路、铁路、机场、通信、水电煤气等公共设施，即俗称的基础建设（Physical Infrastructure），而且包括教育、科技、医疗卫生、体育、文化等社会事业即"社会性基础设施"（Social Infrastructure）。

（二）旅游公共服务

旅游公共服务的有效供给和合理配置依赖于城市地域范围内完善的公共服务和设施体系，具体包括城市公共交通、城市综合环境、城市基础设施、公共信息服务、城市消防救灾以及城市公共安全等。

旅游公共服务与公共服务既协调又相互补充，旅游公共服务是公共服务在旅游领域的特殊体现，城市公共服务是旅游公共服务体系的重要基础和支撑。旅游公共服务设施的概念随着旅游者在目的地活动空间和活动内容的不断发展而逐渐演变，总体上旅游公共服务设施与城市公共服务设施的概念正在趋于一致。旅游公共服务设施完善程度是衡量一座旅游城市是否成熟的重要指标之一，成为城市旅游发展到高级阶段的必然要求。

中国旅游业发展"十二五"规划中曾专门提出了"公共服务专项规划"，其中，将旅游公共服务划分为五大服务体系，具体包括：

——旅游信息咨询服务；

——旅游安全保障服务；

——旅游交通便捷服务；

——旅游便民惠民服务；

——旅游行政服务。

由于公共服务在旅游目的地建设中的地位越来越重要，许多地方近些年开始制定《城市旅游公共服务设施规范》，对在城市区域内为游客及其当地居民服务的市政、交通、商业、文化、体育等机构或设施等的建设进行规划，通过标准化来规范旅游公共服务体系的规划、建设和管理。

案例 8-1：

巴黎的旅游公共服务建设理念

法国是世界上最早发展旅游业的国家之一，凭借着丰富而独特的旅游资源，一直保持着世界第一大旅游国的地位。首都巴黎是世界上接待游客最多的城市，同时也继续保持着全球第一大国际会议中心的地位。

强调人性化服务，以游客需要为本。许多法国旅游饭店的硬件设施并不比国内同档次的饭店高，员工的配备数量也比较少，但其装修布置都具有强烈的地域和民族风格，简洁实用，尤其是卫生状况让人感到安全和放心。这从法国旅游业对待中国游客的态度上就能感受得到。法国旅游部和负责拓展旅游的"法国之家"（Maison de la France）特地为旅游业者制作了一本《中国游客：怎样令他们宾至如归》的待客实用指南，从与中国人接触中的称呼用语、握手习惯、饮食特点等入手，列出款待中国游客的注意事项，做得细致入微。从 2006 年 7 月开始，巴黎为

中国游客提供更多的中文服务，在大型商场里面设有专门的中文导购；目前巴黎大部分酒店雇有会讲中文的员工，酒店客房内也专为中国旅客提供可以泡茶用的开水，并且也开通了中文电视节目。

倡导时尚环保理念，总是走在世界前面。早在20世纪60年代巴黎就有社区公共自行车服务，2007年"自助式自行车服务系统"出现在巴黎街头，获得了巨大成功。现在巴黎共有2万辆公共自行车和1800个租车点（每隔300米就有一个），每年租车近5000万次。租车方法为每日1.7欧元，每星期8欧元，包年29欧元；每租一次，前半小时免费，之后每半小时收1欧元，一个半小时以后每半小时收2欧元。2012年12月5日，巴黎正式推出了全球首个电动汽车租赁公共服务，倡导民众环保出行。租赁这些电动汽车的手续相当便捷。无论是当地居民，还是外地游客，只需持有驾照和身份证明及银行卡，便可通过租赁站点的租赁服务自助终端办理租车卡。然后，在租赁站点取车，最后在目的地附近的站点还车。

新数字技术的应用提升城市公共空间质量。2012年4月，巴黎当局开始筛选并评估"智能街项目"。智能街项目的核心主题是发现、获取信息、分享、运作和游戏，巴黎居民和游客能够体验概念公共汽车候车亭、城市解码器（城市旅游指南）、数字图腾和数字港湾，未来的革新设备包括数字化运动场和E-村庄。"概念公共汽车候车亭"坐落在亨利四世大道和巴士底广场的角落并提供了一系列多种革新服务。它代表着智能公共汽车候车亭的未来，结合了前所未有的舒适感（更宽敞的座椅和亭棚，改进使用一种光滑的亭棚，这种亭棚在夜晚提供灯光，白天过滤光线），还有着革新化的特色，比如免费无线连接、手机充电点。概念公共汽车候车亭让公众通过72英寸高质量历史照片显示屏了解更多的巴黎知识；位于汽车时刻表上方的屏幕，播放来自巴黎、法国、其他各国的实时新闻；用户能浏览分类广告，寻找正确的城市路线并且发现在周围能够做的事情。

案例来源：山东大学旅游系：《济南市创建国际旅游名城规划》。

二、旅游信息与智慧旅游服务规划

（一）旅游信息服务规划

旅游产业发展总体规划是为政府服务的规划，因此，信息化建设的内容也是从政府管理、服务的角度来进行规划的，这与针对企业的信息化建设规划完全不同，但要兼顾社会服务功能。

1. 规划原则与目标

信息化建设涉及的部门和领域同样比较广泛，需要从政府的角度进行协调与资源整合。

因此，旅游信息服务体系规划的原则与目标确定为：政府主导，主管部门牵头、相关部门配合，构建符合现代旅游发展需要的高效、便捷、优质的旅游公共信息服务系统，逐步实现产业管理、信息发布、旅游营销、电子商务、旅游热线咨询和指挥调度的一体化。

2. 旅游信息服务网络建设规划

从地方主管部门的职能和管理、服务的要求出发，旅游信息服务网络建设规划的内容具体包括：三大旅游网络平台，一个呼叫中心。

（1）旅游政务平台

旅游政务网是旅游主管部门进行政务管理和服务的专门性信息系统，主要用于提供旅游法律法规、旅游管理职能、机构设置、办事指南、招商引资、旅游新闻等信息，实时更新相关旅游统计数据，旅游企业、旅游行业的相关信息等内容。

（2）旅游资讯网

旅游资讯网的功能主要是发布旅游目的地的旅游信息，主要内容包括对旅游目的地的综合介绍，包括旅游目的地的地理、地形、气候及着衣等注意事项的说明；目的地的照片、图像；网站地图或内部链接的列表；旅游目的地浏览日程的建议安排；旅游目的地文化风俗及当地重大活动的介绍；根据目的地的主要境外客源市场提供不同语言版本；可供联系的电子邮件地址；在线调查或在线注册的功能。

（3）旅游电子商务网

面向旅游企业建立的公共旅游电子商务服务平台，为旅行社、饭店、航空、航运、铁路等企业提供一个相互交流的平台，便于旅游企业发布旅游企业信息、获取游客信息、以低成本传播产品信息、扩大市场、宣传企业形象并且为游客和企业内部员工提供信息及其他人性化服务。提供的服务包括酒店设施和优惠介绍、网上预订房服务（各种票务、住房、餐饮、会务）、办理住行手续、酒店服务式住宅计划和宽带网络服务等，逐渐实现网上预订、支付、回访一条龙服务。

（4）呼叫中心

旅游呼叫中心 12301 正在从单一功能走向建立跨行业、跨部门的信息整合平台，为游客提供一线通的综合服务，包括与铁路和民航等信息来源可靠的企事业单位展开深度的合作，为旅游者提供交通出行信息；与中国电信"号码百事通"（即 114 台）合作，特别在一些涉及旅游服务方面开展合作，如宾馆预订、票务预订、餐饮服务、旅游购物、导航和接入服务；12301 也可与各地政府便民服务号码合作，把当地便民服务扩展到旅游者。

12301 还可以通过携程、易龙等旅游网络服务平台运营商的 800 免费电话，实现对旅游者的电话咨询服务。

（二）智慧旅游服务规划

以互联网和移动终端、物联网、大数据、云计算等信息技术为支撑的智慧旅游服务体系,是现代旅游目的地建设和旅游产业提升转型发展的重要路径。

旅游目的地智慧旅游服务体系建设,应着重考虑以下几个方面:

1. 短信、微信服务系统,座席端设备配备齐全

完善旅游服务热线服务,增加旅游救援、旅游提示,以及其他旅游信息服务,并通过短信、微信平台向客户提供旅游服务、购物服务、安全提示灯信息,发送极端天气、交通实况等预警信息,逐步实现移动短信互动、IVR人工语音服务、短信预定票务系统、景点绿色通道服务等。

2. 逐步实现重要旅游区域 Wi-Fi 全覆盖

建设服务于管理人员、游客、居民的无线网络,逐步实现重要旅游区域 Wi-Fi 全覆盖,提供无线的宽带互联网访问途径,能够通过智能手机、平板电脑、笔记本等智能移动终端实现无线办公及无线上网。同时,利用无线网络在景区为游客推送景点介绍、吃住行游购娱等信息。Wi-Fi 覆盖重要的城区和旅游区域,包括城市道路、街区、景区、广场、公交站台,以及行政服务、交通枢纽等区域,逐步实现市区的免费 Wi-Fi 网络无死角。建设应用于手机及各种移动平台的无线网络,开发设计目的地信息查询服务、公共信息查询服务、休闲黄页信息服务、新闻娱乐信息服务、多语种无障碍服务、交互式问询服务等内容。

如表 8-1 所示为智慧旅游服务系统应包含的主要内容。

表 8-1 智慧旅游服务系统内容列表

分类	建设重点
智慧旅游服务	多语言国际游客服务门户、一体化国内游客服务门户、移动旅游服务门户、移动自助伴游服务系统以及虚拟旅游体验中心等项目
旅游智慧商务	注重交互式智慧旅游营销平台、目的地智慧营销系统、智慧旅游产业联盟、旅游电子商务示范工程以及旅游商品网上营销等的打造
旅游智慧管理	一站式注册登记服务系统、景区智慧管理、酒店智慧管理、旅行社智慧管理和旅游交通智慧管理等
旅游智慧政务	旅游电子政务系统、智慧旅游地理信息系统、旅游应急救援平台、旅游呼叫中心以及旅游微博互动平台等

三、旅游交通体系建设

旅游目的地的旅游交通体系,包括航空、铁路、公路客运、海上客运、城市市区公共交通及相关的服务。其中,航空和铁路客运对于旅游目的地而言主要是在现有设施基础上,提高服务质量和游客使用的便利程度。而对于相关硬件设施的规划、建设,旅游规划主要是依据旅游产业的发展需要,提出发展规划建议。

公路客运服务的覆盖面广,受众群体大,与城市对接方便,是一种比较便捷的交通方式。同时,公路客运站也是城市最重要的窗口,在服务内容和服务水平上代表着整个城市的服务理念和服务水平。要为游客提供便捷、高效、细微和人性化的服务，把城市的窗口擦亮；同时，进一步完善旅游服务功能，让更多的旅客就地转变为游客。同时，为方便游客在不同交通枢纽之间的对接交通，公路客运站之间，公路客运与铁路站点、机场等相互间的交通对接体系，是城市旅游交通规划应该关注的重点问题之一。

城市的市内公交系统，越来越成为绿色出行的重要选择，国际上"公交都市"已成为现代城市管理倡导的先进理念，要通过规划全面改善、提升城市公共交通服务体系；同时，针对重要旅游景点、旅游服务场所，开通旅游专线进行特色化、专业化服务，也是城市旅游交通规划的重要内容，伦敦的红色巴士成为体现城市特色和文化的亮丽风景线。

漫游、绿道系统是现代城市休闲旅游的重要依托。可沿风貌带，或串联重要的旅游景点和旅游活动场所，形成便捷、安全、舒适的自行车、步行漫游交通体系，沿途合理设计服务设施、卫生设施、活动场地、休息设施等。

四、旅游公共空间与设施规划

旅游公共空间包括城市旅游综合体、旅游商业街区、文化娱乐设施、体育健身设施等。

（一）旅游综合体规划

旅游综合体的概念来源于"城市综合体"。旅游综合体是指以一定的旅游资源为基础，以旅游休闲服务为主导功能，进行土地综合开发而形成的旅游产业集聚区。作为聚集综合旅游功能的特定空间，旅游综合体是一个泛旅游产业聚集区，内部形成多业态的产业组合。

旅游综合体规划，以产业集聚、要素集中、产品集群、管理集约的模式，来构建具有高标准服务质量的旅游服务综合体。在现有旅游产品的基础上，结合城市社区改造、新农村建设、农业产业化升级，打造多种形式的旅游产品集聚区。

1. 旅游综合体的发展理念。

旅游综合体是人类旅游发展到大众旅游时代的产物，其发展理念包括：

——复合型资源，综合性利用；

——高产出的产业集群；

——文化特色突出，健康主题（休闲、度假、享受品质生活等）；

——高智力支持的创新创意。

2. 旅游综合体的内部结构

从产业组织的角度分析，旅游综合体的内部结构主要包括三个部分：

（1）核心吸引要素

核心吸引要素或产品的打造是吸引人流、提升土地价值的关键所在。打造核心吸引中心，是面向市场需求，创新整合开发的核心产品，目的是创造一个或多个独特的核心吸引物，这是创造核心吸引力的基石所在，可以是一个或多个核心旅游休闲项目——观光景区、主题公园（乐园）、赛马场、赛车场、影视城、特色街区、温泉养生中心、高尔夫球场、特色酒店、主题博物馆。

（2）休闲聚集体系

休闲聚集体系是为满足由核心吸引物带来的客源的各种休闲需求而创造的综合休闲产品体系，实际上是在泛旅游产业构架下各种休闲业态的聚集，主要包括主题酒店群、特色商街、主题演艺、高尔夫球场、水上游乐项目、滑雪场、马球场、温泉 SPA 等。

（3）延伸的高盈利项目群

主要是延伸发展地产业（利润主要来源）、泛旅游产业、现代服务业等相关产业，这是获取土地开发巨大收益的重中之重。

（二）旅游商业街区

旅游商业街区，是以休闲、餐饮、购物等为主要业态的旅游街区，是旅游城市重要的旅游休闲场所，往往与特定的历史文化街区、商业街区或特色社区融为一体，是旅游城市重要的游客滞留性集聚区。像南京的夫子庙、上海的豫园、杭州的清河坊、福州的三坊七巷等，都属于旅游商业街区。

旅游商业街区的规划，要根据城市的空间格局和城市文化、商业布局等来进行，规模可大可小，根据城市自身的特色而定。在有的城市，旅游商业街区往往是中央游憩区的重要组成部分，有的则是独立的旅游功能区。在形态上，大多数城市的旅游商业街区是步行区域。

（三）文化娱乐场所

文化娱乐场所，包括艺术馆、博物馆、文化馆、图书馆、电影院、剧院、城市公园、动物园等场所以及夜间娱乐场所。

旅游规划中，要积极引导、鼓励、支持社会资本和个人兴建主题化、特色化的博物馆、艺术馆等文化设施；加强文化产业园区的建设，为艺术家、非物质文化遗产传承人等开设个人工作室、画廊等提供政策优惠；鼓励国有文化场馆采用市场化模式进行运作、经营和管理；全面提升文化娱乐单位的管理、服务水平；适度规划夜间演艺、娱乐项目，为游客和居民提供喜闻乐见的休闲娱乐服务。

（四）体育健身场所

体育健身场所和设施，是提高居民身体素质、为游客提供体育休闲活动的重要条件。

按照国家体育总局制定的国家公共体育设施基本标准，对城市城区公共体育设施的配置有专门的要求和标准，要严格按照标准要求进行规划、配置。

同时，要培育浓厚的市民健身文化，建设便利的社区健身设施；加快以群众身边健身场地设施为重点的公共体育健身设施建设步伐，建设相应规模全民健身设施；提高城市体育健身设施的管理水平,努力发展体育休闲旅游项目;积极面向公众开放,通过体育教学逐渐推动一些相对专业体育项目的开展;逐步开放公共部门的体育健身设施,使全民共享社会发展成果。

五、旅游公共卫生服务设施规划

旅游公共卫生服务设施主要包括旅游环境公共卫生设施和旅游厕所。这两项都关系到游客的方便度和城市的旅游形象。

(一)旅游环境公共卫生

从规划发展目标上看,旅游公共环境卫生应当以国家卫生城市评定标准为依据,积极为旅游业的发展营造良好的环境氛围。建设高标准的城市卫生基础设施,保持整座城市、特别是主要旅游区和生活区街道的整洁、有序、舒适。

从对城市环境的影响来看,许多城市应当逐步调整产业结构,加大对城区工业企业的搬迁力度,增加城市空气清洁度;通过多种途径方式加强对市民的宣传,树立良好的现代卫生生活观念,争取建造一个空气清新、环境优美的旅游城市。

(二)旅游厕所

厕所问题关系到一个城市的文明程度、关系到游客的切身利益。

从2015年国家旅游局提出"厕所革命"旅游发展战略之后,全国各地的旅游厕所建设、管理和服务水平有了很大的提高,在城市主要的旅游街区、旅游景区、旅游交通站点、商业设施等区域,旅游厕所的数量配备、建设标准、管理和服务水平都基本达到要求。

从旅游业提升转型发展的角度,在未来旅游规划中要重点解决乡村和农业旅游区域的旅游厕所问题,在数量、建设标准,以及管理、服务水平上提出具体要求,尽快达到城乡均等化。

六、旅游公共安全服务设施建设

与其他生产领域一样,安全是旅游的头等大事。旅游公共安全规划主要包括旅游风险预警体系、旅游公共设施安全标志体系、旅游公共设施安全管理、旅游救援体系四个方面。

(一)旅游风险预警体系

旅游风险预警涉及多个部门。要建立由专业部门作为信息监测的初步预警主体,由旅游部门作为旅游安全和风险预警信息发布主体的联合预警机制,建立旅游气象发布多渠道系统,实现气象数据公布方法的多样化,内容的科学化、常态化。

采用以景区为控制中心,周边地区为依托,旅游线路专人巡视的方式,建立旅游景区内完善的安全警报系统。

对可能存在的风险进行详细、有效评估,并分类制定相应的预警机制。重点对旅游

重大突发事件、环境污染、旅游容量超标和旅游业务的违法操作进行有效监控,并分别制定预警方案。

联合多部门加强信息发布。地震、气象、卫生、公安等部门拥有更完善的信息监测和报送网络,旅游主管部门应积极与这些部门合作,通过广播电视、手机、网络、预报系统、电子显示屏、超高频警报器等及时准确发布旅游风险预警信息,实现旅游气象服务信息发布平台和传播手段的多样化。

(二)旅游公共设施安全标志体系

安全标志主要有禁止标志、警告标志、消防安全标志和疏散路线标志四类。

旅游目的地要在完善现有安全保障制度的基础上,除保证安全标志设置的标准化外,还要实现安全标志的美观化、人性化,使得安全标志既能起到提醒警示作用又能与周边环境相得益彰。如表8-2所示为旅游安全标志的设置位置。

具体要求:

——定期对旅游公共设施安全标志进行日常维护和更新;

——按照国家或国际规范使用安全标志,安全警告齐全,采用文字结合图片的形式,达到提醒警示的作用;

——在各景点、旅游线路中设立安全警示标志,防火重点区域设立防火警示标志,自然灾害易发区设立自然灾害警示标志,再配合导游介绍、发放景区旅游安全常识手册等,建立完善的旅游安全警示系统;

——消防安全标志的设置应符合 GB 15630 的要求,应急疏散标志的设置应符合 GB/T 23809 的要求,等。

表8-2 旅游安全标志的设置位置

位置	相应安全标志
湖边	禁止垂钓、禁止滑冰、禁止游泳
山体	当心坠落、当心落石
林区	禁止烟火、当心火灾、动物危险
游乐设施	禁止攀爬、当心地滑、禁止头手伸出窗外、禁止酒后操作
建筑突出物	当心碰头
漂流、骑马、拓展	根据安全操作规程或安全提示手册设置相应的安全标志
无烟区	请勿吸烟
博物馆及其他不宜大声喧哗的场所	保持安静
不宜拍照的旅游景点	请勿拍照
高压危险的地方	高压危险

（三）旅游公共设施安全管理

要严格遵守国家针对大型公共场所安全防范设置的标准，建立完善的公共设施安全管理制度，实现职责清晰，责权分明，不重不漏，确保每个岗位的工作人员均能各司其职，将游客安全放在首位。

具体要求：

——建立公共设施安全管理制度。明确责任人，建立有效的责任机制，维护公共设施的安全正常运行。

——公共场所安全、公共场所设施安全，实行第一管理人员为安全第一责任人制度。提高管理人员的责任意识、安全意识。

——配备相应数量的安全设施，并定期对公共设施进行安全检查。保证公共场所安全。

（四）旅游救援体系

旅游目的地要建立包括人身安全救助和自然灾害救助等内容的应急救援系统。建立常设性的联动机制、多种安全疏散通道和避难场所。

具体要求：

——以游客服务中心为指挥中心，公安、消防、医疗等救援机构及这些机构人员、各管理站工作人员、安全巡视人员及其他专业人员为主体，建立包括人身安全救助和自然灾害救助等在内的应急救援系统。

——建立常设性的联动机制。旅游部门应加强与气象、地震、安全、交通等多部门的合作，及时获取对旅游安全可能造成影响的因素，并通过适当的渠道向游客发布。此外，还应加强与通信部门、交通部门、医疗部门、公安消防部门在处置突发事件方面的合作。

——建立多种安全疏散通道和避难场所。大型旅游公共场所应建立多种疏散通道，使游客在突发事件中能紧急疏散。此外，还可在合理的地理位置建立避难所以应对突发安全事故的发生。

第九章 旅游区总体规划

旅游区因为旅游资源类型的不同，也就有相应不同的类型和性质。但作为以旅游为主要功能或主要功能之一的区域或场所，其内部的结构一般都要包括7大体系，即：旅游功能设施（游览、休闲、娱乐等）体系、游览服务设施体系、旅游交通与游览线路体系、旅游安全设施体系、游客服务设施体系（住宿、餐饮、购物、邮电服务等）、卫生设施与环境保护体系、经营管理设施体系。各种不同形式和性质的旅游区，就是根据自身的资源特点和所在地的空间特征，对上述7个方面的设施体系进行有机组合、配置的结果。

第一节 旅游区的内部结构

在我国的国家标准GB/T 17775—2003《旅游区质量等级的划分与评定》中，对旅游区的等级评定主要考察12个方面的条件，包括：
- 旅游交通；
- 游览；
- 旅游安全；
- 卫生；
- 邮电服务；
- 旅游购物；
- 经营管理；
- 资源和环境保护；
- 旅游资源吸引力；
- 市场吸引力；
- 年接待游客量；

- 游客抽样调查满意率。

这些内容如果按硬件设施进行考察，则基本上可以归并或包含到7大设施体系中去。

一、旅游功能设施体系

旅游功能设施，是指能够满足游客旅游需求的场所、设施和设备，是旅游区形成和存在的基本条件。

旅游功能一般是指：
- 观光游览；
- 休闲；
- 度假；
- 娱乐；
- 康体、健身；
- 疗养；
- 科普教育；
- 其他专项功能（登山、探险、野外生存、科学考察等）。

旅游区的种类很多，按照《旅游区质量等级的划分与评定》的规定，它包括风景区、文博院馆、寺庙观堂、旅游度假区、自然保护区、主题公园、森林公园、地质公园、游乐园、动物园、植物园，以及工业、农业、经贸、科教、军事、体育、文化艺术等各类旅游景区。

旅游区的种类、性质不同，旅游功能的种类也会有所不同，特别是主导性的旅游功能及其设施会有很大的差异。实际上，也正是因为主导性功能和功能设施的不同，才形成和决定了旅游区的性质。

对于观光性的旅游区来说，观光游览是其主要功能，景点和景物便成为旅游区构成要素中最重要的、据主导地位的成分。而其他的功能和设施则相对处于辅助或配套地位。

旅游区内部的旅游功能设施，根据旅游区的成因和性质，可以是在原有本底性资源的基础上，经开发、建设形成的，如自然旅游区、历史文化旅游区等；也可以是完全人工建设而形成的，如城市公园、现代主题公园等。

旅游功能设施，是形成旅游区吸引力的主导因素。

二、游览服务设施体系

游览服务设施，是指为游客的游览活动提供专项服务的设施、设备。

（一）游客中心

游客中心（Tourist Center），是指旅游景区设立的为游客提供信息、咨询、游程安排、讲解、教育、休息等旅游设施和服务功能的专门场所。

在旅游区中，要求游客中心位置设置合理，规模适度，设施齐全，功能体现充分。咨询服务人员配备齐全，业务熟练，服务热情。

游客中心内及其相关场所提供公众信息资料，包括研究论著、科普读物、综合画册、音像制品、导游图和导游材料等。随着科技手段的进步，依托移动互联技术进行信息提供和交易也越来越便捷，传统的游客信息获取手段正在退出历史舞台，进入"扫码"时代，通过APP获取景区信息、自助导游，以及网上交易、评价等越来越普遍。

游客中心内的游客公共休息设施，要求布局合理，数量充足，设计精美，特色突出，有艺术感和文化气息。

我国在旅游区的标准化建设过程中，对游客中心的建设要求是一个硬性指标。

在国外，有些国家在自然遗产地和文化遗产地，除要求有专门提供旅游信息的游客中心外，还要求有专门的"宣教中心"，主要任务是进行游客教育和科学解说，根据旅游区规模大小和要求的不同，有的将两个中心合二为一，有的分开建设。分开建设主要考虑了室内停留时间、距离主体资源远近等因素。

（二）标识系统

标识系统是指引或引导游客游览过程的标识、符号和指示系统。标识系统主要包括导游全景图、导览图、标识牌、景物介绍牌等，要求造型特色突出，艺术感和文化气息浓厚，能烘托总体环境。标识牌和景物介绍牌设置合理。

旅游区内标识系统要求以GB/T 10001.1—2000《标志用公共信息图形符号第1部分：通用符号》为参照。对公共信息图形符号的设置要合理，设计精美，特色突出，有艺术感和文化气息。

三、旅游交通与游览线路体系

内外交通、内部交通、交通工具及交通组织方式，共同组成了旅游区的"旅游交通"体系。

（一）旅游区交通条件要求

《旅游区质量等级的划分与评定》中对旅游区交通条件的要求主要包括四个方面：

一是可进入性好。交通设施完善，进出便捷。或具有一级公路或高等级航道、航线直达；或具有旅游专线交通工具。

二是要有与景观环境相协调的专用停车场或船舶码头。管理完善，布局合理，容量能充分满足游客接待量要求。场地平整坚实、绿化美观或水域畅通、清洁。标志规范、醒目、美观。

三是区内游览（参观）路线或航道布局合理、顺畅，与观赏内容联结度高，兴奋感强。路面特色突出，或航道水体清澈。

四是区内应使用清洁能源的交通工具。如具有很好环保效果的景区专用电瓶车，具有娱乐效果和趣味性特征的传统交通工具（人力车、仿古马车、乡村牛车等），其他专门性交通工具，如雪橇、滑竿、竹排、独木舟、羊皮筏等要在保障安全的情况下使用。

（二）游览道路设计标准

旅游区内部的游览道路体系，分为不同的种类。

1. 步行游道

旅游区内的步行游览道路一般分为"游路"和"游径"两种。

（1）"游路"设计要求

- 步行游路的设计宽度控制在 1.5~2.0 米，以自然石块、石板、原木、鹅卵石等材料铺设；
- 路边设有足够的垃圾箱（每 100 米设置 1 处），生态型；
- 所有分岔路口和拐弯路口均设有游览指示牌。

（2）"游径"设计要求

- 游径是以支线游览线路为轴线，向景区内所有的小景点、景物分支出步游小径，以将景区内所有的景点、景物串联起来；
- 步游小径的设计宽度应控制在 1 米左右，以卵石、砂石铺设，部分路段可以铺设木栈道；
- 在游径的僻静处，设有足够的休憩设施，如木椅、石凳等。
- 自然化处理。即通过两侧的绿化，形成绿色走廊，保持生态环境的原状态。
- 意境的"诗化处理"。即通过在游径的两侧放置与景物配置成组景的诗词（唐诗、宋词）石刻（假山石、奇石等，不用石碑），特别是那些脍炙人口的描写自然林景、水景等景色的诗词名作（如描写林景、树景、水景、自然风光等），以提高游览过程的文化性。

2. 电瓶车道

电瓶车道为景区内进行游览组织的主要交通方式，为电瓶车与人行共用道路，宽 3.5~4 米。铺设材料部分采用国际上通行的彩色塑胶材料，配置成土色，脚感松软、舒适、安全，适合休闲漫步、晨练慢跑等康体运动；部分采用混合土铺设。

3. 主干道

旅游区的外围区内联系内外交通的主干道，宽 6~8 米，柏油、水泥或块石铺设，人车分流。

四、旅游安全设施体系

（一）旅游安全管理

安全，是旅游者的基本需求。在国外，旅游安全管理是与旅游危机管理共同对待的，相关的研究开始于 20 世纪 70 年代，源于当时战争、恐怖主义等对旅游影响的加剧。

世界旅游组织将"旅游危机"定义为"影响旅行者对一个目的地的信心和扰乱继续正常经营的非预期事件。"①

国外旅游安全研究主要集中在恐怖主义、战争、犯罪、政治动乱、自然灾害等与旅游的关系及对旅游的影响方面,并按性质的不同将旅游危机分为两种:

一是背景型旅游危机,指影响旅游业正常经营的外部因素。由于旅游业的敏感性,自然灾害(地火山、爆发、海啸、台风、洪水、泥石流等)、战争、社会动乱、经济危机、疫病等因素都能够影响旅游业的正常经营,或造成对旅游者的人身伤害与财产损失,并引发潜在的旅游者取消或改变他们的旅游计划。

二是内在型旅游危机,指影响旅游业正常经营的内部因素。包括发生在旅游活动的食、住、性、游、购、娱等消费过程中的、能够给旅游业造成损失、对旅游者产生人身伤害或财产损失的非预见性事件。详见表9-1。

表9-1 旅游危机的性质、类型与影响②

危机性质	危机类型	影响内容	影响范围
背景型旅游危机	自然灾害	旅游资源破坏、旅游经营停顿、威胁旅游者人身财产安全	灾害发生地及与之有关的旅游线路
	战争、武装冲突	全面影响	战争及冲突各方、周边区域及全球
	恐怖主义事件	全面影响	恐怖袭击发生国家和地区及至全球
	外交危机	人员交往停顿、对旅游者的攻击	双方交恶
	社会动乱	全面影响	动乱发生地区或国家
	经济动荡	出境游、旅游经营	所在国家或地区;其公民的旅游目的地
	突发性公共卫生事件	全面影响	事件发生地及至发生国甚至全球
	重大事故	旅游者人身财产安全	事故发生地及波及范围
内在型旅游危机	重大旅游犯罪	旅游者人身财产安全	事件发生地及事件发生国
	旅游资源破坏	旅游经营	事件发生地
	旅游事故	旅游设施、旅游者人身财产安全	事件发生地、相关旅游项目

对于旅游区的安全管理来说,主要是内在型危机的管理,其相关的设施建设及管理行为也主要是围绕内部的旅游资源安全、旅游者人身及财产安全进行。

旅游安全设施建设和安全管理,要以旅游资源安全、旅游者人身及财产安全保障为目标,建立起危机前的预防与预警、危机中的应对与处理、危机后的补救与善后等管理系统,即安全管理预案,形成旅游安全保障系统。

---

① 尹德涛等:《旅游社会学研究》,天津,南开大学出版社,2006,345页。
② 尹德涛等:《旅游社会学研究》,天津,南开大学出版社,2006,352页。

（二）旅游安全设施

按照《旅游区质量等级的划分与评定》的安全管理要求，旅游区的安全管理及设施要求包括软件和硬件两个方面。

（1）软件建设方面，要求严格执行公安、交通、劳动、质量监督、旅游等有关部门制定和颁发的安全法规，建立完善的安全保卫制度、安全管理预案和安全保障系统。

（2）硬件建设和设施配备方面，要求根据旅游区的性质与特点，完善如下四个方面设施、设备体系：

一是防灾设施与设备：包括应对各种自然灾害如火灾、地震、泥石流、山体滑坡、台风、海啸、山洪等的设施与设备。要根据旅游区的特点全面和有重点地设立预防设施，如森林公园为预防森林火灾要设立专门的防火隔离带、防火通道、消防设施、瞭望和监控设施等。

二是防盗设施与设备：为保障旅游区内文物及其他资源、财产以及游客的财产安全，设立专门的防盗监控系统，设备运转良好。

三是事故预防设施与措施：为保障游客旅游活动过程的人身安全而设立专门的安全设施与设备，包括客用设施的正常运转、危险地段的防护设施（如路边护栏、围索、扶手等）、水上活动救生设施（如救生衣）等，其他情形下的氧气面罩、安全帽、雨衣等。

四是紧急救援设施与设备：主要为预防一旦发生安全事件、事故而配备的专门救援设施与设备，包括安全通道、救援车辆、救生船及其他交通工具、医务室及专职医务人员等。

对于一些特殊场所，要符合有关部门的专门性规定和技术标准，如游乐园性质的旅游区，安全设施及安全管理要达到国家标准 GB/T 16767《游乐园（场）安全和服务质量》规定的安全和服务标准。

对于旅游区经营机构来说，应该时时刻刻绷紧"安全无小事"这根弦。要根据自己旅游区的性质和特点，研究安全管理的特点和要求，建立完善的安全防范体系。《旅游区质量等级的划分与评定》中规定的只是一般性的安全管理要求，许多旅游区实际上都会有特殊的安全要求，要认真研究。如山岳型旅游区的安全设备配备，就应该根据山岳区域的地理特征、游客活动的特点和活动空间来研究相应设施、设备的配备要求。

有研究者专门研究了山地休闲旅游活动区旅游安全器材的配置要求[1]：

- 10 平方千米左右的活动区域必须配置抢险、救援、大功率 4 轮越野车一辆；
- 10 平方千米左右的湖面必须配置工作、交通、水面救护高速艇至少一艘（85 马力），要求 10 分钟救援人员能够到达湖面任何地点；
- 湖面所有的营业和工作船只必须按交通部海事要求配置足额救生衣、救生圈和其他标准救生器材；

---

[1] 金祖良：山地休闲旅游活动区安全体系的研究，http://www.zj.xinhua.org/2006special/2006-08/04/content_7695953.htm.

- 清理航道、水底障碍，请交通部门设立航道航行标志和信号灯；
- 野营基地设立大功率景区无线电对讲通信中心；
- 登山活动配置（通话半径50千米）手持对讲机50只；
- 登山救援专用绳索和器材；
- 担架、急救箱、急救包、急救食品；
- 在山地自行车道路临湖及悬崖边设置安全保护护栏。

五、游客服务设施体系

旅游区内，除提供观光游览、休闲、娱乐等旅游产品之外，还提供与之配套的住宿、餐饮、购物、邮电等外延性服务，并建设相关设施与设备。

这些服务设施，主要包括四类，一是生活服务设施；二是旅游纪念服务设施；三是游憩服务设施；四是其他设施。

（一）生活服务设施

生活服务设施，是指为游客生活需要服务的设施。主要应包括：
- 住宿设施（饭店、宾馆等）；
- 餐馆或小吃店；
- 旅游纪念品商店。

旅游住宿设施、餐饮设施的建设，要根据旅游区的客流量合理规划接待能力和布局，建筑与环境协调。

旅游购物，是旅游活动的重要内容，特别是作为一种弹性消费，购物活动本身是一个重要的变量，设计好旅游购物设施对于提高旅游区的综合收入有重要作用。

《旅游区质量等级的划分与评定》要求：
- 购物场所布局合理，建筑造型、色彩、材质有特色，与环境协调；
- 对购物场所进行集中管理，环境整洁，秩序良好，无围追兜售、强买强卖现象；
- 对商品从业人员有统一管理措施和手段；
- 旅游商品种类丰富，本地区及本旅游区特色突出。

游客服务设施，在旅游区中承担着重要的任务，也是旅游区经营的重要赢利点，因此，要以引导、方便游客消费为原则进行布局、安排，设计容量和规模。

（二）旅游纪念服务设施

旅游纪念服务设施，主要指为游客提供纪念服务的设施。包括：
- 邮政纪念服务设施；
- 通信服务设施；
- 摄影服务设施，等。

《旅游区质量等级的划分与评定》中要求提供的邮电服务及其相关设施包括：

- 提供邮政及邮政纪念服务;
- 通信设施布局合理,出入口及游人集中场所设有公用电话,具备国际、国内直拨功能;
- 公用电话亭要与环境相协调,标志美观醒目;
- 通信方便,线路畅通,服务亲切,收费合理;
- 能接收手机信号。

(三) 游憩服务设施

游憩服务设施,是指为方便游客的游览活动、提高旅游质量而建设的专门性设施。包括:

- 驻足点及相关设施;
- 游客休息设施;
- 风景观赏辅助设施(如定位望远镜),等。

(四) 其他设施

不同的旅游区会有一些特殊的设施要求,如观赏瀑布的雨衣、观赏冰雕的棉衣、海滩日光浴的躺椅和太阳伞等。

六、卫生设施与环境保护体系

卫生设施与环境保护体系,包括两个内容:一是卫生设施;二是资源与环境保护设施。

(一) 卫生设施

《旅游区质量等级的划分与评定》中对旅游区卫生管理及设施配备的要求如下:

- 环境整洁,无污水、污物,无乱建、乱堆、乱放现象,建筑物及各种设施设备无剥落、无污垢、空气清新、无异味。
- 各类场所要达到国家标准 GB 9664《文化娱乐场所卫生标准》规定的要求,餐饮场所达到国家标准 GB 16153《饭馆(餐厅)卫生标准》规定的要求,游泳场所达到国家标准 GB 9667《游泳场所卫生标准》规定的要求。
- 公共厕所布局合理,数量能满足需要,标识醒目美观,建筑造型景观化。所有厕所具备水冲、盥洗、通风设备,并保持完好或使用免水冲生态厕所。厕所设专人服务,洁具洁净、无污垢、无堵塞。室内整洁,有文化气息。
- 垃圾箱布局合理,标识明显,造型美观独特,与环境相协调。垃圾箱分类设置,垃圾清扫及时,日产日清。
- 食品卫生符合国家规定,餐饮服务配备消毒设施,不应使用对环境造成污染的一次性餐具。

（二）资源与环境保护设施

根据《旅游区质量等级的划分与评定》中的相关规定和现代可持续发展理论、原则的要求，对旅游区资源与环境管理及设施配备的要求如下：

- 空气质量参照国家标准 GB 3095《环境空气质量标准》的要求。
- 噪声质量参照国家标准 GB 3096《城市区域环境噪声标准》的要求。
- 地面水环境质量参照国家标准 GB 3838《地表水环境质量标准》的要求。
- 污水排放参照国家标准 GB 8978《污水综合排放标准》的规定。
- 自然景观和文物古迹保护手段科学，措施先进，能有效预防自然和人为破坏，保持自然景观和文物古迹的真实性和完整性。
- 科学管理游客容量，并有相应的设施进行游客教育、提示或告知。
- 建筑布局合理，建筑物体量、高度、色彩、造型与景观相协调，出入口主体建筑格调突出，并烘托景观及环境。周边建筑物与景观格调协调，或具有一定的缓冲区域。
- 环境氛围优良。绿化覆盖率高，植物与景观配置得当，景观与环境美化措施多样，效果好。
- 区内各项设施设备符合国家关于环境保护的要求，不造成环境污染和其他公害，不破坏旅游资源和游览气氛。

案例 9-1：

自然保护区游客告知牌

当人们设法去接近野生鸟类时，不论是善意的或恶意的，都会对野生鸟类产生某种程度的负面影响，所以我们不希望人们的赏鸟行为给鸟类带来伤害，所以呼吁爱好大自然的朋友们，愿我们在野外时能谨守以下的守则：

- 观鸟最重要的是一颗心：尊重生命与敬畏自然的心。
- 遇见鸟类正在筑巢或育雏，切记"只可远观不可近看"的原则，保持适当观赏距离，以免干扰了亲鸟的繁殖，甚至导致亲鸟弃巢，幼雏死亡。
- 拍摄野生鸟类应采自然光，不可使用闪光灯，以免惊吓它们。
- 有些鸟类生性害羞，行为隐秘不易观察，但我们不可使用不当的方法促使其现身，例如播放鸟鸣录音带、丢掷石头等。
- 不可过分追逐野生鸟类。有些野鸟可能因为气候因素，或因为体能衰弱而暂时停栖某一地区，此时它们急需休息调养，赏鸟者的逼近与追逐，可能导致其步向死亡之途。

> - 发现特别鸟种栖息于某地，或正在育雏时，请"守口如瓶"，且谨记不干扰原则；不要告知的对象包括野鸟保育者，以避免过多的干扰带给鸟类伤害。
> - 观鸟者集体活动时，请遵守领队的指导，以避免影响鸟类的安全。
> - 不可为了便于观察或摄影而随意攀折花木，破坏野鸟栖地之植被生态。
> - 请尊重鸟类的生存权，不要采集鸟蛋，捕捉野鸟。
> - 不饲养野生鸟类，以免破坏生态平衡，影响了鸟类生存。
> - 观鸟人不要只是单纯的观鸟、爱鸟，而应尽心力来保育鸟类生存所必需的环境；不要忘记鸟类需要的栖息环境是整体性的。
>
> 案例来源：山东大学旅游：《宁阳县汶河南岸白鹭栖息地自然保护区旅游开发规划》。

七、经营管理设施体系

每个旅游区都要设立相应的内部管理机构，对内部的各种设施、工作人员以及游客进行必要的管理和服务，以保证旅游区接待工作的正常运营。

内部管理设施体系主要包括：
- 办公设施；
- 旅游区养护设施；
- 员工宿舍；
- 员工食堂；
- 游客接待室和售票室，等。

旅游区内部管理设施的区位设置、外观等设计要合理，需特别注意的是不要对景点和景物的意境造成影响，喧宾夺主。一般认为，内部管理设施，应设于风景区的入口处，并相对隐蔽，形成独立建筑组团，这样既便于对旅游区的管理，又方便员工上下班。

第二节 旅游区总体规划

旅游区开发，实际上就是根据旅游产品开发的功能要求，通过对内部的空间、资源、设施进行重新整合和配置，实现由旅游资源向旅游产品转化、由旅游资源区向旅游区转化的过程。

因此，旅游区总体规划过程中的空间布局，实际上就对上述旅游区结构中的七大要素体系，在空间上进行重新配置，并以对它们的配置为基础形成新的旅游区内部分区和分级体系。

一、旅游区内部空间布局

（一）旅游区空间布局原则

旅游区内部结构的总体布局与安排，是有效整合区内资源、合理开发各种功能、科学建设相关设施的基础。对此，人们在理论上提出了旅游区总体布局的五条基本原则：

1. 综合协调、集中紧凑原则[①]

在旅游区内，与旅游活动和旅游开发有直接关系的每一种设施都要占用一定数量的土地，包括宾馆饭店用地、交通设施用地、公共娱乐体育设施用地、仓库用地、管理设施用地、辅助的产业用地等。要本着节约、经济的观念，集中、紧凑地利用土地资源，充分利用自然风景，如河湖、丘陵、绿地等。当然，集中、紧凑地使用土地资源只是相对而言，与此同时，还要对区内的功能分区进行综合考虑，统筹安排，不能只考虑节约、经济，而忽视了布局的合理性和实用性。

按照一般的惯例，山岳型的旅游区，其各项功能区一般是以交通线相串联，旅游设施的布局沿公路干线排列，如果安排得不集中、紧凑，很可能导致稀稀拉拉，既不方便，又浪费用地。

2. 坚持主次分明的原则

主次分明，在旅游区空间布局中有两层含义：

一是主景区与副景区、主导性功能区与辅助性功能区的主次关系。旅游区由于性质的不同，会自然形成或人为设置一、两种功能作为主导性功能，并相应形成主景区或主要功能区，其他景区、功能区围绕主景区或主导性功能区展开，游览线路与游览方式的组织、各种设施的布点与安排等都以主景区或主导性功能区为核心，形成有效的旅游消费组织结构。

二是主导性设施与辅助性设施的关系。对于大多数旅游区来说，最关键的设施是景点、景物等旅游功能设施，其他任何设施都处于从属地位，这一点是旅游区设施必须坚持的基本原则。所以，除景点、景物等主要的旅游功能设施外，其他任何设施都不能在旅游区内有突出的外观和表现，以免喧宾夺主。当然，某些辅助设施的布局和设计也可以与景点和景物相联系，成为景点和景物的陪衬或附件，或在外观上与景物融为一体，收到双重功效。

3. 景点和景物的设计要坚持主题突出的原则

任何一个旅游区都应有一个明确的主题，以作为旅游区开发的灵魂和主线。这就要求旅游区的建设者必须首先明确该旅游区的文化内涵是什么，或要设计一个什么样的文化主题。明确了这个问题之后，对旅游区内设计什么样的景点和景物、如何进行安排也就心中有数了。一个主题不明确，看起来内容丰富，实际上却杂乱无章的旅游区是设计者的败笔。

[①] 邹统钎：《旅游开发与规划》，北京，旅游教育出版社，1993，132页。

当然，主题也主要是通过一定的"主体"体现出来的，或者说，一个旅游区的主题往往是要通过区内的主体性景物来表现的。这就要求在旅游区设计时，一定要把握好主体性景观、景物与主题的配合、协调，避免出现主体或主景与主题相偏离的错误。

实际上，旅游区内的所有景观和设施都应尽量与旅游区的主题和内涵相协调和一致，以集中体现或塑造主题。例如，像故宫和孔府这样有着浓重的历史文化内涵、以古建筑群为主体的人文旅游区，却到处摆放着足球、企鹅这样极现代的果皮箱，就显得非常不协调。

4. 方便性原则

方便性原则，无论是对于旅游者，还是对于旅游业的工作人员都具有实际意义。旅游者在旅游区内游览、观光及从事其他的消费活动要求方便，区内的有关工作人员从居住区到工作区的往来等也需要方便，因而，要求区内的各功能区布局一定要合理，特别是交通要方便。

对于旅游者来说，旅游活动虽然是一种运动式的休闲与休息，并且是利用闲暇时间进行的，但仍有一定的时间限制，特别是外地旅游者，整个旅游过程都是以时间为单位来进行限定的，因此，要求旅游区的各种设施的布局能够提供最大的方便，特别是要省时、交通方便。对于旅游区来说，区内往往集中着许多景物和设施，还有居民区，应本着方便旅游者的原则，根据设施与旅游者联系的紧密程度和方式，进行合理布局。特别是商业网点的布局与游客的人数和分布有着直接关系，因而，旅游区的商业网点布局一般有两种形式：一是小的商业网点分散布局，结合景点进行布置。这些商业网点多销售一些冷饮副食，如汽水、糕点、包装食品，以及旅游纪念品，如纪念章、旅游线路图、风景名胜画册、明信片、太阳镜、太阳帽、拐杖等。这类商业网点的布置在售票处、景点入口处应比较集中；而在人员集中的旅馆区附近，则应建设一些较大的商业购物中心。这些场所既销售一些具有地方特色的高档商品，也销售日用品，形成集中、完善及标准较高的商业服务中心。

旅游接待设施一般不应布置在游览区，因为一些建筑物能够破坏原来的风景特色和意境。可采取三种布局方式：一是分散布局，将旅游接待设施分散在各游憩区附近，但切忌战线拉得太长和破坏景观形象；二是分片布局，即将旅游接待设施分级分片布置在若干专用地段，分片设置，相对集中；三是集中布局，在风景区内或边缘地区，集中开辟配有综合设施的接待功能区，并且可与管理中心或中小城镇相结合。

为方便旅游服务和旅游者活动，可在游览区的人、出口处设立服务基地或服务组团。

5. 保护环境、留有余地原则

保护生态环境，将开发与保护相结合，这是旅游开发的基本原则之一。

旅游区内的环境保护包括多方面的内容，从旅游开发的角度来说，既包括旅游资源实体、生态环境的保护，也包括风景资源的美学特点、意境和存在环境的保护，而旅游功能区的布局方式往往会对它们产生影响。例如，在某些繁荣的旅游区内，经营者为

了片面地追求经济效益,建设了许多宾馆、饭店、疗养院、公寓等建筑物,甚至滥建私房,严重破坏了旅游区的原有结构和风景特色,影响极坏,应坚决予以制止,在今后的旅游开发实践中,也要力求避免。

旅游区开发,还要从长远发展的角度留有足够的余地,对某些功能区和设施留有发展、扩大的可能性,即要把近期的开发计划与长期的开发规划综合考虑,处理好目前现状与长远发展之间的关系。这也包含两种含义:

一是旅游区内部不能进行一网打尽式的无缝隙开发,要划出保护地、保护区或预留地;

二是要留取外围地带的预留发展空间,根据旅游区未来发展的要求和可能性,通过规划在外围地区留取足够的预留发展区,既有利于旅游区整体环境的保护,又有利于旅游区未来的扩大。

(二)旅游区空间布局设计程序

对旅游区进行总体设计,就是要对旅游区的资源和功能在一定的空间内进行科学、合理的搭配和设置,以发挥其集约效应,共同完成旅游供给。这一过程要通过一定的程序来完成,以保证设计方案的合理性、科学性。

一般来说,旅游区的空间布局应按下列逻辑程序进行:

1. 基础资料调查和分析

充分占有资料,是进行布局设计的前提。一般来说,旅游开发决策时已经进行了有关情况的调查和论证,包括旅游资源和前期的旅游开发情况、基础设施情况、服务设施情况等,并进行了科学的诊断,分析了问题,明确了今后的发展方向和任务。这些资料实际上也是旅游区功能设计、空间布局设计的依据,特别是关于旅游区已经形成的空间布局状况、资源的数量和分布、接待能力,现有宾馆、饭店、购物商店、娱乐场所及其他服务设施的数量和分布等,是应重点进行掌握和进一步分析的资料,以便进行合理的调整和重新配置,进一步完善旅游区的设施体系和服务功能。

2. 拟定布局原则

根据对基础资料的分析,确定旅游区开发的总体目标,包括未来发展的等级目标、规模目标,以及旅游的性质、功能等,并以总体目标为依据确定旅游区产品和管理组织的空间配置、功能分区的基本原则。布局原则应对功能区的设置和布局、景区和景点总体艺术构思具有指导意义。

对于许多具有保护任务的旅游区来说,布局原则中与资源与环境保护、生态保育等相关的原则尤为重要。

3. 提出多种设计方案,以备选择

相对于一个旅游区,其内部结构的组织方式可以有多种方案,设计人员应根据上述资料,尽可能地设计出所有可能的方案,以便从中筛选,择优录用。

4. 对初步方案的比较研究

每一种方案都各有优点和优势，要进行综合的对比分析。这种比较要包括旅游区开发的各个相关领域。一般来说，包括三个领域：

一是技术领域的比较，包括旅游区形态、发展方向、扩张的可能性；交通、通信、医疗保健、保安等基础设施的配置；宾馆、饭店、商场、健身房、游泳池等娱乐和生活设施的格局；对生态环境和社会环境的影响；行政管理、职员生活等情况的比较等。

二是经济领域的比较，每一个方案都会有与之对应的投资成本和效益目标，应对此进行分析、比较，从中选出投资少、收益大的最优方案。

三是社会效益和环境效益领域的比较，包括开发方案可能形成的对社区利益的影响、对生态环境和资源的影响，从积极和消极两个方面综合平衡。

通过上述综合比较，确定功能布局合理，经济效益、社会效益、环境效益均佳的方案。

5. 根据布局方案进行图纸绘制

上述五个环节，是一个循序渐进的逻辑过程，不能省略或超越，因为每一个环节都可能影响到布局方案的合理性，必须严格地按程序要求进行。

二、旅游区总体规划

（一）旅游区内部等级分区体系

旅游区是一个整体概念，是一个完整的管理或经营单元，也是一个开发单元。无论旅游区的规模是大、是小，其内部都要根据资源的分布和开发功能的设置，建立一个等级分区体系，这个等级分区体系一般为：旅游区→景区→景点→景物（见图9-1）。

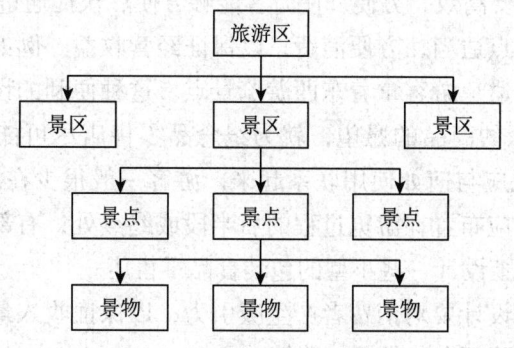

图 9-1 旅游区等级分区体系

在旅游区的内部等级分区体系中，景区是旅游区的二级空间单元，它是由一定数量的旅游景点（旅游资源群）在地理空间上相对集中组合而成的旅游空间单元。

景点，是旅游区三级的空间单元，在地理空间上由一定（一个或一组）的景物组成，景物美学特点突出，并具有最大的一致性。它往往是由旅游资源单体或旅游资源单

体组合经开发后形成的产品。

景物是旅游区等级分区体系中的最小单元和最基本要素，也是与旅游资源单体对应的概念，它是旅游资源单体经旅游开发、加工或建设后形成的产品或结果。

根据旅游区规模大小、旅游资源分布及旅游功能设置的不同，旅游区的内部结构和各级分区的数量会有较大差异，有的旅游区规模大，可能会形成几个、甚至十几个景区，景区内又包括很多的景点，景点中又有许多景物，因此，景区、景点都是相对的概念，其空间范围大小是不确定的。

旅游区的分区，在规划阶段，往往是以功能的设定或配置，即以开发主导为依据的，因此，景区也往往被称为"功能区"，诸如"入口管理区""综合服务区"等也都属于"景区"的范畴。

（二）旅游区总体规划

旅游区开发，实际上就是在一定的空间区域内，将各种预设的旅游功能和设施在上述旅游分区体系的各个层次中进行合理配置和完善的过程。

如上所述，旅游区的内部空间布局和总体规划，实际就是将旅游区的7大设施体系在其内部的各级分区中进行合理安排，以形成旅游产品的生产、组织能力。设计过程要解决好如下几个方面的问题[①]：

1. 经营目标和收入

旅游区开发的目的是为了获得经营收入，发展地方经济，这就要求旅游区的设计要在遵循资源与环境保护基本原则的前提下，要有利于经营、创收。具体要求如下：

（1）入口设计要引人注目，起到招徕作用，这样既有利于引导游客，又能够使驱车或步行路过的人可以随机到访旅游区，即做好"过路生意"。

（2）售票处的设计要高效、方便，使游客能够方便、快捷通过，不滞留。

（3）经营性设施布点适当，方便消费，以保证经营收益。例如，将纪念品商店设在游览过程的终点处，以避免游客拿着东西游览景点。这种便利的设计，加上一般人游览后都有买几件值得纪念的商品的愿望，就为纪念品零售店尽可能创收提供了保证。同样，餐饮设施的位置也应与何如使用联系起来，游客一般很少在游览之前用餐，因此，大多数的餐馆、食品店应布置在游览过程的后半段或终点处，有部分游客喜欢边走边吃零食，需要在游览线路上设计一些小型的包装食品零售店。

（4）经营性设施的设计要对消费者产生吸引力，以保证收入最大化。店内装饰要有特色、灯光明亮，商品陈列有艺术性，等等。

（5）餐饮店和商品设计要讲究效率，避免让游客排队等候。

2. 降低成本

旅游区各种功能性设施的布点、设计要有利于降低经营成本。好的设计可以在三个

---

① 约翰·斯沃布鲁克：《景点开发与管理》，北京，中国旅游出版社，2001，150~155页。

方面降低成本，即人力、能源、商品。

人力资源成本往往是旅游区经营成本中很大的一部分，因此设计应有利于降低人工使用的数量、降低劳动强度、提高劳动效率。如可将售票处与商品零售处结合在一起，既节约空间，又有利于员工兼顾；信息栏、解说系统设计要有利于减少人工导游，等等。

尽量使用自然能源采光、供暖，以降低对人工照明、供热的需要；提倡能源循环利用，等等。

旅游区客流量大，流动人口多，商品陈列要有利于防盗。如将付款台设于出口处，并安装镜子使收款员能够观察到多个角度。

3. 灵活性和适应性

由于旅游市场需求不断发生变化，旅游区的设计就应该具有一定的灵活性以适应变化。

可能发生的变化包括法律限制、技术发展、消费者喜好、竞争对手的行为等。为此，旅游区的灵活性设计要求为：

- 旅游区要有能力容纳新的建筑，特别是主题公园的游乐项目和博物馆内新型的陈列设备。这就要求有的设备是能够拆卸、组装的。
- 旅游区的经营要能够压缩，例如淡季时能够关闭一部分设施，以节省开支。在这种情况下，旅游区必须设计成在关闭部分设施后仍能够运转。
- 小规模的旅游区，其各组成部分能够灵活使用，可临时改变用途以开发商机。如博物馆的陈列区可以举行小型会议、研讨会等。

值得注意的是，灵活性虽然是必要的，但不是无限制的，旅游区设计中的灵活性，总是要受到某些因素的限制，如资源与环境保护、预算、消防等。

4. 旅游安全

根据相关法律、法规及标准保护游客与员工安全的需要，旅游区设计必须对旅游安全问题给予高度重视。旅游区总体设计中的安全要求包括：

- 危险机器、设备的位置选择，必须不给游客，尤其是儿童，或操作人员带来危害。
- 必须减少旅游区内各种交通工具，如机动车、游船等给游客带来的危险。
- 确保紧急出口随时畅通，并很容易被发现。
- 确保楼梯、人行道等通道是防滑的。
- 所有设施、设备本身及其位置符合防火要求。
- 停车场能够确保游客车辆安全，有照明设施，有专人引导和看管，不能因美化场地而形成防盗监视死角（这一要求可能与环境美化有矛盾，应尽量做到两全其美）。

5. 全天候运营

旅游区最好能够在任何天气情况下吸引游客、正常运营。国际上一些国家已经出现了全天候的旅游区，如在北欧，旅游区的设计要考虑旅游区内的吸引物和服务设施都有遮盖物，以消除由恶劣天气带来的影响，这对于淡旺季明显的旅游区来说尤为重要

除对吸引物、服务设施的要求外，还需要考虑：停车场的位置与室内消费区、避雨区的距离；人行道的设计是否具有避雨、避风效果，等等。

6. 方便消费

方便消费，既是为游客着想，也是提高经营效益的手段。在旅游区设计上，为游客着想的方便性内容设计包括：

- 在游客来路、返程的主要交通干道上设置路标，并延伸至一定的距离，使游客能够很方便地沿方向引导抵达旅游区。
- 尽量使游客进入景区方便、快捷，停车场的位置设置与入口距离合理，有畅通的入口。
- 入口处设置醒目的信息牌，使游客对整个旅游区的结构、分区、景点及各种服务设施和服务内容能够一目了然。
- 辅助设施要有吸引力，方便使用，质量优良，如卫生间、餐饮点等。
- 游览路线设计合理，方便游览，不会因要提高滞留时间而故意进行不方便的设计。
- 确保各种设计及相关设施能够应付可能出现的到访高峰，将排队和拥挤降低到最低限度。

7. 人文关怀与无障碍设计

现代旅游区设计应该充分体现人文关怀思想，使各种游客都能够到访旅游区，享受旅游的乐趣，包括各种身体不方便的消费者。包括：

- 要有专门的轮椅通道，使行走有障碍的游客能够顺利地访问旅游区。
- 对于听力有障碍的游客要有适应他们的文字解说系统和相应的辅助设施，如助听器等。
- 对于视觉有障碍的游客，要设计专门的以听觉、味觉和触觉引导的游览系统，如博物馆、植物园等旅游区内，设计专门的可触摸展品、点字解说系统等。

案例 9-2：

韩国大邱大学的盲人植物园

韩国大邱大学是一所以残疾人福利教育出名的大学，在该大学的校园里，有一处专为盲人设立的植物园，每一株植物的旁边都设有经专门设计的点字解说牌和语音解说设备，游客可以用手触摸点字解说牌，了解植物知识；同时，每当有人触摸解说牌，语音系统会同时进行语音解说。这个小小的盲人植物园成为一个著名的旅游景点。

案例来源：王德刚：韩国考察笔记。

8. 美学价值

旅游区一般都有美学上的价值，旅游区设计也要让游客欣赏到最美的景观，这是最基本的要求，特别是人造景观的设计一定要符合基本的美学原则，与自然环境和自然景观相协调，游览线路设计能够使游客方便、高质量地欣赏到旅游区的景观。

9. 环境保护

资源与环境保护是旅游区设计必须重视的问题，具体要注意：
- 杜绝和降低浪费，尽可能使旅游区的各种废物能够得到再利用。
- 充分使用自然能源。
- 建设材料要对环境有利。
- 限定游客与特殊资源的距离，等等。

10. 各种限制

旅游区的设计，包括布局、建筑、功能与设施等，不仅关系到是否能够产生吸引力，是否有利于经营，也关系到是否能够顺利得到管理部门的审批和投资商的认同。

旅游区开发前一般要得到旅游主管部门、规划管理部门等的审批，管理部门是否能够批准一般涉及如下问题：
- 项目规模；
- 土地利用是否符合地方规划；
- 建筑设计与周边环境、建筑是否协调；
- 建筑材料是否有利于环境保护，外观是否与环境协调；
- 与文物、自然资源的关系，是否能够对它们造成损害或不利影响；
- 进入旅游区的方法是否适宜、安全、便捷；
- 景区内绿化、园林设计的效果；
- 景区经营对外围地区、居民的干扰等。

项目投资商会对旅游区的设计非常在意，他们对设计的评价将影响旅游区开发的实施。投资商最关心的设计内容主要体现在两个方面，一是节约，二是赚钱。具体包括：
- 设计的实施是耗资的还是相对节约的；
- 维修费用及经营成本；
- 项目内容是否有吸引力（即是否会有市场）等。

上述问题是旅游区总体设计必须要充分考虑的，只有综合平衡各种关系，才能够使设计得到顺利的实施。

第三节　旅游区游览组织

旅游区内的各种景点、景物及其他服务设施和服务内容，必须以一定的形式串联或组织起来，才能形成旅游区的旅游产品体系。同时，游客在旅游区内的游览、观赏及其

他消费活动,也需要一定的引导形式。旅游交通和游览线路就是在其中扮演着串联景点、景物和其他服务设施,引导游客的角色。

我国的相关标准《旅游区质量等级的划分与评定》中规定了旅游区交通的基本条件,包括交通工具、交通道路的标准等,在旅游区内部,游览组织就是以要依据这些技术标准,根据空间布局规划和产品开发要求,通过一定游览线路体系来最终实现旅游产品的组装过程。

一、游览线路的功能

游览线路,是旅游区内专供游人游览和观赏景物而设计和组织的线路。

旅游区的游览线路,串联着不同的景点、景物、设施和服务点,形成一个交错的网络体系。其功能主要有以下几个方面:

(一)景点和服务点之间相互连接的纽带

景点、服务点在旅游区内的布局是分散的,旅游区本身又有一定的地域范围,因而各点之间一定存在着一定的空间距离,必须以一定的方式将之连接,才能形成一个整体。而游览线路就是为完成这一任务而设的。

(二)游客的向导

游客进入旅游区的,往往并不了解景点、景物及其他设施的地点及其可达方式。而游览线路是显而易见的实体,沿线还多设有标志牌、方向牌等指示系统。只要循路向前,便可欣赏到美丽的景致,到达欲达之处。因而,游览线路能够起到对游客的引导、指示作用。

(三)限定游客与景物的距离

游客与景物之间的接近程度,对于景物的保护和审美效果都有影响。有的景物出于保护的原因,不宜接近,则可以在线路中将游客与景物之间的距离加以限定,如铺设游人专用线、以实物分隔等,都能起到限定距离的作用。这种分隔或提示无言而有礼貌,相比之下,竖一牌子书写"请勿靠近""禁止触摸"则显得粗俗、蛮横。

有的景物,对其观赏的效果与视距、视角有很大关系,美学上也有"距离美"的审美方法。游览线路可以引导游人步入观赏景物的最佳地点,以最佳的视距和视角欣赏景物,使游人得到最美的体验。

(四)组织游览程序

组织游览过程,就如同作文一样,有开始、展开、高潮、结束等不同阶段,层层铺开,渐入佳境。而游览线路就是一条主线,可以将这不同的阶段进行有机的组合,以沿线不同风格特色的景物,以景物之间不同的时间和空间距离,以道路的高低平缓,以服务点、休憩点不同的设施和环境等，将各个阶段展开和衔接，从而实现最佳的旅游效果。

一般来说，开始阶段给旅游者以第一印象，一定程度上决定着吸引力的强弱，因而"门户景"或"入门景"处应布置具有明显特征、吸引力强或具有神秘感的景物，以激发游客继续向前的兴趣。

展开应是游览的主要阶段，景色特征、景色类型、游览方式和活动内容应交错安排，使游客驰骋想象、游兴不减。

高潮阶段应布置最突出、最富有特色的景物或活动。这一阶段应既是风景的艺术高潮，也是旅游者游兴的高潮。

结尾，应让游人有回味无穷、意犹未尽的感觉，轻松地结束游程。

对于四个游览阶段的组织和安排，在时间和空间上，应根据整个旅游区的规模、地理空间结构、景物数量的多少等来进行科学组织，做到景物布局与线路设计合理有致、有张有弛，使游览程序科学有序。

二、游览线路的类型

游览线路，按其所处位置，可分为两大类，即景内游览线和景外游览线。

按游览线路的功能，分为三种，即步行游道、电瓶车道、车行道。

（一）景内游览线

景内游览线，是指布设在旅游区内、以观赏景物为目的的游览线，它能够给游人提供最佳的视线角度和位置，一般按步行游览方式设计。

具体要求：
- 以慢游、驻足细观为依据；
- 能够为游人提供最佳的视角和视距；
- 步行线以小径为主，曲直结合，险平相宜，急缓相间；
- 布局、趋向合理，避免重复（不走回头路）；
- 有张有弛，劳憩结合。

（二）景外游览线

景外游览线，是旅游区之间或旅游服务区、居住区与旅游区之间的游览联系道路，它能够帮助游人跨越较大的空间，往来于不同的功能区之间，一般按车行道的方式设计。

具体要求：
- 车行道应选择景物稀少、突出的地方通过，尽量临水延伸，以减缓行车的快速感；
- 车行道前方应有较明显的远景相引导，既使行车有方向感，又能使游人在车上留下印象和回味；

• 路两侧以树木组成窗景，有景则开，无景则封，避免行车对景区景色和意境的干扰，但也要避免林窄深暗，影响视线；

• 注意与景内游览线的联网，切忌出现死胡同，景外游览线与景内游览线的连接处要设置规模适当的停车场。

三、游览组织原则

总体上说，游览组织方式的设计要科学、合理。具体要坚持三条原则：

（一）符合审美要求

绝大多数旅游区是以观赏景物为主要功能的，这就使审美原则成为游览组织的最基本原则，即通过游览线路组织游览过程，要符合游客观赏、审美及进行其他旅游消费的基本要求，给人以动态的引导，使游客能够获得最美的享受。

（二）方便消费

旅游开发形成的产品是为了卖给消费者——游客，只有消费方便游客才愿意购买，如果为了达到提高滞留性的目的，通过规划布局来人为地"制造不方便"是违背市场规律的。

在旅游开发实践中，我们必须摒弃长期以来形成的"管理主导"的思维定式，即以方便管理为出发点来规划、设计城市及其他公共设施和场所，从现代社会发展理念、特别是以人为本（在市场开发领域应该是以消费者为本）思想出发，应该坚持以"游客主导"或"市场主导"的原则来进行旅游区的规划、设计，以方便游客消费、服务游客消费为宗旨，让各种功能区、设施服务于游客，而不是服务于管理。例如，一些公共休闲场所、旅游区中的步行道，经常被设计、铺装成表面平整的水泥路、人造大理石板路，甚至以地板砖铺装，好看，方便清扫、保洁，但一到雨、雪天气，路面滑得一塌糊涂，根本无法行走，好看、好扫的路一下成为麻烦人、难为人的路。这就是典型的设计者只想到如何方便管理，而不考虑如何方便游客的后果。以这种思路规划、设计出来的旅游区，就不是一个人性化的、友好型的旅游区。

（三）有利于资源与环境保护

旅游开发要求坚持可持续发展的原则，这不仅要体现在开发建设上，也要体现在游览组织上，线路设计、游客活动都要求是在不对资源、环境造成损害的前提下进行，而通过游览线路来合理组织游客的游览过程，是限定游客与特殊资源、景物之间距离的最有效方式。

四、游览线路设计手法

游览线路的设计是一项技术性工作，它不仅仅是线路的合理勾画和延伸，而且还包括了沿线景点、景物的组合，以及从审美角度对最佳视角和视距的选定。其设计手法一般有以下几种[①]：

（一）步移景异

步移景异，是组景中经常使用的手法，即将不同景物设置于游览道上，疏密相间，错落有致，步步有景，段段不同。游览线就像条彩线，将粒粒珍珠串联起来。在现代旅游区开发实践中，人们经常用"五分钟一个兴奋点、十分钟一个小高潮"来要求游览线路的组织程序，这就是步移景异手法的延伸应用。

（二）曲径通幽

曲径通幽，塑造的是一种神秘感，能够诱发人们前去探索的欲望。线路迂回曲折，或上下盘绕，或穿林越涧，或临池伏瞰，或登山远眺，或入谷探幽，充满情趣，诱人去探求。

（三）豁然开朗

豁然开朗，使用的是一种欲扬先抑、欲露先藏的节律，让游人在心里感受到一段压抑之后眼前豁然明亮，可给人以"景愈藏则境界愈大""柳暗花明又一村"的感觉，达到最大的强化效果，增强感受和印象。

（四）峰回路转

峰回路转，是围绕主景，适度展开或延长游览过程，以从不同的角度欣赏主景，得到不同的感受，加深印象。

（五）渐入佳境

渐入佳境，就是依景物的性质、特色和等级有序排开，一个比一个好，使游人兴趣递增不减，逐渐达到高潮。

五种游览线路设计手法，可单独使用，亦可交错相间，综合并用。运用得好，对于促进旅游区的发展将起到很大作用。

五、游览线路设计与环境保护

有利于资源与环境保护，是旅游区开发过程中所有行为必须共同遵守的基本原则，体现在游览线路设计上，主要是要处理好在旅游区内部不同的功能区之间旅游活动与保护的关系，特别是那些资源和环境本身具有特殊保护要求的旅游区，如自然保护区、森林公园、地质公园、文保单位等。

---

① 孙文昌，陈元泰：《应用旅游地理学》，沈阳，东北师范大学出版社，1990，133页。

根据旅游区性质的不同,旅游区的内部一般要划分出若干个功能区,在不同的功能区,游览线路及交通组织方式应不同对待。

对于具有较高保护要求的自然保护区或文物保护区,就要根据功能区的划分,对不同功能和有不同要求的区域预设不同的交通组织方式:

(一)核心区内的游览组织

许多自然保护区的核心区一般不允许进行任何形式和性质的开发活动,只允许开展适当的科研活动,内部交通一般应为步行(禁止一切车辆进入),生态型休闲道路,采用自然石块、石板、木栈道、鹅卵石等铺设,采用道路与绿色植物天然隔断的手法,形成分隔带,达到固定步游道的效果。步行游览线宽1.5~2米。

(二)缓冲区内游览线路设计

缓冲区可以开展有限制的开发活动,内部可以建设环保电瓶车和步行共用的游览线路(禁止机动车辆进入),供游人游览、内部工作人员车行,连接各个休闲设施和项目的节点,能够到达核心区内。缓冲区游览线路宽3.5~4米,采用电瓶车等无污染的交通工具,以创建便于游览、舒适、快捷、安全的旅游交通条件,有会车段(点),以彩(土)色塑胶材料铺设。

(三)外围区内游览线路设计

外围区的交通分为联系外部交通的主干路和联系游览区内的支线路,连接内部各个功能区,人车分流,并在人流密集处,开辟出面积较大的铺装休息地,供人流集散。

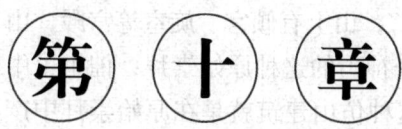

人文构景原理

旅游开发，无论是对于自然资源为主体的旅游区，还是对于以人文资源为主体的旅游区来说，都存在着一个如何来进行人文构景的问题，就是要通过一定的构景方法，将自然景观进行加工和改造，将新的人文景观充实其中，实现人工美与自然美的有机结合，创造一个舒适、优雅的旅游环境。

第一节 人文构景的本质与原则

人文构景，是在旅游区或其他景观建设中，根据不同的地理环境和风光特色，通过布置一定建筑物、植被对环境进行的改造和抚育，实现人工美与自然美的有机组合。

一、人文构景的本质

人文构景，与传统的园林艺术、现代旅游学和景观设计学都有着密切的关系，而从中国传统人文构景理论的发展过程来看，它更多地与中国传统的园林艺术有着密不可分的渊源关系。

从传统园林艺术的角度考察，人文构景的理论框架实际上是建立在对自然景观的模仿、加工、改造和提升的基础之上的，从古代园林建设中对自然景观的模仿、"缩景"和"借景"，到现代的人文景观的设计，实际都是从自然景观的母体中发展起来的。所以，人文构景的本质，从某种意义上讲就是对自然景观的一种模仿、加工、改造、提升和再创造。

首先，人文构景是对自然景观的模仿。

人类最早感受的美首先是自然美，在对自然景观的审美、崇拜过程中产生了利用自然美、"占有"自然美的意念。我国古代早期造园运动中最早出现的园林建筑和造景手法——台、庭园理水等，就直接产生于对自然美的模仿。

台的出现源于上古时期的高山崇拜。昆仑山是中国古代神话体系中黄帝的行宫，《山海经》和《淮南子》中记载其"方八百里，高万仞"，山上有倾宫、旋室等宫殿，山下有"弱水之渊环之"，是百神集聚之地。由于对昆仑神山的这种原始崇拜，催生了中国上古时期的高山崇拜和对山体的人工模仿，"台"这种仿山建筑就是在原始崇拜中产生的一种最早的仿自然的景观建筑①。据史籍记载，中国历史出现的第一个高台建筑，是夏启时期建设的"均台"，之后著名的有商纣王的"鹿台"、周文王的"灵台"、东周韩王的"故台"、齐桓公的"桓公台"等。

在模仿自然景观进行人工造景的过程中，比垒土筑台稍晚出现的是引水为沼，这与大约在战国时期出现的中国两大神话体系的另一个神话——蓬莱神话体系密不可分，并由此而形成了中国传统园林技法中庭园理水的固定模式——"蓬莱三岛"，即在园林水面的处理上，堆土叠石，模仿营造传说中的海上三仙山——蓬莱、方丈、瀛洲。

由原始的自然崇拜，到逐步形成固定的园林技法，就是在这样一种对自然景观的模仿中不断探索、不断完善的过程中完成的，即使在现代景观设计学中，模仿自然仍然是一种最常用的手法，如现代旅游区中大量出现的仿石、仿树、仿原木与仿木纹建筑等景观，都是模仿这种构景手法的延续。

其次，人文构景是对美的再创造。

源于自然、基于模仿的再创造，是人文构景手法的提升。

人类对美的追求是无止境的，模仿的过程也给人类带来更多的灵感和再创造的激情，使人文构景的方法、技术更加丰富。随着人文构景和园林艺术的发展，早期对自然景观的模仿逐步发展为具有更多人文特征的再创造。宋代之后，中国古典园林艺术进入了更高的境界，出现了以北宋皇家园林——"艮岳"为代表的"聚景"园林，在有限的范围内将天下美景，包括山水、殿宇、村舍、花木等积聚在一起，形成全方位、多层次的人造景观体系，使中国古典园林艺术的造园理论和构景手法形成了成熟的理论体系，使园林艺术真正达到了"虽由人造，宛自天开"的境界。

成功的人文构景，可以创造出自然与人工的和谐美、结合美，使自然风光更适合人的审美要求。但如果不能正确地掌握构景的原则和技巧，就可能造成构景败笔，弄巧成拙，得不偿失。因而，景观规划与设计，必须对人文构景的理论、原则和方法有一个正确的认识，并能灵活地运用于实践中去。

二、人文构景原则

人文构景，是一项有着高度艺术追求的创造性活动，是对美的再创造。从旅游开发的角度出发，人文构景必须要遵守以下基本原则。

---

① 曹明纲：《中国园林文化》，上海，上海古籍出版社，2001，4 页。

（一）以自然景观为主体

大多数情况下，旅游区是在一定的自然资源和自然景观基础上开发建设的，因此，人文构景首先要在充分尊重自然的前提下进行，这一原则要求人文构景要以旅游区所具有的自然景观资源为参照和主体来进行补充性、辅助性、提升性开发，人造景物相对只是给以补充或充实、强化、衬托等作用，即人文构景主要起到自然景观的审美提升作用，而不是在自然环境中将人造景观作为景观的主体。例如在泰山、黄山、华山、庐山等著名的风景名胜区，一些人文景点都是依山形、地势及其他自然景观的形态而布置，形成以自然景观为主体、以人文景观为陪衬的风景组合。其中的泰山以雄壮、宏伟而著称，但山顶是一种宽长、相对平展的态势，人工构景建筑如果布局、设计不好，将影响整个泰山的风光形象。而南天门、碧霞祠、天街至日观峰的构景建筑是沿山体走势平缓铺开，不显不露。这种构景方式就正确处理了景观组合中的主、次关系，给人以协调、自然的美感。

（二）协调原则

这条原则要求人工构筑的景物要与自然景色、景观和原有的景物相协调，当然，这并不排除对原有的一些不协调的景物进行改造和校正。

协调美，是人工美与自然美的一种完美组合，也是游客对景观的一种最基本的要求。当然，协调，仍然要求必须以自然风景为参照和主体。那么，在一定的地理环境中，构筑怎样的景物才能达到与自然美的协调，这要根据自然环境的具体情况而定，要研究自然风景的特点和性质，采用美学手法进行分析、确定。例如，同是在泰山之巅，前述的天街一带的布置比较协调、完美，但山顶高高孤立的电视塔却显得有点煞风景。我们知道，泰山的外观形势给人以雄壮、宏伟之感，而电视塔高高立于泰山之巅，其再高亦盖不过泰山之高，其再壮亦比不过泰山之壮，与巍峨宏伟的泰山相比，它显得是那么瘦小、微不足道，但却立于泰山之上，不伦不类。

同样是电视塔，上海的东方明珠塔则是一个成功的范例。东方明珠立于黄浦江畔，高高伫立，中间一银色球体，太阳之下闪闪耀眼，左右两座横跨黄浦江的杨浦大桥和南浦大桥，犹如二龙戏珠跃然水上，构成一幅美丽画卷，组合之协调、完美，令人叹为观止。

在一些文化景区，历史景观则是进行人文构景的参照，新建景观、设施的形态、高度、体量、色彩、建筑材料等，都要与原有景观相协调。对此，国家及相关部门也有相关的法律法规对此有专门的规定和要求。

（三）符合美学要求的原则

人文构景，既是在完善美，也是对美的再创造，因而必须符合美学要求，符合人类的审美情趣。人们旅游，实际上就是要实现心灵上对美的追求，欣赏美，享受美。旅游开发就是为实现人们的这种要求而提供条件或对象。完善美、创造美应是旅游景观建设的根本出发点。

在现代城市建设过程中，由于人们对创造环境美的认识不足，在城市规划、旅游开发和景观设计过程中，曾经出现了许多不和谐现象，其中最被人诟病的是城市的雕塑景观，甚至一些城市标志性景观，无论是设计理念，还是外观形态，不是缺乏创意，就是设计水平低劣，成为人们的笑柄。例如某些著名的中心城市中，小朋友浇水、环卫工人扫地等既无品位、更无美感的雕塑赫然立于街头，与大城市、开放城市的地位极不相称，在现代化旅游城市建设中留下了许多败笔。再如，有的动物园为招徕游客，推出了猛兽扑食弱小动物的项目，那弱肉强食、鲜血淋漓的场面虽然能够满足部分游客的好奇心，但在人们心中留下的阴影也是显而易见的。我们强调旅游开发要求特、求奇，但特和奇并不能违背美的原则。猛虎撕食哀哀悲鸣的羔羊，恶狼穷追弱小的矫兔，从这种场景中，能感受到什么美感呢？

（四）文化主导、主题定位原则

人文构景是最直接的旅游开发活动，也是旅游区开发、建设的最终落脚点，因此，它必须首先以遵守旅游开发的基本原则为前提，并符合旅游区整体的文化内涵和主题定位，服从旅游区开发的空间总体布局安排。在此前提下，才能展开景物的设计工作。

任何一种性质或类型的旅游区开发，都会确定旅游区的文化主题，并以此文化主题为灵魂，统领整个旅游的形象策划、项目建设和产品开发，包括空间布局、景观设计等也都围绕这个文化主题进行，通过一定的景观体系、产品体系和形象体系来强化、塑造、凸显这个文化主题，因此，人文构景也必须要坚持文化主导、主题定位原则，把旅游区的文化主题作为景观设计、建设的根本依据。

总之，从现代旅游区开发建设的实践和实际需要来看，与传统园林的人文构景已经有了很大的不同：传统园林是私家园林，属于具有隐私或私密性质的个人、家庭等小众群体享用的场所，本身也不讲求经营效益，完全可以根据自己的个人爱好来设计和管理。而现代旅游区则完全不同，是用于经营的、对外经营的大众消费场所，必须考虑市场需求、社会公众的一般性审美需求等因素。因此，现代旅游区的人文构景必须坚持上述原则，进行景观的设计和建设。

第二节 人文构景方法

完全自然状态的风景或景物，是无序的，有的比较单调，有的比较凌乱，因为美是人的一种主观感受，是人类思维活动、审美活动的产物，因而，某些完全处于自然状态的景物虽然也具有一定的美感，但往往离人类的审美要求还差一些距离，这就需要经过一定的加工、整理和改造过程，将完全的自然状态注入人类的美学标准，使其符合或更接近人类的审美要求，成为旅游者喜爱和向往的景观。这一加工、整理和改造、提升的过程，就是我们所说的人文构景。

在旅游景观设计过程中所应用的构景方法，一般可在宏观和微观两个领域采取不同的手法进行。

一、宏观构景手法

宏观构景，是指在较大的空间范围或整个旅游区范围内，对人文景观体系的构建、塑造，它所形成的往往是一个成体系的景观系统。

在旅游区范围内进行人文构景，其常规手法包括五个方面：

（一）提炼法

提炼，是针对那些处于自然状态，显得单调、芜杂、主题不明确的景观资源，进行人工概括、选择和加工，去粗存精，从而形成一个主题突出、风景独特的旅游区。

作为一种构景手法，提炼就是一个突出主题的过程，这一过程也同时意味着舍弃。例如位于潍坊市临朐县的沂山，是一座自然资源与人文资源都比较丰富的旅游区，但每一种资源又都不突出，在过去几年的开发过程中一直没有形成明确的主题，在新一轮的规划中，规划人员经过对沂山的自然资源和历史文化资源的全面调查，并结合对周边地区的比较，决定重点提炼其历史上曾经作为中国"五大镇山之首"的镇山文化，把"东镇文化"作为其旅游开发的主题进行重点包装和塑造，打出"中国五镇之首"的形象，联合全国其他四座镇山结成"五镇联盟"进行促销，在景观体系构建上则以全面恢复东镇庙为契机，构建以东镇文化为主线的人文景观体系，而其他资源则相应处于辅助和配套地位。通过提炼，塑造和凸显沂山的文化主题，形成了景观体系的文化主轴。在这过程中，通过提炼，东镇文化及其相关的景观得到了凸显和强化，而其他的资源则被弱化、淡化。

（二）借物立意法

风景建筑物的布点和建设，不仅要符合所在区位的地形地势，也要与所在旅游区的意境或寓意相符合，或直接以某种建筑物来塑造意境。

许仙与白蛇的故事是一个美丽动人的民间传说，在民间广为流传。当游人伫立在西子湖畔的断桥之上，凝视平静如镜的湖水，便不由自主地会联想到这个美丽的故事。断桥，便是以一物喻含一个故事的景物。

在旅游区开发、旅游景物建设中，运用借物立意法进行构景是非常普遍的，在许多旅游区中几乎每一个景物的背后都有一个传说。例如，北京樱桃沟源头伫立的那块黑石，传说就是贾宝玉出生时的口含之玉；峨眉山深幽之处遇仙寺的庙门正对"仙洞"，洞内仙烟缭绕，佛像隐现其中，让人真有"遇仙得道"之感；孟良崮上那块当中裂开的巨石——孟良试刀石，让人联想着力大无比的孟良挥刀起舞的情景；还有杭州的飞来峰，泰山的南天门和祭天坛，峨眉山的佛光等，无不寓意深远，给人以无穷遐想。

（三）点景引人法

点景引人法，是指在一定的地域空间或旅游区内的景观布点上，以一个较突出的点景引导游客的方法。

一座野山，怪石嶙峋，丛草密布，上无片瓦，下无殿阁，一般不会引起旅游者的兴趣，因为它没有值得欣赏的景物，也不是供人休憩的去处。但如果我们在其中较显耀的位置设计上一个建筑物，比如一个造型独特的亭子，辟一丛中小路，情况就不同了。原来那种杂乱无序、毫无景色感的自然空间就变成了被建筑物限定的、有一定美感的空间了，会引起人们"谁家亭子碧山间"的联想和登山求知的欲望。

丘陵地带，地势起伏不大，高差小，一般没有突出的景物，如果在一个相对较高的丘陵之上建一座塔，则可形成该区的视线中心。例如延安宝塔山之宝塔，四周是一片广袤的、起伏平缓的丘陵，黄土之上生长着参差不齐的树丛草木，自然景色平淡无奇。在这种意境下，高高耸立的宝塔格外显眼，在平淡的景色中脱颖而出，成为那一带的视线中心，引人注目。

在我国著名的旅游区中，以点景引人的建筑很多，像峨眉山金顶的金殿、九华山的天台寺、庐山大汉阳峰的汉阳台、泰山的玉皇顶、衡山的祝融殿等均属此列。

（四）充实法

充实，是对自然景色的补充和丰富。未经人类有意加工的自然景色往往比较单纯，缺乏灵性，须以人工美予以充实，丰富其自然美，使其既有形，也有神。

实际上，任何的自然风景都需要进行人文加工，绝对意义上的自然景观是不存在的，而实际应该是"以自然景色为主的景观"。我们现已开发、利用的许许多多、大大小小的各种自然景观，无不或多或少地含有人文加工的成分。那些非常著名的风景名胜区如泰山、华山、嵩山、衡山、黄山、庐山、峨眉山、普陀山，以及千岛湖、太湖等，都有丰富的人文景观为之充实，丰富了景观内容，增加了美学价值。所以，我们已经不能简单地将它们分成是自然风景区还是人文风景区，像泰山，就是被列为世界自然和文化遗产，而不单纯是自然遗产。

对自然景色进行充实，怎么充实，充实什么，要根据自然景色的性质、特点而定。例如在以水景为主题的园林中，无论是人工水面，还是自然水面，都是用修堤、堆岛、筑桥、建亭等手法，丰富、充实水景。如济南大明湖中的历下亭，杭州西湖的"三岛"（三潭印月、阮公墩、湖心亭）、苏堤、白堤、六桥，北京昆明湖的十七孔桥等，都是以人文构景对水上风光的充实。对于以山脉为主体的风景区，一般则以寺、庙、观、亭、阁、塔、台、坊、洞等为补充，依不同地形地势而建，形成自然景观与人文景观相结合的风景名胜。

(五)强化法

强化法是将不引人注目的自然风景,配之以一定的风景建筑的手法来突出其景色、强化其风光特点、使其成为引人注目的重要景点的方法。

突出景观特色,强化自然美,同样也要因不同自然风景而采取不同的手段。如镇江的金山,原是长江中一个高 30 米,周长约 520 米的基岩小岛,后因河道变迁,清代时成为长江南岸的一座小山。为了突出这一小山,设计师们采用"寺裹山"的手法,环绕山体建筑了宏伟的金山寺,使山寺融为一体。亭台楼阁,层层相接;殿宇厅堂,幢幢相衔,构成一片丹碧辉映、绚丽精巧的古建筑群。建于山巅北侧的八面七级木结构楼阁式的慈寿塔,鹤立鸡群,显得山势高耸,格外引人注目。

济南趵突泉,是一处聚集着十数处水源的泉群。设计师们为强化其"泉"的主题,选择了以清泉和流水为主要景物的布景方法:园内三步一潭,五步一溪;抬眼绿柳成行,轻风拂动;低头小桥流水,潺潺涓涓。特别是园内最为著名的三柱喷泉,翻涌而出,水花四溅,其壮观景色,令人叹为观止。"泉"这一主题,被表现得淋漓尽致。

二、微观处理手段

人文构景,实际上也是在处理人和自然的关系,这种关系既体现在宏观的空间上,也同样体现在微观的处理手法上。在造园构景的微观处理上,需运用多种手段来表现自然,求得渐入佳境、小中见大、步移景异的理想境界,以取得自然、淡泊、恬静、含蓄的艺术效果。

园林构景中的微观处理手法通常有以下几种(这些手法也可作为观赏手段)。

(一)抑景

抑景,是先抑后扬的一种景观布局手法。

中国传统艺术历来讲究含蓄,所以园林造景也绝不会让人一走进门口就看到最好的景色,最好的景色往往藏在后面,这叫作"先藏后露""欲扬先抑""山重水复疑无路,柳暗花明又一村",采取抑景的办法,才能使园林显得有艺术魅力。如园林入口处常设以假山,这种处理叫作山抑。

(二)添景

添景,是在较长的过渡空间中进行充实的景观布局手法。

当甲风景点在远方,或自然的山,或人文的塔,如没有其他景点在中间、近处作过渡,就显得虚空而没有层次;如果在中间、近处有乔木、花卉作中间、近处的过渡景,景色将显得有层次美。这种处理方法便叫作添景。如当人们站在北京颐和园昆明湖南岸的垂柳下观赏万寿山远景时,万寿山因为有倒挂的柳丝作为装饰而生动起来。

（三）夹景

夹景，是在开阔的空间中营造视廊（视觉走廊）的一种景观处理手法。

当甲风景点在远方，或自然的山，或人文的建筑（如塔、桥等），它们本身都很有审美价值，但如果视线的两侧大而无当，就显得单调乏味；如果两侧用建筑物或树木花卉屏障起来，将使甲风景点显得更有诗情画意，这种构景手法即为夹景。如在颐和园后山的苏州河中划船，远方的苏州桥主景，为两岸起伏的土山和美丽的林带所夹峙，构成了明媚动人的景色。

（四）对景

对景，是由相对的一组景观形成互相映衬效果、互为视点的景观处理手法。

在园林中，或登上亭、台、楼、阁、榭观赏堂、山、桥、树木……或在堂、桥、廊等处观赏亭、台、楼、阁、榭，这种从甲观赏点观赏乙观赏点，从乙观赏点观赏甲观赏点的方法（或构景方法），叫对景。

（五）框景

框景，是用人工手法将远处景观框进特定景框，形成画幅效果的景观处理手法。

园林中，建筑的门、窗、洞，或乔木树枝抱合成的景框，往往把远处的山水美景或人文景观包含其中，这便是框景。

（六）漏景

漏景，是以在建筑立面上开窗的形式，从缝隙中漏出远景的景观处理手法。

园林的围墙上，或走廊（单廊或复廊）一侧或两侧的墙上，常常设以漏窗，或雕以带有民族特色的各种几何图形，或雕以民间喜闻乐见的葡萄、石榴、老梅、修竹等植物，或雕以鹿、鹤、兔等动物，透过漏窗的窗隙，可见园外或院外的美景，这叫作漏景。

（七）借景

借景，是巧借园外之景来丰富园林内部景观效果的一种景观处理手法。

大至皇家园林，小至私家园林，空间都是有限的。在横向或纵向上让游人扩展视觉和联想，才可以小见大，最重要的办法便是借景。所以中国著名园林学家计成在《园冶》中指出，"园林巧于因借"。借景有远借、邻借、仰借、俯借、应时而借之分。借远方的山，叫远借；借邻近的大树叫邻借；借空中的飞鸟，叫仰借；借池塘中的鱼，叫俯借；借四季的花或其他自然景象，叫应时而借。

三、中国传统的人文建筑景观

人文构景，实际上也就是将不同的景物进行搭配，使其起到互相衬托、互相补充的作用，从而形成协调美、完整美，使意境更加深邃、更加奥妙。

这种搭配的过程，往往是以原有的景物特别是自然景物为基础，配之以人文景物实现的。在旅游开发实践中，经常需要对自然风光进行填充、补缺。因为自然的景色是不加修凿的，是以一种无序、杂乱的状态存在的，与人的审美意识有一定的差距，为使其更加趋于完美，就需要以一定的方式对之进行加工、整理和补充，填之以人造景物。

对自然景观的修凿、填充，往往采取辅之以一定造型的建筑物或雕塑的方法，不同的建筑物点缀不同的自然景观。

在我国传统园林构景手法中，常用的人文建筑景观一般包括殿、堂、楼、阁、馆、斋、轩、亭、台、塔、廊、墙、路、桥、舫、榭等。

（一）殿

殿，在我国古代最早是帝王宫苑中的主体建筑之一，后来在民间寺庙建筑中也被广泛使用。

古代，"殿"往往与"宫"联系在一起，称为"宫殿"。宫一般是指一组建筑群，即由殿、堂、楼、阁等建筑物组成的建筑群，为古代皇室专用设施。

殿，在宫苑中是皇帝听政、朝臣及筵飨之所，建筑崇尚宏伟，如北京故宫中的太和殿、保和殿等。除了皇家园林外，殿在民间的礼制建筑、宗教建筑中也被移用，如孔庙中的大成殿、佛教寺院中的大雄宝殿等。

（二）堂

堂，是仅次于殿的单体建筑，开始也是专供皇帝的寝居之所，具有庄重、幽深的特点，如颐和园昆明湖畔的玉澜堂和乐寿堂，分别是光绪和慈禧的居住之所，由东西暖阁或套间合成四合院的样式，建筑稳重，气氛肃穆，陈设华丽。除了皇家园林外，堂与殿一样也被民间建筑移用，地方官游宴、文人结庐等常以堂命名。如扬州大名寺由欧阳修任太守时经营的平山堂曾被誉为"淮东第一观"，李白、杜甫等人修建的草堂等都是著名的建筑景观。

（三）楼、阁

楼、阁，是指二层以上的房屋，在古代建筑中最为常见，初以登览为用，后也移做寝居。

楼、阁的区别，单檐者为楼，重檐者为阁。以观览为用的楼、阁均以高耸和造型美观为追求目标；而移作寝居之用的楼、阁则以结构装饰精美为特征。

楼、阁在体量、高度方面能够超过周围一般低平的建筑，很自然地压住环境，成为主景。在建筑落点上，多建于山巅、陡坡之上，或江湖岸边、水渚洲头，使远山近水，尽收眼底。例如，著名的蓬莱阁望海楼，建于丹崖山临海绝壁之上，北临大海与庙岛群岛之南、北长山岛隔海相望。登临其上极目远眺，只见在一望无际的大海之上，隐隐约约浮现着的长山岛有如海上仙山。特别是在夏日的清晨，一轮红日喷薄而出，映红整个海面，望海楼则高高地伫立在临海绝壁之上，犹如凌空出世，极为壮观，勾画出了一幅人间仙境的美丽画卷。

（四）亭

亭，就其实用功能而言，是供人休憩、凭眺之所，是风景建筑中最常用的、也是最重要的点缀物之一。

从其结构看，亭的式样很多，有单柱伞亭、二柱半亭、三柱角亭、四柱方亭、五柱园亭、六柱重檐亭、骑岸楼亭等。亭的用途很广，可与很多景物配伍，根据与其配伍的对象或设置的位置，可分为山亭、林亭、水亭、江亭、街亭、园亭、池亭、竹亭、廊亭、桥亭等。

亭址的选择有一定规律，多以山间、水畔等为依托。在不同的位置，与不同的景物配伍，有不同的要求。如山亭的选址，一般应位于山坡的延伸处或山体的次峰之上，其高度一般不超过山体主峰高度，以免喧宾夺主。

（五）台

台，是园林中的一种常见风景建筑，其作用抬眼可远望，又可供琴棋、休憩、纳凉之用。

台以堆土、垒石筑高为特点，多与楼、榭等建筑配合，形成平旷的空间供赏景、小憩、抚琴、对弈、纳凉等之用，所谓"近水楼台先得月"就是说的它的好处；加之台的周围常设精美的栏杆，也使园林风景因此而增色。

（六）塔

塔，本来是一种佛教建筑，在我国有着悠久的建筑历史。但随着历史的发展，其作用已逐渐超越了宗教的范围，而有了更多的社会实用意义。比如具有登临远眺观览作用，以致西安大雁塔的"雁塔题名"成为1000多年来举子学士们及第畅怀的美事。再如具有导航功能，由于塔的体形高峻，远处可以看见，可以成为导航的标志，所以在许多江河转折、海岸港岔、桥梁泮渡等处，都建有专为或兼有导航作用的塔。

除此之外，塔还具有点缀山川的作用。塔的这一作用，使其成为一种非常重要的风景建筑。

我们知道，塔一般都具有较美的外观，其高耸挺拔的英姿和优美的艺术造型，能够给人以感官上的震撼和美的享受，对山川景色有着重要的填补、点缀作用，使锦绣河山更加秀丽。所以到后来，出现了专为点缀山川名胜而建塔的情况，并且在长期的实践中,人们还探索出了一些关于建塔以点缀山川景物的理论。如地貌构景中的加强手法,在山前丘陵、平原孤丘、山脉延伸的低矮末端,为了改变山形构图,或弥补山势不足,或突出强调山势的耸立,可以建塔作高耸处理。北京玉泉山是山前丘陵,延安宝塔山是切割黄土高原的河谷中的一个丘陵,都使用了加强手法,在其上修建宝塔,而使其在背景中突现出来。北京北海白塔、苏州虎丘云岩寺塔都属平原孤丘建塔,使其更为显露。杭州北山向东延伸逐渐低矮,到了东端已不引人注意,但在其末端宝石山上建一座保俶塔,立即改变了外貌,既加强了山势的吸引力,又与西湖相协调:西湖妩媚秀丽,保俶塔娇小玲珑,二者相互辉映,堪称自然美与人工美的最佳组合。

(七)榭、舫

榭、舫,是与水景配伍的风景建筑。其中,榭,建于水边,突露出岸,架临水上,便于观赏水景;舫,又称旱船,船形建筑,多建于水边,前半身三面临水,船尾一侧设有平桥与岸相连。榭、舫因形状特殊,形式新颖,为水面增色,登之,则有乘船漫游之感。

(八)廊

廊,是传统园林中经常出现的一种风景建筑,具有实用和观赏双重价值。

廊有水、路、直、曲之别。临水的为水廊,蜿蜒曲折;在山间的为爬山游廊,入竹的为竹廊,植芭蕉的名蕉廊,等等。

廊边有栏,取式多变,又可凭栏依览,所以又有"吴王靠""美人靠"等廊边美景。

(九)桥

桥,是园林中的跨水风景建筑,有高低、木石、直曲、方弧之分,造型各异,为园林增色。

(十)墙

墙,是园林的外观,有石砌、砖垒、木栅、绿篱等之分。

作为园林内外的分隔与联系,既讲究墙体本身的外观形式美,又讲究"漏景",因此墙体上的门窗样式非常讲究,粉墙上的漏窗有菱形、瓶形、壶形、钟形、石榴形等各种式样,可由里向外,也可由外向里,透过窗洞,观赏或发现美丽的景色。

除上述功能、形状各异的风景建筑之外,还有厅、馆、斋、路等,各有不同特点和作用。

第十一章

城市旅游规划

城市,是社会发展的产物。特别是在现代,城市更是一个地区政治、经济、文化和人们的生活中心,在社会发展和人民生活中起着非常重要的作用。

"城市即旅游"已经成为现代城市管理、经营者的共识。但从理论和实践领域来说,城市旅游虽然在国际上已经有着很长的历史,但城市旅游开发、管理理论并未形成完善的体系。总体来说,城市旅游规划还是一个新课题。

第一节 城市的旅游功能与城市旅游

城市是人类文明发展的产物,而经济越是发达、社会越是进步,城市的功能就越是具有多元性,从居住、生活的空间,到文明、文化的容器,再到作为发展经济的载体等,城市在人类文明进步和社会经济发展过程中发挥着越来越大的作用。而从现代城市的发展诉求来看,宜业、宜居、宜游的三位一体的发展模式,则越来越成为现代城市发展的新趋势、新方向。这种新的诉求既是城市发展历史演进的必然,也是现代发展理念对城市发展目标的新定位。

一、城市旅游

城市,从范围上说,它是以已建成的城区为依托,包括所辖市域的一个集约体系,即是一个以一定的城区体系和周围相应的乡村背景、山川农田等组成的空间区域。

城市具有综合的、多方面的功能,如是一个地区的政治中心、经济中心、文化中心乃至军事中心等;同时,城市的历史、城市文化、城市的形态、城市的发展方向等各有不同的特色,所以也就形成了以不同特征而闻名于世的历史文化名城、艺术之都、商业都会、经济中心等。从现代旅游业的发展规律来看,一座城市无论在经济、文化或政治等哪个方面有突出的特点,都可以作为发展旅游业的卖点,而旅游功能作为城市诸多功能中的一部分，在现代社会发展过程中所发挥的作用越来越大，城市的旅游功能也越来越为人们所关注。

而从旅游发展史来看，城市旅游与近代旅游可以说是相伴而生的。1841年7月5日，由英国人托马斯·库克（Thomas Cook）组织的代表世界近代旅游业开端的团体旅游——以包租火车方式从莱斯特前往洛兹伯勒，实质上就是以城市为目的地的旅游活动。人类社会进入后工业化时代以后，城市旅游的发展突飞猛进，几乎成了当代旅游的主流。有学者认为21世纪是城市的巅峰时代，随之城市旅游也步入了最令人激动又最令人担忧的时期。与此同时，城市旅游作为一种重要的社会经济和文化现象，也引起了广大学者的普遍关注。1964年，美国学者斯坦斯菲尔德（Stansfield）在其著作《美国旅游研究中的城乡不平衡》中首次提及并初步论证了"城市旅游业"的重要性，从而给旅游学者们提出了一个不可忽视的研究领域——城市旅游，由此，旅游学界开始有学者关注、研究"城市旅游"这一专门领域。

许多学者对城市旅游的概念、特点、组织方式、经济贡献、文化影响等进行了多方面研究，对城市旅游有了基本的规律性认识，对城市旅游的概念以目的地为基础进行界定，认为："城市旅游"，是指发生在城市中的部分游憩活动和全部旅游活动及其引起的现象。

很显然，"城市旅游"是以城市为目的地的旅游活动。从概念上说，"城市旅游"指的是旅游者在城市展开的旅游和游憩活动，指的是旅游者在某一特定目的地——城市里开展的旅游和游憩活动。

与"城市旅游"对应的是"城市旅游业"，即以城市为主体、依托城市资源、为旅游者提供旅游产品和服务而形成的旅游产业体系。

二、城市的旅游功能

从城市旅游的概念来看，城市旅游的本质是"发生在城市"的旅游活动，即以城市为旅游目的地的旅游活动。这既与人们的需求导向有关，也与城市本身所具有的旅游功能有关。当然，对于不同的人群或对象，城市的旅游功能所体现的重点和内容是不同的。

对于外来旅游者来说，主要是旅游产品的购买，即旅游需求如何得到满足的问题；而对于当地居民和企业来说，则是旅游产品的供给，即旅游经济行为的效果问题。目前，随着现代旅游业的飞速发展，旅游需求的多样化，世界上越来越多的国家和城市管理者，开始重视城市的旅游功能，有的已取得相当显著的效果。如法国的巴黎所吸引的游客已占全法国旅游人数的一半左右。意大利的罗马、美国的纽约和华盛顿、日本的东京、中国的北京和上海等城市的旅游业在本国都占了举足轻重的地位。近年来，旅游业飞速发展的泰国在制定旅游开发规划时，也将曼谷和清迈作为本国旅游业发展的重点进行建设。这些做法，都是基于对城市旅游功能和城市旅游业地位认识上的提高。那么，在现代旅游活动和旅游业发展中，城市的旅游功能都表现在哪些方面呢？

（一）城市是旅游活动中心

重要的城市或大城市，往往也是旅游资源比较丰富和集中的地方，因此，城市也往往成为旅游者最为集中和活动最密集的地区，即是旅游消费的集中地。同时，城市又是一个地区政治、经济和文化的中心，旅游者众多的与此有关的活动要在这里开展和完成。旅游者要在城市里游览观光、购物、娱乐、社交，以及从事商务考察、经济洽谈、贸易往来、公务会议、学术交流等一系列的活动。这些活动大多只能在生活和服务设施完备的城市进行，因此，城市也就自然地成为旅游者的活动中心。

（二）城市是旅游供给基地

大部分的城市各类基础设施相当完善，交通、通信、医疗、金融及生活供应等都比较便利，可为旅游者提供所需的各方面服务，满足旅游者的旅游需求。这既表现为城市对旅游者的直接服务，又表现为城市对周围旅游区的服务辐射；既表现为对旅游需求的供给，又表现为对周围其他旅游区的旅游服务补充。

（三）城市是旅游交通枢纽和旅游集散地

我们知道，车站、港口、机场等往往都是建在城市或与城市互为依托的，交通线路网络也都是以城市为始、终点，贯穿和连接城市的，因而城市也就自然而然成为旅游交通的枢纽，成为旅游者的集散地或中转站。实际上，具有良好的交通条件也是旅游开发的必然要求。我们所强调的要提高旅游地的可进入性，要能使旅游者"进得去、出得来、散得开"正是对交通要求的体现。

从现代旅游业发展理念出发，一座中心城市的旅游功能越来越走向多元化，"三位一体"——旅游集散地、旅游目的地、旅游客源地共同发展的城市旅游发展模式越来越被人们所接受。

（四）城市旅游业是区域旅游业的主体

正因为城市是政治、经济和文化中心，是交通枢纽，所以城市便成为创造旅游收入的主要基地，城市旅游产业成为旅游业的主体。旅游者的主要活动区域在城市，城市便建立了各种旅游服务设施，诸如旅行代理、饭店、娱乐、医疗保健、金融汇兑等。这些设施和服务便成为一个地区旅游业的主体，成为旅游收入最重要的组成部分。

三、城市旅游的特点

由于城市的综合性功能，使城市旅游长期以来一直成为盛而不衰的热点方向之一。对城市旅游的特点加以总结，可归纳为以下几点：

（一）旅游吸引的整体性

所谓城市旅游吸引的整体性是指城市旅游不是以某一方面的资源优势为主要吸引要素，而是以整个城市的综合吸引为特征，既包括城市独特的自然景观、丰富的历史文化、诱人的美食、多彩的夜生活，也包括安全的社会环境、浓浓的人情味、高效运转的城市交通、亮丽的美女风景线等。当然，在现代信息时代，旅游吸引与城市形象的关系越来越密切，因此，以某一种突出的特征作为卖点来设计和塑造城市形象，借以吸引旅游者的注意力，是一种非常有效的营销手段，但这并不影响城市吸引的整体性特征。

（二）旅游资源的丰富性

由于城市在政治、经济和文化生活中的重要作用，使城市及其周围形成了数量众多、内容丰富多彩的历史文化遗产，成为我们今天重要的旅游资源。从文物古迹直到文学艺术、特种工艺、风土民情，可供人们参观、游览、访问、考察或学习。而且越是历史悠久的城市，旅游资源也往往越是丰富。像我国的西安、北京，日本的京都、奈良等城市，都是享誉世界的历史文化名城，它们也以丰富的历史文化旅游资源吸引着成千上万的游客。

城市是人类文明发展的产物，它所体现的主要是人类的文化成就，这也就决定了城市旅游资源主要是人文旅游资源，文物古迹、文学艺术、特种工艺、民族风情、风味肴馔等所体现的都是历史的传统和文化。而现代的社会发展和经济建设成就则体现着现代的科技和文化文明的水平，更属于人文旅游资源的范畴。所以，人文旅游资源是城市旅游资源的主体，人文或文化旅游则成为城市旅游最主要的特点。

因为城市旅游有以人文或文化旅游为主的特点，也使城市旅游的文化影响更大。人文景观所体现的文化特点、民族性格和精神倾向是很明显的，必然对旅游者产生潜移默化的影响，使旅游者在思想观念上发生或少或多的变化。同时，由于城市是旅游者活动最集中的地方，外来旅游者与东道社会居民的接触十分频繁，也势必会使旅游者的思想观念和文化倾向对东道社会产生影响。因此，城市旅游的这种文化影响是双向的。

（三）旅游功能的多样性

城市是文明的载体，是人类物质文明和精神文明的集合，这就导致了城市旅游不同于单纯的自然观光旅游或休闲度假旅游，而在旅游功能上表现出多元化、综合性的特点。城市可以满足多种旅游需求，提供包括商务、购物、会议、度假、休学、美食、生态在内的多种旅游功能。

城市的基础设施完备，服务项目齐全，具有综合性功能，因此也能够为旅游者提供多种服务，满足旅游者的各种需求。对于旅游者来说，正是由于城市具有综合性的功能，才使他们能够在城市里展开多种多样的旅游活动，诸如游览、住宿、美食、休闲、购物、娱乐、健身、夜生活，以及业务洽谈、商务考察、学术交流、公务会议等。除少

数特殊旅游项目外，几乎无所不能。而其他一些以自然景观为主的旅游地，往往功能比较单一，不能满足旅游者的多种需求。

城市旅游活动内容丰富的特点，也造成了城市旅游者的构成比较复杂，旅游淡旺季的差距也较小。

（四）旅游文化的包容性

城市比较开放，居民的知识水平、文化修养也较高，因而对外来旅游者和外来文化具有较大的宽容性，这本身成为城市旅游的一大特点，即旅游文化的包容性。当地居民与外来旅游者一般不会发生尖锐矛盾，关系比较融洽。这种宽容并非指心理、情绪上的忍让，而是指的精神、观念上的包容或一种涵养。当然，这是与其他偏远闭塞地区相比较而言，从原则上讲，当地居民对外来旅游者是排斥还是宽容，往往与历史感情、宗教习俗、民族传统、政治导向等因素有关。实际上，当地居民对旅游者的态度，已经成为一种无形的旅游资源，对外来旅游者直接起着吸引或排斥的作用。

城市旅游的发展，无论是对旅游者，还是对旅游目的地本身都是有益的。当然产生副作用也是可能的，如果旅游者数量过大，再加上原有的当地居民，也会产生某些问题，如交通、食宿紧张，治安状况混乱，环境污染等，会给旅游目的地带来压力。因而也要正确认识城市旅游发展的利弊，正确规划和引导城市旅游发展的方向和速度，防患于未然，使城市旅游事业得以健康发展。

（五）体验性强

每一个城市都会有令游客感动的地方和因素，或者是一种独特的味道，或者是一组优雅的建筑，或者是步行街上拥挤的人群，有的是城市的本色，也有的是城市经营者专为旅游者准备的"心灵鸡汤"。而要使这些因子或者体验真正深入游客心中，就需要从人性的角度来设计每个主题，使游客融入城市的点点滴滴中。例如布鲁塞尔的巧克力街，街上所有的店铺基本都经营巧克力，整条街弥漫着巧克力沁人心脾的香味，时而还会有游行的花车队伍穿过，队伍中的"小丑"会向每一位过往的女游客送上一束鲜花，让游客既感到温馨，又有惊喜；再如德国汉诺威市中心区的红色景观游览线，这条游览线不仅能完美地呈现汉诺威市丰厚的文化底蕴和深层的城市美感，而且为游客提供了一种轻松愉快和激动人心的旅游体验。当然，最能够让游客有深度感的体验，莫过于能够让游客融入当地居民生活的深度游，北京老胡同里的爆肚和豆腐脑、绍兴咸亨酒店里的茴香豆、济南老街上的油旋、重庆朝天门的火锅等，经历一次，终生难忘。

四、城市旅游产品的种类

从旅游产品的功能和主导特征的角度来划分，城市旅游产品的种类主要可划分为五种：

（一）文化旅游产品系列

文化旅游产品指与城市的历史、艺术、科学和文化遗产有关的旅游活动。文化旅游强调旅游经历的文化体验，它被认为是改善城市的形象和提高城市知名度的有效举措。许多城市把博物馆、艺术馆、剧院等公共设施作为城市的"形象工程"就是因为这方面的原因。如加拿大多伦多皇家博物馆的扩建、罗尔托马森大厅和北约克表演艺术中心、多伦多科学中心的建成，是促使多伦多城市旅游快速发展的主要原因。城市的各类博物馆、艺术馆、剧院等公共设施也的确成为重要文化游览场所。

（二）体育旅游产品系列

观赏型体育比赛成为当前许多城市旅游和经济发展的竞争战略措施。大型体育赛事的举办在给城市带来丰厚经济效益的同时，也使城市在国际上的形象和声望迅速提升。像奥运会、世界杯等世界著名的大型体育赛事因此成为世界各大城市争相角逐的目标。

（三）会议、会展旅游产品系列

会议、会展被称为"城市的面包"。大城市尤其是国际城市都认识到举办会议、会展为城市旅游业和城市经济发展带来的好处，会议、会展旅游者的高消费模式引起了城市管理者和旅游开发者的关注。

（四）城市游憩产品系列

无论是历史上，还是现代，城市作为生活中心的地位始终没有变化，因此，游憩功能变成为城市的重要功能之一。而且，社会越来越发展，人类文明越来越进步，城市的游憩功能也就越来越会被强化。因此，在城市规划和建设理论中就产生了"游憩商业区"（Recreational Business District，简写为RBD）和"环城游憩带"（Recreational Belt Around Metropolitans，简写为ReBAM）等概念。这两个概念也分别代表了城市游憩的不同方式和场所。

"游憩商业区"，也称为"中央游憩区"。城市RBD的类型主要包括大型的购物中心、特色休闲购物步行街、旧城历史文化改造区、新城文化旅游区等。目前，在城市规划中，绝大多数的大、中城市都把"游憩商业区"或"中央游憩区"作为城市的核心区域来对待。

环城游憩带是环绕在城市外围、处于近城乡镇景观之中、与中心城市交通联系便捷的游憩活动空间，环城游憩带具有观光、休闲、度假、娱乐、康体、运动、教育等不同功能，其中周六前往、入住一宿、周日返回式的出游方式被称为"一夜游度假模式（One Overnight Vacation Pattern）"。20世纪80年代以来，中国东部沿海一些大城市周边相继出现了ReBAM现象。

（五）城市度假旅游产品系列

与传统的海滨度假和乡村度假相对应，城市度假也是倍受银发阶层、青年"文化淘金者"、乡村富裕阶层等群体欢迎的度假方式。在城市度假，其主要特征表现为"文化体验度假"，即在一座城市较长时间的停留，通过参观各种文化设施、探访历史街区、参加社区活动，以及休闲、娱乐、购物等活动，深度体验该城市的地方文化与传统艺术。

"客居"也越来越成为现代城市度假的一种新模式。日本大阪在世界上较早地提出了建设世界著名"客居"城市的概念，即非本城市居民，却较长时间在该城市居住。这种"客居"旅游往往是以"候鸟式"养生养老、越冬或越夏（即避寒或避暑）等形式进行。

五、城市旅游的作用

城市旅游的作为，主要体现在四个方面：

（一）优化城市的产业结构

发展城市旅游，对于优化产业结构、提高城市产业层次方面有重要作用：城市旅游是一种"注意力经济"，它将人们的注意力视为稀缺资源，通过吸引人们的注意力来聚集大量的人流、物流、资金流和信息流，从而推动第三产业向规模化和现代化发展；城市旅游呼唤环境革命，这无疑将推动第一产业和第二产业向高新技术和生态的方向发展。例如大连市就是通过经营城市环境、发展城市旅游走上复兴之路的。大连是我国的老工业基地之一，工业布局极不合理，造成城市工业污染严重，经济增长速度缓慢。自20世纪90年代初期以来，大连市开始精心经营城市环境，发展城市旅游，从而带动了商贸、金融、会展业等第三产业的快速发展，使城市的产业结构趋于合理。

（二）增强城市的环境竞争力

发展旅游能够增强城市的环境竞争力。软环境方面：旅游具有开放性、好客性，发展旅游就要切实地提高环境质量，使城市综合环境显示出充分的好客性，给旅游者留下好印象；旅游注重营造城市的外在文化氛围，使城市文化得以保护和弘扬；旅游呼唤整洁无污染的自然生态环境，这不仅有利于创造优美的旅游环境和投资环境，而且还有助于改善市民的居住环境。硬环境方面：发展城市旅游能够把城市的某些相对劣势转化为优势，以重庆为例，山城的地形给经济的发展和城市的建设带来了诸多困难，但恰恰是这种不便的地形造就了少有的电梯缆车文化，同时也是山城海灯形成的必备条件之一；通过旅游规划不仅可以赋予城市资源以旅游功能，而且还可以盘活城市中那些没有价值的有形资产；发展旅游要求创造宽松的政策环境和公开、透明、平等的竞争环境，这有利于招商引资，促进城市经济的发展。

发展旅游有利于扩大城市的效应。济南让我们首先想到的是泉水，是"家家泉水，户户垂柳"的景象；大连让人想到的是优美的环境、众多的广场；纽约让人想到的是傲慢的曼哈顿……我们可能不知道巴黎、奥兰多、北京生产什么，但我们知道塞纳河、迪士尼、胡同等，这就是城市效应，而发展旅游能够扩大这种城市效应，形成城市的肤色。

（三）对其他相关产业具有强力的关联带动性

城市旅游是一种具有裂变效应的"注意力经济"，发展城市旅游能够带动相关产业的发展，从而促进整个城市经济，甚至区域经济的发展。例如美国城市奥兰多，原是一个典型的以种植业为主的小城镇，产业结构单一，经济发展缓慢。1972年，迪士尼乐园在该地建成，从而形成以旅游产业为主的经济发展点。同时城市内因乐园而带动了其他产业的发展，如商业、信息业、餐饮业、高新技术产业等。每年来这里的国内外游客达4000万人次，年贸易额约600亿美元。由迪士尼带动奥兰多，由奥兰多带动佛罗里达，使整个佛罗里达州都成为美国经济增长的一个亮点。

（四）推动城市规划和城市设计水平的提高

发展城市旅游能够推动城市规划的人性化发展。当代的城市规划总是在强调"以人为本""人居环境""人人都有适宜的居所"等观念，而发展旅游的目的就是要创造一个适宜人居住并对外地游客具有强烈吸引力的环境，为此要花大力气整治城市环境，如优化生态环境，改善交通环境，完善基础设施等，这不仅有利于吸引游客和投资者，而且也造福了城市居民。

发展城市旅游有利于增强城市规划的个性化。发展旅游主要以吸引外来游客为主，而对游客具有强烈吸引力的主要是城市的特色，这就要求不遗余力地保护城市的历史文化、民间风俗、独特的城市风景等。而发展旅游将保护和开发结合起来，以保护促开发，以开发促保护，两者形成良性循环。通过发展旅游不但发挥了城市历史文化和特色遗产的使用价值，而且也唤起了人们尤其是当地人们保护城市遗产的意识，增加了他们对城市的归属感，增强了他们的文化凝聚力。

发展城市旅游有利于增强城市规划和城市设计的外向性。城市旅游以吸引外来游客为主，所以在城市设计、城市建设、城市管理等方面注重为外来游客和投资者创造好客的、宜人的环境，特别注重对外宣传，这就会无形中增强城市的知名度，吸引大量的人流、物流、资金流和信息流，从而使城市成为名副其实的开放性城市。

第二节　城市旅游规划[①]

城市旅游是以城市为基础的，城市旅游离不开城市这个载体，而城市旅游开发和城市旅游规划也离不开城市建设和城市规划。从经济的角度，城市规划和城市旅游规划应

---

① 本节由作者根据其学生张彦的硕士论文《城市旅游规划体系研究》改写。

该是两个互相独立的体系，但由城市规划具有《城乡规划法》所明确赋予的法律地位，因此，在二者的关系上，城市旅游规划必须服从城市规划，这样，城市旅游规划就往往表现为是城市规划中的一个"专项规划"。虽然城市旅游规划有自己独立的内容体系，但在实施和操作过程中，却需要通过城市规划的管理、审批程序去落实。

一、城市旅游规划的概念与内容体系

（一）城市旅游规划的概念

城市旅游规划是城市总体规划中的专项规划，它是依据城市资源禀赋和城市区位条件来确定城市旅游的发展战略、发展目标、空间布局及优先发展项目，按照"城市经营"的思想进行专项规划和分区规划、产品设计和组织实施对内管理和对外营销，最终实现城市的经济效益、生态效益和社会效益。

对城市旅游规划的理解：

- 城市旅游规划是城市总体规划的专项规划，在进行城市旅游规划时要注意协调好与城市总体规划、城市其他专项规划、城市设计的关系，将旅游的思想渗透到城市规划中；
- 城市的资源禀赋不仅仅包括通常意义上的城市旅游吸引物，还包括城市的经济和社会文化资源、独特的政治和交通地位以及城市的整体形象等；
- 城市旅游规划强调了区域整体的观念，在确定城市旅游的发展目标时要依据城市的区域地位，包括市场区位和交通区位；
- 城市旅游规划体现了"城市经营"的思想。具体表现在旅游规划设计、土地使用、城市旅游管理、城市旅游营销等的市场化上。城市旅游规划主要是通过改善城市旅游系统结构的有序性、功能协调性和发展合目的性之间的关系，使城市旅游系统按照服务旅游者的要求实现优化组合。具体地说，城市旅游规划需要解决的核心任务是在适应旅游竞争的前提下，设计出具有城市特色的鲜明的城市旅游总体形象；然后在市场、资源和形象综合导向下合理配置城市旅游吸引物；进而努力提高城市旅游产品质量，加强与相关部门的合作；最后是以保持城市生态系统、城市环境系统和城市文化系统完整性为前提，切实保障城市旅游的可持续发展。①

在进行城市旅游规划时不能单从旅游的角度来思考问题，还要考虑城市规划和城市设计的要求，使城市旅游不与城市的整体发展目标发生冲突。同时城市旅游规划要从区域的角度来考虑城市旅游的发展问题，并使城市旅游规划体系与区域旅游规划体系有效地衔接起来。

---

① 邹再进，田洪：论城市旅游规划研究的对象与任务，载《甘肃行政学院学报》，2002（1）。

（二）城市旅游规划的内容体系

城市旅游规划内容体系的建立，除与旅游业发展自身的规律性要求相适应外，还与两方面的现实问题有关：

一是现代城市游憩的兴起。随着现代社会的发展，城市居民在远、近郊和市区内部的游憩活动越来越多，影响了城市规划的发展方向。

二是城市发展的个性化需求越来越明确。城市越是具有个性化特征，其外在的吸引力就越大，这对于旅游业的发展来说，是一个重要的有利条件。

在上述问题的影响下，城市旅游规划要关注和研究以下问题：一是城市郊区的旅游功能越来越大；二是城市康体、休闲、娱乐设施越来越成为城市旅游的重要内容；三是要注重将城市公共产品转化为城市旅游产品。①

根据这一要求，城市旅游规划的内容体系主要包括三大领域即旅游产业规划、旅游开发建设规划、旅游支持保障系统。如图11-1所示。

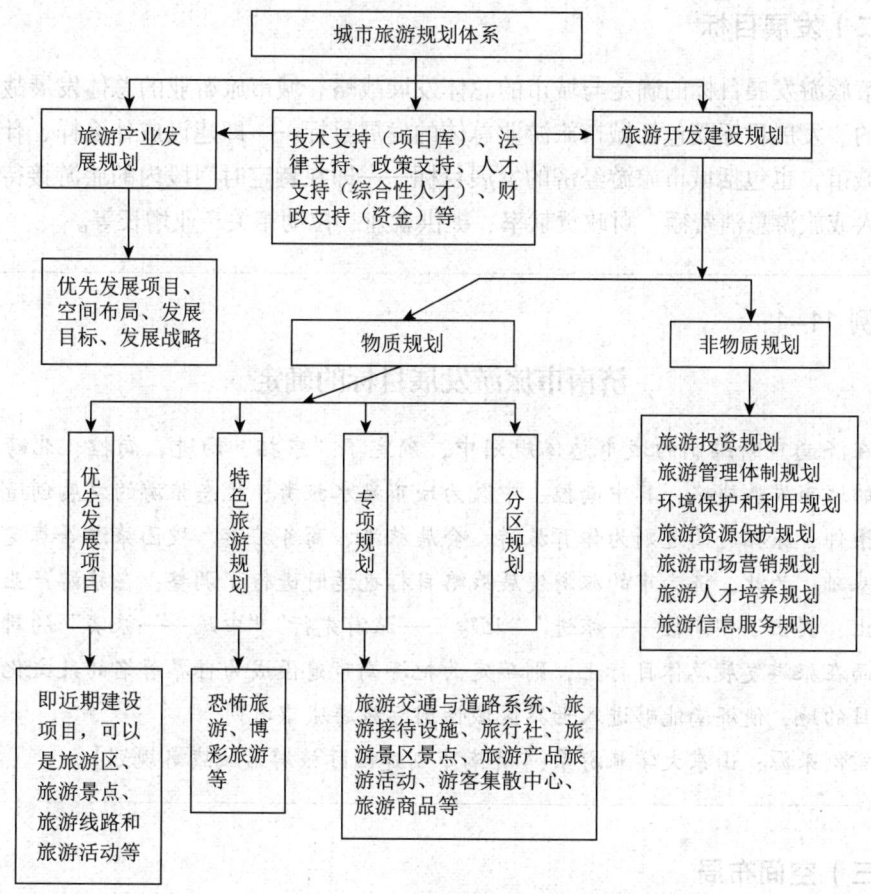

图11-1 城市旅游规划内容体系

---

① 崔凤军：《城市旅游的发展与实践》，北京，中国旅游出版社，2006，136页。

二、城市旅游产业发展规划

城市旅游产业发展规划，是从整个产业发展的角度，解决宏观层面的旅游业发展战略、发展目标和总体布局等原则问题。

（一）发展战略

城市旅游产业发展战略，是关系城市旅游业发展的原则问题，是关于城市旅游业发展的"顶层设计"，确定什么样的发展战略，将决定着城市旅游业今后的发展方向和发展道路。

发展战略本身具有很强的政策性。城市旅游发展战略，既取决于城市旅游业自身的发展要求，又受到城市经济总体发展战略的制约，其制定要综合考虑城市定位、城市经济结构和发展目标、产业政策以及城市旅游业自身在城市经济总体中的地位和定位、城市旅游业发展目标和发展方向等因素。

（二）发展目标

城市旅游发展目标的确定与城市的总体发展战略、城市旅游业的总体发展战略是相辅相成的。发展目标既包括城市旅游业总体的发展目标——即建设成什么样、什么水平的旅游城市，也包括城市旅游经济的发展目标——即在特定时间段内的旅游接待量、旅游总收入或旅游总消费额、财政贡献率、提供就业、拉动相关产业增长等。

案例 11-1：

济南市旅游发展目标的确定

在济南市新编制的城市总体规划中，确定了"东拓、西进、南控、北跨、中疏"的城市发展战略，其中南控、中疏为城市泉水旅游、生态旅游的发展创造了绝佳的条件；东拓、西进则为体育旅游、会展旅游、商务旅游、校园旅游等奠定了发展的基础。为此，济南市的旅游发展战略目标也适时进行了调整：在旅游产业发展格局上，提出了"南控——旅进""北跨——旅游先行""中疏——旅实"的对接战略，而在旅游发展总体目标上，则确定为把济南市建设成为世界著名的泉文化体验旅游目的地，使济南能够进入世界区域性国际旅游城市之列。

案例来源：山东大学旅游系：《济南市创建国际旅游名城战略规划》。

（三）空间布局

城市旅游空间布局的确定同样依赖于城市总体规划中的空间发展战略，但旅游发展规划能够影响城市规划，并以旅游产业发展对城市格局的要求提出对城市规划进行调整的要求，引导城市格局变化。

济南市确定的空间发展战略是"东拓、西进、南控、北跨、中疏"，相应的济南市的旅游空间布局为："一个中心，一条长带，三个片区"。一个中心即中央游憩区（RBD），以中心城区的历史街区为核心，北以明湖北路界、东西以护城河为界、南以浆源大街为界；一条长带即黄河旅游带，黄河从济南市的北部自西向东流过，流经的区域内有"齐烟九点"之药山、鹊山、华山等名胜；三个片区分别为南部生态旅游区、西部宗教文化旅游区和东部历史文化旅游区。其中，南部生态旅游区是济南市的绿肺、泉脉和后花园，在保护的基础上以发展生态经济和生态旅游为主；西部宗教文化旅游区以著名的"海内第一名塑"灵岩寺为中心，包括山地文化、校园文化、乡村文化等，可借此开展文化旅游、生态旅游、乡村旅游和校园旅游；东部的历史文化旅游区是龙山文化发源地、济南历史之根，在此基础上崛起的济南东部新城和相关的城市设施，使这里成为济南市的中央商务区（CBD），适合开展历史文化旅游、体育旅游、会议和会展旅游、商务旅游等。

（四）确定优先发展项目

优先发展项目，在规划中确定的关系城市旅游业发展的关键性项目，对城市旅游业今后的发展方向、发展速度、发展规模、产品提升或结构调整、城市旅游吸引力的提高和对城市旅游业发展的拉动力等，都能够起到至关重要的作用。

三、旅游开发建设规划

旅游开发建设规划，是对城市旅游产业发展规划在技术层面的落实。与城市旅游产业发展规划的宏观性相比，它主要是微观层面的。

包括两个领域的内容，一是物质规划，二是非物质规划。

（一）物质规划

物质规划主要是指对城市物质空间和物质形态要素进行的通常要落实在图纸上的规划。物质规划首先要解决城市用地的问题，其中城市旅游用地可分为直接为城市旅游服务的用地、间接为城市旅游服务的用地和城市公共设施用地。

旅游物质规划包括旅游专项规划、旅游分区规划、旅游特色项目规划和旅游优先发展项目规划。

其中，旅游专项规划又包括旅游饭店、旅游景区景点、旅游交通、旅行社、旅游产品、游客集散中心、旅游商品及娱乐服务设施规划等。

特色旅游规划是借助城市独特的旅游资源而开发的特色旅游项目或产品，如拉斯维加斯的博彩旅游、伦敦的死亡之旅等。

（二）非物质规划

非物质规划强调从市场出发，从城市社会总体效益出发，从可持续发展观出发，全面开发旅游业。非物质规划包括旅游资源和环境保护规划、旅游市场营销规划、旅游管理体制规划、旅游信息服务规划、旅游投资规划等。城市旅游非物质规划的重要实施方式是政府配套政策工程，包括招商引资、联合营销、区域协调、行政法律管理等，是促使旅游业良性循环和发展的保证。

四、支持系统规划

支持系统是指城市旅游的环境系统，包括软环境和硬环境两个方面，其中城市的基础设施、服务配套设施是硬环境，而人才、技术、法律、政策、市民的修养等都是软环境。

城市公共服务体系对旅游业发展的影响越来越大。随着社会的发展，人类旅游的需求越来越旺盛，旅游需求越来越多样化，旅游消费人群也出现多极化特征，与之对应的是对旅游公共服务也提出了越来越高的要求，要能够覆盖所有人群、实用便捷、高质高效等，无论是对游客在交通设施、交通工具、信息获取、观光游览等出行服务方面的基本服务，还是对游客旅游过程中生活服务的细微环节，无论是在机场、车站、码头、景区等的游客聚集区，还是在普通社区、乡村、野营地等游客相对稀少的开放区域，旅游公共服务都应做到配置合理、使用方便。有些特殊类型的公共服务设施如"第三卫生间"、残疾人专用设施、老年人专用设施，甚至智障人专门性服务项目等，可能使用的人群很少、使用频率相对较低，但它们体现的是我们的服务理念和提供公共服务的能力，都应做到配套齐全、体系完善、使用方便、高质高效。

第三节　中央游憩区旅游开发①

中央游憩区和环城游憩带，在城市旅游业发展中有着举足轻重的地位，是当前城市旅游开发过程中需要重点关注的领域。

一、中央游憩区的概念与特征

（一）中央游憩区的概念

在国内城市旅游开发逐步深入的背景之下，围绕城市空间结构的研究进入了一个新的阶段，尤其是有关中央游憩区的问题在21世纪初逐渐引起人们的关注。有学者指出：从城市旅游的角度来说，各个城市有两个重点区域要做：一是中央游憩区，二是环城市

---

① 本节由作者根据其学生贾衍菊的硕士论文《城市中央游憩区旅游开发研究》改写。

旅游度假带。两者都是城市特色建设的重点，而城市中央游憩区更是整个城市文化、历史积淀的集中表现，标志着城市的个性，在整个城市发展中起着重要作用。"每一个城市应该有自己最具吸引力的一片街区，这个地方不是旅游景区景点，而是最全面体现和展示城市的生活、城市的文化的场所"。

值得一提的是，早在2002年由北京大学、山东大学等单位编制的《济南市旅游产业发展总体规划》中，最早使用了城市中央游憩区概念，提出了建立中央游憩区的具体构想，并认为中央游憩区必须以游憩中心地为基础形成，具有一定规模的门槛人口和吸引范围，不仅要有旅游资源、游憩设施、游憩活动较集中的区位，更要有较大的游客流量。此后，很多大中城市将城市的游憩中心定位于城市中央游憩区。而且，在济南市新一轮的城市总体规划中也正式引用了旅游规划中关于中央游憩区的概念，规划部门初步确定了济南市中央游憩区的详细规划，并拟设中央游憩区营运公司推动老城区旅游业的发展[①]。可以看出，城市中央游憩区的开发理念已经逐步被城市管理者和城市规划学界所接受，并在城市开发建设中适时考虑城市的中央游憩功能。中央游憩区在城市旅游功能布局中重要性的确立，将推动以城市产业调整、城市功能重组为主的新一轮城市开发建设的步伐，对我国城市旅游发展必将产生深远影响。

一个城市中的多个游憩区在资源等级、市场地位和形象感知等方面的作用是有显著差异的。而在城市游憩区分布格局中，必然会形成以中央游憩区为主，其他多个游憩区为辅的城市游憩区空间布局架构。特别是在特大型和国际化的城市功能格局分布中，会形成与城市中央商务区、中央商业区相对应的中央游憩区。

鉴于上述分析，我们将"中央游憩区"定义为：城市市区中最全面体现和展示城市肌理的多要素、多功能和休闲性，具有综合影响力的特定区域，能够满足城市居民，以及外来游客的游憩、旅游活动需求，在表现形式上往往依托自然景点（如海滩、公园）或人文区域（如历史街区、特色社区），一般位于城市的核心地段。

同时，"中央游憩"又是相对于"环城游憩"而言的，中央游憩区由于提供多元化的功能设施，集中了大量的旅游、游憩活动，是城市旅游开发的优先区域。而城市肌理指的是城市历史文脉、生活状态的表现方式，中央游憩区的核心吸引力就在于延续城市原有的肌理，展现城市的自然环境和人文文脉，满足现代生活的多元化要求。

中央游憩区的服务对象主要包括两个方面：一方面服务于外来旅游者。首先应满足旅游者的基本需要，如饮食、住宿、交通以及获得相关的信息；此外还应为旅游者提供购物、观赏、娱乐、体验等多种服务；另一方面，城市中央游憩区的基本服务对象是本地及周边地区的居民。中央游憩区集中设置各种各样的游憩设施，加上充满文化气息、令人愉快、有趣且自由自在的环境，使城市居民能够度过一个美好的周末或短假期。

---

① 尹玉涛:《济南拟设中央游憩区营运公司推动老城区旅游业》, http://news.sdfdc.com/admin/newsfile/200512199547.html。

（二）中央游憩区的内涵与属性

内涵指一个概念所反映的事物的本质属性的总和，也就是概念的内容。属性指事物具有的性质、特点。对中央游憩区的内涵与属性我们作如下认识：

1. 城市中央游憩区是人们体验城市的主要区域

城市中央游憩区是人们认知、体验城市的最主要区域。这是因为旅游地的核心地段对于旅游形象的建设具有突出的重要意义。城市中央游憩区不仅承载着各种活动，而且为人们观察城市提供了必要的场所和条件。中央游憩区与城市旅游形象的密切关系，突出表现在标志性和地方感两方面。

标志性是指城市中央游憩区的空间形态因其具有的特色而成为城市的标志。中央游憩区以商业活动为主的空间，如上海南京路、淮海路；以行政文化中心为主的空间，如北京天安门广场、上海人民广场；以海、江、河、湖等水体与自然山体为主的城市滨水临山的空间，如上海外滩、香港维多利亚湾等均是城市的标志区之一；大型公共绿地和优秀的城市公园也在很大程度上体现出标志性特征，如杭州西湖等。这些游憩空间的特色有空间形状、规模、构成要素、区位等多方面因素，除道路空间外，它们有一个共同点是在空间上都具有足够的观察距离，或者说有良好的观赏空间，这是城市中央游憩空间成为城市标志的必要条件。

地方感指中央游憩空间具有的"意义"而被人们认同。在很长一段时间内，许多城市的居民们都长期固定地居住在某一社区中，虽然城市发生了很大的变化，但当地居民的居住地一代代遗传下来，城市在自然力和人类行为的双重作用下，呈现出各自的独特性。城市中央游憩空间支持社会交往，满足城市公共活动的需要，并反映了城市的文化传统和历史内涵。人们通过不同的游憩活动使用空间的过程赋予了其特定的"意义"，以此评价环境并做出反应。在这个意义上，游憩空间被人们认同进而强化了这种"意义"。如上海外滩的意义就是观看浦江景观，人民广场的意义就是休闲等。中央游憩空间的场所属性的核心是为广大市民和外来游客所理解和认同。

2. 城市中央游憩区是具备承载多种使用活动功能的物质空间

城市中央游憩区首先是物质空间，其核心功能是承载城市的各类公共活动，如道路的交通功能，广场的交通、集会、休闲功能，绿地的休闲、游憩功能等。除城市道路外，人们使用中央游憩区的各类活动大都采用步行交通方式。即使在道路空间，步行交通也是市民、游客最为熟悉、体验中央游憩空间的主要方式。在使用中央游憩空间的过程中，满足其生理、心理方面的需要是中央游憩空间最基本的功能。但首先应该满足市民、游客步行使用与活动中的生理需要，或者说，符合人的生理特征的安全、遮阳、挡雨、避风、空气清洁等生理适应性是中央游憩空间的基本属性。

3. 城市中央游憩区是区域旅游系统的核心部分

城市中央游憩区作为城市中一个新的功能区，属于城市的空间要素，为旅游者、本地及周边地区提供了旅游、休闲、娱乐、购物等多重功能。根据"大旅游圈"理论[①]，城市中央游憩区位于区域旅游系统的核心层，因此在吸引物、设施建设、活动设置、产品设计上都有显著的特色，它与区域内各旅游要素之间发生互补、共生和整体效应，共同树立城市旅游目的地丰满的旅游形象，使区域旅游平衡协调发展。同时，城市中央游憩区不仅仅是具体的建设与建筑的问题，而是站在区域旅游发展的高度搭建的城市旅游产品与服务的平台，通过旅游设施及其辅助设施的合理配置完善区域的旅游系统。区域旅游设施合理配置的最终目的是在合适的时间、合适的地点、以合适的价格向合适的人提供合适的产品。合理的旅游系统有助于降低损耗、提高使用效率、提高满意度，从而提高整体的综合效益。

4. 城市中央游憩区开发是提升旅游竞争力的重要手段

城市旅游吸引力，很大程度上来自于这座城市物质和文化的独特个性。而城市的个性，体现在主要构件的独特性（专有性）或显著性。城市中央游憩区位于城市的核心发展地段，它的开发建设直接影响着城市整体的形象和城市的吸引力，也必然成为提升城市旅游竞争力的重要手段。抓住城市旅游发展的重点区域，打造具有核心竞争力的产品，是提升城市竞争力的必由之路。同时，城市旅游业的综合性特征，决定了中央游憩区很难"一枝独秀"，它在提升城市竞争力上需要靠整个社会服务体系的支持。

（三）中央游憩区的特征

特征是指事物属性的征象、标志等。城市在不同地段具有不同的形态、尺度，以满足不同城市活动的需要。城市中央游憩区是城市的核心地段，必然表现出区别于以居住活动为主的居住区、以工业活动为主的工业区等其他功能区域的特征。

尽管不同的城市在经济、旅游业发展水平、社会要素等方面存在很大的差异，反映到中央游憩区空间上也表现出不同的外在表征，但是从城市中央游憩区的运行机制来分析，依然存在着一些共同的特征。

1. 高度聚集性

由于城市中央游憩区功能活动聚集度高、中心性强，商业活动、办公机构、服务娱乐设施密集，各类建筑及空间、场所聚集，各功能活动空间场所各有其特色与需求，丰富了城市中央游憩区景观效果。同时，因为城市中央游憩区独具的特征，城市中央游憩区对于公众、游客具有极大的吸引力，除了办公、居住在城市中央游憩区的市民外，前来娱乐、购物、休闲的市内外公众人数众多。步行街、休闲广场、众多的建筑室内外休闲空间及城市中央游憩区的集中绿地都是公众乐意去的休闲场所。相对于城郊的集中绿地，人们更乐意在娱乐、购物之余，在位于中心地段的环城公园、滨江大道休闲漫步。

---

① "大旅游圈"是一定区域内各种旅游经济要素间相互联系、相互作用形成的区域空间组织形式，构成从内向外依次为核心层（市区、郊区）、腹地层（周边地区）、辐射层（省内地区）、扩散层（省际相邻地区）和国内层（距离较远省份）的圈层结构。

2. 开放性

首先是城市中央游憩区通常没有一个严格的地域范围，中央只是一个相对的概念。即使是以城市道路来界定，也是为了研究的需要。其次，城市中央游憩区的组成也具有开放的特征。中央游憩区内的公共建筑项目，在整个城市公共建筑的总量中占有相当大的比例。它们大多向城市的外部空间开放，其标志性形象、群体组合的环境通常代表了中央游憩区地空间特征。形态完整的城市中央游憩区通常还拥有大量的公共开放空间，如广场、公园、绿地等，为城市居民集会、交往、休憩等公共活动提供场所。

3. 景观集中性

城市中央游憩区是传统文化和现代文化的交融之处，体现着城市的文化、历史发展脉络及其延续，同时又是现代文明的集中体现之地。既有着丰富、历史悠久的城市历史遗迹、文化遗迹，又有着城市传统文化、生活习俗的沉淀；同时最现代化的文明也集中于此处。因此，城市中央游憩区有着丰富的自然资源，人文景观也丰富、集中。

4. 社会效应高

对于城市内外的公众来说，城市中央游憩区的各方面都引人注目。而城市中央游憩区是城市的对外窗口，城市中央游憩区环境的好坏对于一个城市形象的树立起着至关重要的作用。城市中央游憩区景观优美，环境宜人，树立了良好的外部形象，就为招商引资提供了可能，促进城市经济、社会的发展。相对于城市其他区域而言，中央游憩区的好坏，有着更大的社会效应。同时，城市中央游憩区交通可达性高，也增加了城市中央游憩区的使用率，进一步提高了空间的社会效应。

5. 生态效应显著

城市中央游憩区功能活动聚集度高、中心性强，土地开发和使用强度高。城市中心往往生态环境比较脆弱，噪声、废气、废水、固体废弃物集中，且常常是城市热岛效应和峰值区。如何改善城市生态环境，如何更好地发挥城市绿地的生态效应，处理好城市中央游憩区的环境至关重要。中央游憩区绿地直接面对城市中生态负荷最大的区域的生态问题，因此中央游憩绿地生态效应显著。

（四）城市中央游憩区空间要素

从空间形态的角度出发，城市中央游憩区空间可分为开放空间形态（道路空间、广场空间、绿地、开敞空间等）和实体形态（建筑及其组合、标志性景观等），但在具体的空间表现形式上，城市中央游憩区空间又有着不同的表现形式。由于不同空间尺度的中央游憩区的功能大致相同，因此在下面的讨论中将着重从功能而非空间尺度来研究城市中央游憩区的空间要素。一个中央游憩区主要包含以下几个要素：一个或一个以上的社区、开放空间、特色步行街（区）和游憩中心。这些要素的不同组合方式构成了形态各异的中央游憩区空间。

1. 社区

城市中央游憩区内往往包括社区，既包括随着中央游憩区的发展不断更新的现代化社区，也不乏代表城市独特文化的传统社区。这些传统社区往往是中央游憩区内历史文化积淀最厚重的地方，文化的形成与其历史的悠久程度、城市的规模地位及所处的地理环境都有着十分密切的关系，必然成为中央游憩区中最具吸引力的地方。

从旅游开发的角度讲，城市中央游憩区会吸纳社区内部及其周边地区的社会、人文和经济开发的优势，强调它与周边地区的相互依赖性；同时，社区是中央游憩区旅游发展的依托，社区不仅为旅游业提供必要的基础设施保障，而且是旅游者了解异地文化的一个最真实的窗口，是一种深入生活的文化旅游方式。文化源于生活，社区文化就体现在普通老百姓的日常生活中。而作为生活的落脚点，社区最能表现出异地文化的原有风貌，其文化旅游吸引相比于复制物和仿造物都更有吸引力。近年来，旅游者对居住在居民家里的民俗旅游有着普遍的兴趣，原因就在于这种旅游方式更贴近百姓生活，能更好地理解蕴涵于其中的深厚文化内涵。

2. 开放空间

在城市中央游憩区内，开发空间占到很大比例，开放空间的质量直接影响到中央游憩区整体的环境效果。开放空间有很多形式，主要有绿地空间、广场空间及自然开敞空间（山体、水体等）。不同形式的开放空间创造出多样化的软性环境景观，给整个中央游憩区带来了生气和活力。

绿地空间包括城市公园和街道绿化。城市公园本身就是一个集群，因为它内部包含了各种可兼容的吸引物；同时以绿化、游乐设施满足市民休闲游憩的需要，调节城市生态和景观。绿地不仅具有调节人类心理和精神的功能、生态方面的作用，而且它还是城市中央游憩区景观构成的不可或缺的要素。植物绿化在四季轮回中变化的形象，为城市中央游憩区空间形态赋予了不同的性格与面貌。

广场空间是城市聚集活动的空间产物，可供城市居民集会、文化娱乐、交流、游憩、商业等各种公共活动使用。一个位于中央游憩区的主要道路交叉口附近的广场空间，可成为塑造城市意象的主要地方。如果这个空间的确是视觉上的焦点，也是重要的活动中心，它将是一个非常有力的象征，一个让人们记忆深刻，代表市中心精华的地方。

自然开敞空间指的是由天、地、山、河等自然地貌所限定的开阔空间，它是城市区域的缓冲边界，视线辽阔深远。对于中央游憩区有山地、水域的城市来说，自然开敞空间往往是城市中最引人注目的开放空间元素。城市中央游憩区的水域开敞空间视野开阔，在密集的城市中为市民提供了观赏沿岸及对岸景观的绝佳视点。同时，水域开敞空间的沿岸，常设置滨水的步行道路，成为市民游憩、休闲的好去处。城市中央游憩区的山地开敞空间，由于地形起伏，可以为人们提供各种俯视、平视、仰视条件，可多方位全角度领略城市风光和多层次的全景。山体本身还是中央游憩区的制高点，往往成为城市良好的轮廓线。

3. 特色步行街（区）

特色步行街，甚至是步行街区，是中央游憩区的重要组成部分。由于其在实现良好的交通秩序、刺激经济发展、改善环境和增进社会效益方面的重要作用，特将其作为重要的空间要素加以分析。从深层次看，步行街体现了社会生活及文化艺术的一个综合现象，创造了城市的个性并构成了强有力的城市意象，表达了城市历史的演变及反映了城市历史的延续。事实证明，一条设计巧妙的步行街，其功能不仅是市民休闲、游憩的好去处，也是旅游者愿意滞留的空间。从多方面讲，本身就是一种游憩设施，适应了娱乐休闲与购物的需要。

特色购物步行街与传统购物中心有很大的不同：首先它在整体设施上讲求一致的主题；其次，所营造的休闲环境，不仅吸引购物者、休闲者，旅游者也常常为此驻足停留；其卖点是"精心营造的环境、文化独特的氛围"，并集中了许多不容易在同一地点买到的稀有商品；餐饮店是区内的主角，各种特色风味的餐厅与咖啡厅林立，有助于社交情境的创造，增加回头客[①]。

近年来，特色步行街在我国不少大城市中取得了较快的发展。最著名的就是北京的王府井大街。王府井大街，是北京最有名的商业区，与埃菲尔铁塔和香榭丽舍大街一样，早已经名声在外。而对于众多的国人来说，到北京一趟，逛王府井和登长城一样，是必不可少的行程。1999年9月，王府井经过改造后第一次"开街"，据统计，当时日均客流量就达到30万人，节假日更多达70万人；2000年9月，完成了主要以大街向北扩展和改造照明系统为主的二期工程后，王府井二次"开街"。经过这次扩建，王府井商业区南起长安街，北至灯市西口，东接金鱼胡同，西连东安门大街，恰好呈一个"金十字"构架。如此"定格"，标志着这条古老的商业街正朝着北京中心商业区的目标迈进。统计数据显示，在大街两侧分布着765家大大小小的商店，王府井步行街平均每天的客流量约60万人/日，节假日超过120万人。为了加快王府井街景的建设，提升王府井的文化内涵，王府井大街增加了大量的街景雕塑。如同升和鞋店前的"童趣"铜质群雕，取材于老字号悠久的历史，通过四个儿童试穿巨型皮鞋的场景，与同升和老字号的气氛相呼应。

4. 游憩中心

在这里，游憩中心泛指各类具有一定主题的游憩场所，如购物中心（Shopping Mall）、俱乐部、博物馆、游艺室、健身中心等。游憩中心大多以点状分布，规模可大可小。游憩中心可以是商业性质的，也可以是公益性质的。游憩中心所涉及的主题非常丰富，所涉及的参与群体的面也非常广泛，因此可以认为游憩中心也是中央游憩区的重要组成单元。

目前，Shopping Mall 已经成为很多大城市中心的新宠。意为大型购物中心，是一种集购物、餐饮、住宿、休闲、娱乐和观光旅游为一体的"一站式"消费场所。它起源于欧美，伴随着家庭汽车化和住宅郊区化而诞生，是现代工业文明和商业文明的产物。Mall 原意是"林荫道"，现在也可译为"购物林荫道"，意指在 Mall 里有一条或多

---

① 保继刚，古诗韵：城市 RBD 初步研究，载《规划师》，1998（4）。

条步行街，身临其境购物、消费或漫步，犹如在林荫道上闲逛一样舒适和惬意。较新版本的美国词典，还有另外一个新解释："在毗邻的建筑群中或一个大建筑物中，许多商店和餐馆组成的大型零售综合体。"如美国明尼苏达州 Bloomington 市的"美国购物中心"（Mall of America），是目前美国规模最大的超级室内购物广场，建筑面积约39万平方米，占地78英亩，总投资高达6亿多美元。中心集购物与娱乐于一体，建筑宏伟壮观，包括：400个零售商店、4个大型百货公司、1个多功能娱乐中心、2个大型停车场（12750车位）。消费者在此可以购物、娱乐、运动、就餐。由于这类大型商场是全堵封闭式的，不受外界天气干扰，加之功能齐全，能满足消费者各种不同需要，故而很受消费者青睐。但是对于大多数城市而言，还没有如此规模的商场，它们所具有的只是这一理念的购物中心的雏形，因此我们将其归纳为游憩中心的范畴。

二、中央游憩区旅游开发

（一）中央游憩区旅游开发目标体系与原则

1. 目标体系

发展城市旅游业和开发城市中央游憩区有很多的动机，包括对正蓬勃发展的城市旅游做出反应的需要，或是以此塑造城市形象和经营城市品牌的需要，或是有计划地振兴经济的需要，当然还有提高居民生活质量的目的，这些目标相互之间并不排斥。关键是何种发展方式对城市的未来更有利，以使城市内部有限的资源和要素达到最优化的配置与合理的流动，还要考虑城市土地利用和经济发展所应采取的具体方法。因此，在城市中央游憩区开发过程中，需要制定相关的目标，如战略目标、经济发展目标、社会文化发展目标、生态环境目标等，这些与旅游开发决策和旅游业发展相关的一系列目标就构成了开发的目标体系。

从总体上讲，中央游憩区的旅游开发，要满足社会、经济、景观、生态等多方面的要求，追求达到理想的综合效果。

（1）社会目标

城市中央游憩区作为城市旅游空间的重要区域，是城市旅游产品的重要内容，是塑造城市形象的重要物质载体。通过中央游憩区的开发建设创造出形态优美、富有人情味、充满生机与活力的城市空间，是迅速提升城市竞争力的必由之路。同时，中央游憩区给城市居民提供了赏心悦目的生活环境，促进了生活品质的提升。中央游憩区旅游开发中需注重发掘城市的历史文化底蕴，从而唤起城市居民心目中的、并驾驭其行为的地域文化认同，以增强城市居民的自豪感与城市生活的凝聚力。

（2）经济目标

中央游憩区的开发建设，最重要的目的就是要促进城市经济发展和提高城市在区域范围内的竞争力。城市中央游憩区作为城市的"名片"，集中展示了城市的文化和生活，蕴涵着极高的经济价值。良好的环境与形态可以促进商业、旅游、休闲、娱乐的发展，为城市带来巨大的经济效益，使其成为城市整体发展的良好依托。

（3）景观目标

城市中央游憩区作为城市中人类活动与自然过程共同作用的重要地带，创造宜人的城市景观是中央游憩区开发的主要目标之一。在中央游憩区的开发建设中应精心组织建筑、绿化、水体、小品等，使之相互协调，使之充分地融入城市生活，带动城市商业和经济的发展，为市民和游客提供共享的、有活力的公共空间场所，以塑造美好的、体现城市个性特色的城市形象。

（4）生态目标

城市中央游憩区设施的集中性和发展的密集性，使得区域内的生态环境非常脆弱，极有可能会导致环境的衰败与恶化，带来严重的不良后果，历史上已经有过许多深刻的教训。鉴于绿化、水体等对生态平衡具有良好的调节作用，中央游憩区的开发建设应注重人工环境与自然环境的协调，充分引入自然要素，建立自然和谐、具有人文特色的环境。

2. 开发原则

（1）"文化力"拉动原则

城市中央游憩区空间结构的物质生成要素和城市经济的发展水平，固然是旅游发展的基础，然而城市空间的精神要素——文化则是城市旅游的灵魂和城市旅游持续发展的不竭动力。没有文化内涵的城市难以成为城市旅游目的地，离开城市文化，尤其是本土文化的城市旅游是不充实的，是难以实现可持续发展的。所谓城市品牌，实际上就是特色文化。

城市的个性文化诞生了个性化的文化地区。根据广义的旅游资源概念，所有的文化地区都可以成为推动旅游业进步的动力来源。例如著名的义乌小商品城，它原本不是为旅游而建，但旅游业因此而得益，并反过来促进市场的繁荣。文化虽然有些"无形"，其效应却是"有形"，而且立竿见影，这就是"文化力"的作用，其中的基本理念就是"文化力"产生"旅游拉动力"。

（2）城市设计原则

城市中央游憩区作为城市的一个重要功能区域，其开发也必须遵循城市设计的一般原则，主要表现在：

服从城市总体规划：城市总体规划是政府制定的具有法律效力的文件，城市设计作为城市总体规划的延续，必须在城市总体规划的制约下进行。包括：城市性质的制约，它影响到建筑风格、色彩、气氛、建筑层数、建筑密度等方面；城市规模的制约，要求设计与其规模、地位、作用相称；城市发展的要求制约，要预留有继续发展的空间；城市社会文化和经济能力的制约，设计应从当地社会文化和经济水平出发，量力而行。

"以人为本"：城市是人创造的，城市的主体是人。城市叙述的是人的故事，表达的是人的情感、魅力。因此，城市的一切都是为了人，城市中央游憩区开发建设的核心是关爱人、贴近人的生活。作为城市主体人个性的张扬，城市中央游憩区的开发升级必须强调"以人为本"的理念，即以满足人的精神和文化需求为目标，注重人的生活质量的提高——要为旅游者和城市居民提供精神、文化、健康、知识、道德、审美等方面的价值，通过有效地引导和控制，使他们在接触社会、体验风情、感受人文、享受休闲、美食购物的旅游过程与服务过程中体验到身心的放松和愉悦。英国规划师W.A. Lonso曾指出规划师犹如一个翻译，他的职责就是把公众的需要"翻译"成物质的环境。对应于城市中央游憩区的开发建设，就是要为服务群体着想，满足服务群体的需求。事实上，真正抓住了这些要素，也就是抓住了旅游消费的卖点，就能产生经济效益、社会效益和生态效益。

景观美学要求：城市景观美主要是城市建筑美与环境美的综合，即城市建筑、城市广场、街道、公园、建筑小品、城市地面、水体以及绿地等要素所构成的视觉形象和心理印象。设计时应遵循：整体性、韵律性、多样性、地域性和时代性等特征。

（3）管理协调原则

城市中央游憩区旅游开发作为一项综合性的社会和技术经济活动，牵涉到社会的许多领域和经济的许多部门，也必将牵涉到社会、经济各方面的相关者及其相关利益，引发的利益关系错综复杂，这是城市旅游业发展当中不可避免的。城市经济基础的变化、城市空间的使用及居民文化生活的变化等都是旅游开发带来的一系列问题。城市旅游业带来的有些变化是可以预测的，有些却是无法预料的，变化对某些利益群体来说可能是满意的，但却违背了其他利益相关群体的意愿，这都给城市中央游憩区的管理者提出了挑战。

因此，从城市旅游管理和决策的角度上讲，问题就是如何成功地管理变化和那些受变化影响的群体，如何判断哪种变化是恰当的并确保相应的利益群体的利益得到实现。任何决策，会受到不同利益群体的影响。意见冲突是不可避免的，如果处理得当，就能够以共同利益为基础达成合作或协议；如果处理不当，就可能导致城市内利益集团之间的不协调。旅游开发过程需要不同利益群体的合作与支持，需要在高层次上考虑其中的各个步骤，协调不同群体之间的关系，这本身就是要实现"资源"与"目标"之间的平衡，灵活适应旅游开发的大环境和有效控制其内部的各个环节。

（二）城市中央游憩区旅游开发与城市设计一体化

城市旅游业的整体性特征决定了城市旅游开发不同于建设风景区，它不是个别旅游资源的建设，而是城市整体的系统工程[①]。城市中央游憩区作为城市旅游系统的重要组成部分，它的开发建设要从城市整体发展的高度考虑城市旅游开发的要求，找到城市中央游憩区旅游开发与城市设计的结合点，因而笔者提出了旅游开发与城市设计一体化的开发模式。所谓城市中央游憩区旅游开发与城市设计一体化，就是把旅游作为城市一项重要职能，在中央游憩区建设的各个环节中体现旅游开发的原则和目标，将其纳入城市建

---

① 彭华，钟韵：关于旅游开发与城市建设一体化初探，载《经济地理》，1999（1）。

设的系统范围之内。

旅游开发与城市设计的不同之处在于更加注重人的因素，涉及游憩活动、旅游行为、旅游规划和旅游管理。从某种意义上来说，旅游开发是社会发展规划，具有积极主动的特征，有助于引导和促进城市设计理论的发展，使其在当代的发展中，越来越注重人的生活与行为，提倡"以人为本"的设计思想，且贯彻于城市空间物质环境中，从而达到秩序与意义的和谐统一。旅游开发与城市设计的复合研究，将更有利于城市旅游资源和旅游功能的整合，使其发挥出更大的效益。

相对于区域旅游规划及目的地旅游规划，城市中央游憩区开发要在场地尺度上实现最终的建设，而城市设计关心的就是城市实际开发问题，对于城市中央游憩区开发是一种非常有效的方式和手段。在实践过程中，城市中央游憩区旅游开发与设计是由一系列城市规划师、建筑师来完成的。尽管，这些专业人士在改善城市旅游设施、考虑城市旅游功能方面已经做出了很多卓有成效的尝试，但是当前面临的挑战是为了科学合理地利用土地、实现更好的游客满意度、资源保护、社区整合的目标，对规划和设计进行调整。

1. 综合功能体系的建立

城市旅游的特色不仅在于丰富性，更在于参与性，丰富多彩的旅游活动正是城市旅游的魅力所在。城市内各种旅游活动的举行，需要设施的支持，设施是活动得以进行的物质基础，也是便于游客组织自主性活动的条件，其中包括：商务设施（如交易中心、会议中心、展室中心），文化设施（如博物馆、音乐厅、艺术中心），体育设施（如体育馆、游泳馆、运动场、赛车场），休闲娱乐设施（如公园、游乐场、主题公园），购物设施（如购物中心、购物街）。

城市中央游憩区集聚各种人和各种活动，对应于多数人的多样性活动，这里的开放空间就成为综合多种城市功能的综合性空间，要求周围建筑的混合功用支持。混合功用能最大限度上满足人们多样性的要求，同时满足作为个体活动的易变性的灵活选择；促使活动的相互激发，吸引市民活动，创造人们彼此接近的机会，有利于经济与社会行为的开展，提高空间效益。

对于城市中央游憩区旅游功能的建设，需要考虑两个方面的问题：其一，设施配置要具有层次性，既要面向外地游客，又要面向本地市民。应该融入整个城市生活中，形成城市设施体系，达到市民与游客共享、同乐。其二，旅游功能的开发要与城市中央游憩区其他功能相协调，如许多城市都是通过综合开发来实现其商务和旅游功能结合的。

以巴黎香榭丽舍大街（Champa-Elysees）为例，它是巴黎之魂，西接凯旋门，东连协和广场。在其发展中，以整个社会发展为目标，进行了全方位立体化的建设，包括办公、商业、休闲、娱乐、综合功能的开发利用。街道两旁布满了世界各地的大公司、大银行、航空公司和餐馆。高档的时装店、皮鞋店、首饰店、香水店鳞次栉比；夜总会、歌舞厅、咖啡屋星罗棋布。"流浪音乐家""街头艺人"，都为这条大街增添了异样的情调，为游客们提供了多种休闲娱乐方式，每天在香榭丽舍大街上往来者不下 10 万之众。

2. 城市中央游憩区旅游开发与城市设计的一体化

（1）城市中央游憩区的空间使用与城市设计

在城市空间使用上，城市设计一般注意几个问题：

- 城市设计前期的调研：在城市设计前期的调研中，就需要明确旅游资源的类型及具体内容，包括自然、文化、民俗以及它们的载体，如地文地貌、历史建筑、历史街区、人们的生活方式及其整体风格和形成背景。只有在开发的前期工作中，通过城市设计进行从整体到局部、个体的通盘考虑和规划，才能避免在开发过程中的错误拆除和建设，更好地保护城市中央游憩区的旅游资源，保护整个城市中央游憩区的自然风貌和人文风貌。

- 城市设计整体化特征：在设计过程中，通过对各类旅游资源的整体规划设计，可以避免割裂某种资源或片面强调某种旅游功能，造成功能单一的资源浪费。通过城市设计，将城市中央游憩区内部资源整合，并与城市整体的空间、功能布局整合，使资源得到更好的开发和利用。

- 城市设计对旅游容量的控制：所有使用者都会改变他们所占用空间的性质。一方面，游客的到来，在物质上改变着空间；另一方面，赋予空间"旅游区域"的名义，从而象征性地改变着空间。所以，承载力评估是贯穿于城市旅游研究的重要主题。通过城市建设，控制旅游容量，使配套设施和旅游资源的承载力相适应，并制定更长远的目标，避免对区域空间过度使用而造成不可挽回的损失。

（2）城市中央游憩区的使用主体与城市设计

在中央游憩区的开发过程中，旅游功能开发成功与否，很大程度上取决于对该区域内活动的主体，即游客的定位和分析，以及活动内容与空间设计的有效结合。旅游开发与城市设计结合起来，把游客类型、活动、环境、空间、设施结合起来，通过城市设计把一系列的活动融于环境实体中。

- 城市中央游憩区中的旅游人群类型：中央游憩区中的旅游人群类型分为本地区居民、本市市民、外地游客。城市中央游憩区，根据其自然条件和人文条件的不同，吸引力大小不同，其影响的范围也会不同。如澳大利亚的悉尼歌剧院广场，其城市布局、建筑风格、水上文化都成为对游客的吸引力所在，无论是日常生活还是节假日活动都会吸引大量的当地居民和外地游客。

- 旅游活动组合：旅游活动的组合是旅游开发和城市设计的重要结合点，两者通过人的活动及活动空间联系在一起，城市设计成为完成游客，即旅游主体旅游活动的实现手段。环境是旅游活动发生的空间基础，旅游活动与环境关系密切，空间结构、水文气象、动植物配置等各方面因素都影响旅游活动的选择和开展，而这些正是城市设计需要做的。同时设施是旅游活动与环境之间的媒介，有了良好的空间环境和景观，通过设施的设置可以引导旅游活动的开展。

在旅游地点功能定位与活动组合策划基础上，根据活动、设施的要求和环境特点进行空间布局，即地域配置，通过城市设计把人类活动与空间环境联系在一起，并且通过

某种模式让它们连贯一体。

（3）旅游文化的建构与城市设计

城市中央游憩区的开发会给地方文化带来正、负两方面的影响。特别是落后地区居民模仿发达地区的游客会造成当地传统文化特性的削弱，使当地的饮食、民俗、仪式、居住方式和设施等失去了原有的风格，进而失去旅游价值，也失去了本土文化特色。这种负面效应通过合理的设计规划是可以避免的。

在澳大利亚的塔斯马尼亚州首府霍巴特，城市中央滨水地带的石头建造的仓库被改建为酒吧、室外咖啡馆、餐馆和艺术工作室。这一地区即便是在深夜仍然能点燃人们的热情，使人们怀念起霍巴特19世纪的那些岁月。可见，通过合理的规划和设计，可将传统文化变成为旅游的吸引力所在，传统文化可以得到保护和发展，并且建构出具有当地特色的旅游文化，从而进一步增强旅游吸引力，形成良性循环。城市设计的可操作性在这一过程中起到了不可替代的作用，成为实现旅游文化建构的实施手段之一。

（三）城市中央游憩区旅游产品开发

城市中央游憩区的旅游开发最终要形成供游客消费的旅游产品。一般来说，城市旅游产品主要包括观光类、购物类、康体健身类、娱乐类、休闲类、餐饮类、文化资讯类、科普类、艺术类等。城市中央游憩区旅游产品开发除了遵循一般性策略之外，如市场导向策略、精品化和多样化策略、互补性策略、开发阶段性策略等，还要考虑城市中央游憩区旅游产品开发的特殊性。

城市中央游憩区作为展示城市社会文化生活方方面面的窗口、吸引游客的载体，在树立城市形象、塑造城市品牌方面具有不可替代的作用，本身就是旅游产品。但是，城市中央游憩区要成为旅游产品，策略之一是突破传统旅游产品的概念，推进公共设施向旅游产品的转化，在整合城市社会资源的基础之上形成个性鲜明的社会文化旅游产品。这样做既共享了资源，又提升了城市的品位，增加了游客的滞留时间。

1. 推进城市社会旅游产品是当今世界城市旅游发展的必然趋势

对现代国际游客的出游规律、出游兴趣的调查表明，国际游客更多关注一个城市的社会生活、文化等方面。国际上城市旅游发展的经验和趋势也表明，整合一个城市的社会资源把它转化为旅游产品，是增加这个城市旅游吸引力的重要途径。大连在对城市设施的旅游利用方面走在了全国的前列，杭州在城市社会资源的旅游利用方面走在了全国的前列，不能不说这是社会进步的表现。

将社会资源转化为旅游产品，推向旅游者，可以说是一种互动的转化。一方面，深化了城市旅游的内涵，推动了一个城市旅游目的地建设的步伐；另一方面城市的文明素质，也会在被欣赏、被了解的过程中得到提升，这其实也是旅游业对社会的一个重要贡献。

2. 整合城市社会资源转化为旅游产品

城市社会资源转化为旅游产品旨在通过发现、整合、规划城市社会和公共资源，调动和协调社会各方面开发城市旅游产品的积极性。通过城市中央游憩区的开发，整合城市社会资源转化为旅游产品，是深度推进城市旅游业发展的重要突破口，可进一步丰富城市旅游的内涵，增强城市的吸引力。具体来讲，就是梳理中央游憩区内的各种设施，将城市当中可以利用的社会资源纳入到中央游憩区的旅游开发范畴之内，按照旅游产品要求，增加观光游览功能。

（1）哪些社会资源可以转化为旅游产品。

根据不同城市的资源状况，可以转化成旅游产品的社会资源包括：

- 服务设施：道路、购物设施、特色街、游艺室、俱乐部、健身中心等；
- 旅游设施：游客服务中心、工艺品商店、购物中心、餐饮店、咖啡厅、商务会所等；
- 社会文化设施：包括为大众服务的各种文化体育场馆，如博物馆、体育场馆、展览馆、学校、图书馆、科技馆、剧院、娱乐场所等；
- 公共场所：指大众聚会的场所；
- 景观街区，指对一些新建或者已有街道、社区的景观化建设；
- 市民生活：康体娱乐、社区家庭、艺术之家等；
- 各类文艺表演、节庆活动。

这些项目很多原非为旅游开发目的所建，只是因为其中蕴藏着观光功能而实施旅游功能建设。即旅游功能多是在原有主功能之外的附属功能，是原有功能的一种延伸和深入挖掘。

（2）从技术上如何转化为旅游产品

对这些城市中央游憩区内公共设施的改造，需要添加一系列旅游设施才能满足游客的需求。从技术上看，一是强化景观观赏价值；二是添加游客服务设施，包括停车场、厕所、餐厅、标识系统和说明牌、游步道（含残疾人通道）、购物点、邮局代办点（可以与购物点结合）、公用电话；三是添加旅游服务点，如咨询点、导游服务点、书刊服务点、照相点等；四是配套交通，包括公交车等；五是提供相关的旅游手册、导游书。有条件的可以建设与建筑物配套的游客中心、展览馆等。安全设施是至关重要的，除了相应的警示标语外，对于容易出现险情的地点要进行特殊化处理，增加安全设施。[①]

3. 社会资源转化为旅游产品的保障措施

由于社会资源归属于城市不同的行业和部门，具有分散性和复杂性。但是成功地整合这些分散的资源无疑可以产生协同效应，增强城市旅游的竞争力。令问题更加复杂的是，这些行业和部门各有其目标和利益指向，很多时候，这些目标和利益指向，是难以协调和动态变化的。因此，建立有效的合作机制是城市社会资源转化为旅游产品面临的问题。

在这里，可以借鉴杭州市"城市社会资源转化为旅游产品"工作的一些做法：

---

① 崔凤军：《城市旅游的发展与实践》，北京，中国旅游出版社，2006，61~173页。

第一，由杭州市推进旅游国际化工作领导小组办公室负责对社会资源整合工程的领导和监督，研究制定城市社会资源转化为旅游产品的各项工作。

第二，政府各相关部门负责领导和指导本单位所属参观点的产品建设工作。

第三，成立城市社会资源转化为旅游产品研发技术小组，以市旅委有关职能处室牵头，吸引部分专家参加。

第四，由市旅委牵头，各相关职能部门参与城市社会资源转化为旅游产品的宣传推广工作。各城区商贸旅游局、县市风景旅游局负责本辖区的城市社会资源整合和推广工作。

第五，落实专项经费。在推进旅游业国际化专项经费中落实部分资金。一是用于扶持大项目的建设；二是用于奖励成绩突出的单位，对接待人数多、接待质量好的参观点进行奖励。

可以看出，在社会资源转化为旅游产品工作的前期，政府在管理协调、宏观调控、宣传促销及调动各方积极性方面都发挥着重大的作用。随着城市旅游开发的步步深入和城市中央游憩区旅游的深度发展，特别是进行更大的开发建设，需要广泛的社会融资时，走规范的企业化、市场化运作道路将成为必由之路。

（四）城市中央游憩区旅游开发的调控措施

发展城市旅游业，除要坚持旅游业发展的普遍战略、采取一般措施之外，根据城市中央游憩区的特点，还要有针对性地采取有效措施，进行调控。

1. 实施积极的旅游产业政策，强化政府的宏观调控职能

城市旅游业的适当超前是必要和可行的，各级政府要从实际出发，制定一系列的旅游产业政策，引导城市中央游憩区旅游健康、有序、持续发展。充分发挥政府对旅游业的宏观管理和协调调控功能，保证城市旅游的区域协调和行业协调。制定和完善旅游产业的政策法规，实行"依法治旅，依法经营"。

作为公共资源，城市中央游憩区空间品质实际上代表着城市整体利益。城市各类活动都是基于对城市公共资源的利用，同时也不可避免地造成对公共空间的侵害和污染。政府作为城市社会整体利益的代言人，有责任和义务建设好、管理好和维护好城市公共资源。

2. 优化旅游产业空间布局，规划要先行

城市旅游业的产业空间布局必须与城市的总体布局相协调，依托城市，逐级扩展。树立"旅游要发展，规划要先行"的意识和观念，对城市中央游憩区旅游开发进行科学的资源定位、产品定位、形象定位、市场定位、产业定位、开发速度和发展规模定位、容量定位，对开发能力、客源市场和区域旅游产品竞争力进行充分的论证，以实现旅游开发与城市地区经济、环境、社会文化的协调发展。

3. 改革投融资体制，鼓励多方参与城市中央游憩区旅游开发

建立多元化的投融资机制，按照统一规划、多元投资、"谁投资谁受益"的原则，鼓励社会资金投资城市中央游憩区旅游开发。对资源和开发条件较好的地区要采取优惠政策积极吸引外资和大集团、大企业、上市公司投资旅游项目和开发。对交通等基础设施建设，效益好的项目开发可采用 BOT 融资方式；对中小型旅游项目开发，可采取社会集资、股份合作、个体私营、劳务折资等方式筹资开发。大力鼓励非国有经济进入旅游业，鼓励发展旅游小区企业包片开发模式。

4. 建立和完善社区居民参与机制

城市旅游业的发展离不开当地社区居民的支持和参与。社区居民广泛参与的旅游开发能够反映社区共同的愿望，尊重社区对文化、生活方式、经济模式和环境的态度，能提高当地人对旅游开发的支持率。要建立社区居民参与城市中央游憩区旅游业开发和经营管理的机制，使他们有充分的发表意见的机会，了解社区居民的经济要求，发展旅游的建议、意见以及开发中存在的主要困难，让社区居民真正成为城市旅游发展的参与者和决策者。

城市旅游作为社会、政治和经济对后工业时代重大变化做出的反应，20 世纪末，这些变化在我们的城市里表现得相当明显。实践证明，旅游业的发展、振兴可以有效地提升城市的活力和竞争力。城市塑造旅游业，旅游业又可以塑造城市。因此，城市旅游研究不应该只是局限于旅游产品需求和供给的视野范围内，取而代之的是，旅游发展应该被视为塑造城市、城市产业调整、城市功能重组导致城市决策过程变化的重要策动力量。在旅游业快速发展的背景下，努力开拓和创造富有地域文化特色、引人入胜的旅游活动和充满传统文化气氛、具有现代文明标志的游览空间构成的旅游环境，是城市旅游业发展赋予中央游憩区的历史使命。

第四节　环城游憩带旅游开发

一、环城游憩带的概念与特征

（一）环城游憩带的概念

环城游憩带，是指"发生于大城市郊区，主要为城市居民光顾的游憩设施、场所和公共空间，特定情况下还包括位于城郊的外来旅游者经常光顾的各级旅游目的地，一起形成的环大都市游憩活动频发地带"[①]。环城游憩带以回归自然为主题，形成了乡村旅游区、度假村、生态观光等休闲活动场所，有时也包含以自然为主服务于外来旅游者的资源与设施景观，给游憩者提供一个休闲和恢复身心健康的自然环境。

从城市旅游的空间单元与空间结构的角度分析，环城游憩带是由不同性质的游憩中心地组成的，是针对城市居民的户外休闲游憩需求，充分利用郊区的区位和环境优势，

---

① 吴必虎：《区域旅游规划原理》，北京，中国旅游出版社，2001，333 页。

通过开发各具特色的户外休闲游憩中心地，并由景观道路有机串联而成的环城游憩系统，它与城市公共开放空间共同形成城区——近郊游憩体系[①]。

环城游憩带包含了四个要素，即"环"（城市）——表明了区位；"城市"——体现的是市场（客源）；"游憩"——指的是所提供的产品；分布形式——非圈、非点，而是不连续的一个"带"。之所以为"带"，一方面说明 ReBAM 需要比较大的单体规模及群体规模（非点），另一方面表明 ReBAM 要因地制宜，适度发展，而不是发展成为一个封闭的圈。

（二）环城游憩带的区位特征及形成机制

1. 环城游憩带的区位特征

环城游憩带的区位，往往是在土地租金和旅行成本双向力量的作用下，投资者和旅游者达成的一种妥协。因为离开城市距离越远，级差地租越低，投资商的资金压力越小；但是离开城市越远，旅游者的旅行成本越大，其出行意愿和实际出游率越低，最终在某个适当的位置形成游憩区域。需要指出的是，环城游憩带的区位与中心城市的空间关系并不完全受行政界限的制约，有时它会越出市域范围而达到周边省、市（如北京的环城游憩带可以延伸至河北省、天津市）。

环城游憩带可以被理解为环城市的一类游憩活动空间，在不同发展水平的国家之间，由于旅行成本和城市土地价格在空间上的变化速度的不同，环城游憩带所处的位置也会有差别，作为旅游客源地，西方的城市具有较高的出游能力，城市的出游腹地远远大于中国这样的发展中国家的城市，居民的出游半径大于中国公民，因此其环城游憩带距离城市中心的距离远于中国城市居民。

2. 环城游憩带的形成机制

市民对近距离游憩消费的需求、游憩资源的创新、级差地租与旅行成本的相互作用、当地政府的产业政策及投资者的投资意愿，是影响环城游憩带形成的最主要因素。

（1）市民对近距离游憩消费的需求

随着闲暇时间的不断增加，城市居民对闲暇消费的需求越来越大，并从分散的闲暇活动空间逐步走向综合的、设施集中的活动空间，形成了市民近距离高密度游憩需求。在近距离出行规律的作用下，这种需求频繁指向城市周边地区。在大规模出游市场的激励下，郊区游憩业取得了较大的发展，一批新的景点不断涌现，刺激了城市环城游憩带的形成与发展。

（2）城市游憩资源创新的需要

城市旅游开发一般需要建立在良好的资源基础上，但有时游憩资源不充分，而市场需求又很大，往往需要进行资源创新。大城市人口基数规模大，庞大的出游群体使得在大城市周围这种资源创新的需求尤为强烈，刺激了环城游憩带的发展。20世纪80年代，

---

① 吴承照：城市旅游的空间单元与空间结构，载《城市规划学刊》，2005（3）。

以需求为导向的竞争引发了城市游憩产品的大规模开发和建设。在城市中心地区，土地资源昂贵，主要修建都市公园；在距离城市较近的中间地域，土地利用的集约化程度下降，主要建有康乐公园、田园公园、主体公园等，是城市游憩者光顾频率较高的地区；在城市远郊地区，土地利用集约化程度最低，乡村景观的完整性和地方保护性较好，主要游憩地有森林公园、城市野营公园、野生地域和特殊保护地。

（3）级差地租与旅行成本的相互作用

从以上对环城游憩带的形成区位的研究可以看出，环城游憩带的形成，往往是在土地租金和旅行成本的双向作用下，投资商和游憩者达成的一种妥协。从供给方面来看，距离城市越远，级差地租越低，投资商的资金压力越小，受城市中心高昂的级差地租的外驱作用，资金投向逐步推向城市郊区。从需求方来看，距离城市越远，游憩者的旅行成本越大，其出行意愿和实际出游率越低。近年来，闲暇时间的增多推动了游憩行为在空间上的扩展，但在中国这样的发展中国家，城市居民的经济能力和区域经济水平决定了出游目的地主要是城市周围，从而在城市郊区和附近游憩区形成较密集的游憩土地利用，形成环城游憩带。

（4）地方政府的政策导向

近年来，经过产业结构调整，许多政府把旅游业确立为当地的支柱产业，多方位实行优惠政策；各郊县地方政府兴办旅游的热情也非常高，往往采取土地入股、人力资源参与等形式合作建设，经济规模不断扩大，环城游憩带日趋成熟。

（5）旅游投资促进了环城游憩带的发展

由于以上各方面原因，有越来越多的开发商希望在城市周边投资，投资者的进入影响了环城游憩带的形成与变化，促进了环城游憩带的发展。济南市近年旅游的投资热点也主要集中在环城游憩带，尤其是南部山区及东部章丘片区。

二、环城游憩带的圈层布局

（一）旅游圈层理论及在环城游憩带发展中的应用

圈层布局作为一种区域空间开发理论在很多领域都有运用。

城市（尤其是大城市）旅游空间结构体系从地理学角度划分，包括两个构成部分，一是已经实现景观城市化的区域，即通常意义上的城市中心旅游区；二是城市化正在进行中的、与城市联系密切的环城游憩旅游吸引区，即环城游憩带。对于一个特大型城市来说后一部分的面积相当广大，根据其影响的强弱及功能组织的不同可以划分为若干圈层，即不同层次的环城游憩带。如北京市旅游发展总体规划对该旅游空间模式进行了成功的运用：在该规划中北京市的旅游功能分区规划被划分为三个圈层，即中心城区旅游圈、近郊旅游圈和远郊旅游圈。[1]

---

[1] 卞显红：《城市旅游空间分析及其发展透视》，北京，中国物资出版社，2005，45 页。

（二）旅游圈层的构成要素

旅游圈是城市经济和区域旅游发展到一定阶段的产物，它是旅游经济活动分布和旅游资源配置在一定空间范围的一种组织形式，作为一种特殊形式的旅游地域空间组织，它具有其独特的地域结构特征。

从城市空间结构角度来看，环城游憩带旅游圈层的地域空间结构主要由点、轴、圈三大要素构成。

点——中心旅游城镇或重点旅游地。所谓点是指城郊旅游区域内的各级中心旅游城镇或重点旅游地以及旅游景区（点）的集聚区，即旅游活动开展的依托点，是旅游供给和需求的集中场所，也是旅游极化和扩散作用所围绕的核心。在城郊旅游圈层结构中将点分为两类：一类为城郊所依托的客源市场即中心城市为城郊旅游圈层的核心；另一类便是城郊地区的旅游城镇或重点旅游景区（点）。

轴——旅游通道。所谓轴是指在城郊旅游区域中对旅游经济活动起联系作用和传递游客游乐的水、陆旅游交通线，也称为旅游通道。它串联着最具有特色的旅游地，并使热点和冷温点交错分布，形成一个有机整体，也是中心城市进行旅游辐射的主要通道。

圈——旅游腹地。所谓圈是指由城郊范围内的旅游城镇、各类旅游交通线及各级旅游地共同组成的具有向心性和层次性的旅游区域，也称为旅游腹地范围，是形成城郊旅游圈的最基本的要素。从旅游圈动态发展的角度考虑，存在两种发展、辐射、扩展的模式，带有明显的层次性；第一，以核心层、中心地带向外，呈圆圈状，不断扩充、辐射；第二，以不同的核心、不同的优势资源地为中心，形成小型环圈，环环相扣，辐射发展。

（三）环城游憩带旅游圈层影响因素

环城游憩带旅游圈层主要受到旅游资源、市场、区位、社会经济以及交通等因素的影响和作用。

1. 旅游资源因素

旅游资源是影响环城游憩带旅游圈层的第一因素，主要表现在两个方面：一是旅游资源质量的高低，二是旅游资源的空间分布状况。质量高的旅游资源往往能吸引更多的旅游者，为优先开发的重点，最终发展成环城游憩带的重要节点。旅游资源的集中或分散决定了环城游憩待开发的格局。

2. 旅游区位因素

人类的行为活动与区位是不可分割的，区位因素的影响是客观的。在环城游憩带中，旅游区位对于环城游憩带圈层布局来讲，尤为重要。肖洪根（1998）通过对泉州市民的出游行为的研究发现在周末的一日游活动中区位对旅游吸引力具有极其重要的作用。笔者以为旅游区位对旅游圈空间布局的影响主要表现在两个方面：一是导致的"圈"结构，即由于其适当的离城距离客观上形成了环绕城区的布局形式；二是旅游区位所导致的旅游地空间竞争与合作。

3. 市场因素

旅游业的发展必须重视对旅游需求的研究，环城游憩带客源市场的规模和需求趋势对其开发和产品设计存在重要影响。同时，旅游需求和旅游供给的分布客观上存在不均衡，这就需要对城市居民的空间出游模式，其空间行为规律进行研究和分析。通过对旅游者空间行为的研究，有助于把握旅游流流动规律，依据城市居民出游的空间特征制定环城游憩带旅游圈的开发战略，从而相应地进行旅游地的空间布局。

4. 社会经济因素

环城游憩带地区以及所依托的中心城市的经济发展水平对旅游圈层空间布局起着有利或不利的作用，直接影响着旅游圈层的空间结构。首先强大的经济实力和旺盛的旅游需求是环城游憩带开发和发展的推动力，能够促进旅游开发范围的扩大。但同时也存在旅游供给过大和不合理布局的情况，国内部分城市的人造景观热以及引起的后遗症就是一个惨痛的教训。

社会宏观因素对旅游圈层布局也起着重要的影响。近年来随着中国公民休假制度的改变，特别是双休日、带薪假期以及黄金周制度的实行，城市居民闲暇时间增加，从而促进了城郊中短途旅游尤其是近郊游的兴起，这对于环城游憩来讲，无疑是非常有利的。

5. 旅游交通因素

旅游交通的通畅与否对旅游圈层空间布局的影响很大。在旅游地空间中，一个有效的旅游交通系统意味着在适当的时间、适当地点，以适当的方式与区域旅游景点开发布局总体态势相吻合。旅游景点的空间布局与旅游交通的空间布局具有高度的认同，旅游景点的开发离不开交通的可达程度。旅游交通的畅达往往形成旅游景区（点）的集聚，这种情况在环城游憩带开发中表现得尤为突出。

（四）环城游憩带旅游圈层的构建

通常认为一个以城市为核心的旅游圈层的构建有两种途径：主动扩张型：即根据区域旅游经济的发展现状，突出发展城市旅游这一核心圈和重点景区，以此带动环城游憩带的全面快速发展。被动发展型：即在城郊各地区旅游业分别发展的基础上，实行区域内旅游资源的自由配置，进而促进环城游憩带的整体发展。

在对环城游憩带进行圈层划分时，要对整个城郊区域进行综合分析，合理评价，精心组织，科学布局，依据旅游资源赋存状况、客源市场、地理区位、交通线路等情况，对区域内的总体空间结构进行全面安排，构建环城游憩带旅游圈层的重点旅游区、旅游中心城镇和游客活动中心以及旅游边界区域等。

1. 确定环城游憩带中的重点旅游区或旅游中心城镇

确定环城游憩带内功能齐全、特征显著的接待中心地或游客活动中心。构建合理的游客中心与主要吸引物之间的空间关系，对环城游憩带持续发展具有重要意义。有研究者对此提出了"旅游区内分散化集中"的空间模式,该模式的主要内容是指旅游者在若干游客活动中心相对集中,以这些入住中心为基地,向四周的单个吸引物(旅游景区景点)或吸引物群进行一日游式的出游活动。这一模式也可以理解为以某些靠近城市的游客导向型的旅游区为集中区域,旅游者逐渐向远离城市的资源导向型的旅游区扩散。旅游区是指以旅游资源联系为基础,具有完整的管理机构、服务设施,能独立开展旅游活动的区域。而重点旅游区是指以开展旅游活动为主要功能,旅游业在区域经济中占有重要地位的地区。一个地区能够成为重点旅游区的条件包括:具有较强吸引力和竞争力的旅游资源;便捷的区际交通网络;完备的服务设施;健全的组织管理机构。

2. 整体布局环城游憩带空间结构

构建一个旅游圈内利于行业发展的旅游亚区、布局游客接待中心和旅游通道的总体结构,划分特色鲜明的旅游功能区。

三、环城游憩带旅游开发

环城游憩带位于大城市周边,是中心城市与经济腹地联系的通道,区位条件优越,交通便捷。作为城市的绿色开敞空间,是久居城市的市民向往的旅游去处。从旅游业发展的非景观要素考虑,也具有客源市场多而稳定、地价相对便宜、建设用地广阔等优势。城市居民的旅游需求更趋向于舒适、宁静、清新和具有康体保健功能的郊区自然生态景观等,这就决定了环城游憩带的旅游开发应与城市内部的旅游开发具备功能上的互补关系,其旅游功能应当适应自然资源和环境资源持续利用和居民反复出游的需求,即应该具备生态化、多样化、综合性和服务层次逐步提高的旅游开发结构。总结近几年我国大城市周边所进行的旅游开发,环城游憩带主要的旅游景观建设和旅游目的地类型主要包括以下几个方面:

(一)风景名胜区

除自然景观以外,风景名胜区必须依托文化内涵丰富,历史悠久的人文景观,应以满足人们旅游活动的需要为主要目的和以开发、利用、保护风景名胜资源为基本任务,对景区进行调整、改造,丰富物种,提高绿地面积比例,增加景观生态系统的多样性,恢复生态系统的良性运转。风景名胜区的各景区的景观要各有特色,体现景观的异质性,连接景区之间的廊道长度要适宜,过长就淡化了景观的精彩程度,过短了又会影响景观生态系统的正常运行。风景名胜区中的旅游接待区既要方便游人,又要分散布点和适当隐蔽,不影响景观的美学功能。对于自然和人文景观资源较好的地区,应采用景观生态设计方法将人文景观与自然景观有机结合起来,提高景区旅游开发层次,形成更好的生态环境。

(二)旅游度假区

在环城游憩带上建设的旅游度假区,一般选择在自然风景优美、气候舒适宜人、生态环境优良、区位条件优越的景观地带。度假区的开发没有固定的模式,但有成败的标准——即是否符合消费者的需求。度假旅游者看重的是康体休闲，他们想通过度假旅游来获得自我回归，恢复身心健康，减除疲劳，舒放紧绷的神经和劳累的身体，获得一份好的心情，从而更好地投入到生活中去。因此，旅游度假区应是一个融合度假旅游、观光旅游、会议旅游、商务旅游等多种旅游类型的综合性旅游区。度假区内的服务项目必须多样化，以满足不同类型不同层次旅游者的需要。

（三）主题公园

通过对某一主题的集中体现，创造出一个既具有公园游赏娱乐功能，又具有特殊的园林环境特征的休闲娱乐空间。主题公园具有缩微、密集、跨时空、非自然等性质，它与原景存在某种程度上的差异，给旅游者带来耳目一新的感觉，使旅游者在参与中亲身体验不同于日常生活的特别感受。由于大型主题公园是以特有的文化内容为主体，以现代科技和文化手段为表现，以市场创新为导向的现代人工景区，是集诸多娱乐内容、休闲要素和服务接待设施于一体的现代旅游目的地，其主题都有鲜明、浓厚的文化色彩，所以游客的参与也是一种对文化的学习。主题公园的兴建应该从实际出发，科学论证，确保开发成功。其定位应该体现独特的文化内涵，让旅游者感受到不同的文化氛围，同时注重追求主题的发展性。

国内外很多大城市充分利用其周边丰富的土地资源和相对便宜的地价，建设主题公园，以弥补中心城市旅游吸引力不足的局面，北京、上海和深圳等城市的主题公园开发已经具备了相当规模。由于主题公园投资巨大，占地面积大，因此需要较高的门票价格和庞大的客源市场才能维持其运营。而环城游憩带正是建设主体公园的最佳区位，一方面地价相对于市中心较低，另一方面与城市距离较近，有充足的客源保证。在济南南部山区，已经出现了如"九顶塔民俗乐园"一类的主题公园，东部章丘正在建设"神州乐园"。在我国，主题公园的建设存在盲目上马，缺乏市场论证的问题，造成目前大部分主题公园经营状况并不是很好。另一方面，我国仍缺乏像美国"迪士尼"乐园这样超大型的主题公园。

（四）观光农业

观光农业是将农业与旅游相结合的一项新型旅游产品，它有别于传统的农业生产活动，是以生态学、美学、经济学和可持续发展理论来指导农业资源开发和布局，并强化了旅游观光功能，把旅游产品贯穿于具有高技术含量、高环境效益、高价值含量的农业生产中。围绕农业生产，以观光游览、休闲度假、环境保护等为主题，创造了诸如"农（渔）家乐""快乐采摘"等一系列具有良性生态环境和特别氛围的旅游活动，使传统粗放型农业转变为集精致性、系统性、集约性、教育性于一体的现代农业，并形成了融主题性、特色性、文化性、参与性于一体，食、住、游、购、娱等综合服务功能齐全的"生态型"旅游产品。在城市周边，建设与发展观光农业，不仅为游客提供了新的活动空间，减轻了假期城市人口压力，分流市区及旅游热点的客流，同时对保护生态环境，增加土地使用效益，合理控制农村的城市化程度，美化城郊环境，促进经济的发展，均具有十分重要的意义。

(五)郊野公园/城郊森林公园

郊野公园(Country/Suburb Park)是指位于城市边缘和近郊,以自然生态系统为主体的旅游区域,有的称之为"城市森林公园""水源涵养地"[①]。自然、古朴、野趣是郊野公园的基本构思原则,即保持和寻求未经工业化生产开发的原始状态的自然景观,或荒山野岭,或水泊芦荡,或深山密林,或田园风光。郊野公园体现的是自然景观的古朴美,将休闲度假与生态旅游有机结合,以满足现代城市居民踏青郊外、回归自然、休闲度假的需要。

在高密度的城市建筑之外,寸土寸金的香港仍然将1090多平方千米的土地的四分之三保留为郊野地区,在那里划定设置了21个郊野公园和14个特别地区(景观保护区、自然地理区)。这些郊野公园,有的紧靠市区,可供市民晨练、耍拳、缓跑;有的远离闹市,为游人远足、野餐、烧烤、骑自行车、放风筝、野外定向和露营的好去处。每年前去郊野公园的游人在千万人次以上。

一些发达国家为推进环城游憩带的发展,还通过制定标准来规范和引导。如美国,联邦政府内务部野外观览局专门制定了《野外游憩活动标准》,规定了各种郊野公园、城郊游憩设施等野外活动设施的标准(见表11-1)。

表11-1 野外游憩活动标准(美国联邦政府内务部野外游览局)

设施	标准		对象
	位置		
	吸引距离	到达时间	
大城市的游憩活动地区			城市的大部分
地方保留地			一个以上的城市
以州为单位的游憩地区			州内外访问者
地方公园		45分	
以市为单位的公园		10分	
公园/原始地区/自然保存地区/	40km	60分	地方非城市地区
科学纪念物/历史纪念物	80km	90分	州/国
钓鱼	45km	60分	20000人以上的居民
海滨/湖/人工湖/河川			日光浴/郊游/水域游泳
海边/湖地			水面
海滨/沙滩			海滨/沙滩

---

① 沈祖祥:《生态旅游》,福州,福建人民出版社,2002,129页。

续表

设施	标准		
	位置		对象
	吸引距离	到达时间	
郊游地区	80km	60分	20000人以上的居民
大公园/保存地区		30~60分	体育馆/比赛室/工艺室俱乐部等
公共游憩活动	0.8~1.6km	20~30分	
运动公园	0.8~1.6km	20分	
邻里游憩活动	0.8~1.6km		
邻里公园	0.8~1.6km		
运动场	0.4~1.8km		
幼儿游戏场	一个街区		

（六）运动游憩胜地

运动型游憩胜地一般占用较大面积的公共资源，包括山地、林地、缓丘、洞穴和水面。开展的游憩性运动项目包括滑雪、驾车观光、高尔夫球场、水上运动、洞穴探奇等。时下，这类旅游项目充满刺激和挑战，日益受到人们尤其是年轻人的喜欢。在各大城市周边，这种旅游项目也越来越多。为适应市场需求，济南在近两年也兴建了以开展游憩性运动为主的旅游景区，比如南部山区的三大滑雪场、锦云川乐园等。

此外，需要注意的一点是由于城市周边良好的自然环境及较低的地价，吸引了很多房产开发商，在此开发住宅项目。对于这个问题，我认为，在对当地自然及人文环境不会造成破坏的前提下，在环城游憩带可以允许少量景观住宅的出现，实现旅游与居住相结合，但必须避免纯房产项目的大片开发。

第五节 城市景观体系建设

景观体系是城市的风景线，无论是旅游中心城市，还是正在发展过程中的一般城市，都有或应该有一定的旅游景观体系。只是由于旅游资源条件和地方经济的发展水平不同，景观体系的文化品位、规模和质量乃至吸引力会有所差异。

一、城市景观体系分类

任何一座城市，特别是有着悠久历史的历史文化名城，必定有着丰富的历史文化遗迹和其他各种自然的和人工的旅游、娱乐、休闲设施，并以一定的形态分布于城市的

各个区位，因此，城市景观体系的构成是比较复杂的。我们可以从不同的角度来进行认识。

（1）从功能角度，可分为四类

一是观光游览景观，是专门供游客进行观光、游览的各种自然景区和人工游览设施，包括城市公园、郊野公园、风景名胜区、历史博物馆、艺术博物馆、历史遗迹等。

二是公共游憩景观，指城市为居民休闲、游憩服务，城市环境美化而设置的一些公共设施，如公共绿地、市民广场、街头雕塑和喷泉等；

三是康体娱乐景观，是专为康体、娱乐活动而建设的各种设施，包括体育场馆、影剧院、人工娱乐场等。

四是休闲度假景观，是为市民休闲、度假服务的市郊自然风光区域，如远郊的森林公园、水库、河流、湖泊、山地、田园风光等，一般较少有人工专门修建的旅游设施，自由出入。

（2）从成因和建设目的角度可分为三类

一是自然景观，自然形成，主要分布于市郊，从广义的角度讲，也包括了市郊农田风光、村舍风光等。

二是人文胜迹，是人类生产、生活的产物，一般指那些在建筑外观和功能上具有特殊效果的各种建筑物，又包括历史的和现代的两种：历史的人文胜迹是古人的遗留物，包括各种建筑物遗址、园林等。现代的人文胜迹一般指风格独特、壮观、功能特殊的建筑物，如一座设计独特的立交桥、影剧院，外形美观的办公楼，开阔、大气的市民广场等。

三是人工游乐景观，指专为旅游者和当地居民旅游、休闲而建设的各种旅游、娱乐场所，包括风景区、城市公园、游乐场等。

（3）从城市景观体系的构成上，可分为六类

城市景观体系的构成一般由下列六类内容组成，即大门景、主要干道景、城市标志性地段或市中心、城市广场、城市雕塑系统、城市绿地系统。

二、城市景观体系的构成

城市景观体系的构成，是从城市整体空间的角度来划分的城市景观体系的内容，它们主要体现为布置于不同地段和区位的建筑，或以不同性质、外观的建筑反映不同的地段特征，并共同形成一座城市整体的形象美、视觉美和空间美。

（一）大门景

城市大门景是指在进入城市主要交通线路的入口处设置的具有标志意义的建筑景观，使人见到这一景观便立即产生豁然激动的感觉，提醒人们：目的地到了。

大门景不一定高大，但必须醒目，并具有标志或代表性意义，即能够让人看到、感觉到，并给人以联想。例如南京长江大桥即是南京市的一个最具代表意义的大门景，无

论乘汽车、火车，只要一见到那雄伟的桥身，看到滚滚奔流的江水，心中不由自主地会产生一阵激动，并发出"南京到了"的低吟。

大门景可以是一座建筑物，如外形美观的高楼、造型别致的立交桥，也可以是一件雕塑或一处人造景观，只要能起到"进门"的感觉效应即可。

（二）主要干道景

进入市区的交通干道和市区内的主要交通干道，一般都与进出城市的主要交通线路相连，是人流、车流最为集中的线性地带。

主要干道景对大门景有着补色、加强的作用，使人逐渐对该城市产生深刻的认识和印象。因此，道路两侧视线所及的立面应布置代表城市水平的各种建筑景观，让人感觉到目光所见与城市的经济水平是协调的。适当的位置布置以街头小品，如喷泉、城雕等，给人以美感。

（三）标志性地段和市中心

一座城市的标志性地段往往也是市中心，该处是城市的象征和标志区。

市中心，从功能上讲是城市的行政管理、商业和文化娱乐中心的整体。若单从文化娱乐的角度讲，它应是城市文化、休闲设施最集中的区域，也往往成为游客和当地居民开展文化娱乐活动、休闲消费的集中场所，广场、剧院、电影院、音乐厅、博物馆、餐厅、咖啡厅、书店、图书馆设施一应具全。

市中心作为城市标志性地段，应有最具代表意义的标志性景观，一般都是由一个中心广场和一组或一座建筑物构成，如一座教堂、一座宫殿或一座大型堂馆。例如，巴黎的协和广场、罗马的威尼斯广场、北京的天安门广场、莫斯科的红场等都是如此。

市中心的规划和设计是城市空间规划和整体景观体系规划中最重要的部分，具有一点带面的作用，也是整座城市整体规划体系的点睛之笔，应注意处理好下列问题：

1. 市中心的空间问题

现代社会的发展是十分迅速的，城市人口和建筑物极度膨胀，各种设施不断更新换代，这就使新的标准、新的要求不断产生，当城市中心原有的功能已不再适应新的尺度时，便要求发生改变。就市中心空间问题而言，城市越发达，人口越多，对空间的要求越大。城市总是发展着的，因此，对城市中心的空间规划，应有超前意识，为今后的发展留有余地。目前，济南市新一轮城市总体规划中提出的"东拓、西进、南控、北跨、中疏"空间发展战略，其中的"中疏"就是城市规模扩大之后的空间调整。

2. 视野和意境保护问题

城市是不断发展的，新的建筑层出不穷，难免对原有的景观意境造成影响，所以，对市中心的规划必须考虑这样一些因素：

（1）市中心及视野内有什么具有重要价值的建筑、景物，这些建筑、景物在城市景观体系中的地位。

（2）从市中心有什么远景可以眺望，眺望的角度如何。

（3）市中心建筑景观与其他区位重要景观的整体联系和视觉联系如何。

（4）根据上述三条，提出对市中心及其周围建筑的规模、区位、高度的保护性限制标准。

对于一座有着悠久历史的文化名城来说，保护是第一位的，任何有损历史文化遗产、破坏景观视野的建设活动都是应该禁止的。

3. 标志性景物问题

城市中心作为城市的标志性地段，必须有标志性的景物。标志性景物可以是一件，也可以是一组。大部分城市是以中心广场和一处建筑景物或城市雕塑来组成标志性景观群。建筑景物例如教堂、博物馆、艺术馆、影剧院、纪念堂、议会厅、政府大厦等；城市雕塑可以是对本城镇有特殊意义的人物或典型事件，也可以是市花、市树、市鸟、市徽等的雕塑，只要具有代表性、典型意义即可。同时，其艺术创作的水平应是绝对一流的，不能粗制滥造。

（四）城市广场

城市建筑空间即使再拥挤，也应专门建有一定数量的城市广场，这既是城市布局的要求，也是居民生活的需要。每座城市都应设有一处中心广场和分布于不同区位的市民广场。

中心广场是城市的标志，应具有与城市规模和城市人口数量相适应的面积。根据广场建筑理论，整个广场的建设规划，从构图和意境上要求，除了应有一定的规模、面积外，还应有一定的立体效果。立体效果一般是由相应的广场建筑来支撑的：一是"冠"——由具有巨大尺度、高出其他建筑的建筑物来充任，如纪念塔、教堂的巨大尖顶、一栋高层建筑等。西方古代城市多以大教堂、宫殿、学校、城堡等建筑来支撑广场的立体效果，现在则多以议会大厦、市政厅建筑来充任；二是广场四周立面街景的处理，应具有立体透视感，即以一定的建筑物配合向四周辐射的街道。街道的透视感强烈，可以增加广场的视野阔度，也有利于人流的疏散。

一座城市有一个中心广场，还应根据人口分布设置数个规模不等的分广场——市民广场。居民晨练、晚间散步等活动都需要这样的场所，这些场所也往往成为社区文化形成的必要条件。

（五）城市雕塑系统

城市雕塑是城市景观体系中不可缺少的因子。城市雕塑一般简称为"城雕"，它是指设置在城市公共环境中如道路、广场、公共绿地、公共建筑等的各种艺术雕塑，是与城市的宏观与微观环境相统一的环境艺术。

"城雕"是城市的灵魂，是城市的眼睛。它不仅能使城市环境富于个性和美感，而且能够赋予城市环境节奏与韵律，成为构成城市环境的显而易见的文化要素和美学要素，体现着一座城市乃至一个民族的物质文明基础和精神文明追求，直接影响到城市的投资环境和旅游环境。所以，"城雕"已成为现代城市不可缺少的要素。

"城雕"的布置与创作设计应注意三方面的问题：首先，在宏观上要与整座城市的环境、格调和风格相协调；其次，在微观上要与周围环境、建筑相适应；最后，必须注重雕塑品的艺术水平，在素材、构思上达到一定的高度，不要出现某些特殊时期出现的诸如环卫工人扫地、少女读书浇花等造型呆板、格调不高、平庸浮浅、缺乏艺术情趣和美感的作品。

（六）城市绿地系统

对于城市来说，绿地是开放的空间，被称为"城市的肺"。

1. 城市绿地的分类

广义的城市绿地，包括范围很广，涵盖城市区域内所有的空闲土地，即没有被住宅、工商业用地、交通设施等所占用或覆盖的土地。

从用途和管理的角度，城市绿地可分为五类：

（1）自然绿地，主要包括海滨、河川、湖沼、水路、河岸、湖畔、山林、原野、农地等。

（2）公共绿地，主要包括公园绿地、运动场、广场、公共墓地、人行道、自行车道等。

（3）公开绿地，主要包括寺庙、公益设施附属园地、民营公共设施园地等。

（4）共用绿地，主要包括共用住宅园地、游憩设施园地、企业园地、学校园地等。

（5）专用绿地，主要包括个人园地、苗圃试验园地等。

2. 绿地对城市的作用

绿地对于城市具有多种作用，表现为：

（1）绿地具有防灾、减灾作用，包括各种自然灾害如地震、火灾和公害，如噪声、大气污染等。

（2）绿地具有调节气候的作用，能够防风、保证日照空间、增加空气湿度等。

（3）绿地是居民室外休憩的必要场所。

（4）绿地是城市景观体系的重要组成部分。

由于绿地对于城市的重要作用，许多国家都建立了城市绿地标准。如日本，规定城市居民每人利用的公园绿地必须达到6平方米以上；美国规定市民每人平均标准绿地面积为40平方米。

不同的绿地对于城市景观具有不同的效果，应区别对待、统筹安排。如沿道路而布置的绿化带具有分隔道路、美化视觉的作用；广场绿地具有开阔视野、疏散人流、休憩等作用。应根据各种绿地的不同特点，综合规划，合理布局。

总之，城市是人类文明发展的产物，经济越是发达、社会越是进步，城市的功能就越具有多元性，从居住、生活的空间，到文明、文化的容器，再到作为发展经济的载体

等，城市在人类文明进步和社会经济发展过程中发挥着越来越大的作用。但从现代城市的总体趋势来看，宜业、宜居、宜游三位一体的发展模式，越来越成为现代城市发展的新趋势、新方向。亦即旅游是现代城市必然的功能之一。因此，也就产生了"城市即旅游"的现代城市发展理念。

"宜业"是城市发展的基础，"宜居"是城市关注点的转移和城市功能的提升，而"宜游"则是城市发展理念的最高境界。"宜业""宜居""宜游"本身是一种互动的正相关关系，没有"宜业"就不会有"宜居"，"宜居"必然"宜游"，而"宜游"也是"宜业"的重要组成部分。

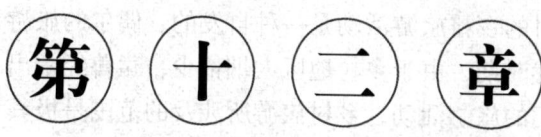

乡村旅游规划

在现代旅游业中,乡村旅游已经表现出强大的推动力,不仅成为旅游产业构成中越来越重要的组成部分,也成为现代农业、农村转型发展的重要方向,在国际、国内,也成为经济落后地区脱贫致富的重要路径。

第一节 乡村旅游

乡村旅游作为一种旅游活动的方式和场所,有着悠久的历史,但作为一种产业业态则是现代旅游业发展到一定规模之后出现的现象。

一、乡村旅游的产生与发展

从现代旅游的发展过程看,乡村旅游是城市化背景下出现的一种新型旅游产品。随着城市化与工业化的发展,城市规模的扩大,城市生态环境质量的下降,以及紧张、快捷的城市生活节奏,城市居民承受着来自环境与生活的双重压力,于是不少蜗居都市的现代人开始厌倦拥挤、喧嚣的城市,而将目光转向地处偏僻的世外桃源——乡村,乡村以其清新古朴的田园风光和浓郁的乡土文化气息而受到城市游客的青睐。于是,以欣赏田园风光、体验乡村民俗生活为对象的新旅游形式——乡村旅游悄然兴起。所以,归根结底,乡村旅游的出现是人类社会旅游活动发展的必然结果,是工业化与城市化进程的加快及其带来的负面影响的必然结果,是市场经济营造的激烈竞争氛围的必然结果,是城市居民向往宁静的田园生活和美好的乡间环境的必然结果,是人类社会不断追求高质量生活的必然结果。

(一)西方国家乡村旅游的产生

乡村地区旖旎的田园风光,在历史上一直就具有很高的游览、休闲价值。实际上,

在西方古代社会就已经出现了乡村旅游的形式，当时人们到乡下旅行游览活动的主要目的是探亲访友，而不是休闲观光，并且当时的乡村旅游活动是一种自发的、偶尔的旅游行为，并没有形成大众化趋势。此外，古代时期，由于乡村地区人烟稀少，猛兽经常出没，强盗横行，交通不便，因此限制了人们的旅游活动，乡村旅游所涉及的范围是极其有限的①。

从乡村旅游的起源来看，现代意义上最早的乡村旅游活动发轫于19世纪中期的法国②。在当时的法国发生了一件具有标志意义的事件：1855年，有一位名叫欧贝尔的法国参议员，带领着一群穿着华贵、举止文雅、地位显赫的法国贵族们，来到巴黎郊外的农村地区进行乡村度假活动。在度假过程中，这些平常深居在城市宫廷内的贵族们，一改往日的威严与尊贵，和当地农民一起生活起来。他们参与到当地农民的日常生活中，亲自动手采摘、品尝农田里生长的各种野菜，帮助农民进行农作物耕种、收获，乘坐独木舟在河流里体会漂流的刺激，学习当地农民制作肥鹅肝酱馅饼的工艺，砍伐树木建造房屋并种植新树苗，与农民一起清理田野里的灌木杂草，帮助他们开挖池塘里的淤泥，向农民学习如何饲养蜜蜂等。此间，这些贵族们还能欣赏池塘里的游鱼、天空中的飞鸟，并且还能进行垂钓、野炊等活动等。更让人注目的是，他们在晚上休息时，并没有居住在豪华房间里，而是与当地农民同吃同住。通过参加这次乡村度假活动，贵族们重新认识到了大自然的魅力和价值，这次度假也让他们从城市里那种精密、封闭的"鸽笼"中解脱出来，实现了回归自然、亲近自然、重温历史的愿望。这次乡村度假活动还加强了他们与当地农民的交往，增强了他们之间的友谊，进而增进了城市居民与乡村地区农民的相互了解。欧贝尔参议员参与组织的这次乡村度假活动，对西方乡村旅游的兴起产生了重要影响，也具有划时代的意义。从此以后，乡村旅游在西方，尤其是西欧国家兴起并迅速发展起来。

也有人认为，现代乡村旅游最早起源于意大利。1865年，意大利曾经成立了一个"农业与旅游全国协会"的组织，该协会专门介绍城市居民到农村去体验田园野趣，建议城市居民与农民同吃、同住、同劳作，让他们积极参与农事活动，食用新鲜的无公害的粮食、蔬菜、水果，购买新鲜的农副产品，以便达到暂时离开繁华、喧闹、紧张的城市，获得一些安静和清闲的目的③。还有人认为现代乡村旅游起源于19世纪中后期英国，当时大量城市居民开始以休闲为目的走进乡村，具体表现是：一是当时流行的艺术作品，如康斯太伯的画、华兹华斯的诗和哈定的小说，都尽情描绘了英国美妙的大自然景观，引起了人们对乡间自然环境的向往，驱使人们走进乡间一睹究竟；二是当时已开始修建的铁路，可以把人们安全、舒适、快捷地送到更加遥远和更有吸引力的旅游目的地；三是正在蓬勃发展的工业吸收了大量农村劳动力，他们的根尚在乡村，需要回乡探亲

---

① 张兵：从乡村旅游的理念论陆良县旅游业可持续发展，载《首届中国陆良沙文化研讨会论文集》。
② 查芳：对乡村旅游起源及概念的探讨，载《安康师专学报》，2004，16（12）。
③ 孙文昌：《现代旅游开发学》，青岛，青岛出版社，2001，226页。

访友①。

尽管说法不一，但有一点是相同的，那就是现代意义的乡村旅游活动最早起源于19世纪的欧洲。从那时候起，欧洲和北美洲许多国家的人们，开始逃避工业城市的污染和快节奏的生活方式，利用周末或节假日到郊区和农村地区进行休假、放松、观光、娱乐等旅游活动。后来，由于铁路等交通设施的发展，进一步改善了乡村地区的通达、可进入性，从而使欧洲的阿尔卑斯山地区、美国和加拿大的落基山区成为世界上较早的乡村旅游胜地。之后，在德国、奥地利、英国、法国、西班牙等欧洲国家，乡村旅游逐步走上了规范化、规模化发展的道路②。

（二）中国乡村旅游的产生

在中国古代，同样也产生过早期的乡村旅游活动，其产生的年代可能要比欧洲更早。有学者认为，中国乡村旅游活动诞生的时间，甚至可以追溯到原始社会末期至春秋战国时期以前的那段时期，与人类早期的"前旅游时代"同时产生与同步发展。这一是因为人类的旅游活动最早出现于原始社会末期，而城市在我国最早出现于春秋战国时期，那么，在原始社会末期至春秋战国时期以前的那段时期，人们旅游活动的对象无疑是乡村的风物、风情以及荒野风光，这种以原始的乡野农村的风光景物、民俗风情为活动对象的旅游合乎现代乡村旅游的概念；其次，我国先民很早就有到郊野农村去春游（或者踏青）的习俗。比如，古代文献《管子·小问》中就有记载："桓公放春三月观于野。"意思是说，当时的齐国（现在的山东临淄）国君齐桓公到郊野农村娱乐身心、享受明媚春光。这是我国"春游"一词的最早出处。根据历史记载，当时人们外出踏青已经较多地使用牛车、马车、旅馆等交通、住宿设施。因而，这种踏青活动已经具有现代乡村旅游的某些特性，应该是一种乡村旅游活动。因此，我国先民的春游活动可视为我国乡村旅游活动的雏形③。但当时的"乡村旅游"与当时的"旅游"一样，并不具备现代产业特征。

比起中国古代的乡村旅游活动，现代意义上的乡村旅游在中国产生、发展的时间比较晚。有一种说法是，中国的现代乡村旅游萌芽于20世纪70年代，当时我国政府为了外事接待的需要，在山东省安丘市的石家庄村率先开展了乡村旅游活动。当时的石家庄村是作为"社会主义新农村的典型代表"首先向外国人开放的"第一村"④。该村1972年正式开始接待外国参观、学习者，建成了中国第一个村级的民俗博物馆，由一个个的婚俗院、年俗院等民俗小院组成，展示着中国北方最传统的乡村生活习俗。外国游客在村里与村民同吃同住同劳动，至今村内的大爷大妈们还保留着当时政府培训时留下的一些接待礼仪习惯。也有人认为，在20世纪80年代后期，改革开放较早的深圳首先开办了

---

① 王瑞花等：国外乡村旅游开发模式初探，载《云南地理环境研究》，2005（2）。
② 何景明：国外乡村旅游研究述评，载《旅游学刊》，2003（1）。
③ 贺小荣：我国乡村旅游的起源、现状及其发展趋势探讨，载《北京第二外国语学院学报》，2001（1）。
④ 刘德谦：关于乡村旅游、农业旅游与民俗旅游的几点辨析，载《旅游学刊》，2006（3）。

一年一度的"荔枝节",开办节日的主要目的是为了招商引资,随后又开办了专供游客参与的采摘园,并取得了较好的效益,于是全国各地纷纷效仿,开办各种特色的观光农业项目①,从那时候起,乡村旅游在全国各地迅速走红。还有人认为,成都市郫县友爱镇农科村的"农家乐"是中国最早的现代乡村旅游雏形。

现在国内大多数专家认为,中国现代意义的乡村旅游是从20世纪80年代末兴起的。在世界乡村旅游成功发展的大背景下,中国紧跟时代的潮流。进入80年代以后,随着我国经济的发展,人民生活水平的提高,人们旅游、度假的需求日益增大,乡村旅游进入快速发展时期。进入21世纪之后,中国的乡村旅游开始进入规模化发展阶段,特别是近期进入大众旅游时代后,乡村旅游进入以"民宿"为代表的转型升级阶段。

(三)国际乡村旅游开发模式②

在欧美发达国家,乡村旅游主要是以度假旅游形式出现的,因此,乡村旅游又被称为"绿色度假"。目前,国际乡村旅游正在向着集观光、娱乐、休闲、参与、知识、保健等多功能为一体的综合发展方向迈进,游客以散客、短途旅游为主。根据乡村旅游产品特征的不同,以及游客的旅游动机的差异来划分,可以将国际乡村旅游划分为两种主要开发模式:休闲观光型和务农参与型。

1. 休闲观光型

这种形式的乡村旅游活动主要是以欣赏田园风光、放松身心为主,游客也可以参与一些简单的农事活动,使游客在悠闲、舒适的乡村环境中得到享受和放松。韩国、爱尔兰、澳大利亚是这种形式的乡村旅游活动开展得比较成熟的国家。

(1)韩国的观光农园

韩国的观光农园一般是由几户农民联合开发,功能集食宿、劳动、文娱于一体。城市游客来此小住几日,既可以欣赏田园风光,放松身心,又可以参与力所能及的田间劳作,收获瓜果等新鲜蔬菜;此外还可以学做农家饭、酿造农家酒等。韩国在观光农园的选址上也很慎重,交通条件良好和自然环境优越的地区是开展观光农园的好地方,尤其是那些效益很好的农园,一般会选在自然风光优美,有湖泊、沙滩、温泉的郊区,或者有历史名胜、人文古迹的旅游风景区。韩国对观光农园的规模也有一定的限制。在1984年,最大的规模限定在0.02km²以内。之后,其规模不断扩大,到1997年,已经发展到0.05km²。韩国政府在资金和政策上积极支持观光农园的开发,包括给予一定可观数额的贷款和宽松的还贷环境;同时,政府还对农园给予严格管理,包括对观光农园的申请和可行性评估、对农园的发展规模的确定,以及对于违反规定的农园限令其整改或停业整顿等,以便促使乡村地区健康发展。目前,韩国观光农园正向多样化的方向发展。

---

① 查芳:对乡村旅游起源及概念的探讨,载《安康师专学报》,2004(12)。
② 王瑞花等:国外乡村旅游开发模式初探,载《云南地理环境研究》,2005(2)。

（2）爱尔兰的田园旅游

爱尔兰的乡村，有着天然的幽雅环境，大片的绿地、成群的牛羊、零星的农舍，一副生机勃勃、恬静自由的欧式风光。其中，最具特色的乡村风光是湖泊、绿地、蓝天、牛羊、牧场、教堂、酒吧，这些图画组合在一起，组成了爱尔兰独特的乡村景观。爱尔兰乡村旅游的"家庭餐馆"非常具有代表性，它为游客提供客房、早点、自助式旅游等服务项目，并且这些餐馆都要经过认证，都是二星级以上的服务。一些家庭餐馆是老式房屋改建的，房屋里有厨房、客厅、电脑、电话等，设施齐全，另外主人还根据顾客需要提供一些温馨服务，比如舞蹈培训、厨艺培训、摄影、绘画、英语教学等。爱尔兰开展乡村旅游的设施还有牧场、马场、乡村酒吧、乡村教堂、乡村音乐会等。爱尔兰的乡村旅游活动项目非常丰富，包括品尝美味、观赏田园风光、骑马、放牧、培训、摄影、钓鱼等，游客还可以参观家族企业，如传统的手工作坊。爱尔兰人比较热情好客，而且很有修养。爱尔兰各级政府对乡村旅游的发展也给予了足够的重视。在这个国家，游客可以体会到恬静幽雅的乡村生活，可以彻底放松身心，还可以学到很多东西，融观光、娱乐、知识、康体于一体。

（3）新西兰牧场旅游

新西兰素有"骑在羊背上的国家"之美誉，新西兰的牧场主更是充分利用这一资源，围绕绵羊办起了牧场之旅：牧羊犬表演、剪羊毛比赛、良种绵羊"群星会"、现场制乳酪演示并与旅游者分享等，甚至针对日本办公室女性市场推出了"认养小羊羔"的活动，他们让日本青年女性旅游者出钱认养刚出生的羊羔，主人为小羊羔取的名字用铜牌挂在小羊羔脖子上，主人回国后每月会收到关于小绵羊成长情况的汇报和最新的照片，小绵羊第一次剪下的羊毛会精工编织成一件羊毛衫回馈主人，这种营销方式将一次旅游的经历延伸为日后相当长时期的情感维系，并通过领养者在办公室里定期收信和最后收到毛衣的方式向其他人口碑推广，因此，该项目深受性格细敏、多愁善感的日本女性欢迎。

2. 务农参与型

在这种乡村旅游形式中，旅游者通常以类似短期帮工的身份到农场、牧场、渔场参与农事生产劳动，因此，这种类型又被称为"务农旅游"。但与帮工不同的是，旅游者通常与东家同吃、同住、同劳动，并不以取得劳动报酬为主要目的。当然，不同国家在报酬支付问题上存在一些差异，在美国西部专门对旅游者开放的农场上，旅游者参与放牧可以拿到与牛仔相同的工资。而其他国家大都是无报酬的劳动，尤其是在日本，主人甚至还要向务农旅游者收费。务农旅游以美国、日本为主要代表。

（1）美国的家庭农场旅游

美国的家庭农场旅游属于务农型。如西部的农场务农旅游，旅游者放牧可以拿到和牛仔一样的工资，以资助旅游费用。这不仅解决了农场劳动力缺乏的问题，而且还可以就近推销农场产品。这里还有其他的参与性活动，比如农场学校，主人在教授农业知识的同时，也让游客对他们的农产品有了一定的认识，起到就地宣传促销的作用，并且

游客还要交纳一定的学费。另外还开展了农产品采摘、乡村音乐会、垂钓比赛、果品展览、宠物饲养、自制玩具、微型高尔夫等活动。这种兼有娱乐和教育培训意义的参与式的乡村旅游形式，满足了游客体验乡村生活的愿望，成为未来发展的必然趋势。

（2）日本都市农场的务农旅游

日本的务农旅游在世界上也很有代表性，一般每年要举行两次，即以春天的播种和秋天的收割为主，组织旅游者和农民一起到田间干活，体验乡村生活。旅游者跟农民一样起早贪黑，也很辛苦，但可以真正体验到乡村生活的情趣。沿海地区的乡村旅游也很有特色，游人可以到海里捕鱼，或者加工海带，这种旅游不受季节限制，比如岩手具（日本地名）的一个渔村有50多户渔民常年接待游客。日本水果之乡——青森县的一个牧场，有一所国际青少年旅游组织的招待所，游客在有关人员的指导下可以去奶场挤奶，还可以去草场放牧，去果园采摘等。这些乡村旅游活动，既可以让游客达到回归自然的目的，还可以让他们结交新朋友、学习新知识，短时间内改变了他们的日常生活方式，使身心得到调整和放松。

3. 综合型乡村旅游

在国外，实际上大部分国家乡村旅游项目的开展是综合型的，并不只是单一地开展某种形式。既有休闲观光，又有农事参与，可以适合不同旅游消费群体的需求。比如，在加拿大，乡村旅游项目非常丰富，包括品尝乡村美味、欣赏乡村农业文化、参观乡村农产品展览、参与乡村传统节庆活动、参加主题农业之旅（如国际啤酒节、田野节、主题农夫之旅、秋收节等）、在农场或牧场住宿或参加骑牛比赛等。在法国，由于乡村环境优美、空气清新、风景迷人，早就成为都市居民假日休闲的最佳去处。节假日里，父母亲带孩子到远离闹市的乡村，参与挤奶、制作奶酪、酿酒，还可以吃到乡村大餐。作为休闲农场的发展策略之一，1988年，法国农会常设大会设计研发了"欢迎莅临农场"系列网络，它将法国农场划分为9个类型：农场客栈、点心农场、农产品农场、骑马农场、教学农场、探索农场、狩猎农场、民宿农场、露营农场。每种农场都有一定的职能规范与遵守条例，而且加入该网络要经过申请和大会审核。

4. 其他类型

包括旅游者出于考察、修学、科普等需要，到乡村地区进行研修，考察农业文化景观、农业生态环境、农事生产活动、农民日常生活，以及农村民俗风情等活动，其中乡村修学旅游主要是为了满足大中小学校教学的需要。

另外，在广大发展中国家，乡村旅游主要表现为农业观光旅游的形式。旅游者与农民的接触和交流还停留在表面的层次上，在这些国家的部分发达地区，随着城市化进程的加快、农民生活水平的提高，乡村度假旅游正在孕育产生。

二、乡村旅游的概念

当前，全球旅游业正在摆脱传统、单一的观光旅游产品模式，逐渐向产品多样化、旅游诉求多元化、开发模式不断推陈出新的方向发展。乡村旅游作为既古老（历史久远）又新颖（开发方式创新）的旅游活动，逐渐成为现代旅游者的新宠，广阔的乡村地区正由旅游活动的背景走向旅游活动的前台，乡村生态、乡村风光、乡村民俗、乡村生活等都成了旅游活动的对象物，使旅游活动和产品系列更加丰富多彩，旅游者所获得的体验更加全面。正是在这样的大背景、大环境下，国内外专家纷纷聚焦这一独特的社会、经济和旅游现象，推动了乡村旅游理论研究的发展[①]。

（一）乡村旅游的概念

国内外许多学者对乡村旅游概念进行了诠释，这些概念大多见诸学术论文和乡村旅游论文集中，但却一直没有形成统一的观点。为便于研究和统一认识，我们引用世界旅游组织关于乡村旅游的定义："乡村旅游，是旅游者在乡村（通常是偏远地区的传统乡村）及其附近逗留、学习、体验乡村生活模式的活动。"[②]

更确切地说，乡村旅游，实际上就是利用农业和乡村资源而开发的一种集观光、休闲、度假、体验于一体的综合性旅游产品类型，是传统的第一产业——农业与新兴服务业——旅游业的一种有机结合，是利用第一产业的资源进行第三产业的经营，实现农民致富奔小康的新途径。

当然，社会是发展的。传统的乡村旅游，多是在"偏远地区"的"传统乡村"进行的，而当代乡村旅游的阵地已经发生了很大变化，扩大到广大的乡村（农村）地区——在不同特色的乡村地区，开发不同形式和不同特色的乡村旅游产品。而且，社会越是发展，那些"偏远地区"的和"传统乡村"会越来越少。

乡村旅游，不仅能够给游客提供独特、新奇的旅游体验，最重要的是，它能够给乡村农户提供现金增收的新途径，改变乡村的经济结构，可谓游客与农家"同乐双赢"。

（二）乡村旅游的基本特征与核心要素

1. 乡村旅游的基本特征——"乡村性"

人们公认，"乡村性"是乡村旅游的基本特征。而要从整体上对乡村旅游进行界定，就必须把握"乡村性"这一关键词。乡村性是乡村旅游的基本特性，可以说，界定乡村旅游的关键，就是理解什么是"乡村性"。人们认为，"乡村性"由这样几个特征构成：一是地域辽阔，人口密度较低，居民点的人口规模较小；二是土地利用类型以农业用地和林业用地等自然用地为主，建筑物占地面积小，即具有乡村型的自然景观；经济活动简单，以农业和林业为主，并具有较强的季节性；三是具有传统的社会文化特征。在社会生活中，社会接触多为直接的、面对面的关系，人与人之间关系密切；社会生活以家庭为中心，家庭观念、血缘观念比城市重；社会行为标准受风俗、道德的习惯势力影响较大；由于社会变化和生活节奏相对较慢，因而人们具有保守心理等[③]。

---

① 王琼英，冯学钢：乡村旅游研究综述，载《北京第二外国语学院学报》，2006（1）。
② 世界旅游组织：《旅游业可持续发展——地方旅游规划指南》，北京，旅游教育出版社，1997，51页。
③ 何景明，李立华：关于"乡村旅游"概念的探讨，载《西南师范大学学报（人文社会科学版）》，2002（5）。

2. 乡村旅游的核心要素——乡村景观与乡村意象

乡村作为一个地理单元，它包括农区、林区、牧区和渔区，并有着各种各样的资源。乡村区别于城市，主要在于乡村景观是区别于城市景观的。那么，什么是乡村景观呢？景观一词来源于德文，最早的含义是地方风景或景色。当前地理学家一般认为，景观是地球表面某一地段包括地质、地貌、气候、植被、土壤、水文等全部自然要素在内的自然综合体。乡村景观是一种半自然状态下的景观生态系统，是介于自然景观（旷野景观空间）与都市景观（人工景观空间）之间的景观空间；是聚落形态由分散的农舍到能够提供生产和生活服务功能的集镇所代表的地区；是土地利用粗放、人口密度较小、具有明显田园特征的地区。乡村景观有其极为丰富的内涵，涵盖了乡村区别于城市的所有物质、文化、精神景观，是由聚落景观、经济景观、文化景观和自然环境景观构成的景观综合体。简单地说，乡村旅游就是以乡村景观为吸引物的旅游活动。

乡村意象[①]，"意象"一词最早见于美国著名城市规划与设计专家凯文·林奇出版的《城市的意象》一书。在该书中作者指出，城市对大众来说，具有"可印象性"和"可识别性"特点，城市所具有的这种独特的感觉形象，即是所谓的城市"意象"。而作为与城市相对应的另一种地域单元——乡村，也应该具有自己的意象。这种乡村意象也应该具有"可印象性"和"可识别性"特点，并且能够得到大多数人的普遍认可。乡村意象是乡村在长期的历史发展过程中在人们头脑里所形成的"共同的心理图像"。乡村意象具有极为丰富的内涵，它主要表现为乡村景观意象和乡村文化意象。其中，乡村景观意象是由一些可见的实物（诸如乡村聚落形态、乡村建筑和乡村环境等）直接给人们留下的表面印象；而乡村文化意象蕴含在乡村景观意象之中，且通过物化的景观表现出来。乡村文化意象是乡村的一种"氛围"，这种"氛围"必须通过作为实物的景观触发而引起。

（三）乡村旅游的几个相关概念

在理解乡村旅游这个概念时，还必须注意对其他几个相关概念的把握，诸如"农家乐""观光农业""民俗旅游""农业旅游"等，因为在现有的乡村旅游研究过程中，国内外很多学者（尤其是国内学者）经常把这些概念混为一谈，不加区分地交替使用。而实际上，这些概念之间都有着或大或小的区别。

1. 农家乐

在中国乡村旅游发展过程中，许多人把乡村旅游称为"农家乐"，有些学者在研究乡村旅游问题时也习惯称为"农家乐"。为什么会出现这种现象呢？这是因为，我国的现代乡村旅游首先是从"农家乐"开始的，以"吃农家饭、住农家屋、干农家活"为主要内容的"农家乐"是中国许多地方乡村旅游开发早期的主要形式，"农家乐"也因此成为最具中国特色的乡村旅游概念，其大众化程度最高、在国内的影响最广泛、开发的

---

① 熊凯：乡村意象与乡村旅游开发刍议，载《桂林旅游高等专科学校学报》，1999（3）。

内容最丰富、发展也最充分。自从四川成都市周边乡村最早开展"农家乐"以来，这种乡村旅游形式在全国遍地开花，蓬勃发展，至今仍是我国乡村旅游的主要形式。随着乡村旅游的深度发展，"农家乐"也实现了从初级到高级的转变，不再是乡村餐饮住宿接待设施的代名词，具有了专门的含义。"农家乐"是以农村环境为背景，以农业生产和生活为旅游吸引物，为旅游者提供集观光、娱乐、餐饮、住宿等为一体的综合旅游产品。可以说"农家乐"是具有中国特色的乡村旅游。

但是，伴随着乡村旅游进一步的纵深发展，尤其是进入21世纪以后，在人们的旅游活动更趋向于个性化、多样化发展的今天，乡村旅游的形式不可能只是"农家乐"，再用"农家乐"代替乡村旅游的概念越来越不适宜了。

2. 观光农业与农业旅游

在理论研究中，很多学者更是把乡村旅游、观光农业和农业旅游这三个概念混为一谈，完全掩盖了三者的区别，因此给乡村旅游研究工作带来很多麻烦。实际上，观光农业和农业旅游所强调的重点各有不同，与乡村旅游的概念也有很大差距。

（1）观光农业

观光农业是传统农业与现代旅游业相结合形成的，是以农业活动为基础，并结合旅游功能的一种交叉型产业，它是充分利用农业资源、改变单一农业结构、发展高效农业的一条重要途径。按照内容与范围的不同，它有狭义与广义之分。狭义的观光农业是指合理开发利用农业资源，把农业生产经营活动和发展旅游结合起来，通过优化农业生产结构和品种结构，合理规划布局，达到美化景观、保护环境、提供观光游览、增加游客参与、获得游客满足的目标。广义的观光农业是指广泛利用农村空间、农业自然资源和农村人文资源进行旅游开发，使农业与农村的观光游览功能显著扩大，满足游客不同层次的需要。它不仅包括传统的农业经营活动，而且包括农村观光游览，以及与之有关的旅游经营、旅游服务等内容，为游人提供具有农村特色的吃、住、行、游、娱、购等方面的服务和供应，满足他们对自然景观和乡土气息的向往。

现在人们一般从广义上理解观光农业，进而把它与乡村旅游画上等号。而根据实际情况，观光农业最好从狭义概念上去理解，因为观光农业的落脚点在于"农业"，而不是"旅游业"。观光农业强调现代旅游业在传统农业上的附加，农业仍居于主要地位，而旅游是农业的延伸。并且，观光农业主要以农业资源为旅游开发的本底资源，而乡村旅游的旅游吸引因子却丰富得多，任何处于乡村地区的资源（当然也包括农业资源）都可以用作乡村旅游的开发。

因此，乡村旅游和观光农业不是包容关系，乡村旅游不能包容观光农业，观光农业也不能包容乡村旅游，一个强调旅游在先，一个强调农业第一。更确切地说，它们应该是一种交叉关系，乡村旅游中的一个重要组成部分就是观光农业，而观光农业的一个重要表现形式就是乡村旅游。

（2）农业旅游

在西方，人们习惯把乡村旅游称为 Rural Tourism，而把农业（农庄）旅游称为

Agro-Tourism（Farm-Tourism）。在西方人看来，乡村旅游比较偏重乡村风情、风物，而农业（农庄）旅游的内容很难与农事分开，其中农业旅游离不开农事活动，而农庄旅游离不开农场或庄园。

"农业旅游"一词，在我国被正式提出来是在2001年。为了贯彻落实国发〔2001〕9号文件和有关领导在2001年全国旅游发展工作会议上的讲话精神，国家旅游局把推进工业旅游、农业旅游列为2001年旅游工作要点。

不言而喻，我国农业旅游的萌芽是与乡村旅游萌芽同时的，只是"农业旅游"概念的正式提出稍晚了一些。根据《全国农业旅游示范点、工业旅游示范点检查标准（试行）》中对农业旅游点的界定和入选旅游点来看，应该说我国正式提出的"农业旅游"偏重于乡村旅游中与生产关系比较密切的部分，因此，不能把农业旅游完全等同于乡村旅游。但是，另一方面，农业旅游又为更广泛开展乡村旅游奠定了有利的基础。作为乡村旅游的主体，它也必定会推动我国乡村旅游的更加成熟[①]。所以在我国，农业旅游实际上是从属于乡村旅游的，是乡村旅游的重要组成部分，是乡村旅游活动的主体内容。

3. 民俗旅游

民俗旅游是民俗与旅游的结缘，是以民俗事项为主体内容的旅游活动。民俗与旅游历来就有不可分割、血肉相连的密切关系。民俗旅游应该分为两支，一支是都市民俗旅游，一支是乡村民俗旅游。因此，既不能认为民俗旅游仅仅在乡村才有，同时也应该看到，乡村民俗旅游又是乡村旅游内容的一部分。而且，正是因为我国乡村民俗所具有的丰富的文化内涵，所以它又是乡村旅游引力的十分重要的一部分，有时甚至是不可缺少的。由于人们的现代生活方式正走向趋同，旅游产品同质化竞争也越来越突出，因此差异性的民俗旅游产品便成了吸引游客、增强竞争力的拳头产品。在发展乡村旅游时，就更应该注意民俗旅游与乡村旅游的密切关系[①]。

三、乡村旅游的特点

乡村旅游作为一种新型旅游产品，从它最初发展至今，就表现出很多的独特性，诸如资源特色、产品特点、市场特征等各个方面。这些独有的特点使得乡村旅游成为全球发展最快、最受欢迎的旅游活动形式。

如前所述，乡村旅游的基本特征是"乡村性"，除此之外，乡村旅游还具有其他一些特点：

（一）内容的广泛性

任何处于乡村地区的潜在资源都可以包装成乡村旅游产品，比如各具特色的乡村自然风光，丰富多彩的乡村民俗风情，充满情趣的乡土文化艺术，风格迥异的乡村民居建

---

① 刘德谦：关于乡村旅游、农业旅游与民俗旅游的几点辨析，载《旅游学刊》，2006（3）。

筑，富有特色的乡村传统劳作，形态各异的农用劳动器具，乡土气息浓郁的农事节气活动，生活感强烈的农产品现场加工，这些都是乡村旅游可以挖掘利用的资源，内容是极为丰富的。

（二）市场的相对集中性

从旅游发展的一般规律来看，旅游总是先由经济发达的大中城市兴起，而现代乡村旅游的产生更是城市化发展的结果。生活在工业社会中的城市人，局促在都市狭小的空间，对自然的需求更为强烈。因此，乡村旅游对非乡村人口，特别是对高度商业化的大都市的居民来说，能够产生足够的吸引力，这也造成了乡村旅游的客源市场主要是来自城市居民的现实。

（三）参与性强

乡村旅游是现代旅游业向传统的乡村地区和农业领域延伸的一种尝试，它将旅游项目由陈列式上升到参与式，并使旅游者在热汗淋漓的农耕农忙中体会劳动所带来的全新生活体验。他们既能观赏到优美的田园风光，又能满足参与的欲望，最后还能购得自己劳动的成果，很好地融观光、操作、购物于一体。那些参与程度高的乡村旅游活动，往往更能吸引城市旅游者，只有那样才能让游客真正体会到乡村旅游的乐趣。比如加拿大农业大省纽芬兰省的草莓节、魁北克省的"农夫生活之旅"等，都为游客准备了许多亲自参与的活动项目。另外，乡村旅游还需要充分调动当地居民的积极性，让他们也参与其中，这样可以让他们从中受益，还能使游客有机会与他们面对面交流，使游客更能体会到"乡村性"的特点。

（四）地域差异性

不同的地域有不同的自然条件、农事习俗和传统。另外，每一种农、林、牧、副、渔产品的生产也具有很明显的地域性和特色。比如，成都的"农家乐"为游客充分展示了川西坝子特有的田园风光、民俗风情和古老的巴蜀文化，具有浓郁的农耕"川味"；而山东长岛县的"渔家乐"则为游客提供了住渔家、吃海鲜、钓鱼、赶海、拾螺、捉蟹、捞海菜的机会，让游客亲自做几天渔民。这些都是具有明显地域特色的乡村旅游活动。

（五）季节性明显

乡村旅游是建立在乡村农业生产基础之上的，而农业生产是受季节性约束非常强的，在农业生产中，各种植物的生长深受水、土、光、热等自然条件的影响和制约，进而影响到各种乡村动物的生长周期，从而导致农业旅游活动具有明显的季节性。

（六）消费的多层次性

乡村旅游产品可以真正适应多层次的市场。首先是平民消费，作为现代旅游的一种形式，乡村旅游首先是大众化的，是以城市普通市民作为主要客源对象的。在19世纪时期，也就是乡村旅游在西方刚刚兴起的时候，乡村旅游并不是大众化的，而只是一部分贵族的消遣活动。后来，等到第二次世界大战以后，现代旅游活动在世界各地迅速发展时，乡村旅游变得大众化了。现在，乡村旅游项目的设计，更应该注重大众化和大众化的消费水平。其次中高端消费也是乡村旅游发展的重要方向。在国外，乡村旅游已经成为一种大众化且高层次的旅游消费形式，这是与他们的消费水平相适应的。近年来，随着我国社会经济的发展，人们收入水平越来越高，对以美丽悠闲的乡村环境为依托的乡村旅游产品也提出了休闲、度假、康养等的要求，平民化的乡村旅游开始向中高端的乡村度假转型升级，因此也出现了类似莫干山周边的"洋家乐"、主题民宿等为代表的乡村休闲度假产品。

（七）投资少，见效快，效益好

乡村旅游凭借的是现有的乡村资源和农业资源，是传统的乡村生活和农业生产活动与现代旅游活动的有机结合，它不同于其他类型的旅游项目或娱乐项目建设那样需要大量的资金投入，只要对乡村和农业资源进行整修、完善并建立一定的标准服务体系，就可以开展乡村旅游接待活动，能较好地满足旅游者的不同需求，而且经济收益也会比其他旅游形式多，可以让当地农民获得多重收益，既保证农业本身的收入，也增加旅游服务方面的收入。乡村旅游因为建立在原有的农业生产条件和资源基础之上，所以不会破坏原有的生产形态，只是对经营方式作了调整，使农业经营更精细化、特色化，因此，乡村旅游的开发难度较小，投资报酬率较高，见效较快。

第二节 乡村旅游发展条件与规划原则

一、乡村特色与乡村旅游发展

（一）乡村旅游发展条件

从乡村旅游的发展要求来看，其发展条件主要包括四个方面，即乡村旅游资源、可进入性、服务标准化和市场。

1. 特色第一——旅游资源条件

显而易见，乡村之所以对城市游乐有吸引力，就在于其不同于城市的乡村特色，乡村旅游开发的前提条件就是要有特色鲜明的乡村旅游资源，即要有突出"乡村"味。我们知道，旅游资源的价值分析一般有观赏价值、历史文化科学艺术价值、珍稀奇特程度、规模与丰度、景观完整性、民族文化的原生性、知名度与影响力、适游期或使用范围、环保与破坏程度等内容，而乡村旅游资源的在这些方面都集中地表现出乡村特征，具有独特的资源优势。

2. 可进入性——旅游区位条件

乡村旅游开发必然要考虑旅游者的进入问题，没有良好的区位条件，即使有再美的景色也会无人问津。当代社会不再是"酒香不怕巷子深"的时代，把游客引进来是旅游开发的重要条件，更是乡村旅游开发的重要条件。乡村距离主要的城市客源市场较远；连接客源地的交通条件一般，道路建设较为落后；交通方式也是以公路为主；旅游交通设施状况处在初始发展阶段。因此改进乡村旅游的区位条件和提高乡村旅游的可进入性尤为重要。

3. 标准化——旅游接待和配套设施状况

目前，乡村旅游的接待设施一般都小规模的小型宾馆或家庭旅馆，硬件设施档次偏低；餐饮方面则多以"农家饭"餐馆为特色；旅行接待和旅游代理方面，乡村地区拥有的旅行社数目极少，且组团性质基本为散客，业务量小。此外，旅游车船档次低、旅游商品种类少、文化娱乐设施差等，都是乡村旅游发展过程中普遍存在的现象，目前乡村旅游接待和配套设施尚处在初期发展阶段，因此，改善乡村旅游接待和配套设施，在保持乡村特色的前提下走向标准化的发展道路，特别是建立完善的、标准化服务体系，是乡村旅游提升发展的必然选择。

4. 市场条件

城市是乡村旅游发展的基础市场，没有城市游客也就没有现代乡村旅游。因此，乡村旅游开发一般要以特定城市为基本的市场依托，以保证充足的客源。因此，乡村旅游开发必须首先考虑市场依托地的条件。

（二）乡村特色与乡村旅游

在乡村旅游开发过程中，我们把"乡村特色"作为最重要的条件，一再强调乡村特色在乡村旅游开发过程中的重要性。那么，到底什么是乡村特色？

1. 旅游资源特色的含义和内容

旅游资源本身的特色、旅游资源的地域特色等是旅游业发展的基础。乡村旅游更是如此。从本质上说，旅游资源的特色，就是相互比较中的差异性，就是不同于其他资源的个性特征。而乡村旅游资源的特色，从总体上说就是独特的"乡村性"，这是乡村旅游资源有别于城市旅游资源、历史文化旅游资源等根本所在。当然，乡村旅游资源之间也同样存在着避同求异、突出个性的问题，这是避免乡村旅游产品开发同类竞争的问题。

重庆市巴南区三个近距离的温泉，在突出各自特色的过程中找到了各自的卖点，避免了同类旅游产品之间的恶性竞争。从这个案例中可以看出：特色是旅游业的灵魂和生命，旅游资源没有特色，发展轨迹趋同，便会丧失竞争力和生存基础。因此，旅游资源的特色就是要有区别于其他资源的本质和特点，它能够给人们留下深刻标志性的印象。

乡村旅游所依托的大环境基本是一致的，这就有可能造成资源与产品的趋同性。各地在开发中应把握自身的特点，发掘本地的乡村特色与独特的民俗资源，展现当地的生活真实，使最具地方性的资源转变成为最具特色的产品。乡村旅游开发中的特色不仅是指相对于其他类型的旅游形式，如都市旅游、海滨旅游、红色旅游等所突出的优势，而且是指不同于其他乡村旅游的当地的特色。如前面所说，我国大部分农村地域都存在乡村旅游开发的潜力，如何在众多竞争对手中走出来，必须要进行特色开发。因此，在乡村旅游开发的众多条件中，"特色"必然排在第一。从这个角度来说，乡村旅游开发的项目及类型应具有地方特色，并且易于操作，项目命名应新颖且耐人寻味，视觉感官上要给人以形态美、色彩美、动态美、结构美与质感美，使游人对每一项目都有"远近高低各不同"的审美体验。

案例 12-1：

重庆市巴南区温泉开发过程中不同的资源特色

巴南区是重庆市的温泉之乡，东温泉、南温泉和桥口坝温泉，三者属同类旅游资源，如果开发导向不好，就容易造成彼此间的近邻负效应、同类旅游产品之间的恶性竞争。

解决这个问题关键就在于找出三者的特色。对三者进行环境和资源文化特质方面的分析，分析其在地理环境演化过程中形成的具体可感知的自然要素特色，在历史文化形成过程中积淀的可领会的人文要素特色：南温泉的特色在于历史文化性，它有第二次世界大战（抗日战争）期间国民党官邸的重要背景，这种历史文化性也可以和毗邻的建文峰、建文遗迹相整合；东温泉的特色在于民俗洗浴文化，其沿袭几百年的露天裸浴习俗，原始、纯朴而自然，这在重庆市绝无仅有，对主城区市场有相当的吸引力，因为这是一种现代文明与原始文化强烈而真实的对比；桥口坝温泉的特点在于开发力度大，建设好，引进了国外现代化的温泉游乐项目，其特色在于现代性，在于现代洗浴文化的体验。因此，南温泉以历史性为特色，东温泉以民俗性为特色，桥口坝温泉以现代性为特色，相应的旅游项目应建立在相应的温泉上，各旅游地就体现出了自身特色，有相对互补的市场吸引，也可据此树立独特的品牌形象。

案例来源：廖世超：浅析旅游资源开发的原则，载《经济师》，2004（9）。

鉴于上述分析，可以得出：乡村旅游特色包含资源特色、产品特色和市场特色三个方面的内容。

（1）乡村旅游资源特色：乡村旅游资源是原汁原味的，具有地方特色的、独一无二的，其他旅游地无法复制的特性。这种旅游具有极高的美学特征，同时传递着大自然的奥秘和人与自然的和谐信息。在进行乡村旅游开发时，要以保持乡村旅游资源的原始性和真实性为前提，不仅保持大自然的原汁原味，而且保护当地特有的传统文化，避免城市化倾向，主张将旅游活动和旅游者融入乡村生活之中，为旅游者提供一个安静、自然和原原本本的乡村生活体验，来突出乡村的地域特色和文化内涵。这对于乡村旅游的开发商提出了要求，要求他们在开发中要注重对原汁原味的乡村本色进行保护，突出乡村天然、纯朴、绿色、清新的环境氛围，强调天然、闲情和野趣，努力展现乡村旅游的魅力。

（2）乡村旅游产品特色：一方面，旅游者出游动机的多样性要求乡村旅游进行多样性的开发活动，生产多样性的乡村旅游产品。只有多样性才能丰富乡村旅游活动，满足多样的市场需求，增强乡村旅游的生命力和吸引力。多样性体现了乡村旅游产品的特色化开发。另一方面，乡村旅游产品开发必须首先了解和掌握乡村农业生产的特点和规律。显而易见，开发乡村旅游必然要以农业生产为基础，只有充分了解当地农业的地域性和季节性，才能将乡村旅游产品开发做到因地制宜和因时制宜，突出乡村区域特色。

（3）乡村旅游市场特色：差异性是特色开发的重要原则和目标，是旅游活力的源泉。一般来说，越有差异就越有旅游亮点，旅游开发出的产品就越能引起市场的关注。因此，乡村旅游开发必须通过扩大与周边旅游地的形象差异来获得市场的优势。旅游者（主要是城市居民）离开居住地到乡村地区旅游的最大起因就是城乡之间在自然景观、自然环境、社会经济、生活方式、文化特征等方面具有差异性。个性很强的乡村社区在旅游开发中应服从个性发展并强化形象，个性特征不强的乡村社区应该创设出具有个性且符合社区实际的旅游形象。开发过程中，应该根据实际情况科学地进行 CI 策划（形象策划），同时研究 CS（顾客满意度）战略，把 CI 与 CS 有机结合，使乡村策划系统（CI＋CS）更趋科学、合理，营造出特色突出、形象丰满的乡村旅游产品体系。

2. 特色在乡村旅游开发中的重要作用

（1）特色是乡村旅游开发的难点和亮点

乡村旅游投资少，风险小，是一项创意到位即可"点石成金"的旅游项目。一方土地，亦农亦旅，同时获得社会效益、经济效益、环境效益和游憩效益，是一项值得扶持及推广的优势产业。所以说，只要具备一定资源和资金条件，很多乡村都可以开发旅游活动。这就不可避免会出现上百万个"温泉度假村""农家乐""采摘园"等，这也反映了乡村旅游开发的难点。那么如何突破这一难点，就必须从当地乡村的特色出发，如剪纸艺术，陕西的乡村在开发这一项旅游活动时，就应该从陕西西北的乡土气息出发，充分体现西北情怀和挖掘西北文化特色。一旦突出了特色，难点就转化为了亮点资源。

（2）特色有利于乡村文化的传承和发扬

乡村文化是乡村旅游的源泉。乡村文化主要包括传统文化和地方文化，突出乡村文化特色是乡村旅游开发的特色表现之一。乡村文化在旅游产品的生产和组合中可以作为最重要的素材和着眼点。天人合一式的环境，健康、朴素、简单的生活，可以读到的历史，可以看见的美德，正是这些传统乡村地区所独有的魅力，成就了乡村的旅游吸引。因此可以说，乡村传统文化是乡村旅游活动的最大特点。乡村旅游开发必须挖掘文化内涵，突出地域特色，并有选择地重点开发、分类开发。从旅游开发的方方面面来体现乡村的文化特色，如从旅游吸引物的建设、旅游设施的装饰、旅游环境的烘托、旅游服务的体现，乃至旅游者在吃、住、行、游、购、娱等旅游经历中品味当地乡村文化的神韵。并且尽可能地在继承以往文化的基础上创造出新的乡村文化来，开发创新性、参与性强的旅游项目并提高乡村旅游产品的知识含量。

（3）特色是保留纯朴乡村生产生活的有利工具

乡村旅游要开发什么才能获得生命力？当然，它的开发必须具有与都市旅游、海滨旅游等不同内容的特色资源才能够有发展的空间。这就回到了乡村生产生活。在那些来自大城市地区的旅游者眼中，乡村旅游地所有与城市不同的一切事物都是具有吸引力的旅游资源。其实，这些旅游资源也就是村民的生活和环境，旅游者需要通过在当地生活、观察和参与来感受城市与乡村的不同。因此，乡村旅游者是在当地短暂生活的"村民"，与一般旅游活动中旅游者始终是以一种"外人"的身份和姿态出现在当地社会和居民生活中有所不同。传统旅游在追求经济效益时一直把注意力放在旅游景观吸引力的挖掘上，而乡村旅游提供给旅游者的就是一种"完全的乡村的生活"。

（4）特色的乡村环境是乡村旅游开发的前提条件

乡村旅游依托的是和谐统一的乡村环境。乡村旅游大多依山傍水，环境优美，空气清新，或是绿色的森林，或是田园风光，或是果园鱼池等，其根本是和谐美丽的自然生态环境和怡人的生产生活环境，让游客感受到的是大自然的和谐，享受到的是生态美。所以特色开发有益于保护和培育良好的乡村环境。

二、乡村旅游规划原则

进行乡村旅游规划，要遵循以下几个原则：

（一）乡村本色原则

乡村本色是吸引旅游者进行乡村旅游的基础和前提，是乡村旅游整体推销的核心和独特卖点，也是界定乡村旅游的最根本标志。乡村本色是基于乡村性的，因此弄清楚什么是乡村性是界定乡村旅游开发的关键。一般来说，"乡村性"包括地域辽阔、人口密度较低、以农业用地和林业用地等自然用地为主、建筑物占地面积少、经济活动简单、具有传统的社会文化、家庭和血缘观念重、人们具有保守心理等[①]。因此，乡村资源的价值在于其淳朴的乡村环境与幽静的乡村氛围，"淳朴"是乡村吸引力的关键所在。乡村旅游产品的开发一定要充分发挥乡村环境的价值，以本色的、衍生于乡土环境的产品吸引游客。因此，乡村旅游开发必须坚持乡村本色的原则，以挖掘本底性的乡村资源为主

---

① 何景明，李立华：关于"乡村旅游"概念的探讨，载《西南师范大学学报（人文社会科学版）》，2002（5）。

导,来开发与城市化背景下返璞归真的市场需求倾向相对应的旅游产品。

(二)市场导向原则

旅游开发的市场导向原则是指旅游业的发展、旅游资源的开发必须落实到具体的市场环境中。在20世纪80年代及以前,旅游产品处于卖方市场,作为旅游经营者,只要任意开发一处旅游资源,推出一项旅游产品,总能赢得大批旅游者的光顾,企业总能赢利;在90年代及以后,旅游市场发生了根本性的变化,旅游产品处于买方市场,因此旅游经营者不仅要考虑旅游产品能否生产出来,更要考虑能否被市场接受,也就是从旅游产业运行的整个环节(旅游产品供给——旅游产品交换——旅游产品需求)的另一端——旅游需求端去考虑:看旅游市场上什么样的产品供不应求,需要什么样的产品,就生产什么样的产品[①]。

现实的旅游开发中有不少案例证明了市场导向原则的正确性,乡村旅游开发更是如此。近几年,以地下画廊为代表的山东沂水县旅游,大力实施"政府主导、社会参与、市场化运作"的旅游发展战略,创造了经济欠发达和旅游资源相对贫乏地区发展旅游业的成功模式,被旅游界称为"沂水现象"。旅游开发商把市场分析、科学定位作为旅游工作的原则。首先把300千米以内的济南、青岛、烟台、连云港、徐州等周边大、中城市作为重点开发市场,以此带动临沂市九县三区及周边近距离市场,逐步向省外更大市场辐射扩展。为加强区域合作,积极与县内其他产品整合,与外地成熟产品连线,发挥差异优势,实行市场互补,以满足游客求新求变的需求,串点连线、共塑品牌、联合促销。同时积极参与由政府主导的联合营销,形成强大的市场促销攻势,起到了"1+1>2"的作用,带来了单一产品推介无法比拟的成效。

(三)均衡利益原则

乡村旅游作为新农村建设和乡村经济发展的一种模式,目的之一就在于提高目的地社区人民的生活质量,通过发展旅游为当地居民找到一条致富之路,这也是旅游业可持续发展的重要方面。发展旅游具有多种功能:发展地方经济、提高当地居民的收入和生活质量、使开发商获得合理的利益汇报、保护环境与资源等,因此,均衡利益是发展旅游业发展的重要原则之一。特别要关注当地社区居民和非人类利益相关者(资源、环境等)的利益,如果这些弱势群体的利益得不到充分的关注,既不利于规划的实施,也违背了发展旅游的初衷。只有遵循均衡利益原则,协调好社区居民与政府、投资人、旅游者之间的利益关系,才能使社区居民积极参与到当地的旅游开发与建设;只有充分保护和进一步培育好规划区的环境,才能够使规划区旅游得到良性的持续发展。

---

① 廖世超:浅析旅游资源开发的原则,载《经济师》,2004(9)。

（四）因地制宜原则

乡村旅游开发依托的是淳朴的乡村风情与田园风光，但在基本相同的大环境下，应该结合本地的实际情况——包括资源、区位、市场、经济基础、投资环境与投资能力等因地制宜地进行开发，不能盲目地贪大求洋，更不能不顾本地的实际情况，跟风、追时尚，盲目投资，使原本并不富裕的乡村经济陷于更加困难的境地。

（五）效益原则

旅游业是一项经济产业，在其发展过程中必须始终把提高经济效益作为主要目标。同时，旅游业又是一项社会文化事业，因而，在追求经济效益的同时，还必须追求社会文化效益和生态环境效益。因此，树立效益观念原则是乡村旅游开发的现实原则，也是乡村旅游实现可持续发展的内容之一。乡村旅游开发的效益观念原则追求的是经济、社会文化和生态环境的综合效益，内容和当前旅游可持续发展战略内容一致：要求在乡村旅游开发中遵循生态可持续性、发展与基本的生态过程、生物的多样性以及生物资源的维护协调一致；遵循乡村社会文化可持续性，提高农民对生活的控制能力，维护和增强乡村的个性化和文化的多样性，做到发展与乡村文化、价值观相协调。

（六）功能多元化原则

乡村旅游开发不同于风景名胜区的开发，它一般不具备大体量、有震撼力的景观资源。因此，乡村旅游应发挥自身的环境优势和淳朴的乡村特色，把发展滞留性的休闲旅游产品作为主导方向，特别是要通过乡村旅游功能的多元化来实现乡村旅游地的综合性发展。

（七）互补性原则

乡村旅游，作为起步较晚、原本处于补充地位的旅游产品来说，其开发的任务并不是去取代或替换原已比较成熟的风景名胜区、度假区等类型的产品，而是为了更加丰富、完善旅游产品的类别和结构，为旅游消费者提供更多的选择空间，因此，乡村旅游与其他旅游产品不是一种互相排斥关系，而是一种互补、互动、互相促进的关系，在规划、开发的过程中，要协调好与其他、周边景区或产品的一体化关系，互相促进，共同发展。

总体来看，乡村本色是乡村旅游开发的最基本原则。在今天城市化倾向越来越强势的情况下，坚持乡村本性显得越加重要，以避免乡村性的弱化，使乡村失去其本底性特征。因此，处理好乡村本色与城市化、市场化、标准化的问题是非常必要的。

第三节 乡村旅游产品

乡村旅游在国内外发展是不平衡的，在西方国家已经是一个比较成熟的产品，而在中国则还是一个正在培育、发展的新型旅游产品，但发展的空间很大，因为乡村孕育着丰富多样的旅游资源。每一个乡村都可以充分利用其优美的自然山水、独特的民俗风情、传统的生产形态和多彩的生活方式推出独树一帜的乡村旅游产品，开展形式各异的活动项目，吸引大批自驾车、自行车、自助游、旅行团游客。有人说，如果出境游是"休闲大餐"，那么，住农家大院、吃农家瓜果、看乡间山水，就是职场白领休闲的"家常菜"。"大餐"不能顿顿尝，"家常菜"却可经常吃，也正是如此，目前我国一些大中城市周边逐渐形成了乡村休闲旅游度假带，乡村旅游正成为当地的特色产业。

一、乡村旅游产品的特点

乡村旅游是一种回归自然的生活方式，它适应了现代人们返璞归真、寻找宁静生活的需求。越来越多的城市居民在习惯了纷繁复杂的城市生活时，纷纷前往乡村或探古访幽，或度假旅游，或找回曾经年少时的乐趣，或仅仅是为了闻一下纯纯的乡村气息。可以说旅游在经历了观光热闹后开始走向休闲安静，乡村旅游也日益成为大多数游客的旅游偏好。因此，乡村旅游产品是在农业观光基础上发展起来的具有休闲度假性质的旅游方式，属于一种"复合式"旅游产品。紧紧围绕着乡村旅游产品的"生活回归"这一关键点，所有的乡村旅游产品都是源于生活，并美化和提升生活，把乡村的原生生活性赋予到乡村旅游产品中。鉴于此，乡村旅游产品具有以下几个特征：

（一）乡村性

乡村的吸引力从根本上说，是源于其与现代城市环境形成显著差异的乡村特征，而且，乡村旅游产品又更是去追求乡村世界的本来面目，时时刻刻都能给游客留下美好的遐想和诗一般的画意。乡村旅游产品开发不仅可以使游客领略到乡村所特有的风貌，而且还可以亲口品尝时令瓜果，呼吸新鲜空气，甚至还可以让游客亲自加入到农民中间去体验农村生活，较好地融观赏、参与、购物等于一体，从中获得无穷乐趣。因此，乡村旅游产品必须具备返璞归真、回归大自然的乡村性。这也是乡村旅游产品最本质的特征。

（二）生态性

乡村旅游产品的生态性包含两方面内容：一是产品本身的生态性。乡村旅游产品源于乡村环境和乡村资源，产于乡村，与乡村的自然与生态环境融为一体，紧密结合，使生态性成为乡村旅游产品的本质特征之一；二是乡村旅游产品经营的生态性，乡村旅游产品开发往往采用的是一种新型投资方式，即将农业投资与旅游产品开发巧妙地结合，形成一种多元的农业与农村经济开发模式。例如，观光农业旅游产品不仅是农业与旅游业的结合，而且是一种向农业投资的方式与一种旅游形式的巧妙结合。这是一种新型的旅游产品生态性的体现方式。

（三）多样性

乡村旅游资源和现代旅游需求的多样性决定了乡村旅游产品开发的多样性。不仅包括田园风光等表层的旅游产品，而且包括民俗风情、乡村生产生活方式、休闲度假等深层的旅游产品。可以说，产品形式上的多样性是对乡村旅游深层次开发的体现，也是深层次经营的结果。只有多样性才能丰富乡村旅游活动，满足多样的乡村旅游需求，增强乡村旅游的生命力和吸引力。

二、乡村旅游产品的主要类型

资源、产品、市场是对应的，不同的资源可以根据不同的市场需求经开发转化为不同的产品，如乡村观光旅游、乡村休闲旅游、乡村度假旅游等。依托林果资源，可以开展赏花、摘果活动；依托花木资源，可以开展观赏、休闲活动；依托海河湖塘资源，可以开展垂钓、游船等水上和岸边的休闲活动；依托传统农耕资源，可以开展农事体验活动；依托现代科技农业资源，可以开展科普观光活动等；乡村环境、田园风光、农家生活与生产过程等的综合利用，可以开发滞留性的乡村休闲、度假旅游等。

在国外，乡村旅游产品的类型丰富多彩，如德国的"度假农庄"、法国的"教育农园"、意大利的"绿色度假"、日本的"观光农园"、澳大利亚的"郊野宿营"等，通过考察国内外乡村旅游产品的开发形态，从产品性质的角度，可将乡村旅游产品的类型总结为10种。

（一）乡村生态观光旅游产品

顾名思义，乡村生态观光旅游产品是以优美的乡村田园风光、乡村特色民居群落、传统或现代的农业生产过程、民俗生活过程等作为旅游吸引物，把生态与民俗风情结合起来，旅游与休闲结合起来，满足城市游客回归自然、寻找梦想的心理需求，吸引城市居民前来参观和游览的旅游产品。以法国为例，乡村旅游是法国人非常喜爱的一种旅游休闲去处，每年有数百万游客到远离城市的偏远村庄，住进条件简陋的农舍，让家长带孩子参观农庄，看牛羊、看挤奶、观看制作奶酪和酿酒的过程，游客还可以品尝这些美味。又如，对于占韩国人口87%的城市人来说，随着生活水平的提高，愿意到农村休闲的人越来越多。聪明的韩国农民于是发明了一种致富的新途径——开办"观光农园"。它一般是几户农民联合搞的一种比较简朴的，集食宿、劳动和文体于一体的休闲设施。在这里，城市人既可轻轻松松地观赏乡村的山水野景，享受大自然的宁静，也可参加农民的一些生产活动，如收获瓜果和蔬菜等，从中体会劳动和收获的喜悦；此外还可以学习农家制作面包、奶酪、果酱、葡萄酒的手艺。通过感受农家的生活，使自己的身心得到休息和调整。韩国在乡村旅游开发方面有比较严格的管理规定，农民开办"观光农园"须得到政府有关部门的批准。韩国农林部门在资金和政策上积极扶持农民发展这种观光事业的同时，也制定了严格的管理法规。对于违反规定的农园，会限令其立即整顿或停业。由于管理比较得当"观光农园"发展势头良好，形式也越来越趋于多样化。

观光型乡村旅游产品要想具有持续长久的生命力，必须突出当地的乡村特色，需要充分利用当地独特的旅游资源优势以塑造特色产品。因为每一个乡村都是万花丛中的一点"绿"，如何做到万绿丛中的一点"红"，就必须从特色出发。具体包括以下几种类型：

1. 观光农园

观光农园，根据农产品种，即主体资源的不同，又分为观光花园和观光果园两种类型。

（1）观光花园：以观花赏花、园艺习作为主题的观光农园。主要利用一些大型花卉生产基地，为游客提供观光、赏花、买花、园艺习作、插花技艺学习等旅游活动场所。这些花卉生产基地与旅游业天然的偶合关系，是发展乡村观光旅游（赏花节、赏花会、赏花之旅等）的本底性资源，也是塑造田园化乡村环境的重要因素。

（2）观光果园：以林果资源为主体。主要利用成熟果园，通过观果、品果、摘果等系列活动吸引游客。观光果园一般指开放成熟期果园供游人亲自采摘、品尝、购买及参与加工果实，而且能观赏果实累累的丰收美景，并与其他休闲活动相结合的果园经营新形态。果树品种以苹果、梨、葡萄、柑橘、桃为主，一般选择花香、色艳、味美的果品树种，综合考虑开花期和成熟期合理搭配和组装，以增强吸引力，延长开放期。果园内可开设果品加工坊、果品品尝屋、鲜果专卖店、休息亭、品茶亭若干座，游客平时可在林间休闲、游览、野营、烧烤，果实成熟时，游人可自采、品尝、参与加工、购买新鲜水果。为了增加果园的文化氛围，可点缀文化艺术小品，如雕塑、壁画、楹联、诗词等，可以直接以水果为内容，也可以间接引述或表现与水果有关的历史典故、传说趣闻，如古诗名句"满园春色关不住，一枝红杏出墙来"就可雕刻于石碑上。为保障果园正常生产，观光果园要开辟活动专线，开辟供游人采摘、品尝和学习栽培的固定区域。

以色列北部一个地处沙漠的村庄用当地独特的沙果（一种极耐旱的水果）发展观光农业，游客可以在品尝沙果的同时做沙疗（一种把身子埋在热沙里治风湿病的方法），每年这里的游客量超过20万人次。

2. 观光牧场

观光牧场开发有两个方向：一是饲养普通家禽、家畜，如鸡、鸭、鹅、牛、马、羊等，开发参与功能，让游客全方位、多层次参与。如让游客参与饲养、剪毛、挤奶、品尝羊肉和羊制品，观赏和拍摄奶牛等；二是饲养品种优良而独特的牲畜及野生动物。这些动物易于饲养且有很高的观赏价值，如鹿、狐、鸵鸟等。牧场既有生产的功能又有观光的功能，因此牧场应采用先进的饲养技术、管理方法和设施设备，建立畜禽良种繁殖体系，畜产品加工、检验、贮运体系，形成融观光、参与、娱乐、品尝、培训、咨询、购物、科研等功能于一体的一条龙旅游服务体系。

观光牧场开发，可以结合旅游市场的发展趋势，与人们回归自然的情趣相结合开发一些趣味性的旅游产品，如"亲子动物园"，全部由一对对的动物母子组成，动物母亲的舐犊之情和动物幼子的活泼可爱，充分体现了大自然的悠然和谐之美，对于家庭游客有特别的吸引力。

3. 观光鸟园

观光鸟园是与观鸟生态旅游相结合的一种乡村旅游产品。

在西班牙南部的一个小镇（Andalucía）上，聚集着数量丰富的鸟群，被称为是"观赏鸟的天堂"，每年都能吸引很多鸟类学者前往该处观光、考察旅游。一年中最好的观赏季节是春天，因为这时候既可以看到很多冬天的物种，又可以看到即将来临的夏季物种。观光鸟园的内容一般包括观光湿地的建设、观光鸟群迁移以及观赏鸟巢等。山东省宁阳县大汶河流域的白鹭自然保护区，是一个依托河流湿地和乡村田园建立的县级自然保护区，目前已经开发成为观鸟生态旅游与乡村民俗旅游相结合的综合性旅游区。

4. 乡村公园

乡村公园主要包括森林公园、农业公园和乡村休闲公园三种。

（1）森林公园：以乡村地区的森林（山地森林、经济林等）为主体开发的旅游区。地形多变，山峦起伏，溪流交错，森林茂密，景色秀丽，环境优良，气候舒适，乡村特色浓郁，是人们回归自然、休闲、度假、野营、避暑、科学考察和进行森林浴的理想场所。

（2）农业公园：按照旅游的功能性要求进行规划、建设和经营的农业旅游区，将农田区划为服务区、景观区、农业生产区、农产品消费区、旅游休闲娱乐区等部分，形成一个公园式的农业庄园。

（3）乡村休闲公园：在村庄内或边沿区域建设的以休闲为主导功能的公共游憩区，是当地居民和游客休闲、娱乐、集会等的集中场所。乡村休闲公园有多种形式，包括乡村绿地、乡村广场、乡村旅游景区等。

5. 农业科技观光园

科技观光游是利用现代高科技手段建立的专业化农、林、牧生产、科研基地，既可以生产农副产品，又给旅游者提供了游览的场所，并具有科普、教育意义。

农业科技观光园，一般采用现代农业科学技术，利用设施化、工厂化的生产设备，以生态、高效农业为主题，开发具有观光、休闲和科普教育功能的农业旅游项目，并与乡村经济结合，形成一体化的乡村旅游产品体系。

山东省寿光市蔬菜高科技示范园是目前我国规模最大、技术最先进的农业科技观光园，近年来每年接待国内外各种旅游参观团体和单位20000多个，每年游客都达到几百万人次。

在新加坡，科技农业旅游也是一个被高度重视的旅游产品，将高科技农业与旅游相结合，兴建了十个农业科技公园。农业公园应用最新科学技术，造型艺术化各种设施，合理安排作物种植，精心布局娱乐场所。养鱼池由配有循环处理系统的"水道"组成；菜园由造型新颖的栽培池组成，里面种上各种蔬菜，由计算机控制养分；田间林荫大道的两边也种上了各种瓜果。

在美国，则建立了多处供观光的基因农场，用基因方法培植马铃薯、番茄，在发展农业的同时也在向游客普及基因科学知识。

6. 主题村落观光旅游

在广大的乡村地区，有许多具有旅游价值的特色村落，包括古村、山村、渔村、湖村、民俗村、艺术村、生态村、特色经济村等，各具特色，有的由于历史文化的厚重积累而成为"遗产村"，这些村落往往被开发成主题文化旅游村，对旅游者有着极大的吸引力。目前，我国南方的周庄、同里、乌镇等水乡古村，北方的蒲家庄（蒲松龄故里）、杨家埠（中国四大木版年画基地）等都已开发成为著名的乡村旅游点。

例如渔村观光旅游，以传统渔村为主体资源，开发具有渔村特色的观光旅游项目，并结合参与性项目，提高渔村旅游的趣味性。

山东东部的胶东半岛沿海地区，以渔业生产、渔民生活和胶东地区特有的地理、自然资源为基础，形成了独具特色的"胶东渔村"。渔村和渔民以荣成、蓬莱、长岛、日照等地最为典型。以成山头为界，半岛南部的海域，渔民习惯上称呼为"南海"，其渔业生产习俗受长江口一带的影响较多，渔船排子为代表，又善用鳔子网、架子网等定置渔具；半岛北部海域，渔民习惯上称为"北海"，典型的渔村集中在荣成龙须岛、蓬莱大季家、刘家旺、长岛砣矶岛、莱州三山岛等处，渔业生产以驾"大瓜篓"、打风网（围网）为特色，并且可以举为渤海湾的代表。南北渔村的海带草房、玉米面饼子、海产食品、天后崇拜、行船禁忌等习俗，都为别处所不多见。沿海渔民沿袭"齐人好逐利"的传统，外出经商的习俗历数十代而不衰。这方面突出的代表是蓬莱、龙口（黄县）、莱州（掖县）的沿海地带，"蓬、黄、掖"的买卖人不仅在东北有很大影响，在京、津、沪等地也多见他们的足迹。自20世纪90年代以来，胶东地区相继开发了以长岛和日照"渔家乐"、荣成"胶东渔村"等为代表的、以传统渔家生活为主题的乡村旅游产品，在国内市场上成为知名的旅游品牌。

（二）乡村休闲度假旅游产品

乡村休闲度假旅游，是以在乡村环境中作较长时间的滞留，在山村、水乡、古村、民俗村或专门的乡村度假单元中小住数日，在悠闲、恬静的乡村环境中，深度体验乡村地区的乡土民情、民间艺术、民间技艺、方言等乡村文化，在与城市环境完全不同的乡村中获得身心放松的旅游形态。这种类型的乡村旅游产品强调景区（或村庄）内的自然环境和当地居民以及旅游者之间的和谐共处。

现代旅游的特点是人们更多地强调旅游经历与自我参与，特别是对旅游目的地文化的深度了解与体验，因此休闲度假旅游产品的发展是一种必然趋势。近年来，由于社会经济的发展，人们生活质量的提高，很多大城市的周边农村一到假日就会出现大量的城

市人的身影。他们或者无所事事地闲逛，或者在山水中钓鱼、野餐聚会，或者到农民家里摘果子、种蔬菜、喂小鸡等。我国台湾的青蛙主题乡村旅游、莫干山农民孩子带领外国小孩去捉知了，看似好像小孩"过家家"，但实际是把最具乡村性的要素整理成了可供消费的产品。因此，在自然风景美丽、气候舒适宜人、生态环境优良的景观地带建成以满足旅游者度假、休闲为主要目的场所，形成了周末或节日度假游、家庭度假游、集体度假游、疗养度假游和学生夏令营等不同的乡村休闲度假市场。在以色列的许多地方，乡村生活本身就成为一种极富吸引力的休闲度假旅游产品，一片蓝天，一亩农田，几口鱼塘，几株果苗，还有牧场、蜂蜜园等都是城里人周末休闲度假的理想场所。为接待每逢周末来乡村度假的城里人，许多村庄都建设了 B&B（Bed and Breakfast，床与早餐）设施体系，这种住宿设施与民居有机地融合在一起，旅游者体验到的是真正的乡村生活，真正的闲情逸致。以色列对乡村旅游的开发非常重视，为促进乡村地区旅游业的发展，以色列还成立了山谷旅游总会（The Valley's Tourism Board），负责管理乡村地区小型旅游企业及旅游资源开发。

1. 乡村度假地（区）

依托特色的村庄或乡村资源区开发以度假为主导或主要功能的旅游地（区），是乡村旅游开发的一个重要方向。

为适应当前国际上旅游发展的主导趋势——休闲、运动、娱乐的综合消费需求，国外在开发乡村度假旅游产品时都积极开发娱乐性强、互动参与性大、表现形式新颖的休闲、运动和娱乐项目以满足游客多层次需求。在美国，每当瓜果成熟的季节，城里人就纷纷涌进各大农场参加摘水果的度假活动，以获得别有情趣的度假享受，缓解工作压力。德国的乡村旅游十分简洁，不会因为旅游开发而刻意改变乡村的自然风貌，主要项目有瓜果采摘、集市体验、亲近动物、农家住宿、自租自种等。意大利农业旅游区则是一个典型的具有教育、游憩、文化等多种功能的"生态教育农业园"，旅游者可以从事各种农业健身运动，例如体验农业原始耕作、狩猎、亲手制作工艺纪念品、烹调学习活动等。

国内休闲度假旅游还不是主导性消费市场，市场条件不是很成熟，还有待于提升和发展，但无论是在市场发展趋势上、还是在产品开发实践中，乡村度假旅游都正在成为时尚，一些依托特色资源开发的初级乡村度假产品已经出现并获得了初步发展。如长岛开发的"渔家乐"多日休闲游，游客在海岛的"小康渔家"小住 3~5 天或更长的时间，他们在海岛景区观光、在海滩悠闲地散步、随渔民一同下海打渔，品尝最具海岛特色的海鲜小吃，其消费过程已初具短期度假的特征。

2. 休闲、度假农场

休闲、度假农场是一种供游客观光、游憩、娱乐、采果、农作、垂钓、烧烤、食宿、体验农民生活、了解乡土风情的综合性的新型乡村经济单元。近年来，许多国家和地区根据市场需求和旅游发展的变化开发了针对城市休闲旅游者的休闲农场，使传统的农场经济走上了新的发展道路。如在法国，为满足不同偏好休闲、度假旅游者的需求,开发了许多不同主题、不同特色的休闲农场,包括点心农场、农产品农场、骑马农场、教学农场、探索农场、狩猎农场、民宿农场、露营农场等,还专门建设农场客栈等设施,吸引着有不同需求偏好的旅游者。台湾的休闲农场开发比较发达,配有齐全的住宿、休闲、娱乐设施,使休闲农场成为休闲、度假市场上的一个非常有竞争力的产品,甚至许多的会议也选在休闲农场里召开。

案例 12-2:

台东的布农部落休闲农场

台东布农部落休闲农场落位于台东县乡,由布农文教基金会与当地居民共同打造,集原住民艺术与文化及观光特色为一体的综合休闲农场,规划有布农部落的部落剧场、部落民宿、部落餐厅、部落咖啡屋、编织工作坊、会议厅、有机农场、牧场、农特产加工厂、便利商店、河堤公园、蝴蝶谷、布农山林生态公园等。

案例来源:http://bunun.network.com.tw/。

---

3. 租赁农场

租赁农场是指农民将自己的土地或土地上一个生产周期的农作物短期出租给城市居民或游客种植粮食、花草、瓜、果、蔬菜等的乡村园地。其主要目的是让市民体验农业生产过程,享受耕作乐趣和劳动成果,即把农作物的生产过程和果实整体打包成"旅游产品"一同出售给游客的一种经营方式。

这种经营模式,从本质上改变了传统的土地经营方式。传统的土地经营方式是以出售收获后的农产品来获得收益,而租赁农场本质上出售的是农业生产的过程——即体验,租用者是把生产过程作为产品的核心部分。

租赁农场所生产的农产品一般只供租赁者自己享用或分赠亲朋好友,如同城市人拥有一片自己的乡村庄园一般,因此很受城市消费者欢迎。

农场主将一个大农场分成若干小园,分块出租给城市的个人或家庭,向他们收取出租费用。平日由场主付资雇人照顾农园,并按租赁者的意愿更换、增添农园内种、养殖的品种。而租赁者一般是节假日到农场中进行"体验式"劳动,这既满足了旅游者亲身体验农趣的需要,也增加了经营者的收益。土地所有者为了给租赁者提供服务,一般还要专门建设一些相应的配套服务设施,如适合家庭居住的乡村旅馆等。

租赁农场用地,包括山地、平地、丘陵、水面等各种类型的地貌,适用于耕种、放牧、养鱼和种树等各类农业经营形式。相邻农场边界可种阔叶树,树下设休息座若干。租赁农场针对收入较高的富裕阶层人士,可采用会员制经营。易操作成长期短的蔬果项目,场主可为会员提供农具和菜种,会员只需每月交纳一定月租费,就可不定期地做一个悠闲的农夫。

租赁农场在欧洲非常盛行，尤以英国最为发达。据报载，英国德文郡的一个最大的家族领地"克林顿领地"中，就有40个租赁农场①，这些租赁农场里开办了许多针对家庭游客的、含早餐的家庭旅馆，而且这些"农家旅店"的价格不少与英国城市里的不相上下。这种土地经营方式基本折射出了目前英国全国农场多样化的发展趋势。

4. 乡村俱乐部

俱乐部是一种实行会员制、有相对固定消费群体的经营机构。乡村俱乐部是依托乡村环境，为满足人们休闲、娱乐需求而开发的集中式、综合性旅游产品，一般以当地相对高端的群体为目标市场。

乡村俱乐部，可以有很多不同的主题、功能和项目设置，如在原来知青集中的乡村建立"知青俱乐部"、开展"知青回'家'游"；利用水库、湖泊、鱼塘、河段建立"垂钓俱乐部"；利用山地、河流等地理环境建立探险、野外徒步旅游俱乐部；还有利用不同的环境和资源建设的一些专业性俱乐部，如溯溪俱乐部、攀岩俱乐部、漂流俱乐部、野营俱乐部、马术俱乐部等。"乡村高尔夫俱乐部""乡村高尔夫练习场俱乐部"等也是乡村俱乐部中的主要项目。

案例 12-3：

苏州牛仔乡村俱乐部

环境：位于洞庭西山缥缈峰下，是金庸先生笔下那坠入凡尘的天上仙境，能带给人逍遥舒适，逸趣闲情，心旷神怡的全新感觉。

主题：体验欧美农庄原野风味。

目标市场：学校夏令营、企业户外训练最佳场地。

主要经营项目：骑马、骆驼骑乘、观光马车、卡丁车、沙滩车、迷你摩托车、水上游船、餐饮、烧烤、野营、住宿、泉水游泳、射箭、彩弹射击、拓展、康乐活动。

案例来源：http://www.game139.com.cn。

---

5. 野营地（汽车营地）

野营是一种户外游憩活动，是暂时离开人口密集的都市，利用帐篷、高架帐篷床、睡袋、房车、小木屋等在野外过夜，享受大自然的野趣及生态环境提供的保健功能，欣赏优美的自然风光并参与其他休闲娱乐活动的一种旅游活动项目。

野营旅游也是私家车大量进入家庭、自驾车旅游成规模发展之后形成的一种新型旅游方式，因此，在欧美地区，野营地往往与汽车营地是同一种类型的综合性度假地。如今，越来越多的人开始喜欢野营。从穿着凉鞋、吃个小吃、喝杯热茶到自己在野营地的

---

① 马桂花：英国乡村的绿色经济，载《中国财经报》，2006-2-23。

炉里做饭、一边享受着美丽自然的乡村风景，这完全是人们生活观念的改变所引起的变化。凭借着山山水水、起伏不平的乡居、树林等，乡村正是野营地的最好去处。野营为游客提供了直接接触大自然的经历，同时也是最便宜、最灵活的一种住宿方式。如果一家人正好想找个户外度假，或是一群朋友希望来一次特殊的、充满惊奇的野外经历，野营旅游无疑能够提供最有价值的旅游经历。

野营旅游和自驾车度假旅游在欧洲已经成为一种时尚的度假方式，在欧洲也建设有许多为自驾车度假服务的汽车露营地、野营地。汽车营地目前已成为欧美先进国家的一种专门的度假场所，多位于湖边山谷，尽享大自然的宁静生活，所有汽车营地要注册经营，提供各种设施，厕所、冷热水淋浴、酒吧、商店、洗衣房等，部分更有泳池、餐厅、DISCO、网球场等。在营地内有丰富的节目可供选择，可以静坐树荫下促膝谈天，爱热闹的又可到酒吧或 DISCO 与来自世界各地的营友认识，了解异国风情，可以躺在草地上读书，等等。据统计，欧洲各国营地总数已超过 5 万个；在法国，有关机构对度假旅游者选择住宿类型的一次统计显示：在野营中心度假的人数比例最高，其次是租公寓的度假者，只有不到 10% 的人选择住饭店。法国野营地的数量已达到 1 万多家，拥有 2500 万张床位。[1] 许多野营地已经发展成为一种具有综合接待能力的度假地。日本拥有营地 1500 余个；韩国政府自从 2001 年举办第 64 届国际露营大会后，已由政府投资以每年十个的速度在国内开展营地建设；美国有 2 万个左右的公共、私有营地；澳大利亚昆士兰地区大约 365 个；2002 年，蒙古国已登记旅游营地有 118 个；我国台湾的露营营地有 160 个左右，年举办周末露营活动 50 余次，并经常举办知性之旅、古迹之旅，使露营者从中得到学习[2]。

案例 12-4：

欧洲的野营度假中心

在欧洲的野营度假中心，可以出租公寓式的木屋、房式挂车、大帐篷，附带煤气炉、餐具，度假者自己做饭。房式挂车比较便宜，没有浴室厕所。与舒适的木屋相比，小孩更喜欢房式挂车。欧洲很多家庭都有自己的房车和挂车，有暖气的房车冬天还能开去滑雪。出租的房式挂车每晚 42 欧元，挂车内有两张床，可睡 4 人，做饭、吃饭在外面，有顶棚，四面塑料布可以拉起来，又是个房间。一般瑞士、法国野营中心内的木屋和挂车都是按周出租，意大利除了八月按周起租外，其他月份木屋、挂车可以按天起租。一些大型野营中心或野营度假村，配有很多游泳池、餐厅、儿童乐园等服务设施，深受热爱自然和喜欢户外活动的人们的青睐。

---

[1] http://www.lvsee.net/Lunwen/Lvsee%5F359118。
[2] 《汽车露营及营地的发展状况》，http://www.51766.com/www/detailhtml/1100026120.html。

> 价格：根据星级而异，星级高的设施齐全，有游泳池、儿童乐园、乒乓球桌、网球场、餐厅、酒吧、小超市等，价格也贵。四星级每晚两人加小帐篷和车，价格在20~35欧元之间；两星级的野营中心，两人每晚10欧元左右。
> 优点：费用低，可以自己做饭。野营让孩子们痴迷，无论是住在帐篷，还是房车里，他们都兴奋异常，情绪激动。他们能整天在户外玩耍，和其他家庭的孩子很快交上朋友；享受自然风光和户外生活的乐趣；野营中心也是交友的好场所。
> 缺点：受天气因素影响大：高温、下雨、打雷等都受影响；位置较偏，附近没有商店，没有车的旅行者需扛着包从车站走到野营地，事先应做好物资采购；季节短，一般从六月到九月；去公用厕所、浴室不方便等。
> 案例来源：舒韵：《最受法国人喜欢的度假方式——野营》，http：//alpsdream.com。

6. 乡村度假酒店

乡村度假酒店是一个以乡村酒店为主体，组合休闲、娱乐、乡村文化体验、康养等产品的多功能旅游综合体，往往依托优美的自然环境或田园风光，以村落式、别墅式、木屋群等为建筑形态，提供滞留性旅游休闲度假服务。如莫干山的裸心谷度假村，在一条自然的山谷里，以单体山地别墅群为主体，以马术运动、路虎驾乘体验、裸叶水疗、户外游泳馆、儿童室内游戏等为主要休闲娱乐项目，为沪杭一带的高收入群体提供生态型的乡村度假体验。

（三）体验型乡村旅游产品

乡村旅游产品贵在"村"味，重在体验。住冬暖夏凉的农家房，观小桥流水的农家景，听俚语乡言的农家情，享祥和温馨的农家乐是体验乡村生活、体验乡村生产和体验乡村民俗风情的最佳途径。作为一种新兴时尚的旅游休闲形式，体验型乡村旅游产品无疑是当前的一种"时尚消费品"。

体验型乡村旅游产品，主要是指在特定的乡村环境中，以体验乡村生活和农业生产过程为主要内容的旅游活动，同当地人共同参与农事活动、共同游戏娱乐、参与当地人的生活等，借以体验乡村生活或农业生产的过程与乐趣，并在体验的过程中获得知识、休养身心。体验型乡村旅游产品开发的关键是能够让旅游者全然放松，体味真正、淳朴的乡村生活。其中，乡村生活体验、乡村生产体验和乡村文化体验是三个最重要的主题领域。

1. 乡村生活体验游

以"做一日乡村人"为代表的乡村生活体验游，是把"乡村人"的生活过程作为旅游产品的主要内容，让旅游者融入乡村生活过程的一种旅游产品。

在这种旅游活动中，旅游者在一个全新的乡村环境中，通过由"城里人"向"乡村人"的角色转换，在短短的一天时间内体验了乡村生活的新奇与趣味，使自己的身心得到休息和调整。

在现代旅游业发展过程中，新资源观视角下"资源无处不在"，乡村生活、特别是那些具有传统意义的、民俗特征浓郁的乡村生活习俗和生活过程都成为最具吸引力的旅游资源，也使传统的旅游开发走过了单纯注重景观资源、以开发观光旅游产品为主导的初期阶段，而使体验旅游开发逐步成为市场的主角，而其中的乡村生活体验就成为一种最具市场潜力的新型旅游产品，这种产品的特点是：一是以利用现有资源为主，不需要大规模建设专门性的旅游设施，村庄、耕地、果园、民居和家庭等都可成为资源的主体，并直接向旅游产品转化；二是投资少、见效快，既可集中、规模化经营，也可以分散、单元性经营，有利于乡村个体业主的投资与经营，能够为乡村居民带来更多的参与机会。

"做一日乡村人"（也可以是"多日"产品），可以根据当地的资源状况，开发多种主题的体验产品，农耕生产、传统生活、民间艺术与技艺等，都可以成为体验的主题。如潍坊杨家埠民俗村开展的中国民间艺术遗产（木版年画、风筝）民俗体验旅游，让旅游者住在有年画作坊或风筝作坊的农家，在老艺人的辅导下，亲自参与刻、印年画，亲自张贴年画或把自己刻印的年画带（买）回家，让旅游者通过"亲自"参与、劳动，了解和掌握一门传统艺术，领略中国传统民间艺术的魅力，这项活动每年都吸引着许多日本、韩国等海外旅游者。

"做一日乡村人"，是对乡村生活的某一时间段落的全过程体验，实际上乡村生活体验可以在许多领域里进行，某一个生活领域、某一项传统或现代的生活方式等，都可以开发成体验旅游产品，如美国开展的"牛仔体验旅游"，就是把具有传统意义和传奇色彩的牛仔生活作为体验旅游开发的主题，吸引着一批批的城市游客。

案例 12-5：

美国的"牛仔牧场"

建于1920年的克朗代克牧场位于美国西北部的克朗代克河谷，靠近国有草场和森林，经营畜牧业有80多年的历史，经营的牧场旅游业也十分兴旺。游客们在这里可以骑马、垂钓、游泳、打高尔夫，还可以自愿参加牧场的生产活动，如修牛栏、学兽医、储牧草等，而最吸引游客的还是这里开展的以骑马、野营、赶牛为主要内容的"假日牛仔"体验旅游项目：牧场里养着500多头牛，每年夏季牛在高山草场度夏，深秋则回到牧场越冬，这样每年的春、秋两季就会有一次长达两周的赶牛转场活动，许多城市游客们会专门选择在这两个季节来实实在在地体验一次牛仔的生活。虽然骑马赶牛是一件非常辛苦的事情——不常骑马的人两天之后屁股、腿、脚都会被僵硬的马鞍颠得疼痛无比，十几个人睡在一个大通铺房间里，对享受惯了舒适生活的城里人来说，实在是艰苦无比——但这难得一遇的既艰苦、又充满情趣的牛仔生活，却给人们留下了终生难忘的记忆。

案例来源：罗宾·霍夫曼：过把牛仔瘾，载《海外文摘》，2006年4月号。

2. 乡村生产体验游

随着社会的发展、进步，传统的农耕文化越来越成为具有遗产价值的文化类型，也越来越具有旅游价值，特别是那些具有一定的知识性、趣味性或娱乐性的生产过程、生产习俗，其本身就对游客具有像磁石一样的吸引力。

传统的林果采摘，是一种能够使产生收获喜悦的生产过程，游客参与其中能够体验乡村传统的农耕作业活动以及现代科技农业生产，让游客在体验的过程中受到教育，增长见识，得到充实。体验型的林果采摘是一种最富趣味性、成就感最强的体验性乡村旅游项目，许多乡村地区都可以结合当地的林果业，开展体验型果实采摘活动。

传统的农业生产方式和生产过程，可以通过专门的开发、建设而赋予其旅游功能，让游客体验已即将成为历史的农耕文化。

案例 12-6：

"老潍县"农耕嘉禾园

潍坊杨家埠民俗村二期开发，增加一处体验式农耕文化园，以传统的农耕文化为主题，以农业耕作过程为内容开发旅游产品。建设内容包括：

一处"潍县人家"。潍坊典型建筑，大四合院，正屋为杨家埠居家展览，塑造一个典型的老潍县的"居家博物馆"。两侧的厢房分别为"铁匠屋"和"木匠屋"，有专人演示，厢房的墙上挂着各种农具和收获物。居家的家具、用具等摆设要体现地方特色，特别是要表现"年画"的内容，如财神的摆放、风神的地位等。

一亩耕田。田里不种庄稼，有一老农在田里做农耕表演，游客可参与扶犁、耙地、播种等田间劳作。

数块菜地。生态化的菜地，整齐规划，一条小路贯穿于菜地之间。

一片嘉禾。划成多处小块，根据季节分别种植不同的庄稼，使这里几个季节都有收获物，便于游客采摘和参与收获。

数处传统灌溉设施，包括辘轳、脚踩水车、手摇水车，为游客参与、娱乐而设；其他为林果区，设休闲采摘园。

案例来源：山东大学旅游管理系：《杨家埠民俗村旅游开发规划》。

---

3. 乡村文化体验游

乡村环境、乡村生活、乡村经济活动、乡村社区文化等领域，包含着许多有价值的旅游资源，其中又有许多能够为旅游者提供特殊的、有趣味的体验经历。旅游开发就是要在研究市场趋势的前提下把乡村中那些有价值的旅游资源开发成能够为旅游者提供特殊体验经历的旅游产品。一个文化主题、一项生产过程、一种传统艺术等，都可以开发成体验型的乡村旅游产品。

乡村酒庄体验旅游是乡村文化体验旅游中的一个代表性产品。酒庄旅游，是目前旅游市场上相对高端的一种专项旅游产品，它源于人们对酒的制作过程、味道、颜色等的好奇，源于有太多的人钟情于酒和酒文化，是一种全方位演示酒的生产过程、工艺流程、让游客近距离或密切接触酒文化的一种主题旅游产品。澳大利亚的葡萄酒生产企业将葡萄酒产业优势与旅游业有机结合，开发出葡萄酒旅游（Wine Tour），允许旅游者游览参观葡萄园、酿酒厂和产酒地区等景点，并且还可以参加包括制酒、品酒、赏酒、健身、美食、购物等一系列娱乐活动。他们不仅可以保证严格的葡萄酒流水线生产作业，同时还作为一项文化旅游项目，欢迎各国游客前来参观葡萄园景观，并且可以亲口品尝各种风味的葡萄酒，对游客来说真是一件两全其美的事。烟台张裕葡萄酒公司以张裕博物馆和喀斯特酒庄为依托开发的葡萄酒文化旅游产品是我国最成熟的酒庄体验旅游产品之一。

案例 12-7：

意大利的布特拉亲王酒庄之旅

位于西西里岛南部的布特拉亲王酒庄建于 1565 年，酒庄有 200 公顷葡萄园。酒窖是一座双人字架房顶的建筑，上下三层一排排橡木桶静静地散发出正在成熟的美酒与橡木特有的醇香；常年恒温的酒窖地面是整齐的地砖，最深处的墙上是酒庄大大的庄徽。长方形的品酒厅高 5~6 米，人字架实木屋顶；近 2 米长的黑铁大吊灯给大厅增添了几分庄重的气氛；四面墙上是关于葡萄酒的各种色彩阐释的图片（红、绿、黄、蓝、土），显示主人对于葡萄酒有着自己深刻的理解。大厅的地面上是一幅酒庄的 logo，盾牌上一只小狮子举着一面旗，整个图案显示出家族悠久的历史。与品酒大厅相连的房间里，一件件西西里工艺瓷器放在实木家具之上，带给人艺术的享受和乡村的质朴。游客可以品尝酒庄里生产的各种葡萄酒。午餐安排在品酒厅内，主人介绍说，所有的菜都是他们自己的厨师烹饪的，有西芹汁拌意大利丸子面，微微有点硬但是挺有咬头，有当地一种地产羊肉，有着特有的肉香而绝无腥膻味道，配上酒庄的红酒，真的美妙。酒庄的葡萄酒专卖店是一个大的木质礼品盒：造型别致的木盒摆满了屋子的四面。

案例来源：http://www.winechina.cn。

除酒庄体验游之外，传统的乡村民间工艺、民间戏曲等，都可以开发成具有体验意义的旅游产品。

（四）品尝购物型乡村旅游产品

品尝购物型乡村旅游产品，是以品尝和购买乡村物产为主题，开发的乡村购物旅游产品，是传统的"购物旅游"和"旅游购物"向乡村旅游领域的延伸，它们既可以成为独立、单独经营的旅游产品，也可以与其他的旅游产品整体包装组成综合性产品，如与乡村观光旅游、乡村休闲旅游、乡村娱乐旅游等产品进行组合，形成内容丰富、趣味性强、节律张弛有序的综合性乡村旅游产品。

1. 品尝游

乡村有丰富的食品资源，可以将乡村食品资源与美食文化结合，开展以绿色特色食品为主的果品品尝、特色风味小吃品尝、健康保健食品品尝、绿色生态食品品尝、野菜品尝、特种禽畜菜肴品尝、烧烤美食品尝等美食旅游活动。特色食品应该以具有时尚特征的绿色、营养、健康的乡村食品为主。如：花卉食品（饮品、糕点）、花粉食品（包括花粉饮品、糕点、菜肴、糊羹、糖果、药酒）、野菜食品、水果食品、土特产、珍稀禽畜和水产佳肴。品尝方式可以是农户提供的餐饮服务的内容之一，也可以建立特色小吃一条街或特色小吃品尝区，方便游客到此参观品尝各种各样的特色食品。

乡村物产品尝旅游产品的开发，同样要注重产品的乡村性特征，把乡村味的做足，如在田间地头现场烤玉米、烤（或煮）毛豆，在枣园里用竹竿打枣、在果园里摘果等，采摘、加工、品尝一条龙、连续不间断，将旅游的过程丰富化、过程化、趣味化，以提高其吸引力。

2. 购物游

乡村购物游往往是综合性乡村旅游产品中的一个环节或组成部分。在心情愉悦地在乡村进行了观光、休闲、娱乐活动后，游客总希望带一些旅游纪念品或乡村土特产品回家，这时，洁净新鲜的特色蔬菜、稀有的珍稀禽畜、名贵水产、美丽花卉、别致的盆景、风味独特的土特产、工艺精湛的乡村手工艺品、设计独特的地方纪念品等，都可以成为旅游者选购的对象。

为提高乡村旅游地（区）的综合收益，适当开发乡村购物产品、建设乡村购物设施等，通过专门规划、设计的乡村集市、土特产商店、乡村小卖部等，既方便为游客提供商品服务，又能够为当地带来更多的经济效益。

乡村购物游能够通过发展旅游，提高乡村旅游地（区）农副产品的附加值。如山东肥城市是中国著名的"肥桃之乡"，当地的肥桃种植面积达10万亩之多，被基尼斯总部列为"世界上最大的桃园"，但长期以来只是作为当地的一个农业特产，以卖桃为主要收入来源。自2002年开展乡村旅游以来，在其中一处开展桃园旅游的游域内，同样的桃子每斤售价却能够比其他地方高出0.5元钱，这就是因为发展旅游带动了人气，扩大了市场。

（五）时尚运动型乡村旅游产品

时尚运动型乡村旅游产品，是一些引领消费时尚、形式独特、刺激性强、具有一定的冒险特征的乡村旅游产品，它以乡村性为基础，乡村性与前沿性、时尚性和探索性相结合产生的新兴旅游产品。这些产品的主要针对城市白领、具有冒险精神的年轻群体，包含的项目有溯溪、漂流、自驾车旅游、定向越野、野外拓展等，多以具有挑战性的户外活动为特征。乡村地区原始朴素的自然环境为时尚运动型乡村旅游产品提供了最佳的条件，而且，产品的内容不断创新、变化，其中的许多项目具有一定的专业性，如溯溪、漂流、攀岩等，参加者需经过专门的培训，或有专业教练指导，因此，这类旅游产品也往往以专业的俱乐部作为组织机构，是一种有常规组织的专门性旅游产品。

主要的类型包括：

1. 溯溪

溯溪是在峡谷、溪流中逆流而上的一种运动形式，克服地形上的各处障碍，溯水之源而登山之巅，是一种具有挑战性的运动型旅游项目。

溯溪为一项可以结合登山、攀岩、露营、游泳、绳索操作、野外求生、定位运动、赏鸟等综合性技术的户外活动。在溯溪过程中，溯行者须借助一定的装备，具备一定的技术，去克服诸如急流险滩、深潭飞瀑等艰难险阻，充满了挑战。溯溪活动需要同伴之间的密切配合，需要利用团队精神，完成艰难的攀登，对于溯行者是一种考验，同时其又能得到信任和满足，以及克服困难后的自信与成就感。

在乡村地区的峡谷、流域、河段，有许多适合开展溯溪活动的地点，可以成为溯溪活动的基地。乡村中一处壮美的瀑布在溯溪人的眼里便是悬崖，在潮湿而又长满青苔的瀑布里攀岩是对自己的一种挑战。奔腾的激流和艰难的攀岩在此相依相伴，非常刺激而又充满活力；在落差小，水流缓慢的地方，可让溯溪人心灵的思绪任意飘荡……当然，在刺激的生命冒险来临时，溯溪者永远处在兴奋状态中，永远保有对一切的主动……所有的困难都是未知和难以预料的，但是所有的困难和未知都是启发你思考和向上的动力，这就是溯溪游的时尚魅力。

溯溪旅游的参加者多是富有冒险精神、勇敢面对挑战的年轻旅游者，以城市白领居多。

2. 漂流

漂流是一种利用专门的设备在湍急的河流中顺流而下、挑战各种艰难险阻的水上运动项目。

漂流具有季节性和地点性，一般在夏天的乡村、野外的河流里开展。奔出家门的城市人在夏日里纷纷挥去城市的灰蒙，与家人、亲朋欢聚在一起，在飞越激流中、在欢笑声中洗涤夏天的烦闷，感觉乡村原野的亲水气息。漂流大致分两种，一种是以刺激为主，这些漂流的河段水流湍急，河道曲折，但有惊无险；另一种是轻松自在、以赏景为主的江河漂流，这些漂流的河段水流平缓、偶有急滩，可坐在竹木筏上听潺潺水声，戏

玩游动小鱼，远眺一片片油嫩稻田，乐趣无穷。

3. 定向越野

两岸重峦叠嶂，青翠欲滴，山泉、瀑布、幽潭掩映在原始热带丛林之中，峻险兼备，是开展定向越野运动的理想场地。定向运动是竞技体育项目之一，类似于众所周知的寻找宝藏。大致过程是：在旷野、山丘的丛林或近郊公园等优美的自然环境中，事先隐藏好数个点，参加者手持地图和指南针，采用徒步、奔跑方式，迅速准确地逐个找出，有机地将个人休闲、娱乐与团队熔炼、协作融为一体。由于这个活动的组织方法简便，不仅对提高野外判定方向的能力及学习使用地图有好处，还能够培养和锻炼人的勇敢顽强精神，提高人的智力、体力水平。开展定向运动不需要像其他体育项目那样在场地与器材上支付大量经费，娱乐性与实用性兼备，因此日益受到旅游者的重视，并且很快在城市时尚人群中传开。

4. 骑马游

很多世纪以来，国外的骑马游是乡村旅游生活中的必不可少的一部分。骑马游包含的内容丰富，如骑马度假，可以维持一周跋山涉水的远途旅行；马术授课，从基础的授课到实践；租马游，农场一般可以为游客提供马匹和导游，指导游客游玩；探寻足迹游，可以结合当地某一特定历史时期的民间故事、历史事件等设计路线，开发出探寻足迹的骑马游；骑马比赛：这项体育运动式的旅游方式不能很好地控制，也不太广泛，但如果有专门的技术人员以及开发商，在乡村举办这项活动是最有可能和最具潜力的。

5. 野外拓展

野外拓展训练（Outward Bound）是指在自然地域（山川湖海），通过探险活动进行的情景体验式心理训练。野外拓展充分利用艰险的自然环境，从情感上、体能上、智慧和社交上对游客参与者提出挑战，在参与者解决问题和应对挑战的活动过程中，实现"磨炼意志、陶冶情操、完善自我、融炼团队"的培训宗旨。

（六）康体疗养型乡村旅游产品

随着旅游者越来越关注旅游产品的医疗保健功能，国内外许多乡村旅游目的地有针对性地强化了其产品的医疗保健功能，开发诸如温泉、体检、按摩、理疗等与健康相关的乡村度假项目。这不仅能够满足游客的健康需求，而且能为其带来不菲的利润回报。例如古巴的医疗旅游、日本的温泉旅游、法国的森林旅游、西班牙的海滨旅游等都以旅游服务项目的医疗保健功能而闻名。一般来说，这一类型的乡村旅游产品主要包括森林浴、日光浴、划船捕鱼、骑马、散步、远足等，使游客通过乡村旅游达到锻炼身体、宁气安神、消除疲劳，以及身体素质和精神状态改善和提高的目的。

1. 温泉旅游

温泉旅游，是一种历史悠久的旅游产品，在有温泉的地点进行开发，并不局限在乡村或城市。但随着旅游市场的发展、变化，温泉旅游的形式也在发生变化，虽然传统的服务设施高档的、齐全的温泉里"泡汤"保健仍然保持着巨大的市场，但一些新型的、符合现代时尚的消费形式也不断出现。如野外温泉源地旅游,就是一种具有乡村特征的温泉旅游产品。这种旅游活动不再是简单的泡温泉,而是由当地导游带领,沿着小溪走过纯自然的道路,来到有医疗效果的温泉发源地,在那里有设备简单但齐全的温泉旅游设施,游客可以在那里享受纯自然的温泉浴,然后品尝美味的山果。

2. 森林浴

乡村地区的山地、森林地带,由于其特殊的地理条件,会形成适合开展度假、疗养、保健的环境,特别是对于一些慢性病患者具有较大的吸引力。

在山岳森林地带,特别是在海拔 1000 米以上的山林地带,大气环境都比较好,会造成一个适合人体生理活动的"最佳环境"。根据生物气象学的研究,在常压下,气温 18~22℃,相对湿度 65% 左右;森林地区气温适中,阳光柔和,风力平缓,负离子多,无疑是高血压、肺部病患者的理想康乐、疗养度假胜地。据统计,一般城市环境中负离子不足 600 个/ml,公园中为 800 个/ml,而森林中一般能达到 1000~2200 个/ml,故在森林里能够使人神清气爽。许多树木还能散发出有杀菌作用的物质,具有抗菌、抗炎、抗癌功能,还有促进生长激素分泌的作用。因此,以"森林浴"为代表的乡村森林休闲旅游(可以结合森林观光、科普旅游),是一种很有市场潜力的产品。

案例 12-8:

山东宁阳彩山"森林香薰"浴场(音乐 SPA)概念设计

理念:把最时尚的生活方式与人类的自然追求有机地融合在一起,开发最具超前意义的、有浓郁情趣的森林浴产品;在天然的森林里,享受着现代的森林香薰,使人的心理和生理都得到了很好的调适;同时,作为一个极富时尚意义的创新产品,也有利于市场的宣传——用概念进行时尚营销。

概念设计:在山顶浓密的柏树林里,建设以健康、休闲为主题的天然"森林香薰"浴场,引入音乐 SPA 概念(SPA 的原意是用温泉水沐浴、香薰)。在山林中,用音乐来做 SPA!坐在舒适的躺椅中,耳边回响着贝多芬的田园交响曲,优雅的"Watermark",古筝弹奏出的"高山流水"。音乐能让人忘记烦恼,在这茂林中,山青水绿,鸟语花香,蜂飞蝶舞,人的心灵也要如山溪般清澈了。房屋采用木结构开放式,在有风的时节,树梢上挂上风铃,当山风吹来的时候,耳边就会传来清脆的风铃声与深沉的松涛声,使人迷醉其间。

主要建设内容包括:吊床、隐蔽音响、彩色风铃(挂在树梢)等设施;薰衣草,种植在该区域内和周围,形成沁人心脾的味觉空间,将"森林香薰"具象化。

案例来源:山东大学旅游管理系:《山东彩山旅游区开发规划》。

3. 野外徒步远足

人们常说"饭后走一走，能活九十九"。散步、野外徒步、登山等是一种有氧运动，能给人们带来体力和身心健康。乡村是户外运动、呼吸新鲜空气、欣赏自然景观的绝佳去处，而在城市周边地区的乡村从环境、距离、交通、市场等条件看也适合开发以健康为主题的户外运动旅游项目，通过规划、设计，利用自然河段、山地、林带等环境，建设专门的户外游憩区、徒步游道、登山踏步、休闲山坡、娱乐河滩等功能区和设施，配备基本的服务系统，包括指示牌、卫生设施（厕所、垃圾站等）、驻足点等。

在一些大城市的远郊，专门用于户外徒步旅游的郊野公园越来越多，以"走山"作为基本的开发理念，形成了一种新型的山岳性旅游区的开发模式。

（七）科普教育型乡村旅游产品

乡村能够为旅游者提供一个轻松舒适、学习特殊内容的环境，通过团队合作交流、自主探索学习等方式，让游客在没有任何压力的情况下学习新知识、熟练新技能，既享受了轻松的休闲，又学习到了知识。日本的许多地方为迎合人们关注野生鸟类生活的情趣而专门开发设计了观鸟旅游，让旅游者亲临野鸟栖息地观察鸟类生活，随行配备鸟类专家指导，使游客在旅游中既观赏到了鸟类的生活，也学到了许多关于鸟类生活的知识。美国的农场、牧场旅游不仅能使游客欣赏美丽的田园风光、体验乡村生活的乐趣，而且在专人授课的农场学校能够学到很多农业知识。这种兼有娱乐和教育培训意义的参与式的乡村旅游形式深受旅游者欢迎，成为乡村旅游的发展趋势。

1. 乡村研修旅游

乡村研修旅游，是以考察、研究先进农业、特色农业或农业文化，学习农业技艺为主题的乡村旅游项目。它的形式有农村"留学"、参观考察、教育培训等，为开展农业文化考察、特色农业考察、农业技术培训、花木栽培装饰培训、工艺品制作培训、农业知识学习等研修型乡村旅游活动，可发挥乡村农业的教育功能。

乡村研修旅游，也称"农业研修旅游"，有专业型和普及型两种类型。

专业型的农业研修旅游，一般是农业技术先进地区针对其他地区开展的具有专业培训、知识传授性质的农业或乡村旅游项目，如山东省寿光市的三元朱村，是中国冬暖式大棚的发源地，每年都接待来自全国各地的20多万人次的参观、考察和学习，村里配备专门人员现场讲解、培训、传授技艺，村里还常年有200多位技术人员在全国各地进行现场技术指导，通过这种方式，冬暖式大棚农业生产技术已经推广到了全国。

普及型乡村研修或农业研修旅游，是针对普通游客开展的具有科普、教育意义的旅游项目，将现代科技农业知识或传统农耕文化作为主题，寓教于游。

2. 教育农园

这是将农业生产和科学教育相结合的一种农业生产经营形式，即建设专门的农业教育旅游园地，进行旅游景区化开发、管理和经营。农园中栽种的作物、饲养的动物、配备的农具设备及所采用的生产工艺和耕作技术等都具有较强的教育意义。教育农园可设置简单的农业"博物馆",陈列反映当地种植、养殖业生产历史与现状的农畜产品或图片、农具、介绍农业生产工艺技术的资料等,并可在农园内建立演示区,再现农业生产历史。这样可以增加游客对当地农业生产历史的了解,激发他们爱农、兴农、投身于我国农业建设的热情。当前,较具代表性的教育农园有法国的教育农场、日本的学童农园等。我国台湾省的自然生态教室、寿光市的中国蔬菜科技博览园、兖州的农业奇观园、烟台的农业博览园、深圳的"青青世界"等,都具有教育农园的性质。

教育农园,可以是综合性的,也可以是专业性的。如深圳青青世界本身是一个综合性的乡村、农业教育园地,其中又有许多专业性的小园,分别展示着不同的专业知识。

案例 12-9:

深圳"青青世界"的蝴蝶农场

蝴蝶被誉为"会飞的花朵",大自然的舞蹈家。青青世界的蝴蝶农场,向游客展示蝴蝶从卵到幼虫、蛹、成虫的整个生长过程。为了让游客随时都能到青青世界欣赏蝴蝶,农场采用人工控温的方式,把场内温度控制在最适宜蝴蝶生长的27.5℃,营造一年四季都有蝴蝶翩翩起舞的迷人景色。蝴蝶农场也是青青世界"森林小学"的第二课堂,配合学校的春秋游和课外活动,安排讲解人员向中、小学生介绍蝴蝶生态知识。

案例来源:《青青世界》,http://www.evergreen-cn.com。

3. 寄宿农庄

寄宿农庄,是一种针对学生群体开发的具有体验、度假性质的乡村旅游产品,主要是利用节假日,让学生在专门建设的农庄中"寄宿",让他们参加乡村社区劳动,参与农场作业,学习农业知识,例如,喂养小鸡、小鸭、牛等;在农地里工作,体会播种、栽秧、收获全过程;为老年人盖屋子,关心老人;在当地的小学教英语等。以此来丰富他们的生活经历,培养青少年朴实、坚韧、健康、正直的人格。

寄宿农庄兴起于欧洲,目前在欧美地区已经是一个相对成熟的针对细分市场的专项旅游产品,在中国还是一个刚刚被关注的新型产品。

案例 12-10:

山东宁阳彩山旅游区寄宿农庄概念设计

设计理念:乡村经历,一生受益。

目标市场:节假日的学生群体乡村度假旅游;大专院校美术专业学生写生基地;旅游团队等。

> 建设内容：木屋旅馆、农耕园、百果超市（采摘园）、葡萄园、迷你绿荫牧场、骑士俱乐部、休闲娱乐园、乡间趣味小道等。
>
> 案例来源：山东大学旅游管理系：《山东彩山旅游区开发规划》。

（八）民俗文化型乡村旅游产品

民俗文化型乡村旅游产品，是以乡村地区的风土人情、民俗生活与生产民俗等乡村文化为主题，以突出农耕文化、乡土文化和民俗文化为特色，来开发的一种文化旅游产品。把乡村居民的衣食住行、婚丧嫁娶、时令节俗、民间信仰、民间娱乐、传统工艺等，无论是物质的、有形的实物资源，还是观念的、无形的非物质文化遗产，都作为开发乡村民俗文化旅游产品的资源依托。

乡村民俗文化旅游开发的主要内容、形式包括：

1. 民俗村旅游

乡村是传统民俗传承和存在的主要阵地和载体，特别是一些相对封闭的乡村，还能够较完整保留一些传统的民俗，其地方特色浓郁的民俗风情、文学艺术、乡土建筑、文物古迹，以及衣着、饮食、节庆、礼仪、婚恋、喜好、歌舞、工艺等越来越成为文明时代的历史遗产，这些都是重要的旅游资源，对城镇居民、文化诉求者有着强烈的吸引力。这样的传统村庄具有整体开发成民俗旅游村的资源优势。山东潍坊杨家埠村是一个有着600多年木版年画印制和风筝扎制历史的传统民俗村，自20世纪80年代以来，在山东省各级旅游部门的支持、指导下，已经开发成为一个在中国北方地区具有代表性的民俗文化旅游村。

民俗村旅游，一般是在传统村落、古村落的基础上整体开发起来的。如浙江兰溪中国第一奇村诸葛八卦村，有明清两代房屋多达200余所。房屋、街巷的分布走向恰好与历史上诸葛亮的九宫八卦阵偶合。全村绝大多数村民都是1700多年前蜀国宰相诸葛亮的后代，并牢记先祖《诫子书》的教导，"不为良相，便为良医"。整个村子就是一个完整的活文物，也成为一个整体旅游村庄——社区型旅游区。

民俗村旅游，是一种观光、休闲与体验相结合的文化旅游项目。游客可以在村庄内悠闲地逛街，可以与当地居民聊天或向他们学习传统工艺，参观最能体现当地民俗文化的市场、教堂，让游客们有机会欣赏到当地的艺术和手工艺品，品尝到真正口味的小吃、水果等，将旅游消费过程与悠闲乡村环境融为一体。

2. 农耕文化旅游

将农耕文化这种传统的生产民俗作为旅游资源进行开发，使其成为乡村旅游的重要对象。其开发形式分室外和室内两种形式。

室外形式，是一种场景式的农耕文化旅游，用实物以动态的方式综合性，或专项展示各地或各个历史时期的农耕文化。如农具文化专项展示，所展示的农具能操作，并有代表性特色，能够反映中国历史上各个时期农具发展的历史，包括汉代的辅护和翻车、五代的高转筒车、宋元时期的犁刀和水轮三事等，由专人教授使用方法，游客可以操作使用，以体验劳作的趣味。

室内形式，是一种将博物馆与场景相结合的农耕文化旅游形式。可开办小规模的手工作坊，如"酿酒作坊""制陶作坊""刺绣作坊""编织作坊"等。

农耕文化旅游项目，可以成为一个具有规模的独立经营单元，也可以成为一个大型旅游区中的一个组成单元。

案例 12-11：

东阿县鱼山生态农业旅游区"农时公园"/
传统农耕文化园概念规划

设计理念：把传统农业文明作为一种遗产文化来进行展示和保护。以当地传统的农业种植为基础，展现中国传统的农耕文化，包括农时节令、农业景观、农业生态环境、农事生产活动、传统的村居习俗，以及人类与自然和谐发展的农副业等丰富多彩的乡村文化和农耕文化。以"深入生活"的现代旅游理念指导旅游产品的设计，使游客更加近距离地了解农家生活，深度体验传统的乡村文化和农耕文化，感受"返璞归真"的情趣。

开发内容：规划建设一处200亩的"农时公园"，集中展示传统的农耕文化和农业文明。内容包括：农时活动：按照传统农时活动的节气要求，分别展示中国传统的、以自然农时为基础的农业生产过程，如耕地、播种、拾穗、收割、灌园等；农事场面：把农家生活形态的一些典型景象提纯集萃，再现传统农村场景，如金黄的麦秸垛、麦场、荷塘以及田间劳作的农民等，构成一幅田园韵味极浓的农事场面；农业景观：以传统的农业生产设施、生产工具等作为代表性"点景"，展示具有遗产价值的中国传统农耕文化和乡村文化。如大型的农业生产设施和生产工具，包括大型水车、辘轳等；篱笆农舍：几处农户家的四合院，院墙做成绿篱，院内有小块田畦，种植蔬菜，如豆角、莴苣，院落外面正对着池塘，几只鸭子在水中嬉戏，用现实的场景描绘田园人家的生活画面。

案例来源：山东大学旅游系：《东阿县鱼山生态农业旅游区开发规划》。

---

3. 遗产廊道

遗产廊道发源于捷克和斯洛伐克中部地区摩拉维亚乡村，当地为了发展乡村旅游，建设了一条名为"摩拉维亚葡萄酒之乡"的遗产廊道，将当地丰富的文化遗产和历史遗迹——诸如乡村博物馆、城堡、葡萄园、酿酒作坊、手工艺作坊、有音乐和舞蹈的酒吧等连接起来，还在途经之地建设了酒店、客栈、宿营地、自助餐厅和餐馆。遗产廊道成为了一项富有特色的乡村旅游产品[①]。可以说遗产廊道是"拥有特色文化资源集合的线性景观",它既可以是自然或历史形成的河流、峡谷、运河、道路以及铁路线,也可以是专门修建的将单个的遗产点串联起来的线性廊道——旅游专用通道。在拥有丰富历史、文化、自然景观的乡村开辟遗产廊道,将更好地展示当地景观的多样性和典型性,同时也会带动乡村旅游的繁荣和经济的发展。

一般来说,遗产廊道范围内的遗产并不一定都属于乡村文化或乡村资源,但乡村地区却是遗产廊道的主要存在环境,因此,遗产廊道往往成为乡村地区旅游开发的重要资源区。

案例 12-12:

美国黑石河流域国家遗产廊道

美国的黑石河流域国家遗产廊道位于马萨诸塞和罗德岛内,多年以来,一直在塑造着人类的发展和繁荣。这个大于 25 万英亩的独特的峡谷目睹了人们定居、工业化和环境退化的整个过程。黑石河流域国家遗产廊道规划强调在该流域内重新复兴文化和历史资源。规划的解说系统包括 13 个主题:工业发展、工业退化、交通、科技、劳动和管理、民族和移民、宗教、早期定居点、社区开发、社会变革、商贸、农业和美国当地的土著居民。这一解说系统的规划为旅游者提供了多种主题以供探讨,以不同的形式展现了当地的风貌。

案例来源:王志芳,孙鹏:遗产廊道——一种较新的遗产保护方法,载《中国园林》,2001(5)。

---

4. 乡村博物馆

乡村博物馆是一种集中展示乡村文化、历史、风物的旅游产品,它涉及传统乡村生活的所有领域,从实物形态、方言到工作和生活习俗等每一个细节。

乡村博物馆起源于欧洲,在国外发展得较为全面。例如罗马尼亚首都布加勒斯特有一座别具一格的乡村博物馆,建于 1936 年,馆内有许多个迥异的农家房舍,它们在绿树浓荫的陪衬下显得十分和谐、美丽,被人们称为"都市里的村庄"。这里既是游人参观游览、体会罗马尼亚风情的著名景点,更是了解罗马尼亚农村建筑艺术、民间艺术和农民生活习俗的露天博物馆。它生动地再现了罗马尼亚几百年来社会的变迁和经济、科技及人民生活不断变化与发展的过程。同时该乡村博物馆藏有丰富多彩的雕刻、刺绣及彩陶艺术品,向人们展示了罗马尼亚不同时期传统文化的艺术成就。俄罗斯的木造乡村博物馆,它是露天的,有冬天教堂、夏天教堂,还有民宅及商店、传统税金、水车以及磨面粉用的风车,就像是几百年前的俄罗斯小镇重现眼前一样。德国

[①] http://www.casstourism.com/member/.

"1950年前我们的村庄"主题博物馆、加拿大国家农业博物馆、英国乡村生活博物馆等,无一不展示了当地乡村的民俗、历史和文化特色。在国内乡村博物馆也逐渐兴起。中国茶叶博物馆坐落在西子湖畔的龙井茶乡。始建于1986年,占地3100平方米,由4组具有浓厚江南风格和茶乡特色的建筑和茶史、茶萃、茶具、茶事、茶俗5个展厅组成,形象生动地展示了中国茶叶发展史的全过程。旅游者可体验采摘茶叶之趣,享受各式茶艺之乐。

随着社会的发展,乡村博物馆的形式也在发生变化,在传统馆舍式博物馆的基础上又出现了新型的"生态博物馆",这是一种在原生环境中对遗产进行"原生态保护"的遗产保护方式。生态博物馆在国外是20世纪末开始出现的,近年来在我国的贵州、云南、四川等地的少数民族地区开始建设了一批生态博物馆,效果良好。

案例12-13:

意大利乡村"生态博物馆"

意大利的乡村"生态博物馆"建设始于2000年,宗旨是要以一种保护与创新地持续利用自然和历史遗产的方式,将当地的自然环境、历史文化遗产和村民的生产生活方式整体互动地展示出来,借此保护乡村的自然和历史人文景观。

意大利乡村"生态博物馆"是将整个社区的自然和人文环境一体化地进行展示,被称为"没有墙和门的博物馆"。村内也建有有形的博物馆,作为"生态博物馆"的一个组成部分。博物馆的建筑风格完全与周围的环境、民居相和谐,对当地的自然历史人文进行图文并茂的详细介绍,包括考古发掘实物、乡村历史上各种生产生活用品、艺术品和手工艺品;当地的野生动物、植物;还有社区孩子们以当地自然人文景观为题材而创作的各种绘画作品。

"生态博物馆"更大的展示空间在有形的博物馆之外——整个社区生活的自然环境和农牧生活场景都是重要组成部分。有专门设计的徒步旅游路线,可以到达各个自然景观,其中还设计有"民族志路线",可以参观当地人各种社会生产生活、历史景观和与宗教信仰相关的各个圣迹灵地。

案例来源:杨福泉:《意大利乡村"生态博物馆"小记》,http://www.channelwest.com/files/friends/yndxrlx/xsdt/03_08.htm。

(九)节庆型乡村旅游产品

节庆型乡村旅游是以传统的乡村民俗节日、民俗活动、民俗文化及特殊物产为主题,以举办大型节庆活动为形式而进行的一种乡村旅游开发模式。乡村节庆活动作为旅游景区或乡村旅游点的补充性内容,关键要处理好文化性与参与性、趣味性、娱乐性的结合,使节庆活动具有广泛的大众参与空间。一般来说,节庆型乡村旅游产品有传统的民俗型节庆活动和创新型节庆活动两种。

1. 民俗型节庆活动

民俗型节庆活动,是以传统的民俗文化为主题、以当地传统的民俗活动为基础进行改造开发的地方旅游节庆活动。

以山东省为例,泰山东岳庙会、千佛山山会、胶东沿海地区的开渔节等都是具有较大市场影响力的乡村民俗节庆活动;荣成市的国际渔民节,源于当地渔民传统的谷雨节,是当地渔民祝愿鱼虾满仓、祈求神灵保佑、免灾除难的节日;长岛的妈祖文化是中国北方颇具影响力的传统文化,影响面广,民间基础好,是中国北方渔村重要的传统节庆活动之一。

2. 创新型节庆活动

创新型节庆活动是指根据当地经济和旅游发展的需要,通过策划创新开展的地方旅游节庆活动。这种创新既可以根据当地传统文化进行,也可以根据现代旅游发展的需要进行。如潍坊的国际风筝会,源于当地源远流长的风筝文化,但当地历史上并没有"风筝会"或"风筝节"这样的传统活动——有风筝文化但没有风筝会,现代的风筝会完全是在历史文化的基础上进行创新、策划出来的;而寿光的国际蔬菜博览会则完全是一种根据当地的特色经济"创造"出来的节庆活动。

(十)专门性乡村旅游产品

专门性乡村旅游产品,是结合乡村的区位、市场条件,开发专门性的旅游服务项目,提供某一种或几种专门性的、单项的乡村服务,如城市周边的乡村餐馆、与景区集合在一起的乡村旅馆等,这些产品往往是单项的。专门性乡村旅游一般提供单项的旅游服务,多结合城市周边或大的旅游景区开发。

1. 乡村餐饮

乡村餐饮可以从农家主食,如铁锅贴饼子、红白相间的栗子枣香饭、凉拌山蕨菜、馍馍、农家菜肴和农家野菜等方面具体展开。例如在济南的南部山区(门牙一带)、泰山东御道、枣庄的"石榴人家"等城郊地区,乡村餐馆已经形成规模,有继续扩大、推进发展的可能和必要。但乡村餐饮应建立规范化、标准化的服务体系,旅游、卫生、工商管理等部门应抓紧出台相关标准和规则,使这些地区的乡村餐饮业走向良性发展的轨迹。

在城市郊区,乡村餐饮作为一种专门性乡村服务产品,有着广阔的市场。如泰安市肥城万亩桃园中的"桃园人家"、济宁的"运河人家"等,都是围绕城市居民消费而开展的乡村主题餐馆,生意火爆。

2. 乡村旅馆

以家庭或民居旅馆为主要形式的乡村旅馆,是一些旅游区周边、民俗村或古村落等住宿接待设施的主要形式。这种住宿接待形式,不仅可以分散投资、为当地居民提供优先参与旅游业的机会、促进农民致富,而且,可以避免旅游淡旺季所造成的大型接待设施的季节性闲置。

在山东省内许多大景区的外围地区，已经形成了与景区服务一体化的乡村接待服务体系。如蒙山的"沂蒙人家"、房干的村民旅馆、河口胶东渔村的"胶东渔家"旅馆、长岛的"渔家乐"旅馆、日照的王家皂"渔家乐"旅馆等，都已积累了较好的经验，有进一步推广的必要。同样，建立规范化、标准化的服务质量标准也是这些服务项目持续发展的关键所在。

第四节　乡村旅游经营模式

乡村旅游的经营模式指的是乡村旅游产品或乡村旅游项目的开发与经营的组织方式。

乡村旅游的经营模式可以有很多种，而且随着经营管理实践的发展，还会出现新的经营模式，而有些原有的经营模式则可能会因效果不好而消失或被淘汰。

一、典型的乡村旅游经营模式

典型的乡村旅游经营模式，是在长期的乡村旅游开发、经营过程中被较多采用，并被证明比较适合乡村旅游业的一些经营模式，主要包括"分散、自主经营模式"、"村办企业开发"模式、整体租赁模式、"社区＋企业＋业户"模式、"公司＋业户"模式等，它们各有优点与特色，适合不同类型的乡村旅游开发。

（一）分散、自主经营模式

1. 含义与特征

在自发的基础上，由乡村旅游资源的所有者直接经营，以单体业户为单位，分散地自主经营，项目的所有权、经营权合一。这种模式，在一定程度上减少了由于所有权和经营权分离而导致的委托代理问题以及由此产生的一系列纠纷。其表现形式往往是在一个村庄，由许许多多的个体业户各自经营乡村旅游业务，一般是提供餐饮、住宿或休闲、娱乐服务，业户多了，则由小业户形成大组群，使乡村旅游在这个地区（乡村）形成气候，而村庄一般没有统一的乡村旅游管理机构。

2. 优点

由乡村旅游资源的所有者进行直接的自主经营，一方面有利于调动他们的经营和管理的积极性。资源是自己的，经营好了受益的也是自己，为了得到更好的回报，当地村民就会充分发挥自己的聪明才智把项目经营好，对他们来说，这也是自己发家致富的一条路子。另一方面，可以有效避免与外来者的冲突。如果由外来企业经营的话，在权责分配上容易发生问题，产生摩擦，而由乡民自主经营，这方面的矛盾相对比较少。此外，当地人对自有资源的保护意识也比较强，同时为了更好地利用，他们在经营时也会

注意保护性开发,而且由于对当地的乡村民俗、乡村文化了解透彻,他们在产品开发时,能够比较好地体现原汁原味的地方特色。

3. 不足

随着经营规模的扩大,这种容易被模仿的经营模式会带动很多的投资者,竞争也就会越来越激烈,然而受乡村旅游资源经营者自身在经营观念、经济实力等方面的限制,面对竞争,可能会出现无力应对的局面,或者是采取恶性压价等不正当的竞争手段,导致村里整个行业的经营陷入恶性循环。其次是资金问题,发展到一定阶段以后,无论是扩大经营规模,还是产品花样翻新,都需要一定的资金,而对于自主分散经营的业户来说,后续的资金问题也是发展的瓶颈。仅靠自身的力量不能够有效地解决这些问题,而必须通过吸引外来投资等方式解决,这又会引发经营方式甚至是所有权、经营权转换等一系列问题。

利用这一模式发展起来的最典型的代表是四川成都的郫县友爱镇农科村,可以说农科村是成都市乃至全国现代"农家乐"的发祥地。目前,农科村景区面积达1000亩,景区内有旅游接待景点60处,80%为本地农户自主经营,日接待游客量达10000人次。山东省长岛的"渔家乐"、日照市王家皂的"渔家乐"等都属于分散、自主经营模式。

案例 12-14:

郫县农科村乡村旅游经营模式

概况:农科村位于成都市郊区,20世纪80年代初该村还是一个年人均收入仅有180元的村子,后来该村涉足苗木业,并在90年代开始利用村内的环境开展针对成都市民的"农家乐"休闲旅游,主要以乡村大院休闲、娱乐为内容,并提供餐饮、住宿服务。到2005年,一个有686户人家、2310口人的村庄,"农家乐"经营户达100余户,其中常年经营接待的有30余户,年接待游客数达60余万人次,人均年纯收入达3万元。

经营模式:农科村最初是为了走出贫穷而涉足苗木业,从无心插柳到有意栽花,苗圃、盆栽生意的发达,又催生了"农家乐"旅游,各家各户在做苗木生意的同时,开始建设自己的小庭院,拓展服务内容,由传统农业经营向乡村服务业迈进。这种自发、自主、分散的乡村旅游经营模式,在传统乡村经济的土壤中得到了快速发展。这种很容易学习、模仿的旅游经营模式,也迅速带动了一方经济的发展,蹿红中国。

案例来源:作者农科村调查。

（二）"公司+业户"模式

1. 含义

"公司+业户"是我国在推进农业产业化进程中出现的一种以"市场——龙头组织——个体农户"为格局的生产经营模式，即以公司（经济实体）、科研单位、各类农民技术或专业协会为龙头，以一系列的社会服务带动农村千家万户进行商品生产的方式，公司和农户签订合约，把生产环节交给农户去做，而市场和销售环节交给公司去处理，这样公司和农户两者优势互补，公司对市场信息的掌握比较充分，可以保证和开拓销售渠道，而由特定的签约农户来提供原料或产品，这既是农户的优势所在，也保证了公司稳定的原料或产品来源。

"公司+业户"模式的基本特征是：以业户为基础，充分发挥农民的生产规模优势，它不同于工厂的地方就在于，不必在一个集中的厂房里生产，也不像车间流水作业那样高度程序化和集中化，产品的生产或服务的提供，是分散在各个业户中完成的；有一整套产前、产中、产后的服务体系，企业要保证农民专业化生产的有效运行，为业户提供产前培训、产中指导、产后销售等一系列服务，可以说是"散而不乱"，整个生产和销售依然是有组织，有计划的。

在农业产业化组织中，"公司+业户"的具体类型可以分为纯粹市场契约型、准市场契约型和一体化契约型[①]。

纯粹市场契约型是指公司与农户签订收购合同，为农户生产的农产品提供稳定的销售保证。但公司和农户的经济利益是完全独立的，合同的内容主要是关于价格的问题。这种形式只是相当于通过收购合同把农户分散的、不确定的买卖交易集中到固定的公司，公司和农户之间仍为短期的、完全的市场买卖关系。对价格、质量波动比较大的产品来说，这种合同方式具有极大的不稳定性，因此该组织形式不占主导地位。

准市场契约型，是指公司与农户根据合同规定双方在生产、销售、服务及利益分配和风险分摊等方面的权利和义务，建立一种相对稳定、利益共享、风险共担的合作关系。这种形式的农业产业化经营通过合同实现了组织内部的分工与协作，公司发挥了单个农户所不具有的农产品加工增值、市场开拓、技术创新、服务提供等方面的能力，农户发挥了在农业生产环节中的独特优势。合作的结果，公司可以确保以较低的交易成本和适宜的价格获得稳定的原料来源；农户可以以较低的交易成本按照较为稳定的价格销售自己的农产品，并在信息、技术和生产资料等方面得到优惠的服务。由于这种形式只是对双方纯粹市场契约的部分替代，因为公司与农户双方仍保持各自独立的主体地位，所以将其称为准市场（准企业）型。由于农户成了"部分剩余的获得者"并且它又符合我国农业分户经营的特点，因而，它既是各地实践也是政府所倡导的主要形式。

一体化契约型，是指公司与农户通过要素的连接将农户的生产活动变成公司的经营

[①] 徐金海："公司加农户"的制度缺陷，载《现代商贸工业》，2003（3）。

车间。目前主要采取的是"租地——雇工经营"或"反租倒包"的方式。农户放弃了生产经营的主体地位，成为公司控制下的"生产车间"中的一分子，获得的是土地使用权的租金或在公司劳动的工资或二者兼而有之；公司拥有完全的控制权，取得的是规模经济效益。由于我国农业人口众多、农业资源尤其是土地资源相对稀缺，一体化的农业产业化经营组织的实用性就极为有限，因而就不具有普遍的推广价值。

对上面三种性质"公司+业户"模式的比较可以看出，现在应用比较多的是准市场契约型的"公司+业户"形式。具体到乡村旅游中，这一模式通过吸纳当地农民参与乡村旅游的经营与管理，在开发乡村旅游资源时，充分利用农户闲置的资产、富余的劳动力、丰富的农事活动，来丰富旅游活动，向游客展示真实的乡村文化。同时，通过引进旅游公司的管理，对农户的接待服务进行规范，实施统一管理，定期检查的方式，避免不良竞争损害游客的利益。也有的学者将这种经营模式作为参与式乡村旅游的重要类型之一。这一模式在乡村旅游发展中又可演化成"公司+业户"和"社区+公司+业户"两种模式[①]。

"公司+业户"模式就是在乡村旅游开发中，公司直接与业户进行合作，签订合作协议，明确各自的责任、权利和义务。公司负责开拓客源市场，进行经营管理，农户负责提供特色的乡村旅游商品，提供入户接待等服务，当然在接待服务方面要按照公司的标准，接受公司的培训，还有服务设施要符合公司的标准。开发所需资本，可以通过协商按照一定的出资比例，由公司和业户共同承担，也可以采取入股的形式，村民的房屋等个人财产可以作价入股，按股分红。

2. 优点

"公司+业户"模式是为了解决家庭联产承包责任制实施过程中出现的农户小规模经营与市场经济条件下的大市场运作之间的矛盾而产生的，它能够把现代市场经济条件下的国家调节市场、市场引导企业的经济运作机制，具体化为政府通过市场调节公司，公司引导农户。它把生产、加工、销售有机结合起来，把千家万户的农户和千变万化的市场联系起来。这些经济实体拥有农村单个经济组织和农民个体不具备的资金、技术、人才、设备等方面的优势，可以满足农民家庭经营的需要，它不仅有利于促进生产力的发展，而且有利于提高农业生产的技术层次，有利于提高农民的技术、文化素质，有利于农村政治、经济的稳定和发展。

具体到乡村旅游的发展中，"公司+业户"的组织形式，可以利用公司在市场、信息、营销、资金等方面的优势，以及业户在经营场地、风俗习惯等方面的优势，将两者结合起来，既克服了业户不懂市场的弊端，也解决了公司不易打入乡村内部的短处，还可以扩大当地村民就业，让村民们接触到先进的理念，了解外面的世界。

3. 不足

这一模式的不足主要表现在：相对于农户的个数来说，能够与农户进行合作的公司

---

① 郑群明，钟林生：参与式乡村旅游开发模式探讨，载《旅游学刊》，2004（4）。

的数量比较少，这样就使得农户对合作伙伴的选择余地有限；从农户和公司两者的比较来看，多数公司市场经济意识强，经济实力雄厚，拥有较强的决策、较严密的组织和完善的市场营销系统，通晓政府的经济政策和法律法规，掌握充分的市场信息，相对而言处于优势地位，而家庭经营规模偏小，居住分散，资金、技术力量薄弱，准确、充分、及时地获得和鉴别市场信息的能力不足，必然处于劣势地位，并且分散的农户缺乏代表自身利益的组织依靠，利益各自独立。为了在与公司进行交易的过程中处于有利地位，农户之间的恶性竞争时有发生。这就导致在"公司+业户"模式当中，农户在与公司进行谈判时处于不利地位。此外，服务接待相对于单纯的农产品生产来说，不容易衡量，而且质量也容易出现起伏变动，这就往往会加大公司统一标准的难度，而且服务接待，当地村民都没有受过专门的训练，需要公司进行统一培训，并作定期检查，以保证服务的一致性，这些都会增加公司的负荷，如果沟通不当，甚至可能会引起两者之间的矛盾。

案例 12-15：

成都红砂村乡村旅游经营模式

概况：成都市锦江区三圣乡红砂村，位于成都东南的近郊，1996 年以前的红砂村还是个出了名的贫困村，农民人均年收入不足 1000 元。20 世纪 90 年代红砂村开始涉足花卉生产，并迅速借此走上富裕道路；自 2003 年开始有村民自发地在自家院子里接待城里来的游客，后经当地政府主导与协调，有大公司介入红砂村的花卉业和乡村旅游开发，对村内 200 多户民居全部进行了翻新、改造为川西民居，组织一体化的建设与生产，并逐步形成了以"公司+业户"为特色的乡村旅游经营模式。

经营模式：红砂村的乡村旅游是典型的"公司+业户"经营模式。具体做法是：土地流转，农民失地不失业。把一家一户的土地集中起来流转出去，村民以入股的形式把土地的使用权委托给村里组建的土地流转中心，再由流转中心把土地出租给专业的花卉公司，实现土地的规模经营。土地流转后红砂村村民的收入无论从数量上还是结构上都发生了明显的变化。目前已通过土地流转的村民收入主要由 4 个方面构成：一是租金，园区内改造后的房屋租金，户均年收入 2 万元；二是利润，村民依托宅基地改造后的农居从事插花、餐饮、茶舍等经营性活动的营业收入，户均年纯利润在 3 万元以上；三是土地承包经营权入股的分红收入，入股农民可得到土地增值部分的收益为每公顷约 27000 元；四是工资收入，在流转后的土地上为公司务工的村民，人均可获得年收入约 7000 元。

案例来源：三圣乡人的城市生活——特色农家乐对推进城乡一体化的作用分析，http://sinocmr.cn。

（三）"社区＋企业＋业户"模式

1. 含义与特征

"社区＋公司＋业户"模式是"公司＋业户"模式的一种提升或改进模式。

"社区＋公司＋业户"模式中的"社区"是指作为社区代表的乡村旅游协会，由全部乡村旅游经营业户参加，一户一名代表，其职权相当于旅游公司董事会，决定村内一切有关乡村旅游开发的重大事件，任命并考核、监督旅游公司管理人员，审查财务状况等。"公司"是指的村办企业，而不是外来企业，它要接受协会委托，具体负责本村乡村旅游的经营业务，包括基本设施建设、对外营销、接待并分配游客监督服务质量、定期与经营业户结算等。"业户"作为具体的服务单元，接受公司的安排接待游客，并定期与公司结算。

这种模式的特征表现在：社区、公司、业户三者职责明确，利益分配均衡。"社区"或乡村旅游协会是全体业户利益的代表，决定乡村旅游开发、经营的重大事项；公司负责具体的业务经营；业户是生产者，负责生产高质量的旅游产品，提供优质的旅游服务。三者职责明确，相互配合。在利益分配上能够充分保障经营业户的收益；社区、公司、业户之间相互制约的关系保证了经营机会的公平与均等。三者之间存在一种相互制约的关系，相当于董事会的乡村旅游协会可以监督公司管理人员，而公司管理人员通过对业户经营实行规范化管理来保障旅游产品的质量，这种相互制约的关系既保证了管理过程的公平性，同时也保证了乡村旅游产品的质量；经营管理要规范化、标准化，业户如要从事经营，需要按照公司规定的标准进行房间的装修和改造，并要通过公司的检查。团队、会议、散客的预订、接待任务等，统一由公司负责，此外，在采购、结账、菜单设计等方面，也采取统一管理；财务制度透明化，接待价格由旅游公司统一制定，业户对每次接待的游客人数、游客规格都有详细的记载，每次接待游客时都要统一从公司领取原材料，各经营业户每月结清一次。

2. 优点

这种模式是对"公司＋业户"模式的一种改进，能够充分保障开发成本、利益的均衡分配，村办企业只是管理和营销机构，并不从事直接的接待和服务，而业户是提供服务的主体，这是一种建立在均衡利益原则下的经营模式，充分保障了乡村居民在旅游开发过程中成为第一利益主体，而不是企业和以村委为代表的集体；其次，乡村文化能够得到较好的保护与传承，在这一模式中，开发者、管理者、实施者都是当地人，这有利于保证乡村旅游资源的本土特色，真正把当地原汁原味的东西挖掘出来，表现出来；再次，社区、公司、业户之间相互制约的关系有利于管理过程的公平、公正，三者之间权利、责任明确之后，彼此监督，相互合作，从而实现共赢，否则，任何一方都有可能因个人主观意愿的主导而导致利益分配的不均，进而导致其他两者的不满和谴责，甚至危及三者合作的稳定性。

3. 不足

虽然相对于"公司+业户"的模式而言，这种发展模式有所改进，但是在发展中也暴露出一些问题。一个是资金问题，游客增多，接待规模需要扩大，设施档次也需要提高，而且要不断开发新项目来满足旅游的需求，然而由于这种模式的前提之一是要由本土化的村办企业来作为投资主体，资金实力毕竟有限，所以在后续发展中，极可能会出现因资金不足而无法扩大规模或更新产品的情况。再就是公司和业户之间的关系问题，从模式的设计来看，希望两者之间按照约定和各自的职责分工进行合作，但是在执行过程中依然存在不和谐的因素。比如要公司来统一安排客人的接待，那公司以什么标准来决定应该安排给哪一家经营业户？这些弹性都是比较大的，这就往往会造成业户之间以及业户和公司之间的冲突，经营业户肯定都希望多往自己家安排，这样他们相互之间可能就会暗暗较劲，或者他们会认为公司的安排不公平，从而引起不愉快。总体来看，在公司和业户的关系之中，公司在对资金、资源的掌握方面还是占优势的，可能会导致公司的管理权过于集中，在进行利润分配时出现争执等问题。

案例 12-16：

威海河口村的"胶东渔村"模式

概况：河口村是位于威海市以东 40 千米的胶东半岛最东端的小渔村，三面环山，一侧临海，风景秀丽，是一个依然保持着原生状态的传统渔村，祖祖辈辈以捕鱼、养殖为生。自 2000 年以来，村里开始开发乡村（渔村）旅游，聘请山东大学旅游管理系为他们制定了专门的乡村旅游开发规划，并策划了"胶东渔村"这个乡村旅游品牌。2002 年 5 月 1 日，河口"胶东渔村"正式开业，到 2006 年 7 月，全村共有 50 户居民开始经营"胶东渔村"旅游接待活动；共接待全国各地的游客 6 万人次左右，旅游经营的直接收入 500 多万元，每个业户 5 年来的平均经营收入达 10 万元。

经营模式：根据当初对经营管理体制的规划，传统的"公司+业户"模式在河口被改造成了"社区（乡村旅游协会）+公司（村办企业）+业户（本村居民）"的经营模式。乡村旅游协会，充当的是监督角色，由全体乡村旅游经营业户参加，确保旅游公司的开发建设能保障业户的利益；"公司"即河口旅游开发公司，是村办企业，具体负责营销、接待并分配游客、定期与经营业户结算、对参加经营的业户进行定额投资等；"业户"即河口村村民，在"胶东渔村"旅游经营模式中相当于具体的生产者，他们要按照公司规定的标准进行生产，在服务、接待标准等方面接受公司指导。这种模式的最大优点是建立了一种互相制约的机制，保证了机会的均等。

案例来源：山东大学旅游系：《威海市河口"胶东渔村"乡村旅游开发规划》。

（四）整体租赁模式

1. 含义与特征

旅游景区整体租赁模式，是20世纪90年代末期，在中国中西部一些旅游资源优势明显而经济相对落后的地区，随着改革的深化和旅游业的全面发展，在西部大开发的战略实践中产生和发展起来的[①]。简单地说，整体租赁经营模式，是指在一个旅游景区内，将景区的所有权与经营权分开，授权给一家企业进行较长时间的控制和管理，成片租赁开发，垄断性建设、经营、管理，并按约定比例由所有者和经营者共同分享经营收益。这种经营模式实际是政府出资源、企业出资金，两者共同受益的一种方式。有些类似于农村的家庭联产承包责任制。在运用整体租赁这种模式时，有一个核心的前提，那就是景区资源的产权是可以进行分割的，只有景区的所有权和经营权实现了有效分离，才能够在不违背现行法律法规的前提下，在保证资源国家所有的前提下，将经营权转让出去，进行租赁经营。它既遵循了旅游资源国家所有的法律条文，又不局限于现有的体制与政策框架，有利于争取相关部门的理解和支持。

整体租赁经营模式是一种"1+1"的经营模式。这两个"1"，一个指政府，一个指企业，它是相对于"1+多"的方式而言的。它强调的是由政府授权某一家而不是多家企业进行投资和开发建设，实施的是独家经营。当然对投资企业的性质没有严格的规定，既可以是国有企业，也可以是民营企业，还可以是股份制上市公司。随着景区的发展也可以有其他企业加入进来参与经营，但是他们进入必须通过这家企业，而且后加入的企业一般只按投入的资金比例分享收益，不参与旅游景区的具体经营管理。

政府虽然把资源租赁给了企业，让企业去经营和管理，但是资源仍然是国家的，政府对资源和环境将通过法律法规、强化景区建设项目的审批管理来实施保护。另外，赋予企业较长期的经营权，一般为50年，这样能够促使企业把它的切身利益与旅游景区的前途命运紧紧地联系在一起，将旅游景区的开发效益与保护效果直接联系起来。

对于实施整体租赁经营的景区，政府的主要职责是编制规划，成立专门的旅游景区管理机构，对旅游景区日常经营及资源与环境的保护进行有效监督，协调景区开发经营与地方政府和当地居民的关系，并通过各种行政、税收、行业管理等手段对旅游景区进行直接或间接的调控。相应的，旅游景区的经营企业作为景区资产的经营者，市场竞争的参与者，要负责整个景区的日常经营，保证旅游景区的可持续发展，当然也要保证自身的收益。这样，在整体租赁过程中，旅游景区的所有者和经营者通过法律协议对各自的责权利进行合理、清晰的界定，各司其职，相互监督，相互制约，共同为当地的发展做贡献。

2. 优点

在乡村旅游开发中实行整体租赁，把某个乡村旅游景区或项目租赁给一个企业经

[①] 彭德成：《中国旅游景区治理模式》，北京，中国旅游出版社，2003，67页。

营,可以充分发挥企业在资金、市场、经营、管理方面的优势,从而将乡村旅游产品较快地推向市场。整体租赁,不是将景区一股脑儿地全交给企业,而只是把景区的经营权交给企业,在景区规划、环境保护等方面,政府和当地社区还要采取措施实施有效的监督,这样实际上相当于政府和当地社区把自身不擅长的方面剥离了出去,交给了比较有优势的企业,然后两者相互配合,为乡村旅游景区的发展共同努力。能够租赁景区进行经营的企业,其资金实力一般也比较雄厚,有能力投资开发建设景区,此外,企业在经营、管理、营销等方面比较专业,可以更好地管理和宣传乡村旅游景区。

3. 不足

这一模式也存在一定的风险,首先,整体租赁这种模式仍然存在政策上的风险,它将资源的所有权和经营权分离,并将经营权进行较长时间的转让,突破了现有的管理体制和要求,在目前尚没有明确的法律规定的前提下,依然要承担较大的政策风险;其次,整体租赁模式可以说在地方政府、景区管理机构、景区投资企业和当地居民等直接利益主体之间,达成了一种新的均衡。但是任何合作的不和谐都有可能破坏这种和谐。从景区投资企业来看,如果它不按照约定的投资规模和投入时间来组织资金注入景区而影响景区的发展时,或者由于企业战略目标发生转移,企业文化发生重大变化时,这种合作的均衡就会被打破,从政府方面看,决策的水平和科学性、人事调动、职能过渡等都会影响合作的顺利开展,从民众来看,外来人员所带来的不同的观念和文化,会对当地居民的生活和本地文化形成冲击,如果引起他们的反感和不适应,就有可能打破这种和谐的合作关系;再次,这种模式允许企业长期独立控制、垄断性经营旅游景区,相应的经营的风险也转嫁给了投资企业,由于要对其投资回报直接负责,景区经营必然会走市场化发展的道路,而问题还是在于如何处理经营开发和保护的关系上。虽然采取了一定的监督和约束措施,但是两者的统一是很难的。特别是当资源环境保护部门和投资企业的认识不一致时,经营风险体现得会更明显。

案例 12-17:

竹泉村乡村旅游开发的整体租赁模式

竹泉村位于山东省临沂市沂南县北部。村庄内泉依山出,竹因泉生。自元明以来,村民绕泉而居,砌石为房,农耕为业。竹林隐茅舍,家家临清流,田园瓜果香,居者乐而寿,是中国北方难得一见的桃花源式的生活环境。古村背靠玉皇山,中有石龙山,左有凤凰岭,右有香山河,前有千顷田,是中国传统的风水宝地。但该村的经济条件较差,基本没有开发能力,后被青岛龙腾集团整体租赁,投资 1.56 亿元开发建设,建成一处以生态观光、休闲度假、商务会议为核心,集观光、休闲、住宿、餐饮、会议、度假、娱乐、拓展于一体的综合性旅游度假区。2010 年被评为国家 AAAA 级旅游景区。

开发模式：原古村整体由龙腾集团租赁开发，村民被搬迁至新村，原来的村庄成为一个封闭管理并收取门票的景区。

资料来源：http：//www.zhuquancun.com/？list-1227.html。

（五）"村办企业开发"模式

1. 含义与特征

村办企业开发模式，就是由当地村里的"村办企业"开发、经营的模式，实际上往往是由"村委会"主持的。在前期建设过程当中，结合当地的资源状况，村政府拿钱聘请有关专家进行规划和设计，一般也是由村政府筹资组建公司，然后由该公司负责乡村旅游项目的开发建设。项目建设所需的资金可以由当地财政拨款，或者申请专项基金，还可以通过村民集资或入股的方式来筹措资金，村民也可以用自己的实物资产作价出资。项目建成后，除少数管理和技术人员外聘以外，一般的服务和工作人员，以当地村民为主，这样既能够尽可能多地消化当地劳动力，使村民不离乡即可就业，同时也可以降低劳动成本。当然由于村民过去多是从事田间耕作的农民，要他们去从事服务业，一下子从与庄稼打交道变成与人打交道，无论从心理上还是技能要求上，可能都达不到要求，因此，在上岗前，必须对他们进行统一的岗位培训，以便能够更好地胜任工作。投入运营以后，村民可以按照出资比例分红。山东省的杨家埠、蒲家庄、南山、西霞口、房干等著名的乡村旅游点，都是这种模式。

2. 优点

这种模式的优点在于：一方面，由村属集体企业自主开发，由于是"自家的产业"，所以积极性比较高，这里是他们祖辈繁衍生息的故土，对家底和资源摸得都比较清楚，对乡风民俗的理解深刻而透彻，所以在开发时能够把一些真正体现当地特色的东西保留下来，体现出来；另一方面，虽然在开发过程中，村民和开发者之间也会产生利益方面的冲突，但相对于外来企业开发而言，比较容易调和，另外，在思想观念、生活方式、文化差异等方面的冲突也比较少，虽然经过开发他们会接触到很多外面先进的经营理念，然而地缘情结还是很浓厚的，"本家人"之间相处沟通起来总要容易得多。

3. 不足

这种方式也有其弊端，首先就是资金方面的限制，如果村子不太富裕，实力有限，不能够募集到足够的资金，项目的规模扩大和水平的提高，都会受到直接的影响，甚至中途流产；其次是管理水平的问题，这种村庄集体企业，主要领导者往往也就是村内的负责人，所谓隔行如隔山，一个把村子管理得井井有条的人在做实业时不一定能够如鱼得水，而没有一个好的领导班子将会直接威胁到企业的进一步发展；再次是人员问题，随着项目的发展，必然对人员素质的要求越来越高，而由于招聘是以本地劳动力为主，人才的培养也不是一朝一夕的事情，所以两者之间可能会出现断层，影响服务水平的提高。

> **案例 12-18：**
>
> ## 潍坊杨家埠民俗村乡村旅游经营模式
>
> 概况：杨家埠位于潍坊市寒亭区，是一个有着600多年木版年画和风筝扎制历史民俗村庄。自20世纪80年代开始，在山东省旅游局的帮助、指导下开发乡村民俗旅游。20世纪80年代末开始由村委会出资1200万元建设民俗大观园，内有木版博物馆、风筝厂、民俗馆、婚俗院、风筝精品馆、年画博物馆等，每年接待几十万人次的中外游客。
>
> 经营模式：从性质上来看，杨家埠民间艺术大观园是一处村办集体企业，拥有独立的公司法人治理结构，实施独立经营，对村委负总责。杨家埠大观园共有职工90人，60%是本村职工，40%是当地外村人员，木版年画的技术人员全部是杨家埠本村人员。
>
> 案例来源：山东大学旅游系：《杨家埠民俗村旅游开发规划》。

二、其他的乡村旅游经营模式

乡村旅游的经营模式除了上述五种外，还有其他一些经营类型，有的是在上述模式基础上的变通和改进，有的变化比较大，在一些研究中多有涉及，认真对比、研究这些不同的模式，有助于我们更加清楚地认识各种模式的利弊。

（一）"农户+农户"模式

在一些乡村地区，由于环境相对封闭，信息不畅通，村民们的观念比较传统保守，他们对外来企业在本地投资开发经营乡村旅游项目存在一定的疑虑和不信任，所以大多数农户不愿意把自己的资金或土地交给这些公司来经营。而相对来说，他们会更信任那些"示范户"的作用，所谓的"示范户"或者叫"开拓户"，往往都是本村那些比较早的通过发展乡村旅游富裕起来的农民，在这些先富起来的人的示范带动下，其他的农户们陆陆续续加入到乡村旅游经营中来，最初可能只是给这些"示范户"打工，慢慢地，通过对"示范户"的学习，他们也掌握了必要的经验和技术，在有了一定的资金积累以后，有的开始自己独立经营乡村旅游接待项目，有的自身还没有能力搞接待，就跟那些规模较大的"示范户"联系，给他们提供接待客人所需要的蔬菜、禽蛋、肉食等，形成一个小小的供应链。如此一来，逐渐就形成了"农户+农户"的乡村旅游开发模式。例如湖南汉寿县的"鹿溪农家"，从2001年7月起开发乡村旅游，最初只有两户村民参与，在不到一年的旅游接待中，"示范户"获纯利8000元，产生了巨大的示范效应，到2003年全村30多户中有14户条件较好的农户参与旅游接待服务，还有不少农户为旅游提供特种家禽、绿色蔬菜、山里野菜、生态河鱼等农产品和参与民俗表演，逐渐形成了家禽

养殖户、绿色蔬菜户、水产养殖户、民俗表演队等专业户和旅游服务组织,吸纳了大量富余劳动力,通过乡村旅游的开发,顺利调整了农村产业结构,实现了农村经济的良性发展。

这种模式是在本地"示范户"的带动作用下发展起来的,所以不存在与外界企业的利益冲突或者文化差异问题,因此,彼此的融合比较好,适应和学习起来也比较快,只要大家齐心协力,协调好彼此的关系,发展会比较迅速。由于经营者都是本地人,他们对自己的资源条件不比较了解,对自身的乡土文化也比较熟悉,所以在开发的过程中,能够保留住最能体现出他们乡村特色的部分,并把这些通过一定的形式表现出来,才能让旅游者感受和体验到原汁原味的当地习俗和文化。

这种"农户+农户"的经营模式也同样存在不足:这种模式主要由当地村民经营,受资金的限制,接待量有限,同时受到他们自身观念、知识水平以及"小富即安"思想的影响,经营的档次往往提不上去,最初可能经营得很红火,由于缺乏长远规划和创新意识,后续经营跟不上,不能适时推出新的产品,满足于现状的小打小闹,使规模的扩大受到限制。这种模式可能是"示范户"自己摸索出来的致富之路,也可能是政府树立或扶持的,以此调动村民参与乡村旅游的积极性。当地村民内部在资源、利益分配不均时,也会存在矛盾和冲突,但总体来看,风险是相对较小的。受经营者自身的影响,在发展到一定程度以后,如果不能及时"升级换代",可能会越发展越艰难。

(二)"政府+公司+农村旅游协会+旅行社"模式

近来,不少学者在有关著作中提到了这种模式,它比较突出的特点是"各个方面考虑周全"。因为它涉及了乡村旅游发展的几乎所有的关键领域,有利于充分发挥旅游产业链中各个环节的优势,通过合理分享利益,使各方能够密切协作,避免因分配不公引起的利益冲突。一方面,可以发挥公司在经营和管理方面的优势,旅行社在市场开拓方面的优势,另一方面也可由政府进行有效的规制,由农村旅游协会代表村民,从而维护和保障了村民的利益。避免过度商业化,保护本土文化,增强了当地居民的自豪感,从而为旅游可持续发展奠定基础。

例如,贵州平坝县天龙镇在发展乡村旅游时就采用了这种模式。他们的具体做法是政府负责乡村旅游的规划和基础设施建设,优化发展环境;乡村旅游公司负责经营管理和商业运作;农民旅游协会负责组织村民参与地方戏的表演、导游、工艺品的制作、提供住宿餐饮等,并负责维护和修缮各自的传统民居,协调公司与农民的利益;旅行社负责开拓市场,组织客源。天龙镇从2001年9月开发乡村旅游,到2002年参与旅游开发的农户人均收入提高了50%,同时推进了农村产业结构的调整,在参与旅游的农户中有42%的劳动力从事服务业,并为农村弱势群体(妇女、老人)提供了旅游从业机会,最大限度地保存了当地文化的真实性,使古老的民族文化呈现出勃勃生机[①]。

---

① 郑群明,钟林生:参与式乡村旅游开发模式探讨,载《旅游学刊》,2004(4)。

(三)"政府+公司+业户"模式

"政府+公司+业户"的模式,实际上是在发展的过程中,考虑"公司+农户"模式中的风险,再次强调了政府的作用,与前一种模式相比,在这种模式中政府发挥作用的范围要更广一些,在"公司+业户"中,政府主要是给予宏观的协调和指导,为公司和农户的合作提供一个良好的环境,对于具体的开发事宜一般不干涉,给了公司更大的自主经营权,而"政府+公司+业户"的模式可以说是政府引导下的"公司+业户",也就是说在乡村旅游开发中,县、乡各级政府和旅游主管部门会按市场需求和全县旅游总体规划,来确定开发的地点、内容和时间,发动当地村民动手实施开发,开发过程中政府和旅游部门会进行必要的指导和引导。在一些偏远的山区发展乡村旅游,由于当地村民的经验有限,获取信息的能力有限,相对于公司来说处于弱势地位,这种政府指导下的"公司+业户"的经营模式,恰好能够在一定程度上克服上述弱点,因而可以考虑采取这种经营模式。

(四)个体农庄模式

个体农庄模式是以规模农业个体户发展起来的,以"旅游个体户"的形式出现,通过对自己经营的农牧果场进行改造和旅游项目建设,使之成为一个完整意义的旅游景区(点),完成旅游接待和服务工作。这种模式可以说是在"农户+农户"经营模式当中,示范户的发展方向,或者说是自主经营的农户在规模扩大后的发展道路,虽然没有什么模式上的创新之处,但也不失为乡村旅游经营综合化的一个方向。通过个体农庄的发展,吸纳附近闲散劳动力,通过手工艺、表演、服务、生产等形式加入到服务业中,形成以点带面的发展模式。如湖南益阳赫山区的"花乡农家"和内蒙古乌拉特中旗的"瑙干塔拉",通过旅游个体户自身的发展带动了同村的农牧民参与乡村旅游的开发,走上共同致富的道路。

另外,也有学者提出了公司制或者股份制的经营模式,实际上与前面的模式存在着交叉。在"公司+业户"、整体租赁等模式中,都有可能采取公司制或者股份制的形式进行运作。股份制模式主要是通过采取合作的形式来开发乡村旅游资源,按照各自的股份获得相应的收益。为了合理地开发旅游资源,保护乡村环境,可以根据资源的产权将乡村旅游资源界定为国家产权、乡村集体产权、村民小组产权和农户个人产权4种产权主体。在开发乡村旅游时,可采取国家、集体和农户个体合作,把旅游资源、特殊技术转化成股本,收益按股分红与按劳分红相结合,进行股份合作制经营。企业可以用积累的公积金扩大规模,进行生态环境的保护与恢复以及相应旅游设施的建设与维护,用公益金投入乡村的公益事业以及维持社区居民参与机制的运行等,同时通过股金分红支付给股东。这样,国家、集体和个人可在乡村旅游开发中按照自己的股份获得相应的收益。通过"股份制"的乡村旅游开发,把社区居民的责、权、利有机结合起来,引导居民自觉参与他们赖以生存的生态资源的保护,从而保证乡村旅游的良性发展。

　　在发展乡村旅游的实践当中，人们结合当地实际情况，经营思路和方式也在不断变化、更新和改进，上述模式是已经出现并取得一定成功的。今后，随着乡村旅游实践的不断深入，还会出现其他新的模式或方法。另外，任何一种模式和方法，也都有针对性，应根据自身的具体条件进行选择，而不可能有一个放之世界而皆准的"万能模式"。

　　总之，乡村旅游作为农业、农村与旅游业融合发展的一种新型业态，不仅为广大旅游者提供了一种新的体验产品，也成为解决欠发达地区乡村经济发展模式创新、农业增效模式创新、城镇化途径创新的一个新路径。从我国社会经济的发展过程来看，农业、农村和农民的发展是一个关乎国家前途命运的大问题，自2004年以来，连续17年中央的一号文件都是关于"三农"的发展问题，也都把发展乡村旅游作为解决"三农"问题、精准扶贫的重要途径。而从乡村旅游的发展经验来看，乡村旅游的发展，在提高农业附加值、提高农民收入、增加农村就业、美化乡村环境、改善农村生活质量、传承乡村文化、保护古村落等方面，都起到了积极作用，已经成为解决"三农"问题、实现新型城镇化的重要途径。而在一些经济欠发达的"老少边穷"地区，乡村旅游则成为农民脱贫致富的重要手段。如山东省淄博市博山区的中郝峪村，原是一个地处鲁中山区深处的典型贫困村庄，全村共113户、340人。2003年全村人均收入只有2000元。后来该村在旅游部门的指导下，依托山地、果园和农民的菜地，发展住农家屋、吃农家饭、种农家地、摘农家果的乡村旅游项目，全村有76户参与经营农家乐，其中有5家农家乐被省旅游局评为四星级农家乐。通过发展乡村旅游，实现了经济效益、社会效益、生态效益的有机统一和良性发展。2013年全村人均收入达到26400元，比2003年增长了13倍。一个远近闻名的贫困村一跃成为全省著名的乡村旅游特色村。实践证明，乡村旅游作为农业与旅游业融合发展的一种新型业态，在解决欠发达地区乡村经济发展模式创新、农业增效模式创新、城镇化途径创新等方面的确能够起到很大的促进作用。这也非常符合中央关于"深入推进农业发展方式转变""构建新型农业经营体系""建立农业可持续发展长效机制"等的工作要求。

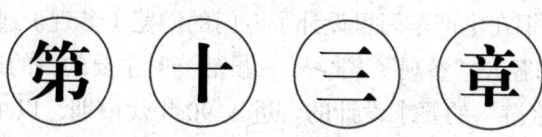

第十三章 工业旅游规划

工业旅游在旅游产业体系中出现的较晚,今天虽然在旅游产品开发和旅游产业发展中越来越被重视,但规模和种类仍有局限。但从总体趋势来看,工业旅游开发越来越成为旅游业发展中的一个重要领域。

第一节 工业旅游的概念与特点

随着人类社会的发展,人类旅游需求的变化促使人们从新资源观的视角来认识和利用各种社会资源,工业旅游就是在这样一种社会背景下产生的一种旅游产品。

从旅游产品生产的角度看,第二产业中的那些与人类生活密切相关的领域,如食品饮料加工业、服装业、家具制造业、文体用品业、工艺美术业、装修装饰业、交通运输设备制造业、电器制造业、通信设备制造业等都与旅游业有着内在的联系。特别是一些具有知名、著名品牌的工业企业,依仗自身的品牌知名度和社会影响力,依托自身的企业资源、设施和设备,开发主题性的工业旅游,已成为一种既可提高企业知名度,又能够产生直接经济效益的多赢发展模式。

一、工业旅游的兴起

工业旅游是一种真正意义上的新型旅游产品,产生于 20 世纪 50 年代。它是指人们通过有组织地参观工厂、了解科学技术与生产工艺、产品知识等来掌握相关的产品与工业知识,从中得到旅游体验。

工业旅游最早起源于法国,当时的雪铁龙汽车制造公司为宣传企业开放了其生产车间,允许客人参观生产流水线。这一行动在当时引起轰动,随后众多厂商纷纷效仿,一时间参观工业企业成为"时尚",由此而产生了一种新的旅游产品种类——工业旅游。目前西方许多的大企业都定期向公众开放,许多著名企业因此成为旅游景点。

工业旅游在我国更是一种新兴起的旅游产品。我国真正意义上、最早开发工业旅游的是上海的宝钢，20世纪80年代，宝钢在生产车间里设计了专门的游览（参观）通道，供政府、部门、企业接待的各类群众和客人"参观""学习"，虽然当时主要的目的还是为了宣传，但毕竟在功能上是按照"旅游"的要求设计的。进入90年代中期，以1994年长春第一汽车集团组建一汽实业旅行社，对外开放卡车生产线、红旗轿车生产线、捷达轿车生产线以及建立汽车研究所样车陈列室开始，我国具有现代意义的工业旅游开始走上规模化发展的阶段。目前，烟台张裕、青岛啤酒的工业旅游已经在工业旅游领域成为标志性项目。

二、工业旅游的概念

与城市旅游、乡村和农业旅游、文化旅游等传统的旅游产品相比，工业旅游可以说是一种最现代的旅游产品，它与工业发展的水平，与工业化社会进程中人们对工业、工业技术、工厂、工业产品的认识和依赖程度是分不开的，是大工业生产模式和工业产品向人们社会生活领域的延伸与渗透的结果。作为一种新型旅游产品，工业旅游就是在这样一种背景下产生的。工业旅游的产生有着深层次的社会原因。

正由于工业旅游的出现时间较短，还处在初期的发展阶段，其开发也基本是模仿博物馆、主题公园等产品的开发模式，人们对工业产生的社会背景和文化基础、对工业旅游的本质特征和文化影响等原则性问题的认识还不够充分、不够深入，即使是对工业旅游的概念认识也不统一。而学者当中专门从事工业旅游研究得人也很少。目前，作为一种新兴社会现象，工业旅游的概念或定义仍是一个处于讨论过程中的事物。为便于操作，我们直接采用国家有关部门的对工业旅游的技术定义。

在国家旅游局颁布的《全国农业旅游示范点、工业旅游示范点检查标准（试行）》中，将"工业旅游点"定义为："以工业生产过程、工厂风貌、工人工作生活场景为主要旅游吸引物的旅游点。"

也就是说，"工业旅游"，是"指以工业生产过程、工厂风貌、工人工作生活场景为主要旅游吸引物"而开发的旅游产品。

三、工业旅游的特点

对工业旅游基本特征的本质性认识，应从其资源特征与社会背景、文化基础与文化影响等不同的角度进行综合的、深入的分析。但这种深度研究目前在旅游研究领域还没有开始，我们对工业旅游特征的认识还仅仅是从产品自身的特点分析开始的。从这个角度看，工业旅游的特点主要包括四个方面：

（一）融观赏性、知识性、参与性于一体，具有功能的多样性

工业旅游由于其依托的资源、载体具有多样性，也就造成了工业旅游产品功能的多样性，可以开展一般性的观光旅游、具有特定知识性科普教育旅游，甚至能够开展参与

性、趣味性的娱乐活动等。园林的工厂区、外形别致的厂房、体量高大的机器与设备、先进的生产线，以及曾经辉煌过的工厂遗址、工业文明等，都可以成为观光、游览的对象，成为被欣赏的美景；求知探奇是人们旅游时的普遍心理，工业旅游通过组织游客参观各类工业，也能极大地满足其好奇心，丰富其知识，开拓其视野，特别是对于家庭日常用品的保养维修，更是令游人兴趣倍增。在当代旅游活动越来越强调参与性，工业旅游也正好适应了这一需求，变游客被动地参观为主动参与，如游客在参观丝织生产、香水制造及各类手工艺品生产地时，就能在专业人员的指导下，亲自动手"生产制造"出自己喜爱的产品。

（二）融旅游经营与企业宣传、培养潜在顾客等于一体，具有效益的综合性和长期性

工业旅游，既卖出了"工业旅游产品"，又能够同时卖出企业的"工业产品"，还能够同时进行企业宣传、营销，培养潜在或未来的客户，从这个角度讲，工业旅游就是一种"顾客付费"的广告宣传，对于企业来说，这是投资收益率最高、经济上最划算的开发项目了。韩国的现代汽车生产基地，对工业旅游开发非常重视，专门设有宽敞、美观的展览大厅，彬彬有礼的导游员会向每一位到访者介绍企业的历史、技术和产品，有专门的厂区交通工具载着游客漫游开阔的基地环境，在井井有条的生产车间参观汽车组装流水线，整个过程下来，人们会对现代汽车先进的技术、科学的管理有一个基本的了解，重要的是许多人从此建立了对现代汽车的信任，培养了一批未来的客户。

（三）容量大、流动快、价格低，具有市场的广泛性

工业旅游，一般是依托企业厂区环境、生产车间、企业博物馆或工厂遗址等资源开发的旅游产品，环境容量大，产品多以流动性的观光游览为主，虽然也有参与性娱乐、科普等类型的产品，但总体上或多数是动态性游览产品，具有容量大、流动快的特征；同时，由于工业旅游产品的开发大多数是资源转化型开发，专门性投资少，一般不需要专门的建设，而且许多企业开发工业旅游也有兼顾宣传的初衷，因此价格一般普遍偏低，也就造成了工业旅游产品具有较大的市场适应性，具有大众特征。另外，工业旅游产品本身也具有较宽的市场适应性，能够适合不同年龄段、不同职业和身份、不同文化层次和文化背景、不同价值取向的旅游者的需求。例如关于英国工业旅游产品的市场调查表明，工业旅游产品的游客主体在年龄结构上有着很大的跨度，从儿童到中年、到老年，从家庭散客到团队，从国内游客到国际游客等，表现出游客主体的多样性特征。

例如，对英国五个著名工业旅游景点游客年龄特征的调查表明，工业旅游产品的市场跨度很大。这五个工业旅游景点分别是卡德布里世界、苏格兰威士忌文化遗产中心、艾思布里奇峡博物馆、斯尼伯斯顿发现者公园、南约克郡的埃尔赛卡。其市场特征如下：

一是游客年龄结构跨度大，"卡德布里"和"威士忌"以中青年游客为主体，"艾思

布里奇峡"以老年游客为主，游客普遍已达45岁，"斯尼伯斯顿"则以儿童、学生和老年人为主体，"埃尔赛卡"则定位在各个年龄段都涵盖的市场范畴。产生这种区别的原因主要是产品特征："卡德布里"和"威士忌"兼顾历史与现代、教育与娱乐，并且其公司属食品行业，贴近百姓生活，更易受到具有活力、生活色彩丰富的中青年人的青睐；"艾思布里奇峡"以工业史为主，更容易吸引具有极强怀旧情怀的岁数偏大的老年游客；"斯尼伯斯顿"突出工业史和科学普及教育内容，其对具有怀旧情怀的老年人和对科学有着学习热情的儿童及学生有着同样强的吸引力；"埃尔赛卡"经营方向众多而将市场定位在各个年龄段的市场上。二是从市场的地区分布上看，英国工业旅游景点市场主要为附近地区及本国市场，当地市场占份额最大，只有"威士忌"例外，其国外游客多而当地游客少，其原因首先是"威士忌"品牌国际知名度高，倍受国际游客青睐，其次是其与当地其他具有吸引国际游客能力的景点有机组合，成为国际游线路中的一个环节而被开发出来，最后是"威士忌"属于以酒类产品为主题的景点，其对当地散客、家庭游客、儿童学生团体、老年人等吸引力相对较少，故其丧失了大量的当地本国市场，一升一降致使其国外游客多于国内游客。三是市场社会阶层构成上有较大差别，"卡德布里"以"巧克力"为主题，贴近百姓生活，故其能更多地吸引低收入阶层前来旅游，所以低收入阶层游客相对较多，而其他四个景点则以高、中收入阶层为主，其产生差别的原因主要是高中收入社会阶层有更多可用于灵活支配的收入及受教育程度相对较高而形成的消费观念致使其产生广泛的工业旅游取向。四是游客组织形式的多样性，以当地或附近地区游客为主的"卡德布里""艾思布里奇峡""斯尼伯斯顿"以散客、家庭游客为主，团体、团队市场为辅；以国际市场为主的"威士忌"以团体、团队游客为主，家庭、散客游为辅；"埃尔赛卡"立足于全面发展，市场定位在团体与散客、家庭等的共同开发上。当地游客对旅游景点熟知，行程方便灵活，故无须组团建队旅游，而外国游客则相反，组团建队游更为科学便利。①

（四）以人文资源为主，产品的季节适应性强

工业遗址、工厂、工业产品、博物馆等工业旅游资源是以人文性质的科技与建设成就等类型的资源为主，自然属性相对较弱，因此受气候、季节的影响相对较少，使工业旅游产品本身的季节性特征不明显，也就影响了市场的淡旺季差别也相对较小，是一种能够拉平淡旺季市场差异的四季性产品。

四、工业旅游的作用

工业旅游开发，对旅游者、工业企业本身，都具有现实意义，它不仅为旅游者提供了一种了解产品和科技知识、感受工业遗产文化、休闲、娱乐的文化型旅游产品，也使工业企业本身通过开展工业旅游在获得经济收益的同时，宣传了企业和产品，提升了自

---

① 英国工业旅游景点开发管理案例研究，http://www.writehome.cn/html/200508/18733.html。

己的社会形象。

对于工业企业来说，工业旅游开发的作用，主要表现在三个方面：[①]

（一）有利于增加企业收益

开展工业旅游，开发单位的效益不仅直接体现在旅游门票、服务和纪念品销售收入等方面，对于许多企业来说，其生产的产品可以直接通过接待游客推销出去，由于省去了市场流通这一中间环节，产品价格自然会低于市场价格；对于游客来说，价格便宜是一个方面，关键的是可以"保真"。这种直销方式既可使厂家获得较高的利润，游客又乐于购买，双方得利，皆大欢喜。如烟台张裕葡萄酒公司开发的工业旅游项目，其以游客自己操作罐装酒体验、游客个性化商标葡萄酒为代表的旅游商品每年的销售额可达几千万元。

（二）有利于树立良好的企业形象

游客参观企业，本身就是企业的展示自己风采与实力、宣传自己的技术与产品的机会，企业优雅洁净的环境，先进的设备设施及现代化的操作流程，都会在旅游者心目中留下深刻、良好的印象，而且会在游客心目中形成这样一种心理定式，即"工厂形象良好＝实力雄厚＝技术先进＝产品优良"，更进一步增加了旅游者对企业产品的好感。因此，通过工业旅游开发，让消费者亲临企业现场参观、考察，比在媒体上自卖自夸地做广告效果要好得多。

（三）有利于企业了解市场需求

在工业旅游中，游客参观访问企业，了解到企业生产状况，使企业能够有效地与游客进行沟通，企业甚至通过当面回答游客的提问，与游客进行交谈，还能进一步了解顾客的需求，掌握最新的市场动向，以不断调整自己的产品开发生产策略，及时推出适销对路的产品。

五、工业旅游产品的类型

从属性上说，工业旅游可以归属于文化旅游产品类别。从旅游产品的功能上看，工业旅游由于其资源性质、产品形式等的不同，可以形成观光、休闲、科普、体验、购物等种类的产品。

（一）观光类工业旅游产品

观光类工业旅游产品，是指以企业场景、设施、设备及其他具有景观价值的工业旅游资源为主体，开发的供游客观光、游览，欣赏企业环境风光和企业景观的旅游产品。

观光类工业旅游产品，主要包括工业场景、产业公园、工业遗产观光等具体形式。

[①] 阎友兵，裴泽生：工业旅游开发漫议，http：//www.cndss.net/Article_Print.asp？ ArticleID=91690<meta.

（二）休闲类工业旅游产品

休闲类工业旅游产品，是指以企业环境、工业遗产地等为依托，开发的供当地居民和游客做滞留性漫游、休闲娱乐等的旅游产品。

休闲类工业旅游产品，多以工业遗产地的空间功能转换、利用优美的周边环境开发的产业公园等为主要形式。

（三）科普类工业旅游产品

科普类工业旅游产品，是指以科技文化为主题，以某一领域或行业的先进技术、生产工艺和领先的产品与科研成就为载体，开发的具有科普教育功能的旅游产品。

科普类工业旅游产品，一般以企业或行业博物馆、主题公园、生产或科研现场参观等为主要形式。

（四）体验类工业旅游产品

体验类工业旅游产品，是指以体验某种企业文化、科技文化、产品文化和生产过程等为主要方式，让游客获得知识与享受的旅游产品。

体验类工业旅游产品，多以某一特定的企业文化或产品生产过程为依托，以游客参与体验为形式，如葡萄酒文化体验，从葡萄采摘到酿造、罐装，最终品尝、鉴赏的全过程，能够让游客获得葡萄酒生产的基本知识，得到亲自酿造、鉴赏的乐趣。

（五）购物类工业旅游产品

购物类工业旅游产品，是指工业企业为直接或间接销售自己的产品，开发的以参观企业环境和生产流程、了解企业技术与产品质量以引导游客现场购买或培养潜在客户的旅游产品。

购物类工业旅游产品，大多是作为旅游线上的一个环节，由参观企业生产工艺、了解产品知识先行导入，有专业的技术人员解说，建立游客对企业和产品的信任度，引导游客购买。

第二节　工业旅游规划

根据工业旅游资源性质、内涵和形态的不同，以主导性资源和产品的性质为依据，探讨主要的几种类型工业旅游的开发模式与方法。

一、工业遗产旅游规划

在国际上，工业遗产旅游（Industrial Heritage Tourism）是较早出现的工业旅游产品之一，也是首先形成规模化发展趋势的工业旅游开发模式。

（一）工业遗产

工业遗产是工业文明的产物，它们见证了人类工业文明的发展历史。2003年7月，国际工业遗产保护协会（TICCIH）在俄罗斯召开大会，会议达成共识并通过了旨在推动保护和利用工业遗产的《关于工业遗产的下塔吉尔宪章》，该文件对"工业遗产"进行了定义，指出："工业遗产包括具有历史、技术、社会、建筑或科学价值的工业文化遗存。这些遗存包括建筑物和机械、车间、作坊、工厂、矿场、提炼加工场、仓库、能源产生转化利用地、运输和所有其他基础设施，以及与工业有关的社会活动场所如住房、宗教场所、教育场所等。"[1]

《关于工业遗产的下塔吉尔宪章》中指出，工业遗产的价值主要体现在四个方面，即：

- 工业遗产见证了人类活动对历史和今天所产生的深刻影响，对工业遗产的保护是基于遗产普遍的整体价值，并非各个遗址的独特性。
- 工业遗产的社会价值在于它记录了普通人的日常生活，因此具有身份认定的意义。在制造、工程、建筑历史上它具有科学技术价值。并且它可以通过建筑和规划的质量产生巨大的审美价值。
- 工业遗产的价值是遗产本身具备的，存在于遗址及其构件、内容、机械设备和环境背景中；也存在于工业景观、文献记录以及人们记忆和习俗的无形遗产中。
- 在某些特定制作工艺、遗址类型或景观环境中幸存的稀有遗产，具有某种特殊的价值，应对其进行谨慎的评估。早期的或具有开创意义的范例具有特别的价值。

因此，《关于工业遗产的下塔吉尔宪章》强调：工业遗产应该被研究、被利用，它们的历史应该被传授，它们的含义和精神应该被探究并告知公众。在这种情况下，工业遗产的旅游开发就成为一种"告知公众"的最好方式。

（二）工业遗产旅游

每一个时代都有每一个时代的典型特征。这些典型留传后世，就成为物质遗产。工业遗产所代表的就是人类社会工业化进程中的一个时代特征，是工业文明和工业发展的历史见证。

从社会心理学的角度分析，有研究者认为工业遗产旅游的兴起是由于人们的"怀旧情结"。有学者认为，工业遗产的形成，"是历史前移的结果"，当早期"工业化的设施结束了其功能性的服务"，就"转变为纪念性景观，这样的景观或设施就是遗产，遗产能够帮助我们回忆一个时代"。[2] 这正是工业遗产旅游兴起的首要原因。尽管

---

[1] 国际工业遗产保护协会（TICCIH）：《关于工业遗产的下塔吉尔宪章》，2003。
[2] 唐晓峰：对工业遗产的认同，载《中国国家地理》，2006（6）。

工业时代还未真正成为过去，但信息时代对传统生活的颠覆、大都市的"逆工业化"（Deindustrialization）趋势，以及"后现代"的来临，使人们产生了对工业技术以及这种技术所衍生的社会生活的怀念和失落感，进而催生了"后现代博物馆文化"——传统的工矿企业成为人们体验和追忆过去的场所①。基于这种"怀旧"的社会心态，工业遗产旅游应运而生并迅速发展起来，先前的采矿、纺织、蒸汽机制造等工业中心都被看作"工业遗产"经开发后作为旅游产品推向市场。

当然，工业遗产旅游的产生与兴起，也源于人们对"工业遗产"这个年轻的族群遗产的关注。虽然早在19世纪末英国出现的"工业考古学"成为保护工业遗产的启蒙，20世纪70年代逐渐形成较为完整的工业遗产保护理念，并诞生了世界上第一个致力于促进保护工业遗产的国际性组织——国际工业遗产保护委员会（TICCIH），但国际社会对工业遗产保护形成广泛共识则是在21世纪初，其标志就是2003年7月《关于工业遗产的下塔吉尔宪章》这一国际保护工业遗产纲领性文件的通过。截至2011年底，国际上有54处工业、技术文化遗产被列入世界遗产名录，这些工业遗产大都在保护的基础上进行了旅游开发。②我国关于工业遗产的认定、保护和开发相对较晚，2006年4月18日由国家文物局发起、各主要工业遗产城市的代表及专家学者，在无锡提出了保护工业遗产的《无锡建议》，提出了"尽快开展工业遗产的普查和评估工作；将重要的工业遗产及时公布为各级文物保护单位，或登记公布为不可移动文物；编制工业遗产保护专项规划，并纳入城市总体规划；区别对待、合理利用工业废弃设施的历史价值"等具体的建议。③在我国颁布的第六批全国文物保护重点单位名单中，将黄崖洞兵工厂旧址、中东铁路建筑群、青岛啤酒厂早期建筑、汉冶萍煤铁厂矿旧址、石龙坝水电站、个旧鸡街火车站、钱塘江大桥、酒泉卫星发射中心导弹卫星发射场遗址、南通大通纱厂等一批近现代工业遗产纳入保护之列。加上之前的大庆第一口油井、青海第一个核武器研制基地旧址等，我国已有十多处近现代工业遗产成为全国重点文物保护单位。

总的来看，发展工业遗产旅游的原因有很多，从供给方来看，主要是追求形象效益和经济效益；从需求方来看，除了满足"怀旧情结"外，求新、求异、求知、求乐也是重要的动机。

无论是从遗产保护，还是从旅游开发的角度，工业遗产作为一种文化遗产和旅游资源，通过旅游开发，开发成相应的观光、休闲、科普教育等旅游产品来得到社会公众的认识，是一个非常有效的途径。正像有些学者指出的那样，"公众的关注是做好工业遗产保护工作最可靠的保证。一些国家和地区成功的经验显示，要想获得所期望的公众支持，就要使人们分享对工业遗产认定、记录和研究方面的知识和兴趣"。④

---

① 威廉·瑟厄波德：《全球旅游新论》，北京，中国旅游出版社，2001，30页。
② 王晶：世界遗产名录中的工业遗产发展初探，http://www.jxal.com/Article/whlt/201405/529.html。
③ 我国提出保护工业遗产《无锡建议》，http://news.163.com/06/0418/22/2F19C2SK0001124J.html。
④ 单霁翔：请来保护我们的工业遗产，载《中国国家地理》，2006（6）。

(三)工业遗产旅游的开发模式

工业遗产旅游具体的产品开发模式,根据遗产存在的形态和产品的功能,主要有六种,即艺术场馆(展览馆、画廊等)模式、博物馆模式、文化休闲中心(或社区艺术表演场地)模式、大型公园(景观或主题公园)模式、专业俱乐部模式、创意产业基地模式等。[①] 如把钢铁厂被改造成一个露天博物馆;废弃铁路和旧火车车皮被改成社区儿童的艺术表演场地;一些仓库和厂房被改成迪厅和音乐厅;废弃的金矿厂被改造成"黄金公园",等等。

1. 艺术场馆模式

艺术场馆模式,是以废弃或不再具备生产功能的厂矿建筑及设施、设备等为空间环境和物质基础,经改造形成以各种艺术展览馆、博物馆、画廊等为主要内容的一种工业遗产开发模式。

艺术来源于生活和劳动,也依托于生活和劳动,厂房、设备及其所营造的环境,都带有时代特征。当这些已经成为遗址、遗迹而不再有生产功能的遗产经过艺术的浸濡后,便实现了时空的转换。艺术场馆模式的工业遗产旅游开发,就是将传统工业遗产与现代艺术生活有机地结合起来,实现由物质文明向艺术文明的跨越。那些高大的厂房被改造成艺术工作室、创作室、画廊、展览馆、酒吧、咖啡馆,原本毫不相干的机器与艺术被融合在一起,墙上的生产标语也成为新的艺术符号。北京的798艺术区就是这种模式的成功和代表性范例。

案例13-1:

北京798大山子艺术区

"798"位于北京的大山子地区,是原国营798厂等电子工业的老厂区所在地。以798厂为主的厂区,建筑风格简练朴实,它们是20世纪50年代初由苏联援建、东德负责设计建造的重点工业项目,几十年来经历了无数的风雨沧桑。伴随着改革开放以及北京都市文化定位和人民生活方式的转型,以及全球化浪潮的到来,798厂这样的老企业也面临着再定义、再发展的挑战。随着北京都市化进程和城市面积的扩张,原来属于城郊的大山子地区已经成为城区的一部分,原有的工业外迁,原址上必然兴起更适合城市定位和发展趋势的、无污染、低能耗、高知识含量的新型的产业。大批艺术家、文化人的入驻,正是这一历史趋势的反映。

从2002年开始,一批艺术家和文化机构开始进驻这里,成规模地租用和改造空置厂房,逐渐发展成为画廊、艺术中心、艺术家工作室、设计公司、餐饮酒吧等各种空间的聚合,形成了具有国际化色彩的"SOHO式艺术聚落"和"LOFT生活

[①] 巫宁:从工业旅游到工业遗产旅游,http://www.casstourism.com/new/read.asp?id=292。

方式"。经由当代艺术、建筑空间、文化产业与历史文脉及城市生活环境的有机结合，对各类专业人士及普通大众产生了吸引力。

这批入驻者中，包括设计、出版、展示、演出、艺术家工作室等文化行业，也包括精品家居、时装、酒吧、餐饮等服务性行业。在对原有的历史文化遗留进行保护的前提下，他们将原有的工业厂房进行了重新定义、设计和改造，带来的是对建筑和生活方式的创造性的理解。这些空置厂房经他们改造后本身成为新的建筑作品，在历史文脉与发展范式之间，实用与审美之间，与厂区的旧有建筑展开了生动的对话。而这批入驻者的生存方式本身就是经济改革的产物，他们展示了个人理念与社会经济结构之间新的关系：在乌托邦与现实，记忆与未来之间。798是新时期以来的青年文化经过积淀转向成熟的过程。这里形成的文化将是地方资源的国际性转化，是个人理想的社会化。新的798意味着先锋意识与传统情调共存，实验色彩与社会责任并重，精神追求与经济筹划双赢，精英与大众的互动。

案例来源：798大山子艺术区简介，http: //www.798.xinme.com/。

2. 博物馆模式

以博物馆为主导产品进行工业遗产旅游的开发模式，是利用规模化的工厂旧址或工厂旧址群，以旅游开发为导向进行保护和利用，以现代博物馆理念为指导，开发的具有观光、休闲和科普教育功能的旅游产品。如把钢铁厂旧址被改造成一个露天博物馆，以其庞大的空间规模和体量巨大的设施、设备为景观，以环境美化为陪衬，展示钢铁工业的技术内涵、发展历史等。

博物馆模式的工业遗产旅游开发，是一种室内博物馆与露天博物馆相结合的开发模式，根据工业厂区面积的大小和文化内涵的丰富程度，可建设数量和规模不等的博物馆，同时，整个厂区经过改造、整理后将成为一个整体的露天博物馆。

案例 13-2：

英国艾思布里奇峡工业遗产博物馆

艾思布里奇峡博物馆是世界上为数不多的被列入世界遗产名录的工业遗产之一。它是英国工业革命的诞生地，面积约6平方千米，于1973年开始对外开放。这是一个大型露天博物馆式的工业旅游景点，经营管理者为一个注册慈善机构设立的基金会，总投资为2600万英镑，其目标是"成为世界上最好的博物馆之一"，使其成为一个"传播知识的中心"。其核心产品是"揭示工业革命史的一系列博物馆和珍贵的纪念碑，让游客得到享受和受到教育"。博物馆还配套有许多辅助性设施，如餐饮店、零售店、会议及公司接待设施等。该工业遗产博物馆1993年接待游人数为30.5万人次。

案例来源：约翰·斯沃布鲁克：《景点开发与管理》，北京，中国旅游出版社，2001，337~338页。

以遗产博物馆模式对工业遗产进行保护和开发、利用，近年来在我国逐步引起各级政府和民间的重视，人们逐渐认识到，工业博物馆是现代都市中不可缺少的文化符号和历史景观。广东中山市将粤中造船厂改建为岐江公园，铁轨、烟囱等标志性工业设施在这里都成为公园的景观符号；沈阳飞机工业集团厂区内建设的航空博览园，全方位地向人们解读中国航空工业的发展历史，等等。而2005年7月上海世博园公布的江南造船厂原址规划方案则完全是以现代工业遗产保护和开发理念为指导进行的工业遗址改造方案。厦门的渔商码头大楼在城市改造过程中被保留，并被改造为"中华儿女美术馆"更是一个典型的范例：改造后的美术馆正门玻璃幕墙后"厦门鱼市场"几个字仍清晰可见；会议厅里，会议桌是用一艘旧渔船放上玻璃作桌面设计而成的，椅子则是特地仿制渔民家的，每张椅子靠背的那块木板都有70多年的历史了，是从渔船上一块块卸下来的，往椅背上一靠，能够让人"闻得到海的味道"；展馆外立着的三根长达10米的宣传杆是渔船上的木桅杆；展厅中间悬挂着一张特别大的红色渔网，让每位走进展厅的参观者都会想起当年"鱼市场"的历史。

案例13-3：

上海江南造船厂原址改造规划方案

2002年上海申博成功后，根据规划江南造船厂厂区将被纳入世博园区内，工厂将整体搬迁，原址将被改造为中国工业博物馆。2005年7月公布的世博园区规划方案主要内容为：整个世博园区将以"园—区—组—团"为基本功能构架，形成"一主多辅"五个功能片区，其中位于浦西核心区的江南造船厂占地面积63.9公顷，建筑面积35.9万平方米。厂区的历史建筑分为保护和保留两大类，保护建筑必须在原地永久保留。据统计，江南造船厂被列入上海市文保单位的建筑有4处：制造局2号船坞旧址将作为世博文化活动场所；飞机库将作为企业展馆；三菱重工株式会社江南造船所办公楼将作为造船博物馆；海军司令部旧址将改建为文化设施。被列入保留建筑的9.95万平方米的大型厂房和仓库，空间跨度超过60米，结构坚实，空间完整，功能转换余地大，在会展期间将被充分利用，会后将被改造为大型博览和文化交流设施，如海洋博物馆、水族馆、市民大厅等，形成能够体现城市文化延续性的公共活动空间集群。

案例来源：王国慧：江南造船厂——中国人从这里踏上追赶西方之路，载《中国国家地理》，2006（6）。

3. 文化休闲中心模式

文化休闲中心或社区艺术表演场地模式，是将位于城市社区的工厂旧址通过重新定义，实现由生产功能向社区服务——社区休闲、娱乐、演艺等功能转换。主要通过对旧厂房、机器设备和设施的改造与装饰、环境美化、休闲和娱乐功能配置等手段，使其具有休闲、观光、娱乐、文化体验等社区服务和旅游功能。

德国的鲁尔区曾经是世界著名的工业排头兵，随着工业革命时代的结束，它也失去了早日的光辉，但却被改造为世界工业遗产保护与重新利用的典范。这些传统的煤矿、厂房、设施、机器都被保留下来并被重新定义和利用，具有了新的充满艺术和生活气息的新功能。例如，在鲁尔盖尔森基兴市的一间工厂里，自1995年起就举行一年一度的"爱在鲁尔"音乐派对：在这种特殊的环境里，"高科技电子舞曲"利用电脑合成器合成，有着特殊的音效，听起来更具重复性、强硬、机械化，这种被称为"工业噪音"的音乐吸引了许多有现代意识的年轻人。"爱在鲁尔"也成为该市人们期盼的一年一度的音乐盛会。

案例 13-4：

德国鲁尔埃森市 ZollvereinXII 煤矿——文化休闲中心

ZollvereinXII 煤矿投产于 1932 年，1968 年关闭，整个煤矿构成了当地标志性建筑，2001 年成为世界遗产。为保持它的"生存能力"，ZollvereinXII 煤矿被重新定位为文化休闲中心：有历史价值的机器和设备被原封不动地保留下来，在原厂房的遗址上建立博物馆供人凭吊，博物馆里的视频系统能够再现当年深井下矿工的生活条件；锅炉房变成设计中心和学校，锅炉被装饰成旅游景物，车间则变成了艺术画廊，蓄煤场在原有建筑上添加了电梯，改装成可以出租的会议室和舞厅，冷却塔则被艺术家们改造成了搞创意的摄影工场。如今的 ZollvereinXII 绿树环绕，溪流潺潺，成为一处风景如画的艺术天地。

案例来源：陈伯超：德国鲁尔的前世今生，载《中国国家地理》，2006（6）。

---

4. 公园模式

利用废弃的工厂、矿区的空间、设施和环境，开发成社区景观公园或经营性的主题公园等旅游设施，是一种非常有效的工业遗产开发模式。

对于身处城市社区的工业旧址区，结合城市规划和社区建设的功能配套，建设为社区的游客服务的社区景观公园，将原本生硬的工业建筑、设施改造成旅游和休闲景观，将工厂的厂区美化成生态家园。

案例 13-5：

鲁尔 Duisburg-Nord 生态公园

Duisburg-Nord 原本是一个有着 80 多年历史的钢铁企业，1985 年关闭。该厂区经规划后成为一个有着 300 多种植物的生态公园：在这里，看起来难以相融的元素——工业建筑和绿色植物和谐相处着，矿渣场种上了水仙花，铁矿石仓库变成了温室，两个大仓库改造成攀岩大本营，旧炼铁厂冷却池变成潜水训练基地，铸铁场改建成电影院，一座高 100 米、宽 60 米的瓦斯槽被改造成具有太空意境的展览馆。而当年的炼铁工人则成为导游员。

案例来源：陈伯超：鲁尔的前世今生，载《中国国家地理》，2006（6）。

将工业遗产开发成经营性的主题公园，则是从根本上改变了工业遗产地的发展方向，使那些本已失去经济意义的工业遗产重新发挥经济作用。南非约翰内斯堡的黄金公园，就是利用一座废弃的黄金矿开发成的主题公园。

案例 13-6：

南非约翰内斯堡的黄金公园

南非约翰内斯堡的黄金公园坐落在离城区有半小时车程的郊区，是一个利用废弃的旧金矿改建的黄金主题公园。

公园的大门口，矗立着一个站在矿车旁的老矿工雕像，他左脚踏着一块矿石，左手挂着一把铁锹，右手向前伸展，深情地望着这块 100 多年来给人们带来滚滚财源的神圣土地；进入大门，一排排 100 多年前的矿工小屋，高高的旧井架和大体量的矿山机械，依然保持原有的风貌，周围用水系、植物、设施等进行配置，形成优美的游览环境；土路的两旁是 19 世纪的商店、银行、邮局、马车店等，老式马车拉着游客欣赏着当年小镇的风光，身着 19 世纪服饰的绅士淑女漫步在街上，热情地向游客致意并合影；在一家老式的照相馆里，室内都是当年的摆设，身着当时服装的服务小姐用老式的照相机为游客照相；在马车店里，马夫正在忙着给马换马掌；游客还可以乘简陋的旧升降机下到 250 米深的矿井，来到纵横交错的巷道，一边听导游的解说，一边在黯淡的灯光下参观当时矿工工作生活的地方；公园配套有许多娱乐设施，适合青年、少年、老年等不同年龄段的游客；公园里一个最吸引游客的项目是观看黄金冶炼的最后一道程序——浇铸金块，当火红的"金水"被倒进模具，形成一块 9 千克重的梯形大金块时，观众席上的游客发出一片惊叹声；接下来是一段极为有趣的参与活动，哪位游客能够用拇指和中指捏起这个 9 千克重的梯形金块，就将这金块送给他，如果捏不起来那么就按照当地的习俗用摸过黄金的手指捏一捏自己的耳朵，这会带来一年的好运——结果，所有的游客都捏着自己的耳朵走了出来……

案例来源：作者现场考察描述。

5. 专业俱乐部模式

专业俱乐部工业遗产开发模式，是根据原有工业遗产中的厂房或设施的特殊空间和构造，将其改造成某一专业性的俱乐部活动场所的开发模式。

专业俱乐部模式，关键是如何利用好空间和构造，是一项专业性强的开发模式。如德国鲁尔工业区，许多钢铁企业高大、开阔的厂房、仓库、贮气罐等都被充分利用，经过空间功能转换后成为专业俱乐部。如鲁尔 Duisburg-Nord 原本是一个有着 80 多年历史的钢铁企业，1985 年关闭。该厂区经规划后成为一个拥有很多专业俱乐部的生态公园：两个大仓库改造成攀岩大本营，旧炼铁厂冷却池变成潜水训练基地，等等，开创了一个工业遗产利用的新途径。

6. 创意产业基地模式

创意产业基地模式，是将工业遗产地进行产业重组和业态调整，将原本从事第一产业的工业区，改造成以利用原有空间为主要形式的第三产业——现代创意产业基地的一种空间功能转换型的开发模式。这种模式的优点在于不改变原有工业遗产的空间结构，工厂的建筑物和设施都被保留下来，只是把内部空间改造成适合办公、创作、设计、开会等的空间单元，形成新的以第三产业中的现代服务业、创意产业为主的产业集群，通过这种转换重构工业遗产地的产业体系。

案例 13-7：

上海创意产业集聚区——工业遗产与创意产业共舞

自 2000 年开始，上海市对中心城区 30% 的老工厂实施"都市型工业"改造，建成近 300 家劳动密集、无污染的都市型工业园区。其中泰康路的"田子坊"、莫干山路的"M50"、建国西路的"8 号桥"、苏州河边上的"创意仓库"、天山路的"时尚产业园"、昌平路的"传媒文化园"、徐家汇的"乐山软件园"等因集中引入了创意设计类公司脱颖而出。2005 年 5 月之后的短段一年里，上海 50 家创意产业集聚区 2/3 诞生在废弃多年的老工厂、老仓库内，入驻的头脑型创意公司有 2000 多家，解决了 20000 个知识型就业岗位，每平方米创造产值近 3 万元；建于 1933 年的远东第一屠宰场被投资 7000 万元，在保持原来建筑形态的同时，改造成在玻璃屋顶笼罩下汇集世界葡萄酒文化、品牌、交易、休闲的男人时尚地标；新中国第

> 一个五年计划时建造的、有20万平方米建筑群的上海第十钢铁厂,被投入5000万元改造成吸引各国艺术家进驻,进行艺术设计、展示、交易与交流的场所,名为"上海红坊国际文化商务社区";"8号桥"原来是汽车配件厂,被企业租用了20年,将厂房按创意产业的特殊要求进行改造,再重新租出去,招租的大部分是世界一流的设计公司,或者著名设计大师工作室。
>
> 上海市在利用工业遗产开发创意产业的推进方法上,探索了政府引导、市场运作、中介服务的运作机制,创造性地采用"三个不变""五个变"原则,轻松化解了资金这一难题:"三个不变"即房屋产权不变,租赁关系确保业主利益;房屋建筑结构不变,工业建筑有了政策保护;土地性质不变,这是国家的硬性指标。在"三个不变"的前提下,带出了"五个变":即工业建筑的产业结构改变了,由原来的加工制造业,转变成为生产与消费提供设计服务的现代服务业;就业结构改变了,由原来劳动密集型的产业工人,变成了知识密集型的白领阶层;管理模式改变了,由一家一厂的管理,变为几十家甚至上百家公司同驻一楼的管理;企业形态改变了,由原来车床、发动机、生产流水线、行车等组成的工厂,变为工作间、展示厅、休闲广场、咖啡室等花园式社区;企业文化改变了,由复制加工以精确不走样为标准的生产要求,改变为灵感的迸发和奇思妙想的创造,创新成了产业的灵魂。
>
> 案例来源:http://blog.sina.com.cn。

工业遗产的保护与旅游开发,在国际上被称作一场"空间革命",它从根本上改变了城市建设过程中简单的拆除改造模式,而是更有效地把它们利用起来,作为一种文化财富保护起来、重新利用起来。

二、工业科普旅游规划

工业科普旅游,是以工业企业或产业园区为依托,以某一特定工业领域的科学技术为主题开展的科普、教育旅游产品。

工业科普旅游,注重的是科技知识的专业性与科普性的结合,使游客能够通过旅游获得专门知识的提高。

这种模式适合于那些拥有高新技术和先进的生产工艺的工业企业或工业园区,如美国硅谷、日本筑波科学城、我国西昌卫星发射中心等。这种模式是在专设的特定场所开辟旅游功能区供游客参观游览,从相关博物馆、展览厅,配备专职导游员对各种科学技术现象进行现场讲解,邀请专家举办专场的科普性知识讲座,制作相关仿制科技产品、书籍等方面为游客提供专业知识。这种模式主要是在原有设施的基础上进行功能性开发。

工业科普旅游的开发模式一般有三种,即博物馆模式、主题公园模式、现场观摩模式。

（一）博物馆模式工业科普旅游

博物馆模式工业科普旅游，是以博物馆作为主体，集中展示某一特定工业领域或企业自身科技知识的旅游开发形式。通过博物馆的展示手段，将企业或行业的历史、发展历程、阶段性成果与特征、发展现状、工业科技知识的内容、生产工艺与流程、产品的种类与功能等，以实物、复制品、缩微品、图片、文字、影像、模型、模拟技术等手段进行全方位展示，让人们获得该领域或该项技术的综合知识。

山东省东营市的石油博物馆，是一个博物馆模式工业科普旅游的典型案例。

案例 13-8：

胜利油田科技展览中心（石油博物馆）

该馆建筑面积 6600m²，是一个具有鲜明石油科技文化特色，集石油地质科普、石油科技博物鉴赏、石油科技展览演示及胜利油田发展史展顾于一体的综合性博物馆。科技展览中心设有勘探开发厅、科技成就厅、油田发展史厅三个展厅，陈列着各类标本、化石、实物、模型及史料 2000 余件，具有较强的知识性、趣味性和参与性。勘探开发厅是一个由星空走廊组合而成的宇宙天体微缩景观，展示了太阳系与地球、石油地质构造、油气生成运移及聚集、石油天然气的勘探开发过程等科普知识，陈设了大量有科学价值的实物、标本和动感演示模型，游客可以形象而又直观地了解石油、天然气的生成、运移、聚集等科普知识。科技成就厅主要展示当代中国石油天然气勘探开发的新成果、新技术、新水平，并陈设大量实物及动感演示模型，既形象直观，又有较高的技术含量。油田发展史厅主要展示中国第二大油田——胜利油田的发现和发展历程

案例来源：http://www.diyi123.com/shandong。

（二）主题公园模式工业科普旅游

以企业在某一领域领先的科学技术为主题，以该领域标志性的设施、设备等为载体，建设具有知识性、参与性和娱乐性的集参观、参与、娱乐、科普于一体的主题公园（博览园、展览园、科普教育基地等）。

这种模式，利用企业自身的科技优势和设施、设备优势，集知识性、娱乐性、参与性于一体，寓教于乐，是一种非常有吸引力的工业旅游产品，也是一种非常有效的科普教育手段。

主题公园模式工业科普旅游开发，强调旅游开发的主题性和内容（技术）的先进性，这样才会有吸引力；其次强调参与性和娱乐性，以适应科普旅游的主体客源市场——青少年群体的需求特点；最后要按旅游区开发的功能性要求来配套其他的旅游功

能和相应的设施,以提供完善的旅游服务。

我国沈飞工业集团的航空博览园和坐落于棋盘山风景区旁的由新光集团建设的航天科普基地是这种模式的范例。

> **案例 13-9：**
>
> ### 中国航天沈阳科普基地
>
> 沈阳新光航天科普基地是东北最具规模的航天试验基地，它隶属于沈阳航天新光集团公司。我国多种型号的航天产品都在这里研制成功，被誉为共和国航天动力的摇篮。
>
> 基地位于棋盘山风景区东南，距沈阳市区 20 千米，占地面积 2.08 平方千米，山清水秀、林木繁茂、鸟语花香，环境优美。1998 年 9 月部分对外开放，被中国航天工业总公司和沈阳市政府命名为科普教育基地，1999 年被命名为国家级科普教育基地。
>
> 航天科普馆内展示了人类航天事业的发展历程，通过各种图片、实物、模型和演示系统介绍航天知识、航天技术在国民经济的应用，各种导弹武器以及航天事业未来的发展前景。还有国内外航天资料录像、箭模发射表演、太空育种园、人工湖喷水火箭及航天技术专家科普讲座等。
>
> 基地内设有招待所、餐厅、游泳池、沙滩排球、森林浴场，是科普教育、旅游度假、会议培训的良好场所。
>
> 案例来源：http：//www.syshkp.com/kpjd/02.htm。

（三）现场观摩模式工业科普旅游

现场观摩模式工业科普旅游，是以企业或科研机构的生产或研发现场作为资源主体开发科普旅游的一种模式。在生产或科研现场建设，开辟专门的旅游区域，建立专门的旅游通道，将具有科普、教育意义的场景展现给旅游者。

这种旅游开发模式，利用企业或科研机构的生产和科研设施进行功能的扩展开发，一般不需要建设专门的旅游设施，主要是配套旅游接待必需的游客中心、旅游专用通道等，配备专业解说人员。

现场观摩模式工业科普旅游开发，一般是以最具先进意义的科学技术为主题，以生产或科研现场作为主体资源。

我国的西昌卫星发射基地比较早地开发了工业科普旅游，取得了很好的经济效益和社会效益。

案例 13-10：

西昌卫星发射中心科普旅游

　　西昌卫星发射中心，建于 20 世纪 70 年代初，中心发射场位于西昌市西北约 60 千米处。发射中心拥有测试发射、指挥控制、跟踪测量、通信、气象、技术勤务保障等系统。发射场区的两个发射工位及技术测试中心、指挥控制中心等配套设施，能担负和完成多种型号的国内外卫星发射服务。

　　1985 年 10 月，西昌卫星发射中心正式对外开放，接待游客。卫星发射基地的门票为 50 元 / 人，参观时间 1~1.5 小时，主要参观点有 2 号、3 号发射架、长征三号火箭实体，最后参观卫星发射及控制中心（一般是通过看录像来了解发射的过程）。游客需要携带有效证件参观，参观时一般都可以拍照。

　　案例来源：http: //flxx.160cn.net。

三、产业公园旅游规划

　　产业公园旅游，是以整个企业或工业园区为主体资源，结合周边环境和其他旅游资源，将企业或工业园区开发成具有观光、休闲、科普等功能的综合性旅游区的一种工业旅游开发模式。

　　产业公园，是一种在欧美地区较早兴起的工业旅游开发模式，它源于人们对工厂或产业园区综合利用的理念，从工厂或产业园区规划建设时即开始进行综合功能的设计，将旅游理念和功能融入园区，一开始即预设了旅游的功能。例如，美国比较早地就出现了产业公园规划。

案例 13-11：

沃尔瑟姆研究开发区公园·沃尔瑟姆产业中心

　　概况：美国马萨诸塞州沃尔瑟姆研究开发区公园·沃尔瑟姆产业中心总面积约 120.8 公顷。位置：附近有机场，与波士顿环形高速公路相接，距离波士顿 16 千米。规划意图和特征：利用自然起伏的地形进行规划的住宅区。高速公路从最低的位置通过地区的中央。建筑用地是台阶状倾斜的土地。高速公路将这块土地分为两个地区，一面是工业区，一面是研究所区。建设研究所区是因为该地区的周围都是高级住宅区，居住着许多研究人员。

　　建设限制：公害：工厂住宅区，排除恶臭、煤烟、噪声、振动、危险物品；研究住宅区，排除一切公害。建蔽率：工厂住宅区 50%，科研住宅区 33.3%。建筑线：

工厂住宅区，前面道路离高速公路 15.3 米，离其他道路 12.2 米；研究住宅区，前面道路离高速公路 15.3 米，离其他道路 12.2 米；距离侧、后面界线 4.5 米。建筑物：工厂住宅区材料，以砖为主。招牌：屋顶上的招牌不得超过屋顶 3.05 米以上，文字面积 2.44×2.44 平方米，不许用霓虹灯；研究住宅区，不许建筑 0.8 公顷以上的建筑物；招牌不得对外观和建筑物有所损害。

交通：住宅区停车场要在侧面和后面，研究住宅区不许有室外堆货场。

土地开发形式：两个区都有下列三种方法：购买土地自己建筑；购买土地，由开发公司建筑；租借土地，接受开发公司提供的建筑物。

经营管理：开发公司自始至终负责两个区的建设工程，并充当市政当局与使用者之间的调整工作。

土地利用的构成：研究所区内原则上不建工厂，只允许建实验和研究必需的工厂和安静的轻工业工厂。

容纳的企业数：工厂区内为 19 家公司，研究所区内为 13 家公司。

道路：两个区内道路宽度均为 12.2 米。

铁路：无。

案例来源：高原荣重：《城市绿地规划》，北京，中国建筑工业出版社，1983。

产业公园开发，既要利用厂区、园区内的资源，又要利用好所在地的自然环境和人文景观，与工业旅游一体开发，形成具有多种不同资源的综合性旅游区。如美国拉斯维加斯及其附近建在沙漠中的胡佛水库、我国三峡库区、浙江省安吉天荒坪抽水蓄能电站等。这些地方既有优美的自然风光，又有独特的工业旅游资源，发展工业旅游具备得天独厚的条件。在这种类型的工业区内，除了作为主要游览对象的工业或产业景观和自然风光外，还可考虑在旅游的其他要素上大做文章，譬如修建购物中心、美食文化街、体育中心、游乐园、影剧院等配套设施，吸引大量旅游和休闲的人流。

案例 13-12：

三峡大坝旅游区

三峡大坝旅游区是以三峡水电站为主体开发的工业（工程）旅游项目，旅游区占地 15.28 平方千米，目前对游客开放的有五个观景点，登上 4A 级旅游景区坛子岭观景点能鸟瞰三峡工程全貌，体会毛主席诗句"截断巫山云雨，高峡出平湖"的豪迈情怀；站在 185 平台上向下俯瞰，感受华夏民族的伟大与自豪；走进近坝观景点，能零距离感受雄伟壮丽的大坝；登上坝顶能直面雷霆万钧的泄洪景观；来到截流纪念园欣赏人与自然的完美结合，仿佛置身于"山水相连，天人合一"的人间美景。

> 从1997年开放以来，三峡大坝已累计接待中外游客达400余万人次。目前，三峡大坝旅游区逐渐形成了大坝观光、平湖观光、泄洪观光、坝顶观光的旅游体系雏形，反映工程文化主题的三峡截流纪念园也于2005年10月1日正式对游客开放。
>
> 案例来源：http://pc678.photops.com。

四、企业文化旅游综合规划

企业文化旅游综合开发，是现代企业进行工业旅游开发的一种较为普遍的模式，它以特定的企业文化为主题，以企业独特或高超的生产技术、生产工艺和产品为主体资源或载体，综合展示企业的文化、技术和产品。

（一）企业文化

企业文化，相对于社会大文化而言，它是一种亚文化。有学者认为"企业文化是围绕企业生产经营管理形成的观念形态的总和，它是一种微观管理文化，也是一种微观组织文化，也是企业管理的软要素。"[①]

企业文化是一个总体概念，它应该是建立在企业特殊的生产和技术基础上的管理与经营观念，是企业主体共同认可的价值态度和行为方式，是企业生存过程中形成的企业意识形态体系的总和。因此，企业文化的内涵既包括了意识形态领域的管理、经营观念，也包括了由企业环境、设施、设备、产品等构成的物质载体。

企业文化的一个根本的特点就是功利性，企业必须要有利润，盈利才能生存，这就决定了企业文化的功利性。企业文化需要围绕既定的企业目标的实现而存在。这也正是企业可以利用自身的文化资源进行工业旅游开发的内在动力。

因此，对于许多企业来说，通过企业文化旅游的拓展开发来宣传自己的企业和产品、树立企业形象、赢得消费者对产品质量的信赖、建立良好的客户关系，是更为实际的目的。可以说，企业文化旅游开发，是一种宣传或营销导向型的工业旅游开发模式。

（二）企业文化旅游的开发模式

企业文化旅游开发，是一种拓展开发，它将企业独特的生产技术、生产工艺、产品，以及企业的人文精神、企业环境等都作为资源或载体，以市场需求为导向，开发成具有观光、休闲、科普等功能的旅游产品，并通过旅游来得到宣传企业、树立企业形象的目的。

企业文化旅游开发，根据主体资源或主导产品的不同，可以分为三种模式：博物馆主导型、生产场景主导型、购物旅游主导型。

---

① 张仲良，张彤：关于企业文化基本概念的探讨（下），载《企业文化》，1998（3）。

1. 博物馆主导型开发模式

博物馆主导型开发模式，即依托企业历史博物馆、产品博物馆或企业文化博物馆开发综合性的工业观光、科普旅游，企业博物馆在其中起着主导或骨干产品的地位。

采用这种开发模式的企业，一般拥有悠久的历史，或者有着巨大的体量，或者科技含量高，或者在历史发展过程中有着某种特殊的意义。如作为中国汽车工业的摇篮，"一汽"集团在开发工业旅游时便围绕汽车品牌大做文章，他们重点发展了五个汽车旅游项目，其中以汽车博物馆为依托的"世界名车风采观光旅游"和充分依托"一汽"历史的"汽车历史文化观光旅游"，对我国的汽车工业和"一汽"的历史与产品进行了全方位的展示。

烟台张裕葡萄酒工业旅游项目是博物馆主导型开发模式的范例。他们依托"百年张裕"的企业品牌和文化积淀，把具有震撼力的百年地下酒窖、张裕博物馆、喀斯特酒庄等连成组合产品，进行整体包装，并自行设计了游客自装酒设备，开发了游客现拍照片包装酒、葡萄酒用具旅游纪念品等系列服务项目，深受游客欢迎。

2. 生产场景主导型开发模式

以工业的生产现场、现代化的流水线等作为产品的核心内容，开发工业观光、科普旅游，是许多现代大企业、高科技企业普遍选择的一种工业旅游开发模式。这种开发，实际是以具有先进意义的科学技术和质量可靠的产品生产工艺作为主导性资源，以先进的企业文化和管理理念、管理技术为主题，而进行的工业旅游产品开发。

实际上，工业旅游最早是出现在这个领域，20世纪50年代以法国雪铁龙汽车制造公司开放生产车间，允许客人参观生产流水线为标志，随后被众多厂商纷纷效仿，便由此而产生了工业旅游这一新的旅游产品种类。目前，国际上许多著名的汽车厂商几乎都开发了工业旅游项目，日本的三菱、丰田，韩国的现代，中国的"一汽"等都有专门的以宣传企业为主旨的工业旅游产品。

近年来，工业旅游在我国已成为一个被广泛关注的旅游产品种类，许多企业也认识到了工业旅游开发给企业带来的直接经济效益和间接效益，纷纷有计划地进行带有宣传目的的旅游开发。如青岛啤酒、青岛海尔、诸城得利斯等在山东地区都已成为著名的、以生产场景为主导产品的工业旅游品牌。

在生产场景与工业文化相结合进行旅游开发方面，英国的利兹泰德雷酿酒码头具有代表意义。

案例 13-13：

英国利兹泰德雷酿酒码头

概况：位于河畔、占地 2 英亩的英国利兹泰德雷酿酒码头，开放于 1994 年，它由泰德雷父子有限公司开发，每年能够接待 23 万人次游客。

产品：体验14—20世纪英国酒吧的社会史；观摩啤酒酿造过程（主要内容）；参观博物馆陈列；冒险主题游乐园；主题商店和餐厅；圆形活动场地。游客在这里可以逗留2.5小时左右，平均每人花7英镑，其中一半用于购买食品、饮料和纪念品。

案例来源：约翰·斯沃布鲁克：《景点开发与管理》，北京，中国旅游出版社，2001，157页。

3. 购物旅游主导型开发模式

购物旅游主导型开发模式，是以生产演示或专门演示产品生产过程，宣传和销售企业产品、引导游客购买的一种旅游开发模式。

游客通过参观企业生产线、了解生产工艺，或通过参观专门的工艺演示，提高对产品质量的信任，加上产地的价格优势，一般都能够直接购买企业的产品，或提高消费忠诚度。

购物导向的工业旅游开发，在世界上非常普遍，有的作为独立的项目进行经营，有的作为旅游地产品组合中的一个环节。如南非、荷兰等国家开展的参观钻石加工厂、首饰加工厂等的购物旅游，东南亚各国以及我国的南方地区的参观陶瓷厂、参观茶叶厂的购物旅游等，都属于比较初级的购物主导型工业旅游开发，只是这些项目的购物导向过于单一，而缺少了文化内涵，往往会让游客反感。

购物旅游主导型开发模式，专门提供给游客的演示过程很重要。这种演示过程，可以直接利用企业的生产线，也可以设立专门的演示场所，配备专家型的专业解说员，向游客进行具有专业水准的技术和产品解说，融专业性、知识性、趣味性、实用性于一体，最关键的还要具有"煽动性"——刺激购买。

英国伯明翰的卡德布里世界，是一个科普、历史教育与购物旅游相结合的工业旅游项目，是该类项目开发的范例。

案例13-14：

英国伯明翰的卡德布里世界

概况：以"唯一的巧克力经历"作为营销口号的卡德布里世界是生产饮料和糖果的跨国公司卡德布里有限公司开发的工业旅游项目，其开发的主要目的是：树立卡德布里及其产品的高品质形象；提高卡德布里产品的市场占有率；使游客受到教育；为社区提供休闲场所等。

产品：巧克力生产区游览（有专业导游带领并讲解）；大型零售商店，出售卡德布里产品；公司会议接待设施等。

该项目1993年接待47万人次游客,收入10万英镑,其中50%来自商品零售,35%来自门票,10%来自餐饮,5%来自其他活动。

案例来源:约翰·斯沃布鲁克:《景点开发与管理》,北京,中国旅游出版社,2001,323~325页。

第十四章 旅游度假区规划

旅游度假是现代人社会生活的重要方式之一，并已成为现代社会物质文明和精神文明发展水平的重要标志。在一些经济较发达的国家和地区，旅游度假甚至已成为人们生活过程中不可缺少的组成部分，并为政府所提倡。因此，也促进世界各地各种类型、不同档次的旅游度假区（或休假地）的规模化发展，形成了一个新的旅游开发热点。

第一节 度假区的产生与发展

旅游度假区，亦称旅游休假地，在国际上通常是指为游客提供休闲消遣、保健和娱乐等综合服务的旅游区。

我国国家标准 GB/T 26358—2010《旅游度假区等级划分标准》中对旅游度假区的定义为：具有良好的资源与环境条件，能够满足游客休憩、康体、运动、益智、娱乐等休闲需求的，相对完整的度假设施聚集区。

从概念和功能上说，度假区实际上是游客停留时间较长的滞留性旅游消费场所，功能具有综合性、多样性，是旅游者完全以消遣娱乐为特征的旅游消费活动。

一、旅游度假区的产生

从世界旅游发展史来看，人类的度假消费源于温泉旅游。有研究者认为，人类最早的度假旅游产生于公元前500年前的希腊，迄今已有2500多年的历史[1]。欧洲人很早就有泡温泉、洗澡休闲的习惯，在当时希腊的许多温泉和矿泉地，形成了一些专供人类泡澡、休闲的场所，虽然这很难说就是现代意义上的"度假"，但其与现代的度假旅游有着必然的渊源关系则是肯定的。

---

[1] 田玉堂：《度假村的理念与操作实物》，北京，中国旅游出版社，2003，26页。

在古罗马时代，温泉泡澡、休闲更加盛行，去浴室沐浴几乎成为罗马社会中所有阶层所共同喜爱的一种消遣。于是在罗马的附近地区，便出现了许多专为执政官员、达官贵人和罗马军团士兵提供服务的浴室、饭店综合体，并逐渐推广到希腊、土耳其等地。可以说，这些设施，便是早期度假区的萌芽。

正是由于早期的度假旅游始于欧洲人温泉沐浴、洗澡的习惯，所以后来具有现代意义的旅游度假区也首先是从温泉度假区开始的。在15、16世纪时，欧洲大陆上已经出现许多著名的温泉度假区，并一度持续了几个世纪，直到19世纪时，温泉度假的热潮才向海滨度假转移。但直到今天，温泉度假仍是具有生命力的旅游方向，甚至在许多地方一直是高端的度假产品。

早期度假区的吸引力主要来之于其对人体疾病的疗效。如在16世纪时，比利时一个叫斯巴（SPA）的小镇，当地人发现饮用矿泉水或在矿泉水中洗浴对某些疾病有明显的治疗作用，于是周围的人们纷纷集聚到这个小镇"取水治疗"或洗矿泉浴，使这个小镇名声大噪，SPA也因此成为矿泉浴、矿泉疗养的代名词。随着社会的发展和人类生活质量的提高，度假区也越来越多地提供综合服务，特别是社交和娱乐服务，成为越来越重要的服务内容。例如，19世纪中叶，德国的巴登——洪堡度假区在欧洲声名鹊起，其主要原因即是该度假区成功地开办了一家赌场——卡西诺牌赌场，使该度假区一下子顾客盈门，名声大噪。

18、19世纪时，度假区在美洲大陆也迅速发展起来，此时的度假区热点已由温泉度假区转向了滨海度假区，以垂钓、狩猎等为主要活动项目的滨湖、森林山地度假区也已出现。

进入20世纪，特别是中叶之后，世界经济得到了前所未有的发展，人类社会进入了一个空前发达的新时代，人们的休假、娱乐要求更与日俱增，使各种类型的旅游度假区都迅速发展起来，在服务内容和服务质量上也更加全面、细致，使旅游度假区最终发展为能够提供全部旅游服务的综合功能区。

二、世界主要度假地发展概况[①]

欧洲作为世界度假旅游的发源地，度假旅游和旅游度假地建设一直处于领先地位。20世纪初，地中海沿岸度假胜地成为世界著名海滨旅游中心。第二次世界大战后，以中产阶级为主要消费群的现代海滨度假旅游逐步兴起，发展成为国际旅游的主流。据世界旅游组织统计，2012年，世界入境旅游人数7.15亿人次，居前4位的法国、西班牙、美国和意大利占30%，均为海滨度假旅游发达国家。目前仅地中海沿岸每年接待国际游客上亿人次，其中85%流向西班牙、意大利、法国和土耳其的海滨。

"旅游王国"西班牙拥有海岸线8000多千米，其中24%为沙滩，沿海海滨和岛屿上共有海滩2000多处。金色海岸、白色海岸、阳光海岸、闪亮海岸、巴利阿里和加纳

---

① 山东省旅游局：《国际海滨度假地考察报告》，2004。

利群岛等众多度假地,在国际上久负盛名。2012年,西班牙接待国际游客5130万人次,旅游收入370亿美元,占GDP的12%,提供了150万个就业机会,海滨度假旅游功不可没。其中,3640平方千米的马略卡岛,旅游旺季机场每1.5分钟起降1个架次飞机,年接待游客达1000万人次,其中国际游客占90%以上,相当于山东接待入境游客的10倍,旅游收入达70亿欧元,全岛70%的人口在旅游及相关行业就业。

世界第一旅游大国法国,南临地中海,西濒大西洋,堪称度假旅游者的天堂。法国每年外出度假的人数占60%以上,有一半的人选择去海滨地区度假。2012年接待国际游客7670万人次,占世界旅游市场的10.7%,旅游收入345亿欧元,相当于GDP的7%,旅游业从业人数占就业总数的7.5%以上。

意大利海岸线7300千米,海滨旅游十分发达。2012年接待海滨度假游客1.06亿人次,占全国接待总量的34%,遥遥领先于各类景点,专业海滨旅游公司1.2万家。南部的坎帕尼亚大区,2012年旅游收入相当于GDP的20%,海滨旅游占国内旅游的65%,占国际旅游的55%。

岛国马耳他面积316平方千米,人口37万。该国将美丽的海岛风光与灿烂的历史文化结合起来,大力发展度假旅游,年接待国际游客110万人次,是其人口的3倍,旅游收入2.46亿马耳他里拉,相当于经济总量的1/3,旅游业税收占政府财政收入的22%,提供了1/3的就业岗位,其中海滨度假旅游对旅游业的贡献率接近50%。

南太平洋岛国新西兰,由十几个大小岛屿组成,是海洋文化的典型代表。北部亚热带海湾岛屿星罗棋布,海岸景色独特,温泉城众多。该国对旅游业高度重视,将旅游业确定为新经济主导产业。2012年接待入境游客196万人次,旅游业总产出146亿新元,占GDP的10%,已成为全国最大的出口创汇产业,提供了全国10%的就业岗位。

澳大利亚海岸线长达36000千米。特殊的地理、气候条件,使各类沙滩、海湾和海岸景观丰富多彩、独具特色,是海滨度假旅游的胜地,黄金海岸、大堡礁举世闻名。2012年,澳大利亚接待入境游客484.12万人次,旅游业总产出708亿澳元,超过传统的农牧业和采矿业,占GDP的4.5%;旅游创汇170亿澳元,是最大的服务贸易出口创汇产业;旅游从业人数占就业总数的9%。

巴西是世界上最大的热带国家,8000千米的海岸线上分布着众多风景绚丽的海滩。该国充分发挥多姿多彩的热带风光、独具风韵的人文景观优势,发展海滨度假旅游。旅游业成为近年来巴西发展最快的行业之一。2011年接待外国游客480万人次,占南美地区接待总量的33.14%,旅游创汇37亿美元,占南美地区旅游创汇的32.74%,解决了600万人的就业。

墨西哥是世界十大著名旅游国之一,沿海岛屿众多,海岸线16000多千米。20世纪70至80年代,墨西哥政府选择5处荒凉的海滩,开发建设了坎昆、洛斯卡沃斯等5个大规模的海滨度假区,在国际上开创了政府规划开发度假区的成功范例。游客到墨西哥旅游,第一目标就是海滨。2012年乘豪华游船到墨的游客超过478万人次,占世界游船旅游的65%。2012年全国接待外国游客1970万人次,创汇88.58亿美元,旅游业收入占 GDP 的 9.5%，提供 170 多万个直接就业机会，旅游业是墨西哥第三大支柱产业。

美国海岸线长 22680 千米。东部、西部和东南海滨拥有众多迷人的海滨度假地。美国 2.3 亿人口，每年去海滨旅游者达 1 亿人次以上。2012 年美国接待入境游客 4540 万人次，居世界第 3 位。夏威夷地处北太平洋，由 132 个岛屿组成，长度达 1500 英里，年平均气温在 25~30℃之间，是世界著名的旅游度假地，2012 年接待游客 700 万人次，旅游收入 109 亿美元，旅游收入占 GDP 的 60%。州政府税收、劳动就业、居民个人收入大都依靠旅游业的贡献。

第二节 旅游度假区的特征与产品

一、旅游度假区的特征

旅游度假区，作为一种具有综合功能的旅游区，与一般的风景旅游区有很多不同之处，有着自己的特征。

（一）客源市场特征

旅游度假区不同于风景旅游区。风景旅游区是以接待观光旅游者为主，顾客流动快。而旅游度假区的客源对象则主要是休假旅游者和会议旅游者，平均滞留时间长。他们少则四、五日，多则十几天，甚至成月地滞留在度假区；而且，度假游客的重游率很高，许多度假游客喜欢在其熟悉的度假地多次重复度假，连续几年，或经常性地到一个自己喜欢的度假地去度假，甚至专门预定自己过去住过的房间、租用过去用过的同一号码的沙滩椅。

（二）区位特征

一般的旅游接待设施，多集中于城市市区和市郊，如城市市区的饭店、景点、娱乐场所、车站、机场、码头等，共同组成一个以中心城市为主体的旅游服务体系。而旅游度假区却不同，它一般远离城市，处于乡村、山林或海湖之滨。为旅游者服务的必需品及本可依靠城市社区提供的配套服务都必须自己解决，例如生活用品的供应、员工上下班的交通和住宿等，都需要专门安排，形成一个比较完善的综合服务系统。

（三）设施特征

在一般的风景旅游区内，旅游服务是由不同部门来共同完成的，例如饭店提供食、宿服务，景点提供观光游览服务，交通部门提供交通服务等。而旅游度假区（地）则必须具备为旅游活动六大要素提供服务的综合功能，建立从食、住、行到游、购、娱的综合服务体系。

（四）季节性特征

旅游度假区的季节性最为明显。从世界范围看，旅游度假区的营业旺季一般都集中在夏季和冬季两季。夏季营业的多是滨海、滨湖、森林度假区等，冬季则主要是高山滑雪度假区。这既与自然气候条件有关，也与人们习惯性的假期安排有关。世界上大多数国家和地区的员工休假多安排在夏季，部分在冬季。而度假区也多选择在夏季气候宜人的海滩、湖泊或山地森林地区，以便能够为休假者提供游泳戏水、日光浴，以及打高尔夫球、狩猎、垂钓等康体休闲活动环境，使旅游者能够在适宜的环境中，通过各种休闲、康体活动，消除疲劳、健康体魄、愉悦精神。

（五）管理特征

由于旅游度假区是一个多功能综合体，因而其管理也具有综合特征。其最为明显的是管理的内容具有综合性。由于其内部设施的种类很多，服务的内容齐全，要建立相应的管理组织和管理制度。可以说，一个旅游度假区就是一个小社会或一个相对独立的经济区。所以，在许多国家和地区，旅游度假地（区）往往被政府规划为具有一定独立管理权限的行政区域或"经济特区"。1992年8月，中国经国务院批准建立了12个国家级旅游度假区，按当时国务院下发的《关于试办国家旅游度假区有关问题的通知》规定，可以成立县级政府（度假区管委会）对度假区进行单独管理。

近年来，我国颁布实施了度假区的等价划分的国家标准，度假区的管理进入了"标准化"管理的新阶段，即度假区的等价评定是按照建设、管理的水平来进行动态评价的，不再具有行政职能。

二、旅游度假区的环境与设施

（一）旅游度假区的环境

环境，是度假地建设和吸引游客的首要条件，这包括自然环境和人文社会环境两个方面。

自然环境方面，宜人的气候、碧蓝的天空、洁净的环境等是度假地建设的核心条件。

一般来说，人们的外出度假旅游活动，大多是选择在天气炎热的夏天外出避暑或天气寒冷的冬季外出避寒，尤以避暑度假为多。因此，旅游度假区在选址和设施配备上也是围绕旅游者的这些需要而进行的。无论是夏天的避暑，还是冬季的避寒，度假区的气候条件都是必须首先考虑的问题。

我们所说的气候条件，主要是从生理的角度来考虑的。气候要素中的气温、日照、降水、湿度、风向和风速等要素，都能对人体产生生理感应，因此，上述要素都成为对气候条件进行评价的重要因子。

人体对气温的感应是比较敏感的，有时轻微的气温变化就会对人的生理活动产生影响。如果不考虑风速、湿度因素的影响，一般人感的气温等级见表14-1。

表14-1　人感的气温等级（℃）[①]

极寒 ≤-40	奇寒 -39.9~-35	酷寒 -34.9~-30	严寒 -29.9~-20	深寒 -19.9~-15
大寒 -14.9~-10	小寒 -9.9~-5	轻寒 -4.9~0	微寒 0~4.9	凉 5~9.9
温凉 10~13.9	温和 14~17.9	温暖 18~19.9	暖 20~21.9	热 22~24.9
炎热 25~27.9	暑热 28~29.9	酷热 30~34.9	奇热 35~39.9	极热 ≥40

在湿度不同和有风时感觉会有所不同。一般来说，机体最适应的温、湿度环境是：气温15~20℃时，相对湿度为45%~55%；气温25℃时，相对湿度为20%。从生理的角度看，大致气温在10~30℃，相对湿度在50%~85%。气压在750~800百帕以上，有微风或轻风时，是人体生理上比较适应的气候。

当然，在选择度假区时，考察、评价一个地方的气候条件，还需要考虑日照、降水、季节分配等多种因素。只有将这些直接影响舒适度的气候因素，综合加以考察评定，并进行地域间的对比，才能最终判断其优劣。对于一个旅游度假区来说，不可能要求各个气候因素的指标分配都十分理想，其实际意义在于突出对优势气候条件和因素的利用，并以此为依据开发具有地方特色的旅游度假区。

气候条件是旅游度假区建设首先要考虑的重要因素，除此之外，还要根据度假区的资源性质、所处的地理环境、区位等条件和开发方向，确定度假区的类型，并进行相应的设施建设。

以海滨度假地为例：海滨度假旅游的主要吸引物是3S（阳光、海水、沙滩），以及由海滩和与其相连的海域组成的滨海景观。海滨浴场是海滨度假旅游必不可少的基本设施，一般由水上运动区、游泳区、日光浴区、沙滩活动区、附属设施和酒吧餐饮等配套服务设施组成，空间开阔，错落有致，有的绵延数千米。瞭望、救生、医疗、长凳、木质人行道、淡水冲洗等设施一应俱全。为适应家庭度假的需要，在距海水较远处设有儿童游戏活动设施。巴西最大的海港城市里约热内卢，市内海滩长达90千米，天然浴场就有30多处，其中最长的巴哈海滩全长18千米。这些海滩有的波涌浪卷，适宜冲浪和开展水上运动；有的沙白如玉、细而松软，是开展沙滩排球、沙滩足球等沙上运动的理想去处。新西兰度假胜地帕西亚北部分布着世界罕见的长达140多千米的巨型海滩。澳大利亚黄金海岸的冲浪者天堂、宽阔海滩、伯利海特海滩都是驰名全球的海水浴场

[①] 傅文伟：《旅游资源评估与开发》，杭州，杭州大学出版社，1994，50页。

和沙滩体育场所。墨西哥坎昆是一个长21千米、宽仅400米的蛇形岛屿，海边有一片20千米长的白色沙滩，铺满了由珊瑚风化而成的细沙，被分别命名为"白沙滩""珍珠滩""海龟滩"和"龙虾滩"。在海滩上还建有以棕榈叶为顶玛雅式凉亭和小屋。坎昆被誉为世界第7大海滩度假胜地，南北会议、世界贸易组织大会等大型国际会议在此召开。

各度假地在人文氛围、生态保护、社会供给、社会服务等方面均具备很高档次和水平，许多沿海城市是整体性的度假城市，有的国家像一个完全的度假国家。城市美化、净化，交通秩序良好，与海滩相映增辉、浑然一体。旅游信息服务无处不在，有咨询中心、旅游网站及解说指示系统，机场、海港、市区、景点、海滩和公路沿线均设有旅游咨询中心，放置100种以上的导游小册子，有的还配置电脑供自查。所有设施都对路人开放，市区大街和绿地有投币或免费厕所，设施齐全，方便干净。城市内外交通节点的指路牌简洁醒目。旅游从业人员素质优良，考察团乘坐旅游大巴，由司机兼导游，一边开车，一边讲解。度假地社会治安良好，居民友善文明，如法国提出"请不要把游客当外人"的口号。这些都构成了"度假天堂"不可或缺的人文环境要素。

（二）旅游度假地的功能性设施构成

旅游度假区是具有综合功能的旅游区，这也就决定了它必定具有综合性的服务设施，并以设施的不同设置和功能使旅游度假区具有不同的特征。

旅游度假区具有综合功能，能够提供全方位的旅游服务。旅游度假区的设施配套，一般要从度假旅游的功能性要求上来进行规划，形成度假地的设施组团。其功能性设施的构成一般包括：

1. 住宿设施

旅游度假地（区）内必须具有一定数量的与接待对象（目标市场）的数量、消费水平相适应的住宿接待设施，以为度假旅游者提供住宿服务。

度假饭店与一般的旅游、商务饭店应有所区别。休假旅游者的平均滞留时间比较长，有许多是以家庭为单位，饭店成为他们临时的家，因而要求饭店客房应比较宽敞，留有足够的空间，以便客人存放较多的行李，并能在房间从事自娱、社交等活动。例如，在美国，一般暂住饭店客房面积多是20~31平方米，而度假饭店客房面积则为36~60平方米及以上。室内要求有较大的衣橱以存放衣物、个人用品和娱乐用具，要求有地方安放娱乐用桌和家庭房内用餐，要求有双人浴室等。

为满足不同层次度假游客的需要，度假地住宿设施也要求多样化。一般包括七类不同的住宿设施：

（1）星级饭店。高档的度假饭店大多建在海滨、湖边等风景优美的地方，并尽可能增加景观房间。如在马略卡岛帕尔马湾约3千米的海岸内，集中了4星、5星级宾馆6家，主要面向富人阶层、会议旅游和奖励度假游客。一些饭店位于城堡、宫殿、古老的宅邸或自然风景区中，独具魅力，为高消费者提供服务。

（2）家庭旅馆。历史悠久、俭朴而有家庭氛围，在小城镇和乡村更为多见。

（3）假日公寓。家具齐全，适合家庭和团体，大多按一周或两周起租。

（4）野营场所。政府规定只有在指定的场地允许野营。西班牙有1200多处野营场所，可容纳65万人。

（5）青年旅馆。隶属于地方的青年体育机构，形成全国性网络，适合青年人和学生。

（6）乡村客栈。随着乡村度假旅游的迅速发展而出现，以乡村自然环境和民风民俗见长。

（7）温泉疗养院。提供疗养式的康复设施及服务，是游客康体健身、放松休闲的理想场所。

夏威夷的度假酒店、商务酒店、度假别墅、产权酒店和分时度假酒店等各类酒店，客房年出租率达83%。在悉尼的邦迪海滩大街内侧，布满了各种房型的低星级饭店，阳台、平台上摆放着躺椅和茶几，饭店门口设置了露天吧。马略卡岛大力开发温泉和海水疗养产品，四星级以上酒店辟有室外、室内游泳池，有的酒店还建有模拟海水健身中心，对海水进行人工加温。

2. 餐饮设施

旅游度假地（区）内除了度假饭店中设置一定档次、规模的正餐厅外，还应设置一定数量的适应不同需要的其他餐厅。首先是快餐厅，出售种类不多但经精心挑选的食物。这种餐厅一般设于游泳池、高尔夫球场、网球场、滑雪场山顶或山麓以及一些消遣设施附近。其次是露天餐厅，是夏季营业的度假区内必不可少的餐饮设施。另外，还应有一定数量的豪华餐厅和咖啡厅，供休假客人社交和餐饮之用。

实际上，特色餐饮已成为吸引游客的重要因素，而且能够让游客在度假、休闲的过程中很方便地享用。如为方便游客享受各具特色的餐饮服务，在海滩和城区的大街小巷，设有大量的餐馆和酒吧，供应当地风味美食、特色咖啡、美酒饮品。法国大餐和葡萄酒、意大利面食和比萨饼、西班牙烤肉和海鲜、马耳他焖兔肉和兰普卡鱼，都是当地招徕游客的佳肴。意大利那不勒斯发展海滨乡村度假旅游，大力推介"披萨饼故乡"形象，规定乡村旅馆必须提供当地葡萄酒和地道的披萨饼。西班牙将美食作为海滨旅游多样化的重要内容大力推广，塑造有特色的餐饮形象，使餐饮也成为旅游项目，当地人风趣地说："我们出售的是沙滩、海水、阳光和海鲜。"巴塞罗那港的海鲜食街颇具规模，游客边品尝海鲜风味大餐，边欣赏港口夜景，惬意舒适，印象深刻。澳大利亚黄金海岸的餐馆多达500家，除了正宗的法式大餐、意大利美食、韩国烧烤、日本料理、中国菜以外，还特别推崇澳洲的海鲜、袋鼠肉和葡萄酒。悉尼的全澳海鲜集散拍卖中心办成了食客如潮的自选海鲜烧烤大排档。凯恩斯的海滨广场备有自助烧烤炊具。唐格鲁玛岛的小别墅可供游客自己买菜做饭。

3. 交通设施

所有的旅游度假地（区）都应提供必要的交通工具和交通设施。交通工具包括大客车、中巴、豪华轿车、普通轿车，以及小型飞机。交通设施包括停车场、机场、码头、车站及内外交通道路等。

国外档次较高的休假地一般都建有专为私人飞机服务的停机坪和飞机跑道，以供拥有私人飞机的休假者使用。

度假旅游要求快捷的直达国际航线和"公交化"的国内航线，各度假地机场密度大，航线航班多，在此方面，澳、新国际航班的密集度首屈一指。澳大利亚东海岸的每个旅游城市都有自己的机场，仅12万人口的凯恩斯市每周开行国际航班31班，直通新西兰、关岛、香港、大阪和新加坡。黄金海岸距布里斯班市仅80千米，也独立开辟了通往日本、新加坡和我国香港的国际航线。奥克兰作为新西兰最大城市，10条国际航线直达澳大利亚、太平洋岛屿、美国和南美洲，经停悉尼、布里斯班和洛杉矶扩展为更多的国际航线。西班牙有32个国际机场，平均每1.58万平方千米1个，赴西班牙的旅游者有1/3乘飞机，客流量最大的3条航线都是通往海滨城市和海岛的。法国蓝色海岸小城尼斯的国际机场飞巴黎每日航班30多个，飞伦敦每日航班20多个。各度假地大力发展旅游包机业务。乘飞机进出西班牙的游客，近70%搭乘的是非定期航班（旅游包机）。欧洲有实力的大旅行公司都同时经营包机公司，有固定的销售渠道和客源层。英国最大的旅游批发商汤姆森假日和德国最大的旅游批发商LTU均用包机将大批游客直接送往马略卡岛。西班牙的铁路网以马德里为中心呈放射状分布，覆盖整个西班牙半岛，并与欧洲各国连接。法国快速列车和高速列车连接蓝色海岸和全法国以及欧洲所有大城市。海滨城市交通设施完善。各海滨旅游城市都有装饰别具一格、专供游客游览的双层敞篷观光巴士。澳、新两国连接住宿地与景区的旅游巴士或游船，兼有导游和观光娱乐功能，游轮一般为中型双体船，色彩艳丽，设施豪华。在奥克兰海湾，行驶着一艘艘黄色的水上"TAXI"小艇，专供游客兜风租用。

旅游度假地（区）交通设施的建设应从两个层面上考虑：

一是内外交通。有些度假地远离中心城市，交通上无法依靠中心城市的交通体系，必须建设专门的内外交通体系，特别是那些以远距离的高端游客为目标市场的度假地，必须考虑专门建设国际空港。如墨西哥的坎昆，是在一个只有170人的偏僻小镇的基础上建设起来的针对高端游客的度假地，为开发这个度假地，政府不仅建起了专门的高速公路，还建设了专用机场。

二是内部交通系统。连接不同度假单元、各个服务设施之间的交通线路，构成度假地内部的交通体系，在度假旺季，度假地内部有大量的外地游客进行休闲活动，交通体系的设计必须保证互不干扰而又使用方便。

4. 购物设施

一方面，许多旅游度假地（区）因远离城市；另一方面，购物是度假游客重要的消费内容之一，所以，购物设施是旅游度假区必需配备的设施之一。

较长的滞留时间让度假游客有更为充裕的时间去购物，因而，在度假地，除饭店内设有必要的购物中心外，在度假地内还应有一定数量的专门商店，包括大型超市、名牌专卖店、杂货店、礼品店、保健品商店、体育用品商店、书店、纪念品店等。欧洲海滨城市开设的购物街、步行街，既为当地人服务，又是外来游客购物的天堂，旅游购物占旅游收入的比例在60%以上。法国戛纳的十字大道精品街面向地中海，游客可同时尽享世界知名品牌和一览无余的美景。尼斯的"老尼斯"露天交易市场，有600多位小商业主、艺术家、手工艺者在经营。西班牙巴塞罗那的兰布拉斯大街连接港口和商业中心，各国游人密集，当地独有的旅游纪念品琳琅满目，旧货市场无奇不有，大街两侧延伸的小胡同内小商店鳞次栉比、各具特色。当地旅游部门与市政部门协调，规范旅游购物区，专门编制了购物旅游线路，由商会会员和旅游部门各出50%，促销推广购物旅游。马略卡岛上的手工艺品制作中心，集手工艺品之大全。当地农民开办的各种手工艺作坊和摊点到处可见，岛上的每一个海滩，均设有相对独立的购物区。香水作坊、陶器作坊、奶酪作坊、玻璃器皿作坊等，既是旅游点，又是购物区。澳、新两国公路上的购物场所普遍采用旅游咨询中心＋购物店＋卫生间的模式，或加油站＋购物店（超市）＋卫生间的模式，或连锁餐馆（含公共厕所）＋购物店的模式。在旅游景区，让游客在进出大门及出入餐厅时自然巧妙地穿越购物区。黄金海岸宽阔海滩上的太平洋购物中心，拥有4家大型百货公司、1家超级市场、260家商店、1家儿童游乐中心、12家电影院，还有食街和接待游客的休息室。工艺品、纪念品都独具特色，具有明显的购物＋旅游促销功能。夏威夷作为一个世界著名的旅游度假地，各种商店布满了城市的街区，据统计，在2003前后，其商店的数量是青岛市的100倍。[①] 在许多度假地，专门建设有为游客提供"一站式"服务的综合性休闲购物场所，可以在此进行一整天的"休闲式购物"。如里约热内卢的一家大型休闲超市内仅电影院就有18家，超市内部有轨道车供游客乘坐。

5. 休闲娱乐设施

因旅游度假区的特殊性所决定，康体、休闲、娱乐设施等应是旅游度假区设施体系中的重点项目，并且，具有特色的康体、休闲和娱乐设施往往可成为度假区的标志或主体性吸引项目，如高尔夫球场、滑雪场、日光浴海滩、赌场、主题公园等，其中高尔夫运动是各种类型的旅游度假区中最普遍的项目，甚至成为度假区的标志性项目。

夜生活是度假旅游不可或缺的活动内容，甚至称为"半壁江山"。西班牙海滨城市夜生活独具特色，电影院、剧院、音乐厅、展览馆、会议中心有丰富多彩的娱乐活动，酒馆、酒吧、夜总会通常营业到凌晨3~4点，许多场所通宵达旦。马略卡岛上建有欧洲最大的夜总会。据统计，访问西班牙的游客80%为2次以上，70%为4次以上的再访客，80%的回头客是去海滨度假，丰富的夜生活是吸引游客再访的重要因素。澳、新两国在夜生活方面的三大亮点是海滨广场、露天吧和赌场。凯恩斯在海港内侧开辟了一个梅茵广场，由浩瀚的绿地、开阔的游泳池和精致的人工沙滩组成，入夜灯火阑珊，气氛浪漫。悉尼以歌剧院和海港大桥为中心的夜生活场景壮观辉煌，所有建筑物都用灯饰勾出轮廓，海湾中彩灯游船穿梭往来。歌剧院内外、海堤上和大街的商场外摆出了数千张

---

① 山东省旅游局：《国际海滨度假地考察报告》，2004。

露天桌椅,上万人在繁星般的灯火和轻柔的海风中饮酒、交谈、喝咖啡或翩翩起舞。黄金海岸的天堂海滩每晚都开设灯光夜市,众多的街头艺术表演令游人兴致大增。

上午睡懒觉、下午日光浴或运动,晚上西装革履地出席晚宴和社交场所,已经成为度假过程的程序化生活。

6. 外延性配套区

度假地一般不是孤立的,因为度假需求是多样化的、动态的,度假地内部提供的是以休闲、娱乐为主导性产品的度假产品体系,而对于滞留时间较长的游客来说,他们往往需要以度假地为中心,展开外延性活动,对周边地区的旅游景点、设施进行消费,这就需要度假地选址和规划时,要综合考虑自身提供的主导性产品与周边地区提供的辅助性产品的整体配套问题。例如,墨西哥将坎昆确定为度假地的重要原因之一就是在离坎昆131千米处有一处世界遗产——玛雅文化遗址,可作为到坎昆度假的游客做外延性一日游的目的地,与坎昆形成海滨度假与文化观光的组合产品。

案例 14-1:
坎昆——墨西哥人在加勒比海地区赢得的恩宠

自20世纪70年代开始,由墨西哥政府成立的政府旅游信托发展基金(INFRATUR)在一片荒地上将原来的一个小渔村发展成为现在约有30万人口的服务型城市以后,坎昆就一直是墨西哥最为著名、游客人数最多的旅游胜地。墨西哥几乎三分之一的旅游收入都来自于坎昆。

坎昆位于墨西哥东海岸的尤卡坦半岛上,隔加勒比海与古巴和牙买加相望,长21千米,宽400米,最窄处仅50米,狭长条状如蛇形,像一条海堤,横跨在海湖之间。全岛面积为60平方千米。内侧环抱泻湖,西北端和西南端有大桥与尤卡坦半岛相连,岛与陆地之间形成24平方千米的尼楚德湖,湖中又有若干小岛和半岛。这里三面环海,岛上覆盖着由珊瑚风化形成的白沙滩绵延20多千米长。岛上还保留着自然的生态环境和原始灌木,海水清澈见底,仅凭肉眼就可看见40米深处的海底鱼类。

这一地区是古代玛雅文化的中心,遗留有众多重要的、独特的文物古迹。在20世纪的大部分时间里,这个地区依靠的仍是初级农业,所能出口的唯一作物是西沙尔麻,现在的尤卡坦半岛划分为三个行政州,坎昆所在的金塔纳罗奥州位于东部沿海。当其他加勒比海度假地日渐形成规模时,尤卡坦半岛还仅被作为一个观光地,1969年前往尤卡坦半岛的游客仅6万人次,大多数是到乌斯马尔和奇琴伊察的玛雅遗址观光。

坎昆在发展旅游业之前，可耕面积小，农业生产力低下，居民很少。20世纪60年代末，墨西哥政府制定了"全国旅游发展规划"，并在全国划定了包括坎昆在内的五个度假区，坎昆被确定为最佳地点。

坎昆度假区的基础设施是按照国际标准设计的，以满足开发建设的双重目的，即一是与国际上成功的度假区竞争，二是满足环境保护的需要。机场在建设初期建设了2700米长的中型飞机跑道，但留取了大型宽体客机的起降的拓展预留地，足够建设4000米长的跑道。区内公路系统的规划同样考虑了度假区建成后的交通需求。坎昆岛上的干道全部为四车道。一般住在饭店内的游客很少使用自己的车，多数游客都是乘坐区内交通车，去区内的景点观光也都乘坐观光汽车。同时，从机场到饭店还有很好的敞篷车运送游客。街区的设计使商业中心均匀分布，游客步行即至。多数道路旁都种植了棕榈树或饰以其他绿化景观。

将度假区选在坎昆的一个重要原因是这里的淡水水源充足。排污系统是按照二级处理的要求设计的，污水经处理后可达到灌溉用标准。

案例来源：INFRATUR:《旅游胜地——墨西哥的旅游发展战略》。

三、旅游度假区的产品体系

作为一个能够提供全方位服务的综合性旅游功能区，度假地的旅游产品应该丰富多彩。

从度假旅游的功能性要求上看，度假地的产品体系应主要包括：

——休闲产品；
——观光产品；
——休闲、娱乐产品；
——康体、运动产品；
——购物旅游产品；
——其他专门性产品（美容、文化体验、修学等），等。

其中休闲产品应成为度假产品体系中的主导性产品。同时，为适应度假市场多是以家庭为单位的市场特征，度假地在产品规划、开发过程中，都比较注重旅游产品对细分市场的适应性，针对不同年龄段推出不同特点的产品。

例如，当前的海滨度假地开发，许多地方为增强海滨度假旅游的吸引力，不断丰富旅游产品，逐步形成了由海滨浴场、水上运动、文化观光、主题公园、民俗参与项目和专项旅游活动等组成的海滨度假旅游产品体系，满足了游客在某一地方较长时间休闲度假的消费需求。

海滨度假旅游的主要吸引物是3S（阳光、海水、沙滩），以及由海滩和与其相连的海域组成的滨海景观。海滨浴场是海滨度假旅游必不可少的基本设施，一般由水上运动区、游泳区、日光浴区、沙滩活动区、附属设施和酒吧餐饮等配套服务设施组成，空间开阔，错落有致，有的绵延数千米。

随着海滨度假旅游的逐步成熟，结合最紧密、特色最鲜明的是运动旅游项目。特别是高尔夫球，已成为海滨度假旅游日益普及的运动项目。西班牙国家旅游局宣传促销的新口号是"阳光下的高尔夫"，全国有250个高尔夫球场，平均2000平方千米1个，大多集中在海滨旅游度假区。马略卡岛目前有12个高尔夫球场，计划建到30个，平均120平方千米1个。夏威夷77家高尔夫球场，平均216平方千米1个，许多酒店有自己的球场。为丰富海上运动项目，西班牙成立了300多家航海俱乐部，马略卡岛将帕尔马港建成"帆船港"，一年四季举办帆船比赛，参赛选手和随行人员每年达10万人。当地政府资助足球队和自行车队，承办环法自行车赛，带来每年8万人到岛上度假。马耳他沙滩没有优势，但拥有天堂湾、金色港湾等10多个著名海湾。该国着力塑造"水上运动的天堂"，开发推出游泳、潜游、潜水、划船、航海、攀岩、冲浪、钓鱼、滑翔、滑水、乘风浪板等运动项目，同时举办高尔夫、网球、赛马、壁球、古典式汽车等高规格赛事，从而使运动度假成为马耳他海滨度假旅游的突出特色。夏威夷已成为著名的世界水上体育运动中心，许多世界级的大型水上运动比赛都在这里举行，全部体育比赛带来了2.4亿美元的收入。

海滨度假旅游产品的多样化还体现在与历史文化的结合上。各度假地充分发挥历史文化资源优势，将文物古迹、博物馆、民俗风情、人文景观等纳入海滨度假产品系列。蓝色海岸是法国的艺术圣地之一，该国推出"蓝色海岸博物馆通票"，可游览参观阿尔卑斯滨海省65家博物馆、历史古迹和植物园。意大利最大的港口城市那不勒斯是罗马皇帝的避暑地，近郊的庞贝古城遗址、苏连托等名胜与海港风光融为一体。为突出地方特色，那不勒斯重点开发历史文化资源，以庞贝古城为背景，夏夜组织露天大型演出。西班牙推出"朝圣之路""堂吉诃德之路"、葡萄酒之旅、美食之旅、自然之旅、艺术之旅、民间建筑之旅等主题鲜明的旅游产品，赋予海度假旅游以丰富的文化内涵。各度假地注重对传统文化的继承、创新、提升和展示。里约热内卢将巴西的桑巴舞、足球文化与海滨度假旅游组合起来，坎昆将周边的玛雅文化遗迹纳入度假者一日游的范围。夏威夷全面继承和再现当地流传下来的土著文化，使之成为当地最具特色、最有吸引力的旅游项目。

主题公园也越来越受到海滨度假旅游者的欢迎。澳大利亚黄金海岸全市人口近50万人，80%从事旅游业。全市除拥有60个高尔夫球场、12个国家公园外，还有《海洋世界》《梦幻世界》《华纳兄弟电影世界》《水上乐园》4大主题公园。《梦幻世界》里有全球最高、最快、最刺激的飞车项目，吸引了喜爱冒险的大批青少年游客。墨尔本利用废弃金矿建造的主题公园，保存了原汁原味的老街和矿井，游客不仅能够深入地下观赏原始金块、采矿工具，观看淘金时代的模拟电影，还可在淘金河里筛金沙。美国洛杉矶以大型娱乐性主题公园为龙头发展旅游，《迪士尼》和《好莱坞环球影城》集观光、休闲、娱乐及服务于一体的综合性旅游项目，在世界上享有极高的知名度。《迪士尼》的停车场就有30000个泊位，室内部分可泊车18000辆，平均每天收入即达120万美元以上。这些主题公园极大地增加了度假目的地的声誉、亮色、动感和刺激程度，与海滩及其他景观互为依存，成为度假游客尤其是青年和家庭游客的必到之处。

各度假地丰富多彩的专项活动使海滨度假旅游充满了活力。法国蓝色海岸各城市大型旅游活动争奇斗妍，长年不断，春季有玫瑰节、电影节、一级方程式汽车大奖赛，夏季有爵士乐节、茉莉花节，秋季有小村庄举办的栗子节、葡萄节、蘑菇节，冬季有杂技节、柠檬节、狂欢节、含羞草节，可谓"一年四季，激情无限"。其中，尼斯的国际狂欢节、戛纳的国际电影节、摩纳哥的一级方程式汽车大奖赛享有国际声誉。西班牙第二大城市、著名海滨旅游胜地巴塞罗那，尝到了1992年举办奥运会而名声大震的甜头，频频举办会议、展览等大型活动，增强旅游吸引力。2002年举办了1345个大型国际会议和国内会议，2004年举办世界城市文化论坛，包括4个展览会、音乐活动、庆祝活动等，有6万人参加，吸引国际游客150万人。里约热内卢每年2月中下旬的巴西狂欢节，举行规模盛大的桑巴舞游行，成为吸引各国旅游者观赏和参与的保留项目，仅里约热内卢4天假期就可吸引40万国外游客。马略卡岛一年四季几乎每个月都有民间的传统节日，如圣·安东尼奥节、狂欢节、复活节、莫罗斯节、大型民间艺术节和圣诞节等，还经常举办一些传统的体育竞赛活动，如篝火晚会、拔河比赛等。

实际上，度假旅游就是在目的地进行的"观光+休闲+运动+娱乐"等综合性的消费过程，是多种消费的集合，而度假旅游开发，也就是力求能够达到提供多元化的产品供给。

第三节　旅游度假区开发

旅游度假区，以不同的标准可以分成不同的类型。人们习惯上是根据旅游度假区所处的区位或位置、自然环境条件及与之相关的康体娱乐设施来进行分类。根据上述条件，可以将旅游度假区分为八种类型，见表14-2。每一种类型的旅游度假区，因资源性质的不同在开发上各有特点。

表 14-2　旅游度假区类型

类型	特征	类型	特征
滨海型	海滩、海岛和临海区域；日光浴、海上和沙滩运动	山地滑雪型	运动健身
滨湖（河）型	湖岸、河滨；水上运动、垂钓、休闲	城市型	历史街区、社区、艺术馆、博物馆；文化体验、观光、购物
森林型	狩猎、科考与科普、森林浴、户外运动	乡村民俗型	田园风光、休闲农（渔）业；学习、研究、体验、娱乐
温泉型	温泉浴、泥浆浴；疗养、保健	娱乐型	主题公园、娱乐博彩等

一、滨海度假区规划

滨海度假区是各类旅游度假区中最常见的一种，也是迄今为止拥有最大游客群体的度假区类型。滨海即位于海滨，有宜人的气候，迷人的沙滩，适合于开展日光浴、游泳戏水和船艇运动，对于患有某些疾病的旅游者还具有疗养、保健作用。自1796年在英国东南海岸建立了世界上第一个滨海度假疗养院至今已有200多年，到海滨度假和海浴疗养已成为全世界旅游者最欢迎的活动之一，到海滨度假、疗养已成为美国、法国、奥地利、英国、丹麦、瑞士、挪威、比利时等许多国家的时尚。

滨海度假区，以其所处环境和依托地的不同，一般可分为三种类型：

一是海滨城市度假地，如美国的洛杉矶、澳大利亚的黄金海岸、法国的尼斯、西班牙的巴塞罗那，以及中国的大连、青岛、三亚等，均属此类型。此类度假区与中心城市（作为经济中心、文化中心、交通枢纽的大城市）紧密结合在一起，依托城市功能和基础设施，开发海滨与城市结合的度假产品。

二是远离中心城市的海滨度假地，墨西哥的坎昆世界上最著名的远离中心城市的海滨度假地，要靠自我完善的基础设施系统来提供相应的服务。

三是海岛度假区，世界著名的度假岛屿有夏威夷、普吉岛、马略卡岛、马耳他、马尔代夫等。

开发滨海度假区，除要有宜人、舒适的气候条件外，还要具备优越的自然条件开辟海滨浴场和开展海上运动，以便于旅游者进行海水浴、沙滩日光浴、水上船艇和戏水等活动。

（一）滨海度假区的功能性设施

考察世界上滨海度假区的规划，可以看出，一个独立的度假单元的主导性功能设施不外乎三种，即中心酒店、休闲娱乐海滩、岸上运动场所。

1. 中心酒店（度假酒店）

海滨度假酒店除应具备一般度假酒店的要求外，在设计和建设时，还要充分考虑海滨地区的特殊资源、环境和度假活动的要求。

（1）充分考虑与海滨自然环境的协调与融合

度假酒店建设要充分发挥"海滨特色"，开发"海景房"，尽量"让所有的房间都能够看到海"，所以，许多地方的海滨度假酒店都是采用后退、阶梯式格局，设计有临海的露天大阳台，使房间环境与大海融为一体。

当然，海景房建设应是在不影响、破坏环境的前提下进行，离海岸线的距离、建筑物的高度和体量等都应符合基本的环境要求。

（2）适应度假消费特点的要求

度假消费过程的休闲性、海滨活动的特点等，要求度假酒店的设计要尽可能提供方便性的设施与设计。如许多海滨度假酒店的客房采用木地板铺装，而不是常规的地毯，这就是充分考虑了游客在海滩活动，身上常常带着沙子的特点。

方便性体现在许多领域和细节设计上：为方便海上运动设计的专门通道。如澳大利亚黄金海岸的一家度假酒店，前门是停车场，而大堂的后门就是游艇码头，游客可从大堂直接下海。

保障消费环境的私密性，度假环境应是温馨、浪漫、没有干扰的，这对客房设计要求尤为重要，国际上许多高档的度假酒店采用会员制或有十分严格的管理制度，不像一般旅游饭店那样公共空间开放。

人性化的无障碍设施，包括残疾人、老年人、儿童的专用设施等。

（3）节约与环保

在不降低服务标准的前提下，提倡节约空间、能源和设备投资。

游客在度假过程中，大部分时间是在海滩、水上进行户外运动，除睡觉之外在房间的时间很少，这就有可能适度减少客房的部分非必须性设施。例如，有的度假酒店甚至连电视都没有配备，因为度假游客很少有时间待在房间里看电视，如有需要酒店临时配送，这样酒店就减少了一定的投资。

实际上，度假酒店的许多设施都而已采用临时配送制。

2. 休闲海滩和水上运动设施

（1）休闲和水上运动设施

度假者在海边的活动包括海滩活动和水上活动两类。

海滩活动主要包括沙滩日光浴、沙滩漫步、沙滩运动（跑步、沙滩排球、沙滩足球等）等，相对的安全性较高。关键的是水上活动，包括游艇、冲浪、帆板、皮划艇、风筝板、摩托艇、水橇、潜水等，都有特殊的技术要求和条件，有些则需要专门的设施和设备，其中，专业性较强的包括游艇码头、停车场、救生站和通抵海滨的道路入口等。

总体来说，开展水上运动需要建设若干项岸上及水上设施。有些情况下需要建设系泊设施、导航浮标或分区浮标。所需设施的类型会因水上运动项目的种类不同而不同。帆板运动要配建停车场地、舾装帆板和风帆的露天场地。另外，开展游艇活动需要码头或系泊设施，才可以让船艇停泊；还需要建设一系列岸上设施，如卫生间、盥洗室、器材商店和停车场等。帆船和私人船舶需要有下水航道和停放汽车和拖车的场地。但总体来说，在规划水上运动开发时，应考虑以下设施建设：

- 俱乐部及培训中心；
- 系泊设施和游艇码头；
- 下水航道，舾装区和海滩下水航道；
- 岸上设施：停放车辆、拖车和帆船的场地；
- 盥洗室、沐浴、垃圾收集处；
- 用于建造、存放、修理和维护船艇的码头；
- 遴选、指定适合于训练的海域；
- 游艇避风港，如小型渔码头等。

（2）游艇码头

游艇码头和港口不仅仅是停放船舶的场所，从安全角度上讲，它们还有一个重要功能：在恶劣条件下为船舶提供安全的避风港。做好此类规划对确保海上航行安全、提供各项设施两方面都至关重要。

游艇码头所涉及的建设问题很复杂。它不是简单的停船地点，而应该营造出一种社区、俱乐部的氛围，吸引游客和会员加入；应该合理布局房地产、酒店、咖啡店、酒吧，以及设备仓库、器材商店；还应指定帆船、帆板和潜水等各类水上运动的活动区域，划定小型船只的下水航道或游艇、摩托艇的过冬停放场地；建造能提供水电、供给煤和燃油的设施。这些都是现代化游艇码头的基本功能所要求的。

游艇码头的设计是一个非常专业化的领域。建造游艇码头必须考虑到诸如当地的水文和海浪作用的影响、防浪体系是否正确等若干环境因素。

游艇运动设施的选址条件应包括：

——地点安全，能避开有可能损坏停靠船只的风、潮水或者海流的侵害；

——拥有带隐蔽物的进出水道，其宽深能容纳大小及型号范围广泛的船艇通过；

——易于进入宽水域，以便于游客进入宽阔水域进行船艇运动；

——比较靠近入口中心。

一个功能齐全的"游艇船坞"的设施体系应包括几大类，即生活供应设施、船只停靠服务设施和维修服务设施。具体应包括：

• 船艇泊位：船艇泊位是最重要的设施。根据不同需要应设置不同数量的有顶篷和无顶篷泊位。泊位配备为船艇服务的淡水、电源、电话系统、有线广播系统和垃圾处理系统。

• 进口水道：进口水道设红绿色交替变换闪光灯标导航的航道。

• 船艇供应设施：包括为船艇供应汽油、柴油、充电及小修服务设施等。

• 专业用品商店：能够供应软饮料、冰块、渔具和鱼饵、船艇附件等。

• 出租船只：供游客租用、包租和游览的各种船只、游艇等。

• 气象站。

• 生活设施：包括住宿、餐饮、娱乐、健身等设施。

• 交通设施：包括停车场、车站、出租车等。

• 游泳和日光浴设施：包括适合游泳戏水要求和安全要求的浴场，为日光浴爱好者设置的沙滩、躺椅、太阳伞等。

• 救护站：为预防各种水上险情，应建立完善、可靠、高效的安全救护系统，配备充足的救护人员和救护设备，防止各种水上险情发生。

（3）"干港"

许多游客的小型私人游艇属于"车上游艇"，可用拖车牵引到处移动，平时游艇停在自家后院，度假时则用汽车牵引拖到海滨。许多度假区为此也专门建设有为"车上游艇"下海服务的"干港"。

"干港"设施一般包括：

——入水坡道；

——游船拖车；

——访客专用泊堤；

——小型放浪堤；

——停船区；

——停车场；

——办公室；

——备用区，等。

3. 岸上运动设施和场所

岸上的户外运动是度假游客必然的活动内容。

海滨度假区度假单元内的岸上康体运动设施和场所一般包括高尔夫球场、网球场、野外徒步区、骑马场等，其中，高尔夫球场是高档度假区的必备项目，甚至有一种普遍性的观点，认为高档的海滨度假区的主体设施实际就是一所中心酒店、一片休闲娱乐海滩、一个高尔夫球场的组合体。在坎昆和夏威夷的一些大型高档度假区内，甚至有的度假单元内配有 2~3 个高尔夫球场。

（二）海滩和海上运动

海滩和海上运动，是海滨度假的标志性活动。

海水浴是热衷于到海滨度假、疗养的旅游者必不可少的活动内容。海滨地区气候温和，阳光充足；大气中杂质少，而氯、镁、钠、锌、碘等含量较大，具有杀菌作用；空气中的负离子的浓度也比较大，使空气清洁；再加上大海使人心胸开阔，海风吹拂，使人心情舒畅。这一切都构成了滨海度假区适宜的度假、疗养保健环境，适宜于贫血、哮喘、喉炎、鼻炎、精神郁闷等患者的康复治疗和大多数人的强身健体。

海水浴、海上运动（游艇、冲浪、帆板、皮划艇、风筝板、摩托艇、水橇、潜水等）要有一定的海上自然条件。

对大多数水上运动来说，风是决定性因素。任何级别的帆船运动都要受风的因素制约。如果风力不够大，就无法扬帆。其他的水上运动则取决于海洋状态，例如海浪的等级。而大多数情况下，它又与风速直接相关。风也会对人体体温有较大影响，如果身体潮湿，而风较为寒冷，就能使人体温大幅度下降。身体潮湿又暴露在寒风当中，不但会令人产生不适，还存在危险。

影响海滨的盛行风的风向随季节而不同。夏季的盛行风是南风和东南风。冬季的盛行风是北风和东北风。

描述水上运动的风速时，国际上通常使用蒲福风力等级来表示（见表14-3）。蒲福风力等级通过风速与海面状态的对应关系来表明海上的气象状况。该系统既可以用于海洋气象预报，又可以为水手和水上运动爱好者提供海上的气象信息。

表 14-3　风力（蒲福风级）与海上运动

蒲福风级	风速（节）	海面状态	航海条件
0	<1	无风	无法出海
1	1~3	软风	无法出海
2	4~6	轻风	几乎无法出海
3	7~10	微风	对初学者适合
4	11~16	和风	可以出海，主要适合初学者
5	17~21	劲风	适合有经验者出海
6	22~27	强风	取决于船舶和经验，会很有趣
7	28~33	疾风	非常不宜出海
8	34~40	大风	千万不能出海
9	41~47	烈风	千万不能出海
10	48~55	狂风	千万不能出海
11	56~63	暴风	千万不能出海
12	>64	飓风	万万不能出海

银白、均匀的细沙，开阔的滩面等会给旅游者带来无限的享受。世界上著名的印度尼西亚巴厘省杜阿岛度假区，在开发选址时，开发者论证的最有利的条件之一就是该处有"迷人的海滩"。

沙滩日光浴也具有医疗保健功能，其主要原因是因为紫外线具有杀菌作用，能增加人体的维生素 D，改善钙、磷代谢，增强免疫力。沙滩日光浴场的条件指标见表 14-4。

表 14-4　沙滩浴场评价项目及指标表[①]

评价项目			指标			
			一类	二类	三类	四类
地形	沙滩	长度	>1000m	1000~500m	500~200m	<200m
		涨潮线上宽度	>200m	200~100m	100~30m	<30
		面积	>30ha	30~10ha	10~3ha	<3ha
		坡度：前滨	<2°	2°~5°	5°~10°	>10°
		滩肩	<5°	5°~10°	10°~30°	>30°

---

① 傅文伟：《旅游资源评估与开发》，杭州，杭州大学出版社，1994，70~71 页。

续表

	评价项目	指标			
		一类	二类	三类	四类
地形	沙滩 颗粒成分（%）（粗/中/细/粉砂比）	<5/20~25/65~70/10~15	其中粗砂或粉砂较高	粗砂太高（>15%）或粉砂太高（>30%）	颗粒成分比例失调
	沙滩有害成分或杂质	无或极少	很少	有一定含量	较多
	后腹地 地貌类型	平地缓坡	岗丘	低山陡坡	陡岩绝壁
	面积	>1km²	1~0.5km²	0.5~0.1km²	<0.1km
水象	水质 透明度 洁净度 CDD，大肠杆菌 油膜（ppm）	>1m <1ppm <1000个/L 无	0.6~1m <1ppm 1000~3000 无	0.3~0.6 1~2ppm 3000~7000 肉眼难以辨认	<0.3 1~2ppm <10000个/L（左右）
	波浪 浪高 频率	<0.3m	0.3~0.5m	0.5~0.8m	>
	生物 普通生物（藻类，浮游物）有害生物（鳄鱼，海蜇等）	游泳区域内基本无或极少 无	很少 无	较少 少见，要防护	较多 有，要有防护措施
气象	日照 年晴日数 其中夏季晴日数	>100天 >10周	100~70天 10~5周	70~40天 5~2周	<40天 <2周
	温度 气温（25℃）水温（23℃）	30~32℃ 28~30℃	28~34℃ 25~28℃	25~36℃ 23~25<30℃	<25℃ >36℃ <23℃ >32℃
	风 风向频率 风速	<1m/s	1~3m/s	3~5m/s	>5m/s

注：沙滩颗粒成分：粗砂＞0.5mm、中砂0.5~0.25mm、细砂0.25~0.125mm、粉砂0.125~0.063mm。

（三）安全管理

海滨地区和海上的许多活动，以及各种活动之间存在着安全问题，安全管理是滨海度假区管理的重要内容。

海滨地区开展的某些活动会因共处同一区域而彼此发生冲突，例如儿童划船、游泳与四轮摩托车、水上摩托车的经营就会彼此发生冲突。考虑到水上运动项目的多样性，非常有必要对海滩进行分区管理，对彼此有冲突的项目要分散开展。水上摩托车、高速艇、水橇、游泳、帆板和帆船等都是有待开展的活动项目。但它们不能全部在同一区域内进行，某些活动项目需要划定专区。无论海滩还是海域之上都需要划定分界线，并明确这些项目的各自分区。

1. 分区管理

国际经验表明,从安全管理的角度出发,实施和加强海滩地区的分区管理至关重要。内容包括:
- 成立海滩协调管理机构,编制海滨海滩区域管理规划;
- 针对不同活动项目明确海滩和海域分区界限;
- 控制永久性建筑的建造;
- 布局临时性建筑的用地;
- 加强拥挤人群的分流管理;
- 建设充足的卫生设施和更衣室;
- 定时清除沙滩上的垃圾和船舶废弃物;
- 定期进行水质评价,尤其是在受工业活动影响较大的城市地区,可能会因水质下降而引发公众健康问题。

2. 水上和沙滩安全

每项水上运动都有特殊的技术要求和条件,无论是私营船只,还是救生艇,都必须有保证其安全性能并得到维护。

许多水上运动项目有特定的安全标准。这些标准对于帆板或小型帆船初学者尤其重要,否则它们可能会失去控制,漂流入海或倾覆落水。海滩经营者都应随时在海沙滩上配备救生艇和安全设备。

拥挤的沙滩应该有救生员。他们不仅要应对突发事件,还要协助沙滩的全面管理。救生员的数量和职责应根据各地的特定情况进行调整。

水上和沙滩的安全管理,要建立专门化的制度和规章予以保证。

国际上通行沙滩区域的人群分流管理,内容包括:
- 通向海滩或大海的各道路入口处不会因游人过多或游客活动而堵塞,要设有供紧急疏散的安全通道;
- 全面利用海滩,在海滩沿岸合理分流拥挤的人群,减少因某个区域过于拥挤而潜伏的危险;
- 配备充足数量的值班救生员,以应对可能在同一时刻发生的多处险情;
- 确保救生艇数量充足,落实安全规章制度的实施,体现出海滩的安全性;
- 严禁在沙滩上经营出租四轮摩托车,类似的项目可以选择沙滩附近其他合适的地方经营。

(四)蓝旗运动

蓝旗系统,是一种目前通行于国际海滨地区、起源于欧洲的评定沙滩等级的体系,即根据水质、沙滩上可提供的设施的清洁度和达到的不同标准来评定等级。这个体系将会鼓励经营管理者改善设施,并为公众决定到哪一处沙滩游览提供选择依据。

蓝旗运动是在1987年由欧洲环境教育基金会（FEEE）发起的。开展蓝旗运动的目的是为了提高市民，尤其是决策者对解决海洋和海岸环境问题的认识，鼓励有助于解决这些问题的行为。蓝旗运动面向三个方面：海滩、海岸和游船，但最受人关注的还是海滩。蓝旗海滩的标准，包括4个大项、26个小项；蓝旗并非终身拥有，这些海滩每年都需要重新评定，只有达到标准，才能继续拥有蓝旗。

蓝旗运动的开展以自发和志愿为基础，即由政府自愿提交参加评比的海滩，这些海滩必须达到4个项目中的26项标准，其中20项是规定性标准。4个项目包括浴场水质、海岸环境质量、资讯和环境教育、海滩管理和安全。

蓝旗运动已经成为国际海滨管理的标志性制度，在欧洲、澳洲等地区被广泛推行，也已经成为人们识别海滨度假地环境质量和管理水平的重要标志。

二、滨湖度假区规划

（一）滨湖度假

滨湖旅游度假区是在内陆湖滨（包括河流）建设的度假区，有迷人的水上风景和温馨、朴素的乡村风貌，适合于开展水上垂钓等休闲运动和疗养等。

滨湖旅游度假区的康体娱乐设施多以淡水水域的运动、休闲及与此有关的活动为主。其度假设施及度假产品的类型与滨海度假区基本相同，特别是水上活动项目更与滨海度假区有着趋同性。当然，这也要看水域面积的大小和周边的地理环境。

内陆水域度假区的开发，与滨海度假区不同的是，因其处于乡村地区，所以多与乡村文化、民俗风情等相结合，形成水上休闲、娱乐、运动与乡村民俗文化的有机融合。而其相应的设施如度假酒店等，也多以乡村建筑为特色。

例如，韩国庆州波门湖旅游度假区，在设施规划时，将娱乐设施建设列为重点，除设有一个18洞和一个36洞的高尔夫球场外，还包括环形剧场、水族馆、游艇港、钓鱼设施、水上活动设施、家庭主题公园、世界游乐城等，为了塑造乡村气氛，还专门建造了一个古代锡拉式乡村，并在社交娱乐中心建有一个大型传统水车，以作为度假区中心地带的标志，整个设计给人以悠闲、朴实、舒适、恬静的感觉。

再如，美国密苏里州欧塞奇海滨欧托克斯湖上马里奥特饭店集团的坦塔埃度假区，其康体娱乐项目以湖上船艇运动为主，其设施包括：

一处拥有50个船台、部分有顶篷覆盖的码头设施；

一座贮藏和养护大楼；

一座码头管理站；

50艘以上可供客人使用的小艇、独木舟和其他船只；

一处滑水学校等。

在滨湖度假区开展水上娱乐、康体项目，需要有较好的水体条件。对水体质量的评价，视不同的使用功能和项目要求而有所不同。一般来说，除包括水体的面积大小和深浅程度之外，对水质的要求是最主要的。对康体娱乐水体水质的评价，其评价项目指标除生化参数外，还要着重考察其透明度、悬浮体、细菌总数、油膜污染量等指标。目前，我国已有这方面的专门规定——《中华人民共和国地面水环境质量标准》。根据这一标准，各种娱乐水体的水质可分为五个等级（见表14-5），其中第Ⅰ、Ⅱ、Ⅲ类可作为康体娱乐水体。

《中华人民共和国地面水环境质量标准》中指出：属于第Ⅰ、Ⅱ类的水域为国家自然保护区和重点风景名胜区水体；属第Ⅲ类的为其他重要风景游览区和游泳区水体；第Ⅳ类为人体非直接接触的娱乐用水体；第Ⅴ类为一般观景用水体。

表 14-5 娱乐水体评价模型表[①]

评价因子	权重（%）	记分等级				
		10~9	8~7	6~5	4~3	2~0
透明度		>2m	2~1.5m	1.5~1.2m	1.2~0.8m	0.8~0.5m
悬浮物		无	<10 mg/l	10~50 mg/l	50~150 mg/l	>150 mg/l
油膜		无	无	无感觉（<10mg/l）	不明显（10~30mg/l）	明显感觉（>30mg/l）

（二）淡水水域船艇运动设施

在湖泊或流速适宜的江河等内陆水域建设船艇运动设施开展水上运动，是内陆淡水水域（河、湖、水库等）度假区的主要项目，其主要设施应包括：

- 一处拥有一定数量船台的码头，部分有顶篷覆盖；
- 一座贮藏和养护大楼；
- 管理站；
- 气象站；
- 度假饭店和一定数量的小吃店；
- 供客人租用的小艇、独木舟和供游览用的游艇；
- 必要的救护设施；
- 陆上交通设施，包括停车场、车站等。

三、滑雪度假区规划

（一）滑雪度假区的特点

滑雪度假区，顾名思义就是在冬季（或在其他季节人工造雪）的山地地区以滑雪运

---

① 傅文伟：《旅游资源评估与开发》，杭州，杭州大学出版社，1994，72页。

动为主体或主要特征的旅游度假区。

滑雪是一种比较特殊、技术要求较高的运动项目，场地条件有特殊要求，并要有适宜的气候。

值得引起注意的是，滑雪运动有着很强的季节性，这就可能造成度假区淡、旺季之间的强烈反差。为了改变局面，度假区的设施规划时，可相应建设一定的适合春、夏季运动的项目，如高尔夫球、夏季水上运动（靠近湖泊或河流）等。因此，有的专家认为，山地滑雪旅游度假区的选址条件之一，就是该地必须有可供夏天使用的潜力：一个适合于夏季水上运动的湖泊，或者基地内有着适合于建设18洞高尔夫球场的平缓起伏地形，以提高该度假区在无雪季节继续经营的可能性。当然，也可以通过人工制雪来延长滑雪季节。

（二）滑雪场地要求

滑雪运动，在20世纪50年代之后成为休假旅游地的投资热点，在国际上拥有很大的市场空间，有的滑雪运动爱好者，每年都要到著名的滑雪场进行滑雪运动，从不间断。而且，因滑雪场所一般都处在远离中心城市的山区，所以滑雪场实际上就是一个综合性的度假中心，各种设备齐全，有着较大的经营空间，因此更被现代旅游投资者看好。

滑雪是一种特殊的室外运动，对地形、气候等有特殊要求，因而，滑雪设施的建设，首先应选择好合适的场地。

根据滑雪运动的技术要求，滑雪场的场地一般应具备以下条件：

- 必须具有较大的垂直落差和落差发展变化区域，落差高度最好在1500米以上。
- 滑雪场最好面北或东北，以便最大限度地存雪。
- 每一滑雪季节至少须有5厘米的降雪量或足以进行人工制雪的温度（平均温度须在冰点以下）。
- 拥有适当的各种等级的坡度，坡面斜度应可供开发出三种类型的滑雪路径。对于初学者的路径，斜度不超过25%，对于一般中等水平滑雪者的路径，斜度应在20%~45%之间，对于专业滑雪运动员斜度可达到50%~70%。
- 要有有利的气候条件，平均气温须足以保持住供滑雪用的积雪，但天气一般应该是白天晴朗而降雪时间多在晚上。
- 拥有充足的水源用于预期的人工制雪。
- 有充足的基地设施，用于容纳为整个滑雪设施配套的其他设施，包括滑雪登山缆车场站、停车场、住宿设施、基地建筑物等。

我国绝大部分地区处于北温带，除了个别高山地区外，常年积雪或降雪的地区是没有的，不适宜营建常年滑雪设施。我国的东北地区，一年有四、五个月的降雪天气，山区、丘陵地势也有适合作滑雪场所的，营建季节性的滑雪设施有一定条件。

投资建设季节性的滑雪设施，应注意的一个重要问题是，为了减少非滑雪季节设施闲置所带来的经济损失，最合适的办法是同时建设适合夏季消闲度假旅游的水上运动项目或高尔夫球场、赛马场等。如果滑雪场附近有一座规模较大的淡水湖，则最好投资水上运动项目如船艇项目等。

（三）滑雪服务设施

作为一个服务内容完备的滑雪场，除了要有依地势而修建的滑雪路径外，还应有相配套的滑雪专业设施和服务设施。

登山提升或牵引设施是滑雪场必备的，也是最主要的专用设施，它是一种用来把滑雪者载运或推拉到滑雪坡道顶端以及上部斜坡上去的设备。这种设备因要载送滑雪者，因而要求绝对安全可靠，并具有与接待能力相适应的运输能力。

滑雪场使用的提升设施一般有两种，即空中提升系统和推拉牵引系统。

1. 空中提升系统

空中提升系统，是运用特制的架设于地面之上的专用设施，将登山滑雪者运送到指定高度、地点的设施系统。一般有三种类型：

• 船形登山缆车系统。它使用的是各种容量的封闭式车厢，它们循环运行于各端点或各车站之间的两条平行索道上，一条索道供载送客人登山之用，另一条供空车返回之用。

• 空中有轨电车式缆车系统。它使用一辆或多辆封闭式车厢往复来回于各端点或各车站之间。它们由固定的索道支撑着，而且由另外的可以来回双向运转的拖缆牵引运行。

• 吊椅式缆车系统。它使用的是敞篷式单人或双人空中吊椅。它们通常是固定附着在一个持续循环运转的缆索之上。这种缆索在地面上空吊挂运输客人。与前两种系统不同，吊椅式缆车无论载客与否均按固定速度运行，而且滑雪者可以穿着滑雪板坐车。

2. 推拉式登山牵引系统

推拉式登山牵引系统，即用推或拉的方式将登山者牵引上山的系统。它普遍使用于为一日游滑雪者设计的滑雪场、较小的周末滑雪休假地，以及供初级、中级水平的滑雪者使用的滑雪山坡上。

推拉式登山牵引系统一般有五种类型：

• T形推板系统。它使用一根其上装有T形推板的牵引缆索从两个肩并肩的人后面将人推上山坡。这一系统可改变设计为吊椅式缆车系统。

• J形推板系统。这一系统类似于T形推板系统，但J形系统只能推一人上山。

• 圆盘形推板系统。它使用的是一种装置在一根管子或软索上的圆盘形推板，使用时将该管子或软索夹在两腿之间而让圆盘处在身后位置。

• 初学者登山提升索。它包括一个任何种类的拖拉式系统，其行速缓慢，意在供新手、不熟练者使用。

• 登山拖缆系统。它是一条持续运行的拖缆。滑雪者可以抓住它而被拖上山。

拖拉式登山牵引设备要求有光滑的雪地表面，投资也较少，适合于季节性的滑雪场。

一个滑雪度假地所拥有的总体登山提升能力的大小是衡量该滑雪度假地总规模的重要尺度，一般以每小时垂直提运数量来衡量。

（四）人工制雪设施

滑雪运动除滑雪场要具备一定的落差和坡度外，还有一个必不可少的关键条件，即必须有适量的雪，雪量不足或没有雪，是谈不上滑雪的。因此，对于某些没有恰当的山势地形或恰当的降雪量的地区，可根据需要进行人工山形整制和实施人工制雪工程，人为创造适合滑雪运动的条件。

山形或山体整制，就是根据滑雪运动对地形、地势的要求，对具有一定整制条件的小山状地形进行人工改造，或增加山的高度，或改变山体坡度，或整修路径等，使其成为适合滑雪的场所。

人工制雪，是在自然气候条件、降雪量不足以进行滑雪运动时，利用现代科学技术和设备，将水转化为雪的一种方法，以增加滑雪场的雪的覆盖量，使其达到一定厚度，符合滑雪要求。

人工制雪系统一般应包括沿着山坡铺设的隐蔽平行管道，以供通水和通压缩空气之用，并断续间隔地安装水龙头和接口，以使其能与雪炮或风扇机械连接。

人工制雪的过程，是将一股水流与一股持续的压缩空气气流合在一起通过雪炮或风扇装置喷撒成微粒化的水雾。这种水雾在气温降至冰点时成为含有较多水晶的雪花，落到地面后，形成一层可以滑雪的坚实表面。一厘米的机制雪相当于5~6厘米的自然雪。

现代的许多滑雪场都使用人工制雪设备进行三方面的工作：一是在平均气温降到接近结冰时筑造滑雪场道的地面路基；二是铺平滑雪山坡的表面；三是修、补以及更新被滑雪的人群所损坏了的滑雪道表面。

滑雪坡道路径整制得好，可以减少人工制雪的费用。如果坡道路径整制得当，滑雪坡面只需要大约5厘米机制雪就足够了。坡面路径整制的内容和要求包括：撒播草籽培育结实的长草地面以给雪地提供坚实的基础；搬掉能够蓄热而导致雪融的岩石；修整雪坡坡面以造成一个更加光滑的表面。一旦滑雪场地基建好了，就要实施广泛的养护计划以保护地基及雪坡表面。

（五）基地设施

滑雪场一般都离城市比较远，因而需设置为滑雪者服务的生活、交通等相应设施。滑雪场基地设施一般应包括：

1. 住宿设施

滑雪地应建有与滑雪接待能力、宾客消费水平相适应的住宿设施，有足够的床位，内部设施齐全。

2. 餐饮设施

滑雪地应建有足够的、与滑雪游客饮食习俗相符合的餐饮设施，包括风味餐馆、咖啡厅、酒吧等。

3. 娱乐设施

滑雪地应建有具有一定风格和特色的娱乐设施，以供休假滑雪游客夜间或闲暇时消遣、娱乐之用。

4. 停车场或车站

5. 飞机场

另外，根据滑雪场的服务对象和经营特点，不同的滑雪场在基地设施建设方面可有所不同：

（1）为一日游滑雪者提供的服务设施

服务对象主要是家庭滑雪者、低收入滑雪者，以及中、低水平的滑雪新手，雪地状况一般也无法预测。为这类滑雪者服务的基地设施可以包括小吃店、供白天使用和休息的临时住所，一般可以不设供社交活动和过夜之用的设施。

（2）为周末滑雪者提供的服务设施

服务对象一般是中等水平或专业水平的滑雪者。设施条件要求要有能给人以较好印象的物质环境条件、可靠的良好的雪地状况、较长时间的滑雪季节。设施应包括拥有接待能力的夜宿综合体，并且应提供多种夜晚就餐和娱乐的设施。

（3）为休假滑雪者提供的服务设施

为休假滑雪游客服务的设施总体要求要配套、齐全，档次适宜。

这类服务对象往往是专业滑雪者或对滑雪运动有特别爱好的滑雪者，服务设施要求要有规模较大、高档的服务设施，提供豪华而有特色的住宿、餐饮、娱乐等综合服务，服务项目完善，物质环境超群。

总之，不同类型的滑雪地，应根据自己的气候条件、服务对象和经营特点，规划、建设不同内容和水准的基地服务设施，开展有针对性的服务，以使服务设施与经营特点和服务对象相符合，以最合理的投入收取较大的收益。

四、森林度假区规划

森林旅游度假区，是利用山地和森林的特殊环境开发的度假区，一般以特殊爱好（如狩猎）旅游者、家庭度假游客作为主要的客源市场。

（一）森林的环境优势

山地、森林地带，由于其特殊的环境和资源，能够给人们提供一个有特别体验感的度假经历。

在山岳地区，特别是在海拔1000米以上的山地、森林地带，大气环境都比较好，会造成一个适合人体生理活动的"最佳环境"。根据生物气象学的研究，在常压下，气温 18~22℃，相对湿度 65％左右，是适合人体生理活动的最佳环境指标，而海拔 1000 米以上的山岳、森林地带是最容易达到这一指标的。在山岳地区，太阳辐射强烈，紫外线含量较多，又因远离污染源，气流活跃，故空气清新，负离子含量大（一般在 1000 个／ml 以上），这是最适合度假疗养的气候。经研究表明，这种环境，可以改善肺部换气功能，对慢性呼吸道疾病、神经系统功能性疾病、高血脂症、肥胖症等都有疗效。在一定范围内，紫外线能杀死有毒细菌，人体受适量紫外线照射后，皮肤黑色素氧化，抗病菌能力增强，甲状腺、性腺活跃，具有抗衰老功能，对维生素 D 的合成、胃酸分泌、蛋白质代谢等均有较强的促进作用。

森林地区气温适中，阳光柔和，风力平缓，负离子多，无疑是高血压、肺部病患者的理想康乐、疗养度假胜地。据统计，一般城市环境中负离子不足 600 个/ml，公园中为 800 个／ml，而森林中一般能达到 1000~2200 个／ml，故森林能够使人特别神清气爽。许多树木还能散发出有杀菌作用的物质，具有抗菌、抗炎、抗癌性能，还有促进生长激素分泌的作用。所以，人们常常把森林覆盖率高的地方称为"天然氧吧"。

对山地、森林环境条件的评价，主要考察其垂直高度、空气洁净度、林木覆盖率、负离子含量，以及日照、太阳辐射、温湿度等因素和条件。其参考评价指标见表 14-6。

表 14-6 山地康复休疗条件评价模型表[①]

评价因子	权重（％）	记分等级				
		10~9	8~7	6~5	4~3	2~0
垂直高程（m）		1000~2000	2000~3000 1000~600	3000~4000 600~300	4000~5000 300~100	>5000 <100
湿度指数（％）		18~22	15~18 22~25	10~15 25~27	5~10 27~30	>5 <30
空气洁净度		洁净一级	洁净二级	少量污染三级	中等污染等外	污染严重等外
林木覆盖率（％）		>80	80~70	70~50	50~30	<30
负离子含量（个/ml）		>2000	2000~1000	1000~500	500~100	<100
日照		很充足	充足	比较充足	不太充足	很不充足

注：温湿指标（THI）的计算公式：$THI = t - 0.55(1-f)(t-14.4)$；式中，$t$ 为气温（℃），f 为相对湿度（％）。

[①] 傅文伟：《旅游资源评估与开发》，杭州，杭州大学出版社，1994，73 页。

（二）森林度假产品规划

位于山地或森林之中的度假区，发挥自身特殊的资源和环境优势，提供具有特别体验感的度假产品，主要包括：

——野营；

——狩猎；

——休闲；

——观光、科普教育，等。

其中，野营、狩猎是国际上许多山地森林度假区的主导性产品；而休闲、观光及科普教育等相对处于辅助地位。如世界上较早的森林度假区、开业于1936年的英国巴特林假日野营地度假区，其设施包括露营地、游乐园、家庭自娱设施及与此有关的各种节日表演，如合唱、舞蹈、木偶表演等。

在设施建设上，森林木屋成为山地森林度假区的标志性设施。

案例 14-2：

乐满地森林度假区

乐满地森林度假区位于桂林市兴安碧波旖旎的灵湖西岸，是国内风格独具的休闲型度假别墅区，整个度假村按照其功能划分为三个区：木屋区、露营平台区和森林游乐区。

木屋区构成整个度假区的主线，宛若置身于童话世界美丽的城堡中。蜜月佳期的有情人在入住小木屋的那一刻，也就酝酿了属于人生另一个更精彩的童话。73座露营平台有我们儿时的梦想：独自背着行囊到一个遥远的地方，开辟一片属于自己的天空，邀请自己的族人，在星光点点的夜里，围着熊熊的篝火，尽情挥洒心中的热情……阳光里，凭窗眺望，黄墙红瓦，碧波环绕；月光下，漫步林间，蛙鼓虫鸣，星月如练。正是这绝佳意境与齐备设施的完美融合，为您勾勒了一幅幽雅、闲逸、美轮美奂的休闲图画。

露营平台则是风格迥异的开放型度假住宿区，游人们三五成群，结伴露营，或在营火区点燃篝火，彻夜狂欢，或在平台前秉烛围坐，把酒邀月，自然纯朴的气息扑面而来。紧邻露营平台区的是异彩纷呈的森林游乐区，其中匠心独具的亲水渠道，厚重古朴的壮乡风雨桥，曲径通幽的情人步道，灿烂璀璨的茶花谷，一线牵情的月老阁，更有惊心动魄的霹雳滑车、人工滑草场……每一处布局的点点滴滴都折射出整个项目的精雕细琢，再加上周围浑然天成的自然景观，将整个森林度假村的独特魅力展现无余。

案例来源：旅人驿站，http://www.farerdak.com。

五、温、矿泉度假区规划

(一) 温、矿泉的旅游价值

温泉和矿泉度假是世界上出现最早的旅游度假区，一般都是围绕一处温泉或矿泉建造、开发而成的。

1. 温泉

温泉是指水温越过一般地下水水温的泉水，我国地质矿产部门对温泉的分类为：微温泉，26~33℃；温泉，34~37℃；热泉，38~42℃；高热泉，43℃以上。习惯上一般将水温超过34℃的泉水统称为温泉。

2. 矿泉

矿泉是指水中含有较多矿物质的泉水。矿泉与温泉的含义不完全相同，有的温泉是矿泉，或有的矿泉是温泉，但并不是所有的温泉都是矿泉，这主要看水的成分。按照国际惯例，矿泉必须达到下列标准：

（1）矿泉水必须是天然出露或人工揭露的地下水；

每千克地下水中所含可溶性固体成分（矿化度）超过1000毫克，或含游离CO_2超过250毫克，或含有对人体健康有益的成分，能补充人体所需的微量元素；

（2）地下水中的微生物指标、污染物指标必须符合世界卫生组织规定的饮用水的国际标准；

（3）水的流量及化学成分都比较稳定；

（4）口味纯正，感官性能好。

温泉、矿泉中含有的矿物质，包括氡、氮、硅、钠等，对人的风湿症、肾脏病、内分泌病、心血管病、呼吸道病、消化道病、哮喘病及妇科病等具有一定疗效，对无病者，则可以强身健体。这些作用早在16世纪时即已被欧洲人发现，并由此促使以温泉为中心的旅游度假区开发迅速发展起来，使温泉度假疗养、保健旅游的热潮一直持续了几个世纪，直到今日，温泉旅游在世界上仍具有较大的客源市场。

温泉度假区的开发建设项目主要以洗温泉浴、泥浆浴为主，兼有饮疗、电疗、光疗、蜡疗、针灸、按摩等服务项目，并配备相应的生活服务设施。

日本是世界温泉大国，温泉疗养、度假设施和旅游人数均为世界之冠。全境共有温泉点19560处，建有温泉保健院570所，温泉疗养院2053所，温泉旅馆10000余所，每年为1亿多人次服务。日本濑户内海之滨的别府市，人口14万，80%靠温泉旅游业为生。

我国具有发展温泉浴疗度假旅游的优越条件，许多地区（包括台湾）已建起了不同规模的度假疗养或康复中心，深受国内外旅游者的欢迎。

3. 泥浆浴

开发泥浆浴或泥疗旅游项目也具有广阔的前景。我国湖泊资源丰富，泥沼类型众多，有可供开发的资源条件。一般来说，泥疗资源应具备下列条件：

(1) 胶体物质多，黏滞性大，可塑性好，能紧贴皮肤；

(2) 颗粒细小（$<0.1\mu m$），无杂质；

(3) 泥温42~55℃，湿度70%；

(4) 矿物盐含量4%~10%；

(5) 无致病微生物存在。

(二) 温、矿泉度假区建设

如前所述，温、矿泉度假始于欧洲，并因比利时一个小镇斯巴而使SPA成为温泉水疗的代名词。经过几百年的演变、发展，温泉度假已经成为当今世界最受欢迎的度假和康体休闲活动之一。

1. 温、矿泉度假设施

目前，国际上的温、矿泉度假产品开发，一般分为室内和室外两种。

室内温泉设施一般结合开发的主题和理念，开展泡原汤温泉、中药水疗、干烤、按摩、美容等分项服务。高端的温、矿泉度假是一种视觉、触觉、嗅觉、听觉的全方位的享受，即通过环境设计、温泉沐浴、芳香空气、背景音乐等专门的设计，给消费者以全方位的体验享受。

室外温泉设施一般是结合外围自然环境，开展与自然融为一体的温泉消费过程，营造一种"天人合一"意境。

有专业设计者认为，温、矿泉度假体现的就是"健康、放松、休闲"的理念，通过环境、声音、味觉、触觉几个方面来使客人领会温、矿泉度假的独特魅力，以达到全方位的感官放松，并上升到具有"境界感"的心理体验。

温、矿泉度假设施的设计理念可概括为四个方面[①]：

(1) 融入大自然的环境

根据所处的位置，有机地与周边的自然环境和景观和谐地融合到一起，如山地、峡谷、森林、海滨、湖泊等，可通过巧妙的设计，透过大玻璃窗从良好的视角去观赏窗外的景观；在气候、地理条件允许的情况下，浴池可以完全置于大自然的环境中，客人在沐浴时望繁星、观流云、闻花香、听鸟鸣，把自己也融入自然，达到天人合一的境界。

(2) 幽雅的音乐

幽雅的背景音乐，自然界采集的天籁之声，或者独特的使人身心俱悦的乐曲，从听觉上催人入眠，得到休息。

(3) 芳香的味道

环境中专业的味觉设计，会让人为之心动。植物精油一般在按摩时使用。在温泉沐浴之后的按摩理疗中使用植物精油，可以达到意想不到的放松效果。

---

① 田玉堂：《度假村的理念与操作实物》，北京，中国旅游出版社，2003，88-89页。

（4）舒适的触觉

温泉水疗和按摩的触觉对人是一种特殊的享受，甚至已经成为被用来处理各种生理或心理问题的治疗方法之一。

2. 温、矿泉度假中心的功能区划分

温、矿泉度假中心，应该有合理的功能区划分，以提供合乎规律的服务流程，方便消费。功能区一般包括接待区、更衣室、洗浴室、按摩/休息区、餐饮区、休闲区等。要根据环境、空间、服务内容合理划分。

有的温、矿泉度假中心是设计成度假酒店的经营模式，温、矿泉消费区只是整个度假酒店的一部分。

案例 14-3：
地中海俱乐部斯巴（SPA）水疗中心功能区划分[①]

区域	主要设施与标准	服务
接待区	接待厅通常占场地的8%左右，是装修的重点。接待厅要求主题鲜明，设施除了接待和结账的柜台之外，还应设置供客人小憩或等待的沙发。	迎宾、送客、结账、服务有两位（男、女各一名），SPA专职人员帮助客人分析身体状况，并向客人推荐适合的SPA服务项目。
更衣室	更衣室的主要设备是衣柜，其数量应与设计标准即接待能力相一致适应，具体计算方式是：数量=每天消费人数（设计容量）÷（2或3）或一半稍少。装修通常比较简单，有比较高级的场所可以将更衣室分隔成多个独立的小更衣室。	更衣换鞋服务，为客人擦皮鞋，代洗衣等；沐浴用品服务，为客人提供一次性使用的洗发液、浴液、毛巾、内裤等。
洗浴室	洗浴区一般包括按摩室、蒸汽房、淋浴房。洗浴区通常设于一楼，如果设在其他楼层则必须考虑承载能力；按摩区一般要求设有三种设施，即热池（40~45℃）、温池（25~30℃）、冷池（10~12℃），也可以增加药浴池。 池区各种场地设计规格要求： 热池容量=场地面积÷100，温池、冷池一般为热池的一般或稍大一点； 蒸汽、桑拿房规格=场地面积÷100，其中蒸汽房稍大； 淋浴房间=每天消费人数÷（15~18），超过100人的取18，通常每间淋浴房每天可接待18人左右。	洗浴指导服务。提醒客人蒸浴的标准时间时段，向客人介绍标准的科学蒸浴方法。

[①] 田玉堂：《度假村的理念与操作实物》，北京，中国旅游出版社，2003，89–90页。

续表

区域	主要设施与标准	服务
按摩/休息区	休息厅：所占面积一般是场地的25%~30%，目前流行设计成具有视听功能的小区，通常应设有水吧；休息厅要求空间较高、气流通畅、光线柔和、环境安静、格调高雅，形成一个舒适的小憩区。 按摩房：所占面积一般为场地的一半稍多，房内一般以暖色调配全调光灯，形成柔和、融洽的氛围。按摩房一般应与洗浴区相邻。按摩房可以是单间，也可以是多床位的按摩室，以满足不同客人的需求。 贵宾房：贵宾房是指配备独立的淋浴房、蒸汽房、按摩房所组成的单独房间。一般要求装修豪华气派、温暖舒适、富有特色。在设计中要尽可能将淋浴间、卫生间和蒸汽桑拿房隔开，以便于同时接待多位客人，有的贵宾房还要有KTV包厢，以使客人能够更全面、高档地享受。	理疗药浴服务和推拿、按摩服务。 温泉的按摩房间要有双人、三人至六人不等的单元，方便不同团组的客人能够在一起同时享受服务。齐全的服务包括按摩、足底按摩、擦背、修甲、美容、美发、掏耳等。 在按摩服务方面，有油压、足底按摩和泰式按摩。 有些顾客在按摩后要赴重要约会，因此要设立专门的美容、美发室。
餐饮区	咖啡厅、酒吧、自助餐台。	每天提供餐点，包括三明治、通心粉、浓汤、沙拉和各种冷热饮品。
休闲区	影院、阅览室等。	经典名著、名片；中外报刊等。

六、城市度假旅游规划

（一）城市度假

城市度假，是城市旅游（亦称都市旅游）的组成部分。城市旅游包括了观光旅游、购物旅游、休闲旅游、文化体验旅游、体育旅游、修学旅游等很多的旅游类别，而"城市度假"是城市旅游众多组成部分中的一个最重要的类别。

与传统的海滨度假和乡村度假相对应，城市度假也是倍受银发阶层、青年"文化淘金者"、乡村富裕阶层等群体欢迎的度假方式。在城市度假，其主要特征表现为"文化体验度假"，即在一座城市较长时间地停留，通过参观各种文化设施、探访历史街区、参加社区活动，以及休闲、娱乐、购物等活动，深度体验该城市的地方文化与传统艺术。

城市度假，从具体的区域和度假过程的角度可分为两种：

1. 城市市区度假

在城市市区度假，通过城市的历史街区和历史遗迹、文化艺术、社区生活等的观光与探访，体育运动、休闲、购物、美食、修学等活动，享受高尚、舒适、有特色的城市生活等。

城市度假游客中，青年"文化淘金"者和离退休的银发阶层是主要的群体。青年文化爱好者到那些历史悠久、艺术氛围浓郁的大都市去寻找和享受浪漫；而有着丰厚经济积蓄、已经退出工作岗位的银发阶层则选择那些环境舒适、生活方便的城市，去经历一段悠闲、怀旧的生活历程，这些人由于没有了工作牵挂，孩子也都长大成人有了各自的生活，所以能够在一座心仪的城市长时间"客居"，也因此引起许多城市生活设施完善的城市专门开发针对银发市场的"客居"旅游，如日本的大阪，在世界上第一个提出要建设"国际客居城市"。

2. 城市郊区——"环城游憩带"度假

"环城游憩带"度假一般是针对当地城市居民开发的短期度假旅游产品。"环城游憩带"的旅游度假区一般选择在自然风景优美、气候舒适宜人、生态环境优良、区位条件优越的景观地带。改革开放以来，我国许多大城市利用郊区良好的自然环境兴建了一系列旅游度假区，比如上海的佘山度假区、太阳岛度假区，无锡的马山太湖国家旅游度假区、武汉龙阳湖度假区、盘龙度假区、西安曲江度假区等。这些旅游度假区以优美的自然风景或名胜古迹、文化遗址观光区为基础，以功能性开发区建设为目标，综合规划，成片开发，集宾馆以及相关的商贸服务为一体，建设了现代化的娱乐设施和舒适完美的疗养和康体保健设施，其占地面积较大，一般为几到十几平方千米，成为环城游憩带中土地开发利用的一个重要方向。

（二）城市度假旅游规划

城市度假旅游产品的开发，是以城市资源和城市基础设施为依托实现城市社会资源向度假产品转化的。这不同于一般旅游度假区和一个度假单元的规划、建设，它是一项综合工程，需要调动许多的社会资源。

美国的夏威夷、巴西的里约热内卢、西班牙的巴塞罗那、法国的尼斯等都是世界著名的度假城市，法国南部蓝色海岸带上的许多小城镇也都发展成为有特色的度假小镇。我国的杭州、青岛、三亚等也在逐步完善城市度假的相关设施和产品，特别是近年来青岛，把城市发展定位为特色度假城市，相应的项目建设正在进行当中。

城市度假旅游，不同于一个具体的度假单元或度假区的建设，它是一项以整合城市资源、依托城市基础设施而进行的综合开发，度假产品的开发首先要根据城市旅游的定位来进行，"度假城市"的旅游发展定位将引导城市在度假酒店、中央游憩区和休闲街区、旅游购物场所和设施、康体运动和娱乐（特别是夜间娱乐）设施、特色餐饮设施等的建设方面，形成能够服务于度假消费的产品体系。

七、乡村民俗度假区规划

（一）乡村度假区的类型

如前所述，乡村旅游实际上首先发端于欧洲贵族的乡村度假旅游，因此，乡村度假旅游实际上是一种有着深厚历史渊源的旅游种类。

从目前乡村度假旅游的发展状况看，乡村度假区可分为三种类型：

一是度假村；

二是野营度假地；

三是乡村社区度假。

其中，乡村社区度假是与民俗旅游结合密切的度假旅游。

（二）乡村度假区规划

1. 度假村的规划与建设

世界旅游组织（WTO）定义的度假村是"为旅游者的较长时间的住留而设计的住宅群"。① 我们这里所说的度假村专指其中位于乡村地区、融入乡村环境、具有乡村特征的度假单元，即真正意义上的度假"村"。

世界著名的度假村经营机构——地中海俱乐部就是一家由野营度假旅游起家，进而进行度假村连锁经营的跨国集团企业。

地中海俱乐部是比利时水球运动员拉德·布里兹（Gerard Biltz）于1950年创建的，开始是利用战后美军留下来的帐篷和炊具、火车车厢等开办帐篷度假村。1954年，他们建设了第一个草屋度假村，并逐步发展成为一个以新型住宿、度假设施为特征的饭店联号经营集团，冲出地中海，打入北美、南美、亚洲与非洲大陆，遍布世界各地。俱乐部从海滩发展到山地，由远离大城市的乡村、山野休养地发展到大城市的郊区与城区。

以地中海俱乐部的度假村（Village）为代表的乡村度假设施，以"自由活动，领略大自然"为主要的度假活动特征。度假村选址和建设的首先条件便是优美的自然风光。

度假村是一个能够在内部形成完整的生活服务系统的"小世界"，形似一个自然的"村落"，内部有住宿设施（度假酒店）、风味餐厅、酒吧、商店、剧院、舞厅、康体设施等必需的度假生活设施，有工艺品、艺术品作坊，开展各种类型和内容的体育运动（地中海俱乐部以帐篷式的野外运动起家），以满足各种度假游客的休闲、娱乐需求。

度假村的住宿设施，以"乡村风格"的草顶建筑（海草房、茅草房等）、传统的平顶建筑和"旅馆村"为主要特征，将这些建筑有机组合成"村落"，内部有街道、广场、商店等乡村社区式的功能区和场所，让度假游客在这里享受到具有"村民生活"特征的生活乐趣。

度假村往往以"俱乐部"的形式出现，随着旅游业的发展，旅游市场也出现了许多主题性的乡村俱乐部，如度假农场、度假庄园等，使度假过程具有了更深厚的文化主题。

2. 野营度假地规划与建设

如前所述，地中海俱乐部在20世纪50年代较早地开展了营地度假旅游，目前，营地度假旅游在欧洲已经成为一种时尚的度假方式，在欧洲也建设有许多为自驾车度假服务的汽车露营地、野营地。

---

① 田玉堂：《度假村的理念与操作实物》，北京，中国旅游出版社，2003，1页。

早期的营地度假旅游，主要是以帐篷为标志，开展体育运动。地中海俱乐部的创始人拉德·布里兹1950年建起的第一个帐篷度假村就是体育俱乐部，到那里度假的大都是他的游泳好友，多是年轻人，度假村也不提供什么服务，他们睡帐篷，自己做饭、自己洗碗，搞各种各样的体育活动。后来这种野营俱乐部逐步发展到法国、意大利、希腊等地，仍然以帐篷为主要的住宿设施，以体育运动为主要活动内容。

目前，野营度假地在欧美地区已经发展成为一种专门的度假场所，多位于湖边、山谷、海滩，尽享大自然的宁静生活，所有汽车营地要注册经营，提供各种设施，如厕所、冷热水淋浴、酒吧、商店、洗衣房等，部分更有泳池、餐厅、网球场等。在营地内有丰富的节目可供选择，可以静坐树荫下促膝谈天，爱热闹的又可到酒吧或DISCO与来自世界各地营友认识，了解异国风情，可以躺在草地上读书，等等。

3. 社区与民俗度假旅游规划

与度假村和野营度假是在一个独立的空间单元中、不受外界干扰（或与外界分隔）的度假过程不同的是，社区与民俗型的乡村度假，是一种融入当地社区生活的度假方式，游客住进村庄里的民居旅馆，与当地居民一起生活，体验他们的生产、生活和休闲过程，考察、学习当地的传统、习俗、文化，特别是那些独特地方民间艺术，是一种体验式的度假旅游。

阳朔西街及其周边的乡村、昆山的周庄水乡、潍坊的杨家埠民俗古村落等都已经成为我国著名的社区民俗型乡村度假地。韩国的河回村是以生产传统面具而著名的民俗文化村，村内有大大小小的面具作坊几十家，许多外国、外地游客到村里长住，学习、考察和研究这种传统民间工艺，并领略当地传统的乡村生活。

八、娱乐型度假区规划

娱乐型度假区，是以主题公园或其他专门性的娱乐设施为依托建设的以娱乐、休闲为主要特征的度假区类型。

这类度假区主要有两种：

一是主题公园度假区；

二是博彩娱乐度假区。

（一）主题公园度假

主题公园是以娱乐为主导功能的旅游设施，目前的发展趋势是：通过内部功能的多元化来逐步实现由单一的娱乐旅游向度假旅游的转变，使一些大型的主题公园也实现了向度假区的转化。

美国的迪士尼、环球影城和南非的太阳城等是目前已经实现了具有度假功能的主题公园。它们内部的娱乐项目设计或园内的融时量设计都已达到了8小时以上，[①] 再加上其

---

① 郑维，董观志：《主题公园营销模式与技术》，北京，中国旅游出版社，2005，9页。

他配套的康体娱乐项目如高尔夫、游泳等，能够使游客在这里进行2~3天的短期度假。

（二）博彩娱乐度假区

以博彩娱乐为主导产品和活动内容的度假区，是为了满足人们冒险、刺激、侥幸、尝试等心理需求而开发的度假区。许多旅游地原本的产品种类比较单一，在旅游业发展过程中逐步丰富内容，实现由单一功能向多元、复合功能的转变和过渡，发展成为以博彩娱乐为主导产品，同时具有多元功能，能够吸引和满足不同类型游客需求的综合性度假地。

目前，世界上最著名的博彩娱乐度假地有美国的拉斯维加斯、法国南部的蒙特卡罗、南非的太阳城、马来西亚的云顶等。

拉斯维加斯是一座城市度假地，整座城市所有的住宿设施都经营博彩业，就连机场的候机大厅也是一个老虎机娱乐场，但同时，拉斯维加斯的儿童娱乐设施、购物设施等也非常发达，一个家庭不同年龄段的人在这里都可以找到自己娱乐的项目。据统计，在来拉斯维加斯的游客中，有90%是近、中距离的自家车游客，只有10%是乘飞机来的远距离游客；而远距离的游客大部分是只住1夜的观光旅游者；近、中距离的自家车游客则大都是停留2~3夜、以家庭为单位的短期度假旅游者。①

与度假城市拉斯维加斯相比，南非的太阳城、马来西亚的云顶等则属于"度假区"性质。南非的太阳城是一座以赌博娱乐为主要活动内容之一的主题公园，在10平方千米的园区内有四座带赌场的宾馆，园内有主题乐园、人造沙滩浴场等娱乐、休闲设施和场所，同样是吸引以家庭为单位的短期度假和观光游客。马来西亚的云顶最著名的项目仍然是博彩娱乐，配套有室内、室外娱乐设施、康体设施，有从高档到一般水平不等的住宿设施，其中最大的一座宾馆有6000间客房。云顶成为亚洲地区最大的博彩娱乐主题度假区。

案例14-4：

云顶高原

云顶高原（Genting Highlands）位于吉隆坡以北50千米，海拔1700多米，有公路盘旋直达山顶。高原面积约4900公顷，平均气温只有15℃，为东南亚最大的高原避暑胜地，也是马来西亚最重要的旅游胜地之一。

高原山峦层叠，林海茫茫，空气清新，花草四季葱郁，好似世外桃源。日出之前，但见漫山遍野，层层叠叠，波浪起伏，延展至无边无际的天边。夜晚时分，这里的灯光仿佛天空中的星光，构成一幅神秘景象。在天气晴朗时，站在高原顶端，

---

① 山东省旅游局：《国际海滨度假旅游考察报告》，2004。

放眼眺望，视野辽阔，那种感受真是不可名状。

云顶高原上设有酒店，游客们可以选择在半山或在山顶的酒店下榻。豪华宾馆周围有精心设计的高尔夫球场和花圃，人工的小池塘上船儿荡漾，还有小型电车穿梭往来。这里有种类繁多的娱乐景致，使您目不暇接，尽情欢乐游玩，享受无限的欢欣乐趣！因此每逢节假日，不少人携儿带女到这里度假，特别是那些好赌之士，更是趋之若鹜，纷纷涌入这里的赌场搏杀一番。

资料来源：http：//cache.baidu.com。

附录　旅游规划案例

1.《大泰山旅游区整合发展规划》

2.《济南市创建国际旅游名城战略规划》

3.《象山县县域休闲体系建设研究》

4.《蓬莱市丘山片区乡村旅游概念规划》

5.《胶州市大沽河流域旅游发展专项规划》

6.《珠穆朗玛峰国家自然保护区吉隆藏布峡谷生态旅游规划》

7.《六月六"伏羊节"策划方案》